Betriebs-Berater Schriftenreihe

Das Arbeitszeugnis

Das Zeugnisrecht, Zeugnissprache, Bausteine, Muster, Auskünfte über Arbeitnehmer

von

Rechtsanwalt Professor Hein Schleßmann

Waghäusel

22., neu bearbeitete Auflage 2018

Fachmedien Recht und Wirtschaft | dfv Mediengruppe | Frankfurt am Main

Bibliografische Information der Deutschen Nationalbibliothek

Die Deutsche Nationalbibliothek verzeichnet diese Publikation in der Deutschen Nationalbibliografie; detaillierte bibliografische Daten sind im Internet über http://dnb.de abrufbar.

ISBN 978-3-8005-3289-6

dfv Mediengruppe

Der Verlag im Internet www.ruw.de

Satzkonvertierung: Lichtsatz Michael Glaese GmbH, 69502 Hemsbach

Druck und Verarbeitung: WIRmachenDRUCK GmbH, Mühlbachstraße 7, 71522 Backnang

Vorwort

Die komplette Bearbeitung des Buches diente nicht nur der Aktualisierung anhand der Rechtsprechung und Literatur, sondern führte auch zu neuen Bearbeitungen insbesondere in den Themenbereichen:

- Arbeitnehmerähnliche Personen und freie Mitarbeiter
- Zeugniserteilung bei Kündigungsschutzklage und Prozessbeschäftigung
- Zeugniserteilung durch und für Rechtsanwälte
- Darstellung des Zeugnisrechts für Syndikusrechtsanwälte
- das „Gesamturteil" mit einem besonderen Kapitel
- „Auskünfte über Arbeitnehmer" wegen der EU-Datenschutz-Grundverordnung und des neuen Bundesdatenschutzgesetzes.

In *formeller* Hinsicht ist zu erwähnen:

- Die Zeugnismuster sind nicht mehr im Textteil verteilt, sondern zusammen mit den Beurteilungsmustern im Teil 4 konzentriert (insgesamt 60 Muster); sie wurden bislang nach Berufsgruppen, nunmehr nach „Schulnoten" unterteilt.
  Ausgenommen sind zwei *einfache* Zeugnisse, die im Textteil verbleiben, da sie keine Beurteilung enthalten.
- Mehr tabellarische Darstellungen und weitere Zwischen-Überschriften sollen der leichteren Lesbarkeit dienen.

Meiner Tochter Gesine Meißner, Rechtsanwältin in Berlin, danke ich auch diesmal wieder für die Unterstützung bei dieser Auflage.

Möge dieses Buch wieder wertvolle Hilfe leisten für alle, die sich mit dem Zeugnis- und Auskunftsrecht befassen.

Waghäusel, Oktober 2017 *Hein Schleßmann*

Inhaltsverzeichnis

Vorwort V
Abkürzungsverzeichnis XV
Literaturverzeichnis XVII

Teil 1
Das Zeugnisrecht

I. Einleitung 1
1. Rechtliche Grundlagen 1
2. Zeugnisarten 2
3. Referenz/Empfehlungsschreiben 2
4. Sonstige Bescheinigungen 4
a) Arbeitsbescheinigung gemäß § 312 SGB III 4
b) Zeugnisse für Rechtsreferendare 4
c) Bescheinigung als Arzt im Praktikum 4
d) Dienstbescheinigung für Seeleute 5
5. Europass 5
6. Geschichte des Arbeitszeugnisses 6
a) Allgemeines 6
b) Gewerbliche Arbeiter 7
c) Gesinderecht 8
d) Bergrecht 8
e) Handelsrecht und bürgerliches Recht 8
f) Zusammenfassung 8
II. Bedeutung des Zeugnisses 9
1. Bedeutung für den Arbeitnehmer 9
2. Bedeutung für den neuen Arbeitgeber 10
3. Bedeutung für den Zeugnisaussteller 12
a) Bindungswirkung 13
b) Zeugnis und Diskriminierung? 14
4. Bedeutungsverlust? 16
III. Anspruchsberechtigte Personen 20
Vorbemerkung 20
1. Arbeitnehmer 20
2. Leitende Angestellte 21

3. Organmitglieder ... 21
a) Allgemeines ... 21
b) GmbH-Geschäftsführer ... 21
4. Personen in der Berufsbildung ... 22
a) Auszubildende ... 22
b) Volontäre/Praktikanten/Werkstudenten ... 23
5. Arbeitnehmerähnliche Personen/Freie Mitarbeiter ... 23
a) Arbeitnehmerähnliche Personen ... 23
b) Freie Mitarbeiter ... 25
6. Sonstige Personen ... 26
a) Allgemeines ... 26
b) Speziell: Familienangehörige ... 27
c) Speziell: Ärzte ... 27
7. Personen im öffentlichen Dienst ... 28
a) Beamte (Dienstzeugnis) ... 28
b) Angestellte/Arbeiter ... 29
c) Kirchliche Mitarbeiter ... 30
d) Soldaten/Freiwillige/Entwicklungshelfer ... 31
8. Beschäftigte in den neuen Bundesländern ... 31
IV. Arten der Beschäftigungsverhältnisse ... 33
1. Dauerhafte Beschäftigung? ... 33
2. „Dauerndes“ Beschäftigungsverhältnis gemäß § 630 BGB ... 33
3. Probearbeitsverhältnis ... 34
4. Besondere Beschäftigungsverhältnisse ... 34
5. Nichtiges Arbeitsverhältnis ... 36
a) Allgemeines ... 36
b) Ausnahmen ... 36
V. Beantragung des Zeugnisses ... 38
1. Die Beantragung ... 38
a) Zeitpunkt der Beantragung ... 39
b) Form und Begründung des Antrags ... 39
2. Bearbeitung des Antrags ... 39
3. Bearbeitungszeit ... 40
VI. Erlöschen des Zeugnisanspruchs ... 42
1. Erfüllung ... 42
2. Verzicht ... 43
3. Ausschlussfristen ... 46
4. Verjährung (beim einfachen Zeugnis) ... 47
5. Verwirkung und Unmöglichkeit (beim qualifizierten Zeugnis) ... 47
a) Verwirkung ... 48
aa) Eindeutige Zeitabgaben? ... 50

bb) Ausschluss der Verwirkung ... 52
b) Unmöglichkeit ... 52
aa) Aufbewahrung der Zeugnisunterlagen ... 52
bb) Aufbewahrungsfristen ... 53
VII. Erteilung des Zeugnisses ... 55
1. Allgemeines ... 55
2. Zeugnis bei Kündigung und Kündigungsschutzklage ... 57
a) Kündigung ohne anschließende Klage ... 57
b) Kündigung mit anschließender Klage ... 58
aa) Beendigung der Tätigkeit ... 58
bb) Weiterbeschäftigungsanspruch ... 59
cc) Prozessbeschäftigung ... 60
3. Zurückbehaltungsrecht ... 61
4. Mitbestimmung ... 61
5. Kosten der Zeugnisausstellung ... 62
6. Die Übergabe des Zeugnisses ... 63
a) Holschuld ... 63
b) Bringschuld/Schickschuld ... 63
7. Die Versendung des Zeugnisses ... 65
a) Allgemeines ... 65
b) Knicken/Falten ... 66
8. Ersatzausstellung ... 66
VIII. Inhalt des Zeugnisses ... 68
Vorbemerkung ... 68
1. Grundsätze (Zeugnisgebote) ... 68
a) Wahrheitsgebot ... 69
b) Vollständigkeitsgebot ... 71
c) Einheitlichkeitsgebot ... 71
d) Transparenzgebot ... 72
2. Was darf nicht in das Zeugnis/was nur auf Wunsch? ... 72
3. Das einfache Zeugnis ... 75
a) Art des Arbeitsverhältnisses ... 75
aa) Einzelfälle ... 77
bb) Funktionen als Arbeitnehmervertreter ... 81
b) Dauer des Arbeitsverhältnisses ... 84
aa) Beendigungsdatum ... 85
bb) Unterbrechungen ... 85
aaa) Dauer der Unterbrechung ... 85
bbb) Lage der Unterbrechung ... 86
ccc) Gründe der Unterbrechung ... 87
c) Muster für einfache Zeugnisse ... 88

4. Das qualifizierte Zeugnis 89
a) Die Beurteilung 90
aa) Beurteilungsspielraum 91
bb) Umfang der Beurteilung 92
cc) Zeitraum der Beurteilung 94
dd) Zuverlässigkeit der Beurteilung 94
ee) Beurteilungsfehler 95
b) Die Leistungen 98
aa) Allgemeines 98
bb) Einzelfälle 100
c) Die Führung/das Verhalten 102
aa) Allgemeines 102
bb) Einzelfälle 103
d) Verhältnis von Leistungs- und Verhaltensbeurteilung 104
5. Die Beendigungsformel 105
a) Beendigungsgrund 105
b) Beendigungsmodalität 106
c) Schlussfloskel 109
d) Wiedereinstellungsklausel 112
6. Speziell: Zeugnis für leitende Angestellte 113
7. Speziell: Zeugnis in der Berufsausbildung 115
8. Speziell: Zeugnis und Rechtsanwalt 116
a) Welcher Anwalt erhält ein Arbeitszeugnis? 116
b) Inhalt eines Zeugnisses für den Anwalt 117
c) Zeugniserteilung durch den Anwalt? 118
9. Speziell: Zeugnis nach Probezeit 119
10. Speziell: Zeugnis beim Vertragsbruch 119
11. Speziell: Krankheit 120
12. Speziell: Straftaten und Tatverdacht 122
13. Speziell: Vergleich und Zeugnis 125
14. Dienstliche Beurteilung 126
a) Im öffentlichen Dienst 126
b) In der Privatwirtschaft 127
c) Unterschiede zum Zeugnis 127
15. Exkurs: Muss das Zeugnis wirklich „wohlwollend“ sein? 128
IX. Form des Zeugnisses 133
1. Äußere Form 133
a) Schriftform/elektronische Form/Textform 134
b) Firmenbogen/Art und Aussehen des Papiers 134
c) Papiergröße/Zeugnisumfang 135
d) Schriftart 136

e) Schreib- und Druckfehler ... 136
f) Beschreibung in der 3. Person/Keine Briefform ... 138
g) Formulierung im Präsens? ... 138
h) Textsprache ... 138
2. Weitere Formalien ... 139
a) Überschrift ... 139
b) Personalien ... 140
c) Datum der Ausstellung ... 142
3. Die Unterschrift ... 144
a) Person des Unterzeichners ... 144
aa) Unterzeichnung durch die Firmenleitung ... 144
bb) Unterzeichnung durch den Vertreter ... 145
cc) Beispiele zur Person des Unterzeichners ... 148
b) Die Unterzeichnung ... 149
X. Das vorläufige Zeugnis und das Zwischenzeugnis ... 153
1. Das vorläufige Zeugnis ... 153
a) Bei Kündigung ... 153
b) Beim Zeitvertrag ... 154
2. Das Zwischenzeugnis ... 155
a) Triftiger Grund ... 156
b) Kein triftiger Grund ... 159
c) Verhältnis von Zwischenzeugnis zum Endzeugnis ... 160
d) Zwischenzeugnis und Arbeitsplatzgefahr? ... 161
XI. Änderung des Zeugnisses ... 163
1. Widerruf durch den Arbeitgeber ... 163
2. Arbeitnehmer verlangt Änderungen ... 164
a) Ausschlussfrist ... 166
b) Verwirkung ... 166
3. Das geänderte Zeugnis ... 167
XII. Durchsetzung des Zeugnisanspruchs ... 169
1. Klageweg ... 169
a) Einstweilige Verfügung? ... 169
b) Prozesskostenhilfe? ... 170
c) Beiordnung ... 170
2. Klagegegner ... 171
a) Bei Insolvenz ... 171
b) Beim Betriebsübergang ... 173
c) Beim Einsatz bei anderen Arbeitgebern ... 174
aa) Leiharbeitsverhältnis ... 174
bb) Im Konzernverbund ... 175
d) Beim mittelbaren Arbeitsverhältnis ... 175

e) Bei Liquidation bzw. Geschäftsauflösung 175
f) Beim Tod des Arbeitgebers 176
3. Klageantrag 176
a) Antrag auf Erteilung des Zeugnisses 176
b) Antrag auf Änderung des Zeugnisses 178
4. Beweislast 179
a) Beweislastverteilung 179
b) Verschiebung der Beweislast? 181
c) Beweislastumkehr 181
5. Streitwert 182
6. Zwangsvollstreckung 183
a) Allgemeines 183
b) Handlungs- und Herausgabevollstreckung 185
c) Vollstreckung aus Vergleichen 186
7. Entschädigung nach § 61 Abs. 2 ArbGG 189
XIII. Haftung des Ausstellers 191
1. Gegenüber dem Arbeitnehmer 191
a) Haftung aus Vertrag 191
b) Haftung aus unerlaubter Handlung 191
c) Mahnung 192
d) Ursächlichkeit 193
e) Zur Höhe des Schadensersatzes 194
2. Gegenüber dem neuen Arbeitgeber 196
a) Haftung aus Vertrag 196
b) Haftung aus unerlaubter Handlung 198
aa) Haftung aus § 823 BGB 198
bb) Haftung aus § 826 BGB 198
c) Zur Höhe des Schadensersatzes 200
3. Für Beauftragte 201

Teil 2
Die Zeugnissprache

I. Vorbemerkung 203
1. Allgemeines 203
2. Vernebelungs-Techniken 205
3. Fachsprache/Geheimcode? 207
a) Fachsprache 207
b) Geheimcode 207
4. Transparenz (§ 109 Abs. 2 Satz 1 GewO) 209
5. Merkmale (§ 109 Abs. 2 Satz 2 GewO) 211
6. Grenzen der Zeugnissprache 212

II. Zur Tätigkeitsbeschreibung . . . 214
III. Gesamturteil über Leistung und Führung . . . 216
1. Vorbemerkung . . . 216
2. Tabellen zur Leistungsbeurteilung . . . 217
3. Tabelle zur Führungsbeurteilung . . . 221
4. Verhältnis von Einzelbeurteilung zur Gesamtbeurteilung . . . 223
IV. Zur Einzelbeurteilung der Leistung . . . 225
1. Allgemeines . . . 225
2. Textliche Auslassungen . . . 226
a) Auslassen berufsspezifischer Merkmale (beredtes Schweigen) . . . 226
b) Offensichtliche Auslassungen . . . 229
c) Umgekehrt: empfehlenswerte Auslassungen (bei Selbstverständlichkeiten) . . . 229
3. Stichworte . . . 230
a) Stichwort: Textlicher Zusammenhang . . . 231
b) Stichwort: Doppeltes Negativ . . . 232
c) Stichwort: Negativ besetzte Begriffe . . . 232
d) Stichwort: „Kennen gelernt“ . . . 233
e) Stichwort: Pünktlichkeit . . . 234
f) Stichwort: Ehrlichkeit . . . 235
4. Die Leistungsnoten in der Statistik . . . 237
5. Zu zweifelhaften Formulierungen und ihre Bedeutung . . . 238
V. Zur Einzelbeurteilung der Führung . . . 241
1. Allgemeines . . . 241
2. Zu zweifelhaften Formulierungen und ihre Bedeutung . . . 242
VI. Bausteine der Einzelbeurteilung . . . 247
Vorbemerkung . . . 247
1. Arbeitsweise . . . 248
2. Arbeitsbereitschaft . . . 249
3. Arbeitsbefähigung . . . 250
4. Arbeitserfolg . . . 252
5. Führungsqualifikation . . . 253
VII. Widersprüche . . . 255
VIII. Neue Zeugnisformen? . . . 257
1. Beurteilungsbogen . . . 257
2. Klartext . . . 258

Teil 3
Aufbau und Gliederung des Zeugnisses

Vorbemerkung . . . 259
Tabelle 1: Gliederung für ein qualifiziertes (End-)Zeugnis . . . 260

Tabelle 2: Gliederung für ein vorläufiges Zeugnis und für ein Zwischenzeugnis . . . 263
Tabelle 3: Gliederung für ein Ausbildungszeugnis . . . 264

Teil 4
Zeugnis- und Beurteilungs-Muster

Vorbemerkung und Übersicht . . . 265
I. Sehr gute Zeugnisse/Beurteilungen . . . 267
II. Gute Zeugnisse/Beurteilungen . . . 274
III. Befriedigende Zeugnisse/Beurteilungen . . . 289
IV. Schwache und problematische Zeugnisse/Beurteilungen . . . 293

Teil 5
Auskünfte über Arbeitnehmer

I. Vorbemerkung . . . 309
1. Allgemeines . . . 309
2. Rechtslage . . . 311
II. Auskunft mit Einwilligung des Arbeitnehmers . . . 312
1. Wünsche des Arbeitnehmers . . . 312
2. Inhalt der Auskunft . . . 314
3. Vereinbarungen . . . 315
4. Mitbestimmung? . . . 316
III. Auskunft *ohne* Einwilligung des Arbeitnehmers . . . 317
1. Erforderlich? . . . 317
2. Abwägung . . . 317
3. Ausnahmen . . . 320
IV. Haftung . . . 321
1. Ansprüche des Bewerbers . . . 321
a) Ansprüche gegen den Auskunftsgeber . . . 321
b) Ansprüche gegen den Auskunftsersuchenden . . . 323
2. Anspruch des neuen Arbeitgebers gegen den Auskunftsgeber . . . 323

Anhang . . . 325
1. Tabelle zur Leistungs-Beurteilung . . . 325
2. Tabelle zur Führungs-Beurteilung . . . 326

Sachregister . . . 327

Abkürzungsverzeichnis

(Gerichtsentscheidungen werden zitiert mit dem Datum der Verkündung und der Fundstelle bzw. mit dem Aktenzeichen)

A. A.	Anderer Ansicht
Abs.	Absatz
AGG	Allgemeines Gleichbehandlungsgesetz
AiB	Arbeitsrecht im Betrieb (Zeitschrift)
Anm.	Anmerkung
AP	Arbeitsrechtliche Praxis
ArbG	Arbeitsgericht
ArbGG	Arbeitsgerichtsgesetz
ArbRAktuell	Arbeitsrecht Aktuell (Zeitschrift)
ArbRB	Arbeitsrechts-Berater (Zeitschrift)
Art.	Artikel
AÜG	Arbeitnehmerüberlassungsgesetz
AuR	Arbeit und Recht (Zeitschrift)
BAG	Bundesarbeitsgericht
BAT	Bundesangestellten-Tarifvertrag
BB	Betriebs-Berater (Zeitschrift)
BBG	Bundesbeamtengesetz
BBiG	Berufsbildungsgesetz
BDSG	Bundesdatenschutzgesetz
BeamtStG	Beamtenstatusgesetz
BetrVG	Betriebsverfassungsgesetz
BGB	Bürgerliches Gesetzbuch
BGH	Bundesgerichtshof
BPersVG	Bundespersonalvertretungsgesetz
BRAO	Bundesrechtsanwaltsordnung
BSG	Bundessozialgericht
BT-Drs.	Bundestags-Drucksache
BVerfG	Bundesverfassungsgericht
BVerwG	Bundesverwaltungsgericht
BZRG	Bundeszentralregistergesetz
DB	Der Betrieb (Zeitschrift)
DSGVO	Datenschutz-Grundverordnung
EG	Europäische Gemeinschaft
EU	Europäische Union
FA	Fachanwalt Arbeitsrecht (Zeitschrift)
F.A.Z.	Frankfurter Allgemeine Zeitung
ff.	folgende

Fn.	Fußnote
GewO	Gewerbeordnung
GG	Grundgesetz
HGB	Handelsgesetzbuch
InsO	Insolvenzordnung
KSchG	Kündigungsschutzgesetz
LAG	Landesarbeitsgericht
LAGE	LAG-Entscheidungssammlung
LG	Landgericht
Ls	(nur) Leitsatz oder Kurzfassung
MDR	Monatsschrift für Deutsches Recht
MTV	Manteltarifvertrag
NJW	Neue Juristische Wochenschrift
NVwZ	Neue Zeitschrift für Verwaltungsrecht
NZA	Neue Zeitschrift für Arbeitsrecht
NZA-RR	NZA-Rechtsprechungs-Report Arbeitsrecht
OLG	Oberlandesgericht
OVG	Oberverwaltungsgericht
RA	Rechtsanwalt
RdA	Recht der Arbeit (Zeitschrift)
Rn.	Randnummer
SeeArbG	Seearbeitsgesetz
S.	Seite
SGB III	Sozialgesetzbuch, Drittes Buch
SprAuG	Gesetz über Sprecherausschüsse der leitenden Angestellten
StGB	Strafgesetzbuch
TVG	Tarifvertragsgesetz
TV-L	Tarifvertrag für den öffentlichen Dienst der Länder
TVöD	Tarifvertrag für den öffentlichen Dienst
TzBfG	Teilzeit- und Befristungsgesetz
VGH	Verwaltungsgerichtshof
vgl.	vergleiche
ZBR	Zeitschrift für Beamtenrecht
ZfA	Zeitschrift für Arbeitsrecht
ZPO	Zivilprozessordnung

Literaturverzeichnis

Dieses Verzeichnis enthält nur die häufig zitierte Literatur. Auf weiteres Schrifttum wird in den einzelnen Kapiteln hingewiesen.

AR *(Kolbe)*	Dornbusch/Fischermeier/Löwisch, AR – Kommentar zum gesamten Arbeitsrecht, (§ 109 GewO), 8. Auflage 2016, Köln
AR-K *(Gäntgen)*	Henssler/Willemsen/Kalb, Arbeitsrecht Kommentar, (§ 109 GewO), 7. Auflage 2016, Köln
ArbR-BGB *(Eisemann)*	Schliemann, Das Arbeitsrecht im BGB, (§ 630), 2. Auflage 2002, Berlin
Baumbach/Hopt *(Roth)*	Handelsgesetzbuch, (1. Teil, 1. Buch, § 73 HGB/§ 109 GewO), 37. Auflage 2016, München
ErfK *(Müller-Glöge)*	Müller-Glöge/Preis/Schmidt, Erfurter Kommentar zum Arbeitsrecht, (§ 109 GewO), 17. Auflage 2017, München
Küttner *(Poeche)*	Personalbuch 2017, (Stichwort „Zeugnis“), 24. Auflage, München
Landmann/Rohmer *(Neumann)*	Gewerbeordnung, Band I (§ 109 – Stand: 71. Lieferung, 2016), Loseblattkommentar, München
MünchArbR *(Wank)*	Richardi/Wissmann/Wlotzke/Oetker, Münchener Handbuch zum Arbeitsrecht, Band 1 (§ 105), 3. Auflage 2009, München
Schaub *(Linck)*	Ahrendt/Koch/Linck/Treber/Vogelsang, Arbeitsrechts-Handbuch, (XV. Buch, § 147 „Zeugnis und Auskunft“), 17. Auflage 2017, München
Staudinger *(Preis)*	Kommentar zum Bürgerlichen Gesetzbuch, Band §§ 620–630, Dienstvertragsrecht 3 (§ 630), Neubearbeitung 2016, Berlin
Tschöpe *(Wessel)*	Arbeitsrecht Handbuch, (3. Teil „K. Arbeitszeugnis“), 10. Auflage 2017, Köln

Teil 1

Das Zeugnisrecht

I. Einleitung

Der Begriff „*Arbeitszeugnis*“ ist in einem formalen Gesetz bislang nicht verwendet worden,[1] sondern nur der schlichte Begriff „*Zeugnis*“. Zur Unterscheidung von anderen Zeugnisarten (Prüfungs-, Schul- und Hochschulzeugnissen aller Art) hat sich in der Praxis der Begriff „*Arbeitszeugnis*“ und auch „*Ausbildungszeugnis*“ herausgebildet. 1

Der Begriff „*Dienstzeugnis*“ ist erstmals 1937 für Beamte in das Deutsche Beamtengesetz eingeführt worden, und später auch für Soldaten (und Zivildienstleistende).

Das Zeugnis[2] bietet für alle Zukunft den bleibenden Nachweis der beruflichen Tätigkeit des Arbeitnehmers[3] innerhalb des bescheinigten Zeitraums. 2

Die Crux des Zeugnisrechts besteht in der Kürze der gesetzlichen bzw. tariflichen Regelung; es geht um die „Art und Dauer“ des Beschäftigungsverhältnisses und die Beurteilung von „Leistung und Verhalten“, als Formalie ist die Schriftform genannt – wie das Zeugnis im Übrigen auszusehen hat, aus welchen Bestandteilen es besteht, wie es zu gliedern und zu formulieren ist, welche Umschreibungen wichtig sind, dies ist immer noch teilweise offen und mit dem Prozessrisiko behaftet.

1. Rechtliche Grundlagen

Seit 1.1.2003 gilt für *sämtliche Arbeitnehmer* ausschließlich § 109 GewO (vgl. auch § 6 Abs. 2 GewO). 3

1 § 7b Abs. 1 Nr. 2 des Gesetzes zur Ordnung des Handwerks (Handwerksordnung) erwähnt zwar das „Arbeitszeugnis“, aber nur beispielshaft als möglichen Nachweis für handwerkliche Tätigkeiten, um eine behördlich zu erteilende Ausübungsberechtigung zu erhalten; diese Vorschrift ist keine Zeugnisnorm.

2 Eine umfangreiche und immer noch beachtenswerte Abhandlung des Zeugnisrechts bietet *Monjau*, „Das Zeugnis im Arbeitsrecht“, DB 1966 S. 264, 300 und 340. Zu einer ebenfalls älteren, aber kürzeren Fassung des Zeugnisrechts: *Schleßmann*, „Das Arbeitszeugnis“, BB 1988 S. 1320.

3 Die geschlechtergerechte Sprache wird zwecks leichterer Lesbarkeit auf die männliche Form verkürzt.

§ 630 BGB, die ehemalige Grundnorm des Zeugnisrechts, findet keine Anwendung mehr auf Arbeitsverhältnisse (siehe § 630 Satz 4 BGB), hat an Bedeutung für das Arbeitsrecht verloren.

Für *Ausbildungszeugnisse* bildet § 16 BBiG die gesetzliche Grundlage.

Für *Beamte* bestehen spezielle, gesetzliche Zeugnisvorschriften.

4 Auch in *Tarifverträgen* finden sich Zeugnisvorschriften, die entweder den bereits gesetzlich normierten Zeugnisanspruch inhaltlich gleichsam deklaratorisch wiederholen, oder eine über die gesetzlichen Vorschriften hinausgehende, aber für den Arbeitnehmer günstigere Ausgestaltung des Zeugnisrechts vorsehen (z.B. § 35 TVöD bzw. TV-L). Die tarifvertragliche Zeugnisvorschrift genießt durch § 4 Abs. 4 TVG eine Absicherung hinsichtlich Verzicht und Verwirkung (siehe Rn. 159 und 179).

5 Die jeweilige Rechtsgrundlage wird im Zeugnis aber nicht zitiert.

2. Zeugnisarten

6 Je nach Anlass und Zeitpunkt gibt es folgende Arten von (Arbeits- bzw. Dienst-) Zeugnissen:

- das endgültige Zeugnis,
- das Ausbildungszeugnis,
- das vorläufige Zeugnis,
- das Zwischenzeugnis.

7 Wenn das endgültige Zeugnis verlangt werden kann, scheiden das vorläufige und das Zwischenzeugnis aus, sie sind subsidiär.[4]

8 *Inhaltlich* werden diese Zeugnisse unterschieden in (siehe § 109 Abs. 1 GewO)

- einfaches Zeugnis (das nur Fakten wiedergebenden Charakter hat) und
- qualifiziertes Zeugnis[5] (das darüber hinaus Bewertungen über Leistung und Verhalten enthält).

3. Referenz/Empfehlungsschreiben

9 Die von einem Vorgesetzten im eigenen Namen *allgemein* ausgestellte Referenz oder das an *konkrete* Adressaten gerichtete Empfehlungsschreiben stellen

4 *LAG Frankfurt*, 28.3.2003 – 12 SaGa 1744/02.

5 Im TVöD als „Endzeugnis“ bezeichnet.

kein Zeugnis im Sinne der gesetzlichen oder tariflichen Vorschriften dar,[6] es ist eine freundliche Geste, um seinem Mitarbeiter bei der Stellensuche behilflich zu sein. Da diese schriftliche Aussage *keine* dem Arbeitgeber zurechenbare Erklärung darstellt, berührt sie die Pflicht des Arbeitgebers zur Zeugnisausstellung nicht.

Solche Schreiben gründen sich zwar auf gute Personenkenntnisse, aber sie enthalten generell zu positive Bewertungen. Der Arbeitnehmer kann nicht verlangen, dass solche Beurteilungen in das Arbeitszeugnis übernommen werden.

Unerfreulich wäre es natürlich, falls die Beurteilung im Referenzschreiben von **10** der im Zeugnis abweichen würde (hierdurch wird auch die fehlende betriebsinterne Abstimmung nach außen dokumentiert), maßgebend bleibt die Beurteilung im Zeugnis.

Problematisch ist es, wenn der Vorgesetzte im Schreiben Begriffe verwendet, die in der Zeugnissprache anders/negativ ausgelegt werden – unbeachtlich sind Schreiben, die von Gleichgeordneten (Kollegen/Freunde) verfasst sind.

Auffallend ist, dass der *Inhalt* von Referenzen kaum zur Diskussion steht (wel- **11** che Aussagen sind wichtig, wie ist zu gliedern und zu formulieren, wie lässt sich eine notenmäßige Abstufung erreichen); hier gibt es eine unstrukturierte Vielfalt, die die Einschätzung solcher Schreiben erschwert, zumal sie auch eher ein Meinungsbild über künftige Leistungen geben, während Arbeitszeugnisse vergangene Leistungen dokumentieren.[7]

Anstelle dieser schriftlichen Äußerungen kann es hilfreich sein, mit einem Vor- **12** gesetzten zu vereinbaren, dass er anderen Arbeitgebern mündlich/fernmündlich den Inhalt des erteilten Arbeitszeugnisses bestätigt oder weitere Informationen gibt. Nachteilig ist, dass diese Informationen durchweg nicht kontrollierbar sind, und man nicht sicher sein kann, dass sie inhaltlich stets positiv ausfallen. Der Bewerber sollte daher von sich aus mündliche Referenzen nur anbieten, wenn er sich des Inhalts hinreichend sicher ist (siehe auch Teil 5 „Auskünfte über Arbeitnehmer“, Rn. 927 ff.).

6 Tschöpe *(Wessel)*, Rn. 19.

7 Dipl.-Psychologin *Cynthia Sende*, „Arbeitszeugnisse aus eignungsdiagnostischer Perspektive“, Dissertation 2016, Lehrstuhl für Wirtschafts- und Sozialpsychologie der Friedrich-Alexander Universität Erlangen/Nürnberg.

4. Sonstige Bescheinigungen

a) Arbeitsbescheinigung gemäß § 312 SGB III

13 Diese Arbeitsbescheinigung dient der behördlichen Ermittlung des Arbeitslosengeldes, nicht dem Fortkommen im Berufsleben, hat mit der Suche nach einem neuen Arbeitsplatz nichts zu tun; sie hat nur Zeitwert und verliert ihre Bedeutung, wenn ein neues Arbeitsverhältnis begründet wird, sie hat als öffentlich-rechtliche Verpflichtung eine völlig andere Rechtsgrundlage und ist daher kein Ersatz für ein Arbeitszeugnis.

b) Zeugnisse für Rechtsreferendare

14 *Stationszeugnisse* für Rechtsreferendare dienen ausschließlich Prüfungszwecken und daher können negative Leistungen deutlich bezeichnet und bewertet werden; die Rechtsprechung über die wohlwollende Gestaltung von Arbeitszeugnissen ist auf diese Zeugnisse nicht zu übertragen.[8]

Wer aus dem Referendariat ausscheidet, weil er etwa die Große juristische Staatsprüfung trotz Wiederholung nicht bestanden hat, kann (wie bei jedem Ausscheiden aus einem Beschäftigungsverhältnis) ein Dienst- oder Arbeitszeugnis verlangen (je nachdem, ob der Referendar im Beamtenverhältnis auf Widerruf stand oder Angestellter war).

15 Bei diesem Zeugnis ist wichtig, in welchen Funktionen und wie lange jeweils der Referendar in welchen Abteilungen und auf welchen Rechtsgebieten tätig war, die einzelnen Ausbildungsabschnitte sind darzustellen; Angaben über Fleiß, Verantwortungsbewusstsein oder Gründlichkeit sowie über Führung gehören dazu.[9] Die Details enthält die jeweilige Justizausbildungs- und Prüfungsordnung.

16 Ist dagegen die Prüfung bestanden, genügt das Prüfungszeugnis für den Berufseinstieg (eventuell verbunden mit Stationszeugnissen), ein Dienst- oder Arbeitszeugnis wird nicht benötigt.

c) Bescheinigung als Arzt im Praktikum

17 Die Bescheinigung über die Tätigkeit als Arzt im Praktikum aufgrund der Approbationsordnungen ist kein Arbeitszeugnis im Sinne der gesetzlichen Vorschriften; denn sie hat ausschließlich die Funktion, die für die Approbation zu-

---

8 *VGH Kassel*, 26.10.2007, NJW 2008 S. 1608.

9 Speziell zum Dienstzeugnis für Rechtsreferendare: *BVerwG*, 26.1.1961, NJW 1961 S. 1131.

ständige Behörde zu informieren, und darf sogar für Bewerbungen bei Dritten nicht verwendet werden.[10]

d) Dienstbescheinigung für Seeleute

Ebenso wie das Seefahrtsbuch im ehemaligen Seemannsgesetz hat auch die Dienstbescheinigung gemäß § 33 SeeArbG *keinen* Zeugnischarakter; sie enthält zwar zahlreiche Angaben, die im Wesentlichen dem Inhalt eines einfachen Zeugnisses entsprechen, aber sie darf ausdrücklich keine Beurteilung von Leistung und Verhalten enthalten – wird die Beurteilung verlangt, so wird gesetzlich auf das Zeugnis nach § 109 GewO verwiesen (§ 33 Abs. 4 SeeArbG). Tarifvertraglich haben Seeleute bisher schon das Recht, ein „Arbeitszeugnis" zu verlangen (§ 33 MTV-See). **18**

Das „Seearbeitszeugnis" bzw. „Fischereiarbeitszeugnis" wird als schiffsbezogenes Dokument von der Berufsgenossenschaft dem Reeder erteilt (§§ 130, 133 SeeArbG) und hat mit dem eigentlichen „Arbeitszeugnis" nichts gemein.

5. Europass

Ende 2004 hat die EU einen „Europass" eingeführt, der die berufliche Mobilität erhöhen soll. Wer die berufliche Aus- und Weiterbildung sowie sonstige Lernabschnitte im Ausland durchführen möchte, kann mit diesem Pass, in dem die eigenen Fähigkeiten, erworbenen Qualifikationen und Kompetenzen transparenter dargestellt sind, seine Bewerbungen erleichtern. Der Pass enthält mehrere, nach einheitlichem Schema gefasste Dokumente, darunter (außer dem „Europass-Lebenslauf") die „Zeugnis-Erläuterungen"[11] – hierbei geht es um ergänzende Informationen zu beruflichen Abschlusszeugnissen, um sie für ausländische Arbeitgeber leichter verständlich und „lesbar" zu machen; diese Erläuterungen betreffen also nicht die Arbeits- oder Dienstzeugnisse. **19**

Sicherlich wäre es nützlich, nicht nur berufliche Abschlusszeugnisse, sondern auch Arbeitszeugnisse zu erläutern, um sie europaweit bei Bewerbungen einsetzen und verstehen zu können. Aber dafür ist der *qualifizierende* Teil des Zeugnisses ungeeignet: **20**

- die Abschlusszeugnisse enthalten klare Notenziffern, die international „lesbar" sind, während die Zeugnissprache der Arbeitszeugnisse kaum übersetzbar ist,

---

10 *BAG*, 9.5.2006 (9 AZR 182/05), NZA 2006 S. 1296 (Ls).

11 Weitere Informationen unter „www.europass-info.de".

- außerdem ist die Rechtslage sehr unterschiedlich: z. B. ist die Beurteilung von Leistung und Verhalten in Deutschland bei Bewerbungen unentbehrlich, in *Österreich* dagegen besteht darauf kein Anspruch und im Übrigen darf nichts Nachteiliges im Zeugnis vermerkt werden. Also schon diese beiden Länder lassen ein einheitliches Schema für eine Beurteilung von Leistung und Verhalten nicht zu.

6. Geschichte des Arbeitszeugnisses[12]

a) Allgemeines

21 Bescheinigungen über geleistete Arbeit sind rund 500 Jahre alt. Sie wurden – etwa ab 1500 beginnend – aktuell, als die Arbeitskräfte nicht mehr dauerhaft an Haus und Hof gebunden, auf eng begrenztem Gebiet beschäftigt waren, sondern ihren dörflichen Dunstkreis verlassen, auf Wanderschaft gehen und die Arbeitsplätze weiträumiger wechseln konnten, zugleich breitere Bevölkerungskreise des Schreibens und Lesens allmählich kundig wurden.

Die damaligen Polizeistaaten verlangten beim Arbeitsplatzwechsel bzw. bei Wanderungen aus sicherheitspolizeilichen Erwägungen Bescheinigungen, die einen Mix aus *Arbeitserlaubnis, polizeilichem Führungszeugnis* und *Reisepass* darstellten. Betroffen waren drei Berufsgruppen, die das „Zeugnisrecht“ über mehrere Jahrhunderte prägten: die Bergleute,[13] die wandernden Handwerksgesellen[14] und das Gesinde[15] (häusliches und ländliches Dienstpersonal, das sich durch hohe Mobilität auszeichnete).

22 Die Berg-, Polizei- und Gesindeordnungen der einzelnen Landesherren sowie die Zunftordnungen waren übereinstimmend beherrscht von folgenden Grundsätzen:

- Es durfte unter Strafandrohung niemand beschäftigt werden, der nicht eine Abschiedsbekundung (im Bergbau: Abkehrschein – im Handwerk: Kundschaft) des bisherigen Dienstherrn vorlegen konnte. Demgemäß war jede Dienstherrschaft verpflichtet, eine Abschiedsbekundung über die Dauer der

12 Ausführlicher in NZA 2006 S. 1392 („Historisches zum Arbeitszeugnis“).

13 In der Bergordnung von Joachimsthal (1518) wurde der „Abkehrschein“ erstmals erwähnt, vgl. *Müller-Erzbach*, „Das Bergrecht Preußens und des weiteren Deutschlands“, (1917, Stuttgart), S. 380.

14 Im 16. Jahrhundert hatte sich in den Zunftordnungen die durchweg 3-jährige Wanderpflicht durchgesetzt.

15 Erstmals wurden Gesindezeugnisse verlangt in der Gesindeordnung von Hildesheim/Braunschweig/Lüneburg im Jahre 1445 – vgl. *Könnecke*, „Rechtsgeschichte des Gesindes in West- und Süddeutschland“, (1912, Marburg), S. 860 – reichseinheitlich in der Reichspolizeiordnung von 1530 (für Knechte und „andere Dienstbotten“).

Beschäftigung auszustellen (= „Zeugniszwang“). Ein „Abschied“ wurde nicht erteilt, falls die Arbeitsstätte ohne ordnungsgemäße Kündigung verlassen wurde oder Straftaten/Schulden vorlagen; ohne „Abschied“ bestand keine Chance für eine andere Arbeit.

- Die „Abschiede“ mussten noch von der Polizeibehörde *beglaubigt* werden; es bestand ein polizeiliches Interesse, den Dienstwechsel zu überwachen und die Wandernden zu kontrollieren, insbesondere im Hinblick darauf, ob sie sich dadurch nicht dem Gesindezwangsdienst oder Militärdienst entziehen.
- Schließlich dienten die Bescheinigungen als Reisedokument und enthielten eine genaue Personenbeschreibung (Alter, Größe, Statur, Haarfarbe).

An diesen von polizeilichen Erwägungen getragenen Zweck und Inhalt der „Abschiede“ änderte sich 350 Jahre lang substanziell nichts!

b) Gewerbliche Arbeiter

Die *gewerblichen Arbeiter* (Fabrikarbeiter) waren es, die endlich Bewegung in das „Zeugnisrecht“ brachten. Denn sie wollten ab Mitte des 19. Jahrhunderts nicht länger dulden, sich vom Staat zugunsten der Arbeitgeber bevormunden zu lassen und an die „Kandare genommen“ zu sein. Die Gewerbeordnung des Norddeutschen Bundes von 1869[16] schaffte den *Zeugniszwang* ab, eine neue Beschäftigung setzte nicht mehr die Vorlage eines „Abschieds“ voraus, und die Arbeiter erhielten erstmals das *Recht*, auf Antrag ein Zeugnis über Art und Dauer der Beschäftigung zu verlangen,[17] das sich auf Wunsch auf die *Führung* zu erstrecken hatte und ab 1891 auch auf die *Leistung* – dies entspricht inhaltlich der heutigen Zeugnislage. 23

Die bisherige, polizeiliche Pflicht-*Beglaubigung* des gesamten Zeugnisses erfolgte seit der Reichsgewerbeordnung nur auf Wunsch des Beschäftigten und bezog sich ab 1878 lediglich auf die Unterschrift (um deren Echtheit sicherzustellen). Diese auf Wunsch erfolgte Unterschrifts-Beglaubigung hat sich lange gehalten und wurde erst durch das Beurkundungsgesetz (in Kraft ab 1970) gestrichen.

16 Ab 1871 = Reichsgewerbeordnung.

17 § 113 GewO, Vorläufer war § 142 der Preußischen GewO von 1845.

c) Gesinderecht

24 Diese „Emanzipation" des Arbeiters im Gewerberecht lief am *Gesinderecht* völlig vorbei; die Gesindeordnungen galten unverändert weiter bis zum Ende der Monarchie (1918).[18]

d) Bergrecht

25 Im *Bergrecht* erfolgte nur insofern eine Änderung, als mit dem Preußischen Berggesetz (1865) auf Wunsch ein *gesondertes* Zeugnis über *Führung* erteilt werden musste (das 1892 auf die *Leistungen* erweitert wurde), aber alles andere blieb bestehen[19] (= Pflicht des Arbeitgebers zur Erteilung des Abkehrscheins, und „Ohne Abkehrschein keine Arbeit als Bergmann" – dies war damit begründet, dass der Bergwerksbesitzer angesichts der Betriebsgefahren des Bergbaues schon bei der Einstellung wissen soll, was der Bergmann bisher gearbeitet hat, um entscheiden zu können, wie er, ohne andere zu gefährden, beschäftigt werden kann). Der Abkehrschein und die damit zusammenhängenden Pflichten sind in den einzelnen Bundesländern spätestens mit dem Bundesberggesetz im Jahre 1982 aufgehoben worden.

e) Handelsrecht und bürgerliches Recht

26 Im Handelsrecht gab es erst mit § 73 HGB (in Kraft ab 1898) ein Zeugnis für Handlungsgehilfen, *vorher nicht*; die gewerberechtliche Zeugnisvorschrift wurde auch nicht analog angewendet, allenfalls gab es aufgrund örtlichen Handelsgewohnheitsrechts ein einfaches Zeugnis.[20]

Desgleichen waren Zeugnisse im Bereich des allgemeinen *bürgerlichen Rechts* bis § 630 BGB (also bis 1900) völlig unbekannt.

f) Zusammenfassung

27 Die Vielfalt der gesetzlichen Zeugnisvorschriften der verschiedenen Berufsgruppen gehört der Vergangenheit an, sie mündet seit 2003 in § 109 GewO ein (nur eingeschränkt gilt weiterhin § 630 BGB); da das Gewerberecht die Keimzelle des modernen Zeugnisrechts war, ist dieser heutige Standort der maßgeblichen Zeugnisvorschrift zwar zunächst verwunderlich, aber historisch nicht verfehlt!

---

18 Um 1900 wurden in Deutschland 59 Gesindeordnungen gezählt! Zur Weitergeltung des Gesinderechts über 1900 hinaus, siehe Art. 95 des Einführungsgesetzes zum BGB.

19 Zur Weitergeltung des Bergrechts über 1900 hinaus, siehe Art. 67 des Einführungsgesetzes zum BGB.

20 *Reichsgericht*, 3.12.1895, amtliche Sammlung in Zivilsachen, Band 36 S. 71.

II. Bedeutung des Zeugnisses

Das Zeugnis hat eine „*zweiseitige Zielsetzung … (es) dient dem Arbeitnehmer regelmäßig als Bewerbungsunterlage und ist insoweit Dritten, insbesondere möglichen künftigen Arbeitgebern, Grundlage für ihre Personalauswahl.*“[21] 28

Aber auch für den *Zeugnisaussteller* hat das Zeugnis Bedeutung: er darf sich mit seinem weiteren Verhalten nicht in Widerspruch zum Zeugnisinhalt setzen (die Beurteilung bindet), und bei leichtfertiger Formulierung droht Schadensersatz.

1. Bedeutung für den Arbeitnehmer

Da der Arbeitnehmer bei Beendigung des Arbeitsverhältnisses (auf welche Art und aus welchen Gründen auch immer, auch etwa beim Eintritt in den Ruhestand) die Ausstellung des Zeugnisses verlangen kann, erhält er zunächst eine Analyse seiner Tätigkeit und einen Maßstab, wie er beurteilt wird.[22] In dieser Analyse, die zwar von hohem persönlichem Wert ist,[23] erschöpft sich jedoch die Bedeutung des Zeugnisses für ihn nicht (denn die Kenntnis über seine betriebliche Einschätzung hat er schon vorher erhalten oder erhalten können, falls das betriebsinterne Mitarbeiter-Beurteilungsverfahren durchgeführt oder die Beurteilung gemäß § 82 Abs. 2 BetrVG verlangt wurde). 29

Zeugnisse geben Auskunft darüber, welche Tätigkeiten wie lange und in welcher Weise durchgeführt wurden – ihre Dokumentation dient (so das *BAG*[24]) 30

> „*… vor allem als Unterlage für eine Bewerbung um einen neuen Arbeitsplatz und stellt deshalb einen wichtigen Faktor im Arbeitsleben dar… Für den Arbeitnehmer ist das Zeugnis gleichsam die Visitenkarte für weitere Bewerbungen.*“

Das Zeugnis stellt einen unverzichtbaren Teil der Bewerbungsunterlagen dar. Ohne Arbeitszeugnisse sind Bewerbungen fast chancenlos. Viele Firmen stellen deshalb schon von sich aus, und bevor es beantragt wird, ein Zeugnis aus (überwiegend als qualifiziertes Zeugnis) und übergeben es mit den übrigen Arbeitspapieren. 31

---

21 Grundlegend: *BAG*, 23.6.1960 (5 AZR 560/58), BB 1960 S. 983 (Ls) = DB 1960 S. 1042 = AP HGB § 73 Nr. 1, sowie *BGH*, 26.11.1963 (VI ZR 221/62), DB 1964 S. 517 = AP BGB § 826 Nr. 10.

22 *BAG*, 16.10.2007, BB 2008 S. 507 = DB 2008 S. 245 = NZA 2008 S. 298 = AP BGB § 630 Nr. 33.

23 Staudinger *(Preis)*, Rn. 2.

24 *BAG*, 3.3.1993, BB 1993 S. 1439 = DB 1993 S. 1624 = NZA 1993 S. 697 = AP BGB § 630 Nr. 20.

32 Wegen dieser Bedeutung hat der Arbeitnehmer natürlich ein hohes Interesse an einer für ihn günstigen Abfassung des Zeugnisses, um für sich und seine Arbeitsleistung auf dem Arbeitsmarkt werben zu können; denn Zeugnisse stellen für ihn ein wichtiges Werbemittel dar, das er bei der Stellensuche zur Verfügung hat. Und in Zeiten schlechterer Arbeitsmarktlage kann das Zeugnis für Arbeitnehmer von schicksalhafter Bedeutung sein.

33 Die Bedeutung für die Arbeitnehmer wird durch die Tatsache unterstrichen, dass im Jahre 2006 – dem letzten Jahr der bundesweiten, statistischen Erfassung – fast 31.000 Zeugnisprozesse vor dem Arbeitsgericht geführt wurden,[25] (statistisch an 3. Stelle stehend hinter den Verfahren wegen Kündigung und Arbeitsentgelt); darüber hinaus wird noch eine beachtliche Dunkelziffer vermutet, da Zeugnisstreitigkeiten oft auch in Kündigungsverfahren mit erledigt bzw. in Abfindungsvergleichstexten aufgenommen und statistisch nicht gesondert erfasst wurden.[26]

34 Ab 2007 wird in der vom Statistischen Bundesamt geführten Statistik das Sachgebiet „Zeugniserteilung" nicht mehr gesondert dargestellt, so dass zuverlässige Angaben über die aktuelle Zahl der Zeugnisprozesse leider nicht mehr möglich sind. Es gibt allerdings keine Anzeichen dafür, dass sich die Zahl seitdem nennenswert verändert, insbesondere reduziert hätte, so dass man wohl davon ausgehen kann, dass nach wie vor jährlich Zeugnisprozesse in der Größenordnung von etwa 30.000 vor den Arbeitsgerichten geführt werden.

35 Überwiegend geht es in den Prozessen um die textliche Abänderung bereits erteilter Zeugnisse, weniger um deren erstmalige Erteilung.

2. Bedeutung für den neuen Arbeitgeber

36 Obgleich Arbeitgeber bei Bewerbungen stets Zeugnisse verlangen, besteht in der betrieblichen Praxis keine einheitliche Auffassung über den Stellenwert von vorgelegten Zeugnissen bei der Personalauswahl. Dies hängt sicherlich einmal von der Qualität des Zeugnisschreibers und von dem Renommee seiner Firma ab und zum anderen von der Überzeugung des neuen Arbeitgebers über den Informationsgehalt eines vorgelegten Zeugnisses.

25 Zahl der Zeugnisprozesse in früheren Jahren (Quelle: „Bundesarbeitsblatt" – von 2002 bis 2006: Homepage des für „Arbeit" zuständigen Bundesministeriums):

1995 = 14.089	1996 = 15.395	1997 = 15.939	1998 = 17.585	1999 = 21.254	2000 = 23.425
2001 = 25.878	2002 = 27.908	2003 = 30.177	2004 = 31.540	2005 = 32.288	2006 = 30.817

26 *Schulz*, „Der arbeitsrechtliche Zeugnisanspruch", (2006, Hamburg), S. 4.

Eine Übereinstimmung lässt sich aber in Folgendem feststellen:[27] 37

- Bei der Besetzung von einfachsten und untergeordneten Arbeitsplätzen spielt das Zeugnis eine geringere Rolle,
- je höherrangig der zu besetzende Posten ist, desto größere Bedeutung wird Zeugnissen beigemessen,
- bei Spitzenkräften nimmt die Bedeutung wieder ab.

Vor allem bei der *Vorauswahl* der Bewerber und der Frage, wer zum Vorstellungsgespräch gebeten wird, spielt das Zeugnis eine entscheidungserheblichere Rolle als alle anderen Bewerbungsunterlagen, da es zu diesem Zeitpunkt die einzige Informationsquelle darstellt, die nicht vom Bewerber selbst, sondern von einem Dritten stammt.[28] Für eine erfolgreiche Bewerbung mag es noch weitere Voraussetzungen geben, aber mangels durchweg anderer verwertbarer Informationsquellen über Tätigkeit und Qualifikation des Arbeitnehmers ist das Zeugnis der erste Einstieg in das Bewerbungsverfahren. 38

Da außerdem dem Zeugnisinhalt Vertrauen entgegengebracht wird und werden muss,[29] erfüllt es zugleich eine Warnfunktion, nämlich Schutz vor übereilten Einstellungsentscheidungen,[30] und Fehlentscheidungen bei Personaleinstellungen sind oft teurer als Fehlinvestitionen. 39

Gefälschtes Zeugnis?

Arbeitnehmer können (auch dank der Kopiertechnik) sehr erfinderisch sein, wenn es um Manipulationen beim Arbeitszeugnis geht, um mit Hilfe eines „polierten“[31] Zeugnisses einen Arbeitsplatz zu erhalten, z. B.: 40

- Anfertigung eines Arbeitszeugnisses aus zusammengeklebten Textteilen und anschließender Kopie,[32] bzw.
- Abänderung einer Arbeitsbescheinigung, in die die Unterschrift des Arbeitgebers aus einer Broschüre hineinkopiert wurde,[33]

---

27 *Weuster*, „Personalauswahl und Personalbeurteilung mit Arbeitszeugnissen“, (1994, Göttingen), S. 70.

28 *BAG*, 3.3.1993, BB 1993 S. 1439 = DB 1993 S. 1624 = NZA 1993 S. 697 = AP BGB § 630 Nr. 20; Staudinger *(Preis)*, Rn. 2.

29 *OLG Frankfurt*, 24.11.1982 – 9 U 87/80.

30 *LAG Düsseldorf*, 22.1.1988, BB 1988 S. 1463 = NZA 1988 S. 399 = NJW 1988 S. 1616 (Ls) = LAGE BGB § 630 Nr. 4.

31 F.A.Z. vom 28.5.2005 (Nr. 121), S. 51.

32 *Bayerisches Oberstes Landesgericht*, 11.5.1992, NJW 1992 S. 3311.

33 *ArbG Frankfurt a. M.*, 23.6.2010 – 7 Ca 263/10.

- Abänderung im Original eines Ausbildungszeugnisses (die Noten wurden „verbessert“),[34]
- ein Zeugnis wird auf Firmenpapier und der Unterschrift einer nicht existierenden Person vom Arbeitnehmer selbst hergestellt,[35]
- Fälschung der Diplomurkunde, um über die angeblich bestandene Hochschulprüfung zu täuschen.[36]

41 Dies sind Machenschaften, die wegen des Anstellungsbetruges die Anfechtung des Arbeitsvertrages rechtfertigen. Auch nach einer jahrelangen, einwandfreien Tätigkeit ist wegen der damaligen Zeugnismanipulation heute die sofortige Entlassung zulässig (sogar nach $8^1/_2$ Jahren[37] bzw. nach 6 Jahren[38]). Unerheblich ist hierbei die *strafrechtliche* Beurteilung: ob neben dem Anstellungsbetrug noch eine Urkundenfälschung vorliegt bzw. ob die Verfolgungsverjährung bereits eingetreten ist.

42 Entspricht die Arbeitsleistung nicht den angeblichen Leistungen im gefälschten Zeugnis, so hat der Arbeitnehmer die gezahlte Vergütung samt Arbeitgeberanteil und eventuelle Fortbildungskosten zu ersetzen,[39] und schließlich: Für die „erschlichene“ Beschäftigungsdauer gibt es kein Zeugnis (siehe Rn. 131).

Mögen diese arbeitsrechtlichen Konsequenzen eine abschreckende Wirkung haben!

43 Wegen dieser Manipulationsmöglichkeiten sollte sich der Arbeitgeber vom Bewerber jeweils die beglaubigte, nicht eine schlichte Kopie des Zeugnisses vorlegen lassen (was aber in der Praxis selten verlangt wird). Zwar kann die Zusendung des *Originals* wegen der Verlustgefahr nicht verlangt werden, aber es empfiehlt sich, die Vorlage des Originals beim Vorstellungsgespräch vorzusehen;[40] das gilt besonders bei *Online*-Bewerbungen, um inhaltssichere Unterlagen zu erhalten.

3. Bedeutung für den Zeugnisaussteller

44 Da das Zeugnis für die berufliche Entwicklung des Arbeitnehmers von hohem Wert ist, ergibt sich daraus die Verpflichtung für den Arbeitgeber (und den mit

---

34 *LAG Baden-Württemberg*, 13.10.2006, DB 2007 S. 1197 = MDR 2007 S. 532.
35 *LAG Köln*, 16.6.2000, NZA-RR 2000 S. 630.
36 *LAG Nürnberg*, 24.8.2005 – 9 Sa 400/05.
37 *LAG Baden-Württemberg*, 13.10.2006, DB 2007 S. 1197 = MDR 2007 S. 532.
38 *LAG Nürnberg*, 24.8.2005 – 9 Sa 400/05.
39 *LAG Köln*, 16.6.2000, NZA-RR 2000 S. 630.
40 AR-K *(Gäntgen)*, Rn. 46.

der Abfassung von Zeugnissen bestellten Personenkreis) zur großen Sorgfalt bei der Zeugnisausstellung. Werden aus Unvermögen oder Bequemlichkeit keine wahrheitsgemäßen und vollständigen Zeugnisse ausgestellt, kann dies dazu führen, dass der Zeugnisaussteller Schadensersatz leisten muss; denn das Zeugnis wird als

> *„gesetzlich fixierte Nebenpflicht aus dem Dienstvertrag geschuldet, es stellt also weder eine reine Gefälligkeit noch eine im weiteren Sinne unentgeltliche, unverbindliche Leistung dar.*“[41]

Wird noch berücksichtigt, dass im Zeugnis verkehrsübliche Angaben und Formulierungen erwartet werden, so wird deutlich, welche Schwierigkeiten auf den Zeugnisaussteller zukommen. Und der Personal- und Zeitaufwand für die Zeugniserteilung kann beträchtlich sein, hängt aber im Einzelfall von dem Grad der Fluktuation, von der Größe der Belegschaft und auch von der hierarchischen Stellung im Betrieb ab (je höherrangig der Mitarbeiter ist, je aufwendiger wird in der Regel die Zeugnisfertigung sein). **45**

a) Bindungswirkung

Für den ausstellenden Arbeitgeber hat das Zeugnis insofern noch Bedeutung, als er sich bei weiteren Rechtshandlungen nicht in Widerspruch zu der Beurteilung des Arbeitnehmers setzen darf, er vielmehr einer Selbstbindung unterliegt und sich festhalten lassen muss an das, was er im Zeugnis bescheinigt hat (es sei denn, *neue* Sachverhalte wurden bekannt, die eine andere Bewertung zulassen) – die im Zeugnis schriftlich fixierte Bewertung kann nicht als unmaßgeblich beiseitegeschoben werden, wenn es mit anderen Kundgaben desselben Arbeitgebers nicht übereinstimmt; die schriftliche Äußerung bindet. **46**

- Wer einem Mitarbeiter bescheinigt, er habe ihn als **47**

  „fleißigen, ehrlichen und gewissenhaften Mitarbeiter kennen gelernt“,

- kann, sofern das Gegenteil dieses Verhaltens dem Arbeitgeber *bekannt* war, weder kündigen[42] noch einen zuvor festgestellten Fehlbetrag geltend machen, die Mankohaftung des Arbeitnehmers entfällt.[43]

- Im Kündigungsschutzprozess werden die Kündigungsgründe unbeachtlich, die im (zuvor erteilten) Zeugnis nicht zumindest andeutungsweise vermerkt **48**

---

41 *BGH*, 15.5.1979, BB 1980 S. 779 = DB 1979 S. 2378 = NJW 1979 S. 1882 = AP BGB § 630 Nr. 13.

42 *LAG Hamm*, 28.8.1997 – 4 Sa 1926/96.

43 *BAG*, 8.2.1972, BB 1972 S. 618 = DB 1972 S. 931 = NJW 1972 S. 1214 = AP BGB § 630 Nr. 7.

sind; so ist die fristlose Kündigung wenige Tage nach Ausstellung eines ausnahmslos positiven Zeugnisses wegen Rechtsmissbrauchs unwirksam.[44] Es nützt nichts, wenn der Arbeitgeber einwendet, er habe ein vor allem wohlwollendes Zeugnis ausstellen wollen. Wer aus falsch verstandener Fürsorge ein zu wohlwollendes Zeugnis erteilt und dann anschließend zum „schärfsten Mittel" greift (zur Kündigung bzw. zur finanziellen Regressnahme), kann mit der Kündigung bzw. Haftung nicht durchkommen.[45] Die Kündigungs- bzw. Haftungsgründe entfallen auch dann, wenn der Arbeitgeber zuerst zum „schärfsten Mittel" greift und danach eine lobende Beurteilung im Zeugnis vornimmt.[46]

49 • Ist die Vergütung leistungsorientiert an eine ermitttelte Note gekoppelt, dann bindet sie[47] – die Note muss im Zeugnis wiederkehren.

50 • Heißt es im Zeugnis

„*Sie erledigte die ihr übertragenen Aufgaben selbständig, sicher, termingerecht und zu unserer vollsten Zufriedenheit*",

dann entspricht diese Leistungsbeurteilung der Note 1,5 (siehe Rn. 788), und dann können nicht anschließend im Kündigungsprozess *Leistungsmängel* als Grund der Beendigung vorgetragen werden![48] – die Zeugnisangaben binden.

51 • Die Beurteilung in einem *Ausbildungszeugnis* ist jedoch *nicht* bindend für ein Arbeitszeugnis; denn die erbrachten Leistungen in der Ausbildung sind von anderer Qualität und Leistungsart, als die in dem anschließenden Arbeitsverhältnis.[49]

Zur Bindungswirkung eines *Zwischen*zeugnisses siehe Rn. 602.

b) Zeugnis und Diskriminierung?

52 • Wird bei mehreren Beschäftigten das befristete Arbeitsverhältnis entfristet, bei der *nicht*deutschen Arbeitnehmerin aber abgelehnt mit dem Hinweis auf *Leistungsmängel*, während ihr ins Zeugnis geschrieben wurde:

---

44 *LAG Bremen*, 22.11.1983, BB 1984 S. 473; Schaub *(Linck)*, Rn. 29 (= der Arbeitgeber habe den Wertungswiderspruch aufzuklären).

45 A. A. ErfK *(Müller-Glöge)*, Rn. 57; Staudinger *(Preis)*, Rn. 75.

46 Zweifelnd im Fall der nachträglichen Zeugniserteilung: *LAG Köln*, 30.7.1999, NZA-RR 2000 S. 189.

47 *LAG Köln*, 16.12.2016, DB 2017 S. 2040.

48 *BAG*, 21.6.2012, BB 2013 S. 1468 = NZA 2012 S. 1345 = AuR 2012 S. 328.

49 *LAG Hamm*, 14.1.2011 – 7 Sa 1615/10.

„Sie erledigte die ihr übertragenden Aufgaben selbständig, sichert, termingerecht und zu unserer vollsten Zufriedenheit",

dann können solche widersprüchlichen Begründungen Indizwirkung für eine benachteiligende Maßnahme im Sinne des § 22 AGG haben.[50]

Es scheint aber auch ein Indiz dafür zu sein, dass der Zeugnisaussteller das Gebot der Zeugniswahrheit mit „Füßen trat", nämlich eine Beurteilung abzugeben, die der Note 1,5 entspricht (siehe Rn. 788), während angeblich Leistungsmängel vorlagen.

Der Zeugnisaussteller hat bei der Zeugnisanfertigung darauf zu achten, nur eine solche Beurteilung zu attestieren, die auch bei weiteren Maßnahmen und Äußerungen des Arbeitgebers beachtet und übernommen wird.

- Wurde das Arbeitsverhältnis aus verständlichen und nicht nachteiligen Gründen unterbrochen und werden diese Gründe im Zeugnis erwähnt (z.B. Mutterschutz, Elternzeit), so kann daraus keine Diskriminierung im Sinne des AGG konstruiert werden; denn es ist für den Arbeitnehmer sogar vorteilhaft, solche Begründungen im Zeugnis zu lesen, da sonst andere Arbeitgeber über den Grund der Ausfallzeit nachteilige Mutmaßungen anstellen könnten (siehe hierzu Rn. 317) – jedenfalls liegt in der Erwähnung dieser Gründe der Unterbrechung keine Benachteiligung vor, die etwa eine Entschädigung gemäß § 15 AGG rechtfertigen würde,[51] und stellt auch keine ungerechtfertigte Erschwerung des beruflichen Fortkommens oder Benachteiligung im Sinne von § 612a BGB dar.[52] **53**
- Wenn mehrjährige *krankheitsbedingte* Ausfallzeiten außer Verhältnis zur tatsächlich geleisteten Arbeitszeit stehen, und es bei der ausgeübten Tätigkeit auf das Vorhandensein eines aktuellen Fachwissens und entsprechende Berufserfahrung ankommt (siehe dazu auch Rn. 314), dann liegt ein sachlicher Grund gemäß § 8 AGG vor, diese Ausfallzeiten im Zeugnis zu vermerken, ohne diskriminierend zu sein.[53] **54**
- Die Antidiskriminierungsstelle des Bundes hatte zu einem Pilotprojekt animiert, *anonyme* Bewerbungen vorzusehen, in denen alle Personalien anonymisiert sind. Mit dieser Form von Bewerbungen sollte vermieden werden, dass z.B. bereits anhand des Vor- oder Zunamens, des Geschlechts, des Geburtsorts oder des Alters diskriminierende und gegen das AGG verstoßende **55**

50 *BAG*, 21.6.2012, BB 2013 S. 1468 = NZA 2012 S. 1345 = AuR 2012 S. 328.
51 *LAG Köln*, 4.5.2012, NZA-RR 2012 S. 563 (betreffend Elternzeit).
52 *BAG*, 10.5.2005, BB 2005 S. 2755 = DB 2005 S. 2474 = NZA 2005 S. 1237 = AP BGB § 630 Nr. 30.
53 *LAG Frankfurt*, 2.2.2015 – 16 Sa 1387/14, NZA-RR 2016 S. 179.

Ablehnungen der Bewerbungen erfolgen. Die anonymisierten Daten werden dann (erst) im Vorstellungsgespräch „enttarnt".

Eine sonderbare Idee[54] schon deshalb, wenn man bedenkt, dass das AGG vor allem auf der Umsetzung von Europäischen Richtlinien beruht, und die EU-Kommission ihrerseits einen „Europass-Lebenslauf" (siehe Rn. 19) entworfen hat, in dem die üblichen persönlichen Daten enthalten sind, sogar die Beifügung eines Foto nicht ausgeschlossen ist; hier wird also nichts anonymisiert!

Bei anonymen Bewerbungen kann ein Zeugnis zunächst nicht in kompletter Form vorgelegt werden, es müssten zahlreiche Schwärzungen vorgenommen werden – die an diesem Pilotprojekt beteiligten Arbeitgeber haben jedoch durchweg eigene Bewerbungsbögen, so dass Arbeitszeugnisse in diesem Stadium des Bewerbungsverfahrens keine Rolle spielen.

4. Bedeutungsverlust?[55]

56 Die Kritik am Arbeitszeugnis verstummt nicht und kehrt in gewissen Zeitabständen, vor allem nach Zeugnisurteilen des *BAG* schubartig immer wieder, verbunden mit Hinweisen auf die geheimnisumwitterte und abzuschaffende Zeugnissprache:

- So wird der Wert des Zeugnisses bezweifelt[56] und
- das Zeugnis als sinnfreies Ritual bezeichnet;[57]
- das Zeugnis sei angeblich nicht das Papier wert, auf dem es stehe;[58]
- „Das Arbeitszeugnis hat ausgedient";[59]
- „Nichts als Lyrik und Chichi",[60]
- falls Angaben im Zeugnis anderen Aussagen desselben Arbeitgebers widersprechen würden, sei dem Zeugnis kaum Bedeutung beizumessen.[61]

---

54 Sehr kritisch dazu auch: *Bauer/Krieger*, AGG, (4. Auflage 2015, München), § 2 Rn. 25.
55 Siehe auch *Schleßmann*, „Zwei Fragen zum Arbeitszeugnis", BB 2015 S. 2421.
56 *Schmid*, „Nachgefragt: Kein Anspruch auf Dank", F.A.Z. vom 13.3.2013 (Nr. 61), S. 19.
57 *Watzka*, „Arbeitszeugnisse – ein sinnfreies Ritual?", F.A.Z. vom 21.1.2013 (Nr. 17), S. 18.
58 „Arbeitszeugnisse auf dem Prüfstand – Das Papier nicht wert" – Titel-Thema in der Zeitschrift „Personalwirtschaft", 2010, Heft 6 S. 18.
59 *Maaß*, „Berliner Morgenpost" vom 17.4.2013.
60 *Tiedge*, ‚Spiegel-Online', „Karriere Spiegel" vom 9.4.2011.
61 *Bauer*, „Wohlwollende Arbeitgeber sind schnell die Dummen", NZA-Editorial, Heft 20/2012.

Es werden die alten Thesen immer wieder ausgegraben: 57

- auf die Beurteilungen könnte wegen der ominösen Zeugnissprache verzichtet und stattdessen dem einfachen Zeugnis *Referenzschreiben* beigefügt bzw.
- mit dem bisherigen Arbeitgeber könnte telefoniert werden bzw.
- das einfache Zeugnis sei ausreichend (die Probezeit würde ja genügend Erkenntnisse bieten[62]).

Bei *Referenzen* (siehe auch Rn. 9) stellen deren Formulierungen über Maß und Grad der Empfehlung die gleichen Probleme dar wie bei der Zeugnissprache, und sie führen daher nicht zu einer brauchbaren Alternative. 58

Wer propagiert, das vorgelegte Zeugnis links liegen zu lassen und sogleich telefonisch *Auskünfte* beim bisherigen Arbeitgeber einzuholen, übersieht die Rechtslage; denn Auskünfte sind heute wegen des Daten- und Persönlichkeitsschutzes fast ausschließlich nur mit Zustimmung des Bewerbers zulässig (siehe Rn. 927 ff.). 59

Viele Arbeitgeber verweigern auch grundsätzlich die Auskunftserteilung.

Richtig ist, dass das einfache Zeugnis mit seiner *Tätigkeitsbeschreibung* eine objektive und wichtige Informationsquelle bietet, und sie im Wesentlichen nicht von der Zeugnissprache „belastet" ist. Sie belegt, auf welchem Sachgebiet der Arbeitnehmer und wie lange und bei welchem Arbeitgeber tätig war, welche Qualifikation und Berufserfahrung er mitbringt, und ob das bisherige Arbeitsgebiet dem Profil des neuen Arbeitsplatzes entspricht. 60

Die Tätigkeitsbeschreibung ist für die Einschätzung zweifellos von besonderer Bedeutung.

Wichtig für den Arbeitgeber ist aber nicht nur, *was* der Bewerber, sondern auch *wie* er nach Meinung des Arbeitgeber-Kollegen bisher gearbeitet hat, ob es sich um einen guten, durchschnittlichen oder schwachen Bewerber handelt. Und diese Information sollte vor der Einstellung vorhanden sein und nicht erst mit Ablauf der Probezeit (es stellt auch einen Kostenfaktor dar, eventuell eine völlig nutzlose Probezeit absolvieren zu lassen). 61

Auf das *qualifizierte* Zeugnis wird kein Arbeitgeber verzichten wollen, auch wenn für ihn einzelne Beurteilungskriterien nicht immer im Vordergrund stehen, und eine Tendenz zu guten Beurteilungen unverkennbar ist[63] (siehe Rn. 837 ff.).

---

62 *Kaufmann*, ‚Spiegel-Online', „Karriere Spiegel" vom 18.11.2014.

63 *BAG*, 18.11.2014, BB 2015 S. 1216 (Ls) = DB 2015 S. 868 = NZA 2015 S. 435 = AP GewO § 109 Nr. 5.

62 Aber selbst aus *Gefälligkeitszeugnissen* lassen sich Erkenntnisse gewinnen (abgesehen von der Tätigkeitsbeschreibung):

- Wer hat gekündigt?
- die Begründung des *Ausscheidens* aus dem Unternehmen (sofern im Zeugnis vermerkt) ist beachtenswert,
- wie fällt das *Gesamturteil* aus?
- wird die *Schlussformel* und falls ja, in welcher Form verwendet?
- und aussagekräftig ist, wenn „*wenn mehrere Arbeitszeugnisse von Bewerbern vorliegen, die in die gleiche Richtung weisen*".[64]

63 Jeder Arbeitgeber, der Mitarbeiter einstellen will, hat höchstes Interesse, möglichst viele Informationen über Bewerber zu erhalten, und dem widerspricht es, wenn wegen der Kritik an der Zeugnissprache sogleich die gesamte Beurteilung rabiat über Bord geworfen werden soll (was vermutlich nur von denjenigen propagiert wird, die selbst wenig Personalverantwortung tragen).

64 Wer das Zeugnis nicht ganz ernst nimmt, übersieht auch, dass ihm in der Arbeitswelt eine besondere Bedeutung beigemessen wird, denn jeder Arbeitnehmer verlangt ein Zeugnis (sofern er nicht in den Ruhestand tritt), jeder Arbeitgeber verlangt es vom Bewerber – bei dieser Einstellung und Handhabung in der Praxis sind Zweifel am qualifizierten Zeugnis wenig ergiebig.

65 Zeugnisprozesse werden schließlich mit Pressemitteilungen des Gerichts (zumindest des *BAG*), mit zahlreichen Kommentaren in arbeitsrechtlichen Zeitschriften sowie in der Tagespresse mit beachtlichem Medien-Echo begleitet, woraus das Interesse der Öffentlichkeit und die Bedeutung dieses Themas deutlich wird – wenn auch zuzugeben ist, dass manche kleinlichen Facetten des Zeugnisrechts durchprozessiert werden, die erstaunen, so etwa die Frage, ob es sich bei der Zeugniserteilung um eine Hol- oder Schickschuld handelt (siehe Rn. 220 ff.), ob das Zeugnis gefaltet werden darf (siehe Rn. 234), oder ob ein ‚e' zu viel getippt wurde (siehe Rn. 507),[65] was aber zugleich belegen kann, wie wichtig dem Arbeitnehmer das Zeugnis ist.

66 *„Trotz aller Kritik und Todgesänge ist das Zeugnis nach wie vor mit dem Anschreiben und dem Lebenslauf die Visitenkarte des Bewerbers"*.[66]

---

64 *Sende/Galais/Dahl*, „Zwischen Wahrheit und Wohlwollen", Zeitschrift „Personalwirtschaft", 2011, Heft 7 S. 35.

65 Siehe auch *Bauer*, „Verschlüsselte Zeugnis-Formulierung", ArbRAktuell 2011 S. 663.

66 *Düwell/Dahl*, „Die Leistungs- und Verhaltensbeurteilung im Arbeitszeugnis", NZA 2011 S. 958.

Was sollen also die „Gesänge“ und immer wiederkehrenden Thesen, zumal keine gleichwertigen und praktikablen Ersatzlösungen angeboten werden? – Arbeitszeugnisse in der bisherigen Form bleiben „alternativlos“! **67**

Zu den Varianten der Darstellung von Beurteilungen siehe „Neue Zeugnisformen“, Rn. 854 ff.

III. Anspruchsberechtigte Personen

Vorbemerkung

68 Alle Personen, die in einem Arbeits- oder Berufsausbildungsverhältnis stehen, die persönlich oder wirtschaftlich unselbstständig (abhängig) und damit sozial schutzbedürftig sind, haben Anspruch auf Ausstellung des Zeugnisses.

69 Die *Nationalität* des Arbeitnehmers spielt keine Rolle; auch ausländische Arbeitnehmer haben den Zeugnisanspruch (zur Textsprache siehe Rn. 515).

Minderjährige

70 Der minderjährige Mitarbeiter ist hinsichtlich des Zeugnisanspruchs unbeschränkt geschäftsfähig (§ 113 BGB); der gesetzliche Vertreter hat keinen Anspruch.[67] § 113 BGB gilt aber nicht im Ausbildungsverhältnis (siehe hierzu Rn. 82).

1. Arbeitnehmer

71 Für sämtliche Arbeitnehmer gilt **§ 109 GewO**:

> *„(1) Der Arbeitnehmer hat bei Beendigung eines Arbeitsverhältnisses Anspruch auf ein schriftliches Zeugnis. Das Zeugnis muss mindestens Angaben zu Art und Dauer der Tätigkeit (einfaches Zeugnis) enthalten. Der Arbeitnehmer kann verlangen, dass sich die Angaben darüber hinaus auf Leistung und Verhalten im Arbeitsverhältnis (qualifiziertes Zeugnis) erstrecken.*
>
> *(2) Das Zeugnis muss klar und verständlich formuliert sein. Es darf keine Merkmale oder Formulierungen enthalten, die den Zweck haben, eine andere als aus der äußeren Form oder aus dem Wortlaut ersichtliche Aussage über den Arbeitnehmer zu treffen.*
>
> *(3) Die Erteilung des Zeugnisses in elektronischer Form ist ausgeschlossen.“*

72 Die Anforderungen in § 109 Abs. 2 GewO sind als allgemeine Grundsätze des Zeugnisrechts auf die anderen Zeugnisvorschriften zu übertragen.[68]

73 Für einzelne Berufsgruppen ist oftmals der Zeugnisanspruch in Tarifverträgen detaillierter geregelt (vgl. z. B. TVöD oder TV-L, siehe Rn. 107).

---

67 Abgesehen von der Ausnahme in § 113 Abs. 2 BGB.

68 *BAG*, 3.3.1993, BB 1993 S. 1439 = DB 1993 S. 1624 = NZA 1993 S. 697 = AP BGB § 630 Nr. 20 (zum früheren § 113 Abs. 3 GewO).

Mit dieser Vorschrift ist die Unterscheidung hinfällig, ob der Mitarbeiter kaufmännischer, gewerblicher oder technischer Angestellte bzw. Arbeiter ist. 74

2. Leitende Angestellte

§ 5 Abs. 3 BetrVG enthält eine Klarstellung, welcher Personenkreis in einem Betrieb zu den leitenden Angestellten zu rechnen ist, auf den das BetrVG im Wesentlichen keine Anwendung findet. Der Zeugnisanspruch richtet sich aber nicht nach der Anwendbarkeit des BetrVG, sondern nach der persönlichen/wirtschaftlichen Abhängigkeit des Arbeitnehmers, und somit haben auch leitende Angestellte einen Anspruch auf Ausstellung eines Zeugnisses[69] gemäß § 109 GewO (zu Zeugnissen für leitende Angestellte siehe speziell Rn. 408). 75

3. Organmitglieder

a) Allgemeines

Die gesetzlichen Vertreter einer juristischen Person (z. B. Vorstandsmitglieder einer Aktiengesellschaft, Gesellschafter einer GmbH[70]) üben Arbeitgeber-Funktionen aus; sie gehören nicht zu der Kategorie der Arbeitnehmer (vgl. § 5 Abs. 1 Satz 3 ArbGG), auch nicht zu den leitenden Angestellten – ein Zeugnis entfällt. 76

b) GmbH-Geschäftsführer

Aber es können auch bei Organmitgliedern gewisse Elemente eines abhängigen Dienstverhältnisses vorhanden sein, so vor allem beim GmbH-Geschäftsführer – den Rahmen seiner Selbstständigkeit und seines Verantwortungsbereichs steckt der (die gesetzlichen Vorschriften ergänzende) Anstellungsvertrag ab. Die Regelung des sachlichen Umfangs der Geschäftsführungsbefugnis ermöglicht Varianten, die von einer weisungsfreien Geschäftsführung bis zu einer durchgehend weisungsgebundenen reichen. 77

Ein abhängiges Beschäftigungsverhältnis liegt *nicht* vor (und demgemäß besteht kein Zeugnisanspruch), wenn der GmbH-Geschäftsführer 50 % und mehr der Geschäftsanteile besitzt oder eine solche Mehrheit repräsentiert.[71] 78

Ein Nichtgesellschafter als GmbH-Geschäftsführer ist dagegen anspruchsberechtigt – da er kein „Arbeitnehmer“ ist, aber mehr oder weniger wirtschaftlich 79

---

69 *LAG Hamm*, 12.7.1994 – 4 Sa 192/94.

70 *BAG*, 6.5.1998, BB 1998 S. 1800 (Ls) = DB 1998 S. 1869 = NZA 1998 S. 939.

71 AR (*Kolbe*), Rn. 2.

von der Gesellschaft abhängig ist, gilt die „Auffang"-Norm des § 630 BGB[72] (siehe Rn. 88). Aber auch bei ihm können die Verhältnisse so liegen, dass eine abhängige Beschäftigung nicht zu bejahen ist, wenn er etwa bei einer Familiengesellschaft mit den Gesellschaftern familiär verbunden ist und aufgrund der verwandtschaftlichen Beziehungen faktisch wie ein Alleininhaber die Geschäfte führt.[73] Es kommt auf die jeweiligen Gesamtumstände an, ob ein Abhängigkeitsverhältnis vorliegt oder nicht.

4. Personen in der Berufsbildung

a) Auszubildende

80 Für die Berufsbildung gilt hinsichtlich der Zeugniserteilung **§ 16 BBiG**:

> „*(1) Ausbildende haben den Auszubildenden bei Beendigung des Berufsausbildungsverhältnisses ein schriftliches Zeugnis auszustellen. Die elektronische Form ist ausgeschlossen. Haben Ausbildende die Berufsausbildung nicht selbst durchgeführt, so soll auch der Ausbilder oder die Ausbilderin das Zeugnis unterschreiben.*
>
> *(2) Das Zeugnis muss Angaben enthalten über Art, Dauer und Ziel der Berufsausbildung sowie über die erworbenen beruflichen Fertigkeiten, Kenntnisse und Fähigkeiten der Auszubildenden. Auf Verlangen Auszubildender sind auch Angaben über Verhalten und Leistung aufzunehmen.*"

81 Die Grundlage zur Beurteilung des *Verhaltens* des Auszubildenden ist in § 13 BBiG ablesbar. Im Übrigen gelten die Einzelkriterien in § 109 Abs. 2 GewO auch hier (zu Zeugnissen in der Berufsausbildung siehe speziell Rn. 418).

82 Ist der Auszubildende noch *minderjährig*, so gilt zwar nicht § 113 BGB, aber: gemäß § 16 BBiG hat der gesetzliche Vertreter ausnahmslos keinen Zeugnisanspruch; denn der Auszubildende erhält das einfache Zeugnis *automatisch* und das qualifizierte auf *sein* Verlangen (abgesehen davon, dass er am Ende des Ausbildungsverhältnisses wohl schon volljährig sein dürfte).

Bei Umschulungen?

83 Erfolgt eine Umschulung im Rahmen einer Qualifizierungsmaßnahme, bei der es nicht um die *erstmalige* Vermittlung beruflicher Kenntnisse geht (sondern um den Übergang in eine *andere* geeignete berufliche Tätigkeit), dann ist das

---

72 *BGH*, 9.11.1967, BB 1967 S. 1394 = DB 1967 S. 2214; *Kammergericht*, 6.11.1978, BB 1979 S. 988; Schaub *(Linck)*, Rn. 1.

73 *BSG*, 8.12.1987, BB 1989 S. 72; siehe auch *BAG*, 28.11.1990, BB 1991 S. 479 = NZA 1991 S. 392.

BBiG *nicht* anwendbar – wurde die Umschulung im Rahmen eines Arbeitsverhältnisses durchgeführt, dann ist § 109 GewO, wurde sie auf der Grundlage eines isolierten Vertrages durchgeführt, dann ist § 630 BGB die Anspruchsnorm für ein Zeugnis.[74]

b) Volontäre/Praktikanten/Werkstudenten

Für Volontäre und Praktikanten, die nur eingestellt werden, um berufliche Kenntnisse, Fertigkeiten und Erfahrungen zu erwerben, ohne dass ein Arbeitsverhältnis begründet wird, gilt § 16 BBiG entsprechend (§ 26 BBiG) – anders bei *Pflicht*-Praktika, siehe hierzu Rn. 97 (zum Zeugnis für Praktikanten siehe Rn. 896). **84**

Werkstudenten geht es nicht um Ausbildung und Tätigkeitsnachweis, sondern um Geldverdienen und Finanzierung des Studiums. Sie sind daher wie andere Arbeitnehmer im befristeten Arbeitsverhältnis zu behandeln. **85**

Zu *Anlernenden*, siehe Rn. 126.

5. Arbeitnehmerähnliche Personen/Freie Mitarbeiter

Wer kein Arbeitnehmer ist, aber aufgrund von Dienst- oder Werkverträgen Leistungen erbringt, kann je nach dem Grad der persönlichen oder wirtschaftlichen Abhängigkeit und dem Maß der Eingliederung in den Betrieb des Auftraggebers in die Schutzvorschriften des Arbeitsrechts einbezogen sein und als sozial schutzwürdig angesehen werden. Und zu den arbeitsrechtlichen Schutzvorschriften zählt auch das Arbeitszeugnis. **86**

Es kommt aber auf den Vertrag und den tatsächlichen Vollzug der Geschäftsbeziehungen an, wie die Person zeugnisrechtlich einzuordnen ist – das Auftragsverhältnis kann von einer kurzzeitigen bis dauerhaften, von einer losen bis zur intensiven Beziehung, von der Tätigkeit eines Selbständigen, von einer arbeitnehmerähnlichen Stellung bis zum festangestellten Arbeitnehmer reichen.

a) Arbeitnehmerähnliche Personen

Wer überwiegend für eine einzige Firma/Person tätig ist, ohne dort angestellt zu sein, ist kein Arbeitnehmer und daher § 109 GewO nicht anwendbar. **87**

An die Stelle der persönlichen Abhängigkeit und Weisungsgebundenheit tritt das Merkmal der wirtschaftlichen Abhängigkeit[75] (er ist deshalb auch kein Unternehmer), es handelt sich also um Personen, deren wirtschaftliche Existenz

74 *BAG*, 12.2.2013, BB 2013 S. 1076 = DB 2013 S. 1307 = NZA 2014 S. 31.
75 *BAG*, 21.2.2007 (5 AZB 52/06), DB 2007 S. 919 = NZA 2007 S. 699 = FA 2007 S. 139.

im Wesentlichen von der (selbständigen) Tätigkeit für eine einzige Firma (Person) abhängt.

88 Diese „Zwitter“ haben weder einen „reinen“ Arbeitnehmer-, noch einen Unternehmer-Status – sie sind aber in ihrer gesamten sozialen Stellung mit einem Arbeitnehmer vergleichbar und sozial schutzwürdig (siehe § 5 Abs. 1 ArbGG), sie werden in § 12a TVG als arbeitnehmerähnliche Personen bezeichnet und von dem gewissermaßen als Auffang-Zeugnisnorm fungierenden **§ 630 BGB** erfasst,[76] der wie folgt lautet:

> „*Bei der Beendigung eines dauernden Dienstverhältnisses kann der Verpflichtete von dem anderen Teil ein schriftliches Zeugnis über das Dienstverhältnis und dessen Dauer fordern. Das Zeugnis ist auf Verlangen auf die Leistung und Führung im Dienst zu erstrecken. Die Erteilung des Zeugnisses in elektronischer Form ist ausgeschlossen. Wenn der Verpflichtete ein Arbeitnehmer ist, findet § 109 der Gewerbeordnung Anwendung.*“[77]

89 Zu diesem Personenkreis können z. B. zählen

- Personen, die künstlerische, schriftstellerische oder journalistische Leistungen erbringen (§ 12a Abs. 3 TVG), Mitarbeiter in den Medienberufen, Lehrkräfte, Dozenten,
- die in *Heimarbeit* Beschäftigten sowie Hausgewerbetreibende (vgl. § 5 Abs. 1 ArbGG, § 1 Heimarbeitsgesetz),
- der gering verdienende, sogenannte *Einfirmenvertreter* (vgl. § 92a HGB, § 5 Abs. 3 ArbGG).
- Im Übrigen haben *Handelsvertreter* keinen Zeugnisanspruch,[78] denn der selbstständige Handelsvertreter ist Kaufmann und hat keinen Arbeitnehmerstatus.
- Ist der Handelsvertreter eine *juristische Person*, dann entfällt der Zeugnisanspruch schon deshalb, weil das Zeugnisrecht der in einem Arbeitsverhältnis stehenden natürlichen Person für ihr persönliches Fortkommen eine Hilfe vermitteln will, dieser persönliche Gesichtspunkt fehlt bei juristischen Personen.
- Ob *Franchisenehmer* oder sonstige Vertriebsmittler einen Zeugnisanspruch haben, hängt davon ab, ob sie als arbeitnehmerähnliche Personen anzusprechen, also wirtschaftlich abhängig sind; maßgebend ist die tatsächliche Ausgestaltung und Durchführung des betreffenden Vertrages.

---

76 *LAG Köln*, 21.11.2007 – 7 Sa 647/07.
77 Zum Begriff „dauerndes Dienstverhältnis“ siehe Rn. 120.
78 *OLG Celle*, 23.5.1967, BB 1967 S. 775.

- Und ein *Erfinder* kann unter diesen Personenkreis fallen, der zwar mit einem Unternehmen nicht durch Arbeitsvertrag verbunden ist, aber (nur auf Lizenzgebühren angewiesen) den wesentlichen Teil seiner Arbeitskraft in den Dienst der Firma stellt, die seine Erfindungen auswertet.

Für diesen Personenkreis erfüllt das Zeugnis eine wichtige Funktion in deren **90**
Berufsleben.[79]

Allerdings fehlt die hinreichende Beurteilungsgrundlage für ein qualifiziertes **91**
Zeugnis dann, wenn die Arbeit *nicht* im Betrieb des Auftraggebers, sondern in der eigenen Betriebsstätte ausgeführt wird, was bei einigen der oben genannten Personen und auch beim homeoffice der Fall ist (siehe Rn. 335).

b) Freie Mitarbeiter

Freie Mitarbeiter, die selbstständig Arbeit verrichten und einen hohen Grad per- **92**
sönlicher Selbständigkeit genießen, haben *keinen* Zeugnisanspruch.[80]

Das trifft auf solche Personen zu, die im Wesentlichen frei ihre Tätigkeit gestalten, die Arbeitszeit bestimmen können (siehe § 84 Abs. 1 Satz 2 HGB) und nicht weisungsgebunden sind – sie sind Selbständige und werben mit ihrem Namen, ihren Leistungen und Ergebnissen, nicht mit einem Zeugnis.

Denn abgesehen von der Unmöglichkeit der „Führungs"-Beurteilung über **93**
Selbstständige setzt die „Leistungs"-Beurteilung voraus, dass konkrete, detaillierte Leistungsanforderungen gestellt und *personen*bezogene Vorgaben gemacht werden können, die zu erfüllen sind – solche Vorgaben sind nur gegenüber Personen möglich, die dem Direktionsrecht unterstehen, also in einem Abhängigkeitsverhältnis stehen, nicht aber gegenüber freien Mitarbeitern, bei denen nur auftrags-, sach- bzw. projektbezogene Anweisungen in Betracht kommen.

Und *Hromadka* schreibt treffend, dass *„mancher, der die Vorteile einer freien Mitarbeit über Jahre genossen hat, die Arbeitnehmereigenschaft entdeckt, wenn es brenzlig wird"*[81] – jedoch hilft diese „Entdeckung" des Mitarbeiters zeugnisrechtlich nicht weiter.

Allerdings kann es einen Übergang zur „arbeitnehmerähnlichen Person" mit **94**
entsprechendem Zeugnisanspruch geben, falls der Selbständige nur mit *einem oder wenigen* Auftraggebern ein dauerhaftes Beschäftigungsverhältnis einge-

79 Tschöpe *(Wessel)*, Rn. 16.

80 Staudinger *(Preis)*, Rn. 3; Tschöpe *(Wessel)*, Rn. 17. A. A. *Hohmeister*, „Zeugnisanspruch für freie Mitarbeiter", NZA 1998 S. 571; Schaub *(Linck)*, Rn. 1.

81 *Hromadka*, „Wer schutzbedürftig ist, ist Arbeitnehmer", BB 1998, Heft 31 „Die erste Seite".

gangen ist.[82] Dann rückt er in die Nähe einer wirtschaftlichen Abhängigkeit, die wiederum seine soziale Schutzbedürftigkeit begründen kann.

6. Sonstige Personen

a) Allgemeines

95 Es gibt verschiedenartig am Betriebsgeschehen mitwirkende oder im privaten Bereich eingesetzte Personen, bei denen es für den Zeugnisanspruch jeweils auf den Grad der Abhängigkeit bzw. auf den Rechtscharakter des Beschäftigungsverhältnisses ankommt.

Kein Abhängigkeitsverhältnis

96 Mangels Abhängigkeitsverhältnisses haben *keinen* Zeugnisanspruch Personen, die

- gesellschaftsrechtlich, genossen- oder mitgliedschaftlich,
- vereins- oder verbandsrechtlich, oder
- ehrenamtlich[83]

miteinander verbunden sind, und das gilt auch bei einem Auftragsverhältnis z. B.

- mit einem Rechtsanwalt (siehe hierzu speziell Rn. 425 ff.)
- mit einem Steuer-, Vermögens- oder Unternehmensberater,
- mit der schulischen Nachhilfe oder beim Musiklehrer,
- mit einem gelegentlich herangezogenen Graphiker, Architekten oder Gartenbaumeister,
- bei einem Werkzeitungsschriftleiter, der für mehrere Firmen gestaltet und nur spezifisch betriebsbezogene Beilagen für jeden Betrieb beilegt.

Andere Rechtsverhältnisse

97 Für ein Arbeitszeugnis scheiden auch die Personen aus,

- die in keinem Ausbildungs- oder Arbeitsverhältnis, sondern in einem von Rechtssätzen des *öffentlichen* Rechts geprägten Beschäftigungsverhältnis

82 Siehe auch die amtliche Begründung zur Neufassung des § 630 BGB, wonach § 630 BGB für „Dienstverträge mit Selbständigen“ gelte (BT-Drs. 14/8796 vom 17.4.2002, S. 29).
83 *BAG*, 29.8.2012, BB 2012 S. 2303 = DB 2013 S. 404 = NZA 2012 S. 1433.

stehen wie beim „Ein-Euro-Job"[84] oder bei sozialgesetzlichen Eingliederungsleistungen;[85] als Zeugnisersatz kann hierbei eine schlichte Bestätigung über Art und Dauer der Tätigkeit in Betracht kommen, oder

- die sich in *schulischer* Ausbildung befinden wie z. B. bei Pflicht-Praktika,[86] die von der Schule/Hochschule vorgeschrieben sind; die Zeugnisfrage richtet sich nach der jeweiligen Praktikumsordnung.

b) Speziell: Familienangehörige

Ob Familienangehörige einen Zeugnisanspruch haben, hängt davon ab, ob ein **98**
Arbeitsverhältnis oder eine rein familienrechtliche Mitarbeit vorliegt, was sich nach dem Grad der persönlichen Abhängigkeit richtet. Mit Ehegatten, Lebenspartnern sowie Verwandten und Verschwägerten ersten Grades, die in häuslicher Gemeinschaft mit dem Arbeitgeber leben (siehe § 5 Abs. 2 BetrVG), besteht im Zweifel kein Arbeitsverhältnis, und sie erhalten kein Zeugnis (sie sind keine Arbeitnehmer).

c) Speziell: Ärzte

- Ob ein *Betriebsarzt* Dienstverpflichteter ist und somit einen Zeugnisan- **99**
spruch hat, richtet sich nach dem mit ihm abgeschlossenen Vertrag. Je nach Betriebsart und -größe kann es sich um einen hauptamtlich, in den Betrieb eingegliederten Beschäftigten oder um einen nebenberuflich tätigen Arzt handeln.[87]
- Bei überbetrieblichen Diensten kommt es auf den Inhalt der Vereinbarungen an, ob und welcher Arbeitgeber dienstvertraglich zur Erstellung eines Zeugnisses verpflichtet ist. Im Allgemeinen wird eine Bindung an einen bestimmten Arbeitgeber nicht gegeben sein.
- *Angestellte Ärzte* in betrieblichen Kranken- und Erholungsanstalten und sonstigen Sozialeinrichtungen, in Labors der Arznei- und Lebensmittelbranche sind Arbeitnehmer und daher anspruchsberechtigt (zum Zeugnis für einen Oberarzt siehe Rn. 919).
- *Belegärzte* in Krankenhäusern erhalten mangels Abhängigkeitsverhältnisses keine Arbeitszeugnisse vom Krankenhausträger (aus dem gleichen Grund kann auch der Patient dem Arzt kein Zeugnis erteilen).

---

84 *BAG*, 26.9.2007 (5 AZR 857/06), DB 2007 S. 260 (Ls) = NZA 2007 S. 1422.
85 *BAG*, 19.3.2008 (5 AZR 435/07), DB 2008 S. 2085 = NZA 2008 S. 760.
86 *BAG*, 3.9.1998 – 8 AZR 14/97; siehe auch § 3 Abs. 2 BBiG.
87 Siehe hierzu *LAG München*, 2.8.1984, BB 1985 S. 198 (Ls) = NJW 1985 S. 696.

7. Personen im öffentlichen Dienst

a) Beamte (Dienstzeugnis)

100 Beamte stehen in einem öffentlich-rechtlichen Dienst- und Treueverhältnis und sind keine Arbeitnehmer (siehe auch § 5 Abs. 2 ArbGG). Das Zeugnis richtet sich nach dem öffentlichen Recht; für Bundesbeamte gilt **§ 85 BBG**:

„*Beamtinnen und Beamten wird auf Antrag ein Dienstzeugnis über Art und Dauer der von ihnen wahrgenommenen Ämter erteilt, wenn sie daran ein berechtigtes Interesse haben oder das Beamtenverhältnis beendet ist. Das Dienstzeugnis muss auf Verlangen auch über die ausgeübte Tätigkeit und die erbrachten Leistungen Auskunft geben.*“

101 Unter dem „wahrgenommenen Amt“ ist das Amt im statusrechtlichen und abstrakt-funktionellen Sinne zu verstehen (also z.B. „*Er war Regierungsrat und Dezernent beim Bundesamt XY*“); im gewünschten qualifizierten Zeugnis sind zusätzlich die Tätigkeiten, d. h. die Dienstaufgaben (der Dienstposten = das Amt im konkret-funktionellen Sinne) zu beschreiben und die „Leistungen“ darzustellen, worunter nicht nur die fachliche Leistung, sondern auch die dienstliche und *außerdienstliche* Führung zu verstehen ist (vgl. § 61 BBG, § 47 BeamtStG).

102 Allerdings kommen zum „außerdienstlichen Verhalten“ nur dann negative Angaben in Betracht, falls gravierende Dienstvergehen vorliegen (§ 77 Abs. 1 BBG).

Im Übrigen sollte es nicht heißen

„*Außerdienstlich ist Nachteiliges nicht bekannt*“

(zum negativ besetzten Begriff „Nachteil“ siehe Rn. 844), sondern neutraler

„*Über sein außerdienstliches Verhalten ist hier nichts bekannt.*“

103 Das Dienstzeugnis unterliegt ansonsten denselben Grundsätzen wie das Arbeitszeugnis. Als Besonderheit ist jedoch zu erwähnen, dass auch das außerdienstliche Verhalten eventuell zu berücksichtigen ist und der Beamte seine Ansprüche aus dem Zeugnisrecht vor den Verwaltungsgerichten (nicht Arbeits- oder ordentlichen Gerichten) geltend zu machen hat und zwar nach vorausgegangenem Widerspruchsverfahren (§ 126 BBG, § 54 BeamtStG – die Zeugniserteilung ist ein Verwaltungsakt[88]).

104 In den Beamtengesetzen der Länder finden sich die gleichen oder ähnliche Bestimmungen; dem Beamten wird nicht nur nach Beendigung des Beamtenver-

88 *BVerwG*, 26.1.1961, NJW 1961 S. 1131.

hältnisses, sondern auch bei berechtigtem Interesse ein Dienstzeugnis erteilt, in Baden-Württemberg z.B. beim Dienstherrenwechsel oder zwecks Bewerbung um eine Stelle bei einem anderen Dienstherrn oder außerhalb des öffentlichen Dienstes.

Wenn Beamte oder Soldaten in *privatrechtlich* organisierten Unternehmen tätig sind, gelten sie zwar betriebsverfassungsrechtlich als Arbeitnehmer (siehe § 5 Abs. 1 BetrVG), aber anzuwenden ist nicht § 109 GewO, sondern die für sie geltende, spezielle Zeugnisvorschrift. **105**

b) Angestellte/Arbeiter

Im Gegensatz zu den Beamten ist das Rechtsverhältnis der Angestellten und Arbeiter (in den Verwaltungen und Betrieben des Bundes, der Länder, der Gemeinden und Gemeindeverbände sowie der Körperschaften, Anstalten und Stiftungen des öffentlichen Rechts) privatrechtlicher Natur. **106**

Die Zeugniserteilung ist tarifvertraglich geregelt; es gelten zwar verschiedene Tarifverträge **107**

- für Beschäftigte (Angestellte und Arbeiter) des Bundes und der Kommunen = TVöD,
- für Beschäftigte der Länder = TV-L

aber die Zeugnisvorschriften – jeweils **§ 35** – sind, abgesehen von einer unbedeutenden textlichen, aber nicht inhaltlichen Abweichung, gleich lautend:[89]

> *„(1) Bei Beendigung des Arbeitsverhältnisses haben die Beschäftigten Anspruch auf ein schriftliches Zeugnis über Art und Dauer ihrer Tätigkeit, das sich auch auf Führung und Leistung erstrecken muss (Endzeugnis).*
>
> *(2) Aus triftigen Gründen können Beschäftigte auch während des Arbeitsverhältnisses ein Zeugnis verlangen (Zwischenzeugnis).*
>
> *(3) Bei bevorstehender Beendigung des Arbeitsverhältnisses können die Beschäftigten ein Zeugnis über Art und Dauer ihrer Tätigkeit verlangen (vorläufiges Zeugnis).*
>
> *(4) Die Zeugnisse gemäß den Absätzen 1 bis 3 sind unverzüglich auszustellen.“*

Diese tarifliche Zeugnisnorm (die in den Absätzen 2 bis 4 gegenüber der gesetzlichen Regelung detaillierter ist) zeichnet sich durch mehrfache Besonderheiten aus: **108**

89 Fassung des § 35 TVöD.

- Das (qualifizierte) Zeugnis wird „automatisch“ erteilt, also ohne es beantragen zu müssen; allerdings wird dem Beschäftigten das Recht einzuräumen sein zu wählen, ob er stets das qualifizierte oder statt dessen nur das einfache Zeugnis erhalten will.
- Es wird unterschieden zwischen dem vorläufigen und dem Zwischenzeugnis.
- Das Zwischenzeugnis wird in das Zeugnisrecht gewissermaßen „eingeführt“, und zugleich ist die Formulierung „*aus triftigen Gründen*“ als allgemeine Voraussetzung für die Erteilung dieser Zeugnisart anerkannt (ursprünglich: § 61 BAT).
- Auch das *vorläufige* Zeugnis (als einfaches Zeugnis) wird im Gegensatz zur gesetzlichen Regelung ausdrücklich genannt.

109
- Die Zeugnisse sind „*unverzüglich*“ zu erteilen. Der Begriff „unverzüglich“ hat die gleiche Bedeutung wie in § 121 BGB; es muss daher nicht sofort, sondern ohne schuldhaftes Zögern ausgestellt werden. Das Zeugnis ist vorrangig auszufertigen, ohne dass deshalb sehr eilige Tätigkeiten zurückgestellt werden müssten; aber tarifrechtlich wird Druck gemacht, die Ausfertigung zu beschleunigen.

  Bei der Fertigung eines qualifizierten Zeugnisses müssen in der Regel mehrere Abteilungen/Vorgesetzte zwecks Abstimmung über den Zeugnisinhalt eingeschaltet werden (der Instanzenweg ist einzuhalten). Das ist in wenigen Tagen nicht zu schaffen, daher wird allgemein auf die Bearbeitungszeit wie bei anderen Zeugnissen zurück zu greifen sein (siehe Rn. 145).

c) Kirchliche Mitarbeiter

110 Für Beschäftigte in der evangelischen und katholischen Kirche gelten im Wesentlichen vergleichbare Zeugnisvorschriften, die sich anlehnen

- bei den Kirchenbeamten an die Dienstzeugnisnormen der staatlichen Beamtengesetze bzw.
- bei den sonstigen Mitarbeitern an den TVöD.

Zur Beurteilung des Verhaltens kirchlicher Mitarbeiter siehe Rn. 376.

Unterschiede gibt es beim Klageweg:Für Zeugnisprozesse sind in der evangelischen Kirche die *kirchlichen*, in der katholischen Kirche die *staatlichen* Gerichte zuständig.

d) Soldaten/Freiwillige/Entwicklungshelfer

Neben einer Dienstzeitbescheinigung erhalten *Soldaten* auf Antrag (§ 32 Soldatengesetz) bzw. Personen des *Freiwilligendienstes* automatisch (§ 11 Bundesfreiwilligendienstgesetz) nach Beendigung ihres Dienstes ein Zeugnis, das über Art und Dauer des Dienstes und über Leistung und Führung im Dienst Auskunft zu geben hat; bei Freiwilligen sind außerdem die berufsqualifizierenden Merkmale aufzunehmen – Soldaten erhalten das Zeugnis, sofern sie mindestens 4 Wochen Dienst verrichtet haben. **111**

Ihnen ist auf Antrag eine angemessene Zeit vor Beendigung des Dienstes ein vorläufiges Zeugnis zu erteilen, um es dem Dienstleistenden zu ermöglichen, sich vorzeitig um eine anschließende Beschäftigung zu bewerben.

Entwicklungshelfer erhalten auf Antrag ein einfaches Zeugnis, das sich auf Verlangen auf Leistung und Führung während der Dienstzeit zu erstrecken hat (§ 18 Entwicklungshelfergesetz). **112**

8. Beschäftigte in den neuen Bundesländern

Die gesetzlichen und tariflichen Zeugnisvorschriften gelten einheitlich im gesamten Bundesgebiet. **113**

Ehemalige DDR

In der DDR gab es keine Zeugnisse, vielmehr sogenannte Beurteilungen aufgrund der §§ 67–68 des ehemaligen Arbeitsgesetzbuches. Zeugnisse waren nicht notwendig, weil der Arbeitnehmer („Werktätige") sich nicht um einen neuen Arbeitsplatz bewerben musste und durchweg wohl auch nicht konnte, er wurde von einem volkseigenen Betrieb zum anderen vermittelt, die Personalakte (Kaderakte) wurde zwischen den Betriebsleitungen ausgetauscht. **114**

Heute sind diese „Beurteilungen" in der Regel aufgrund geringer Aussagekraft kaum verwertbar. Die „Art der Beschäftigung" ist oft mangelhaft dargestellt, häufig nur mit einer schlichten Berufs- oder Funktionsbezeichnung, die darüber hinaus noch für westliche Leser schwierig zu „übersetzen" ist (z. B. ist der „Leiter Grundfonds-Wirtschaft" ein Hauptmechaniker). Schwerpunkt der Beurteilung war mehr die ausführliche Darstellung der gesellschaftlichen Aktivitäten und Mitgliedschaften in Gruppierungen aller Art, die Funktionen in politischen und Massenorganisationen, verbunden mit zahlreichen, jedoch kaum verständlichen Abkürzungen. Im Übrigen sind negative Vorkommnisse nicht mit Hilfe der Zeugnissprache wohlwollend verdeckt, sondern offen angesprochen worden.

Außerdem war in der DDR etwa die Beziehung einer Produktions-Genossenschaft zu ihren Mitgliedern durchweg auch hinsichtlich deren Arbeitsleistungen nicht als Arbeitsverhältnis einzustufen; es handelte sich um Rechtsverhältnis eigener Art, es war (nur) ein Mitgliedschaftsverhältnis[90] (das heutzutage kein Zeugnis rechtfertigen würde, siehe Rn. 96).

Die Zeugniserteilung wird unter Einbeziehung der Zeit in der ehemaligen DDR wohl kaum machbar sein, da die damalige Zeit nicht einfach „umgeschrieben" werden kann auf heutige Zeugnisanforderungen (vor allem haben z. B. die oben genannten gesellschaftlichen Aktivitäten, politischen Funktionen oder Mitgliedschaften nichts mehr im Zeugnis zu suchen), und sicherlich auch aussagekräftige Beurteilungsunterlagen fehlen werden.

90 *BAG*, 13.6.1996, BB 1996 S. 2204 (Ls) = DB 1996 S. 2393 = NZA 1997 S. 543; *LAG Berlin*, 11.9.1991, BB 1992 S. 496 (Ls).

IV. Arten der Beschäftigungsverhältnisse

Bei den verschiedenen Varianten von typischen und atypischen Beschäftigungsverhältnissen ist im Einzelfall die Zeugnisrelevanz zu prüfen. Hierbei ist unerheblich, ob das Beschäftigungsverhältnis auf Vertrag beruht oder auf gesetzlicher Fiktion (siehe z. B. § 625 BGB, § 15 TzBfG, § 24 BBiG). 115

1. Dauerhafte Beschäftigung?

Die Dauer der Beschäftigung spielt keine Rolle für das Zeugnis. Auch kurze Beschäftigungszeiten befreien nicht von der Pflicht, ein Zeugnis zu erteilen, jedenfalls als einfaches Zeugnis. 116

Ob ein *qualifiziertes* Zeugnis verlangt werden kann, ist bei kurzfristiger Tätigkeit fraglich – ob schon wenige Wochen zur Beurteilung ausreichen?[91] Nach wenigen Wochen sollte das Verlangen nach Beurteilung als Rechtsmissbrauch zurückgewiesen werden,[92] da über einen derart kurzen Beurteilungszeitraum überhaupt keine sinnvolle Bewertung möglich ist. 117

Dem Zeugnisaussteller ist jedoch zu empfehlen, bei sehr kurzen Beschäftigungszeiten nicht mit „Rechtsmissbrauch" zu argumentieren und nicht die Beurteilung abzulehnen, sondern (um prozessual auf der sicheren Seite zu stehen) vielmehr die Beurteilung abzugeben, aber mit dem *Vorbehalt* zu versehen, dass die Zuverlässigkeit des Urteils angesichts des kurzen Beurteilungszeitraums eingeschränkt sei. 118

Eine ausreichende Beschäftigungsdauer für ein aussagekräftiges Zeugnis dürfte am Ende der üblichen Probezeit, also nach 6 Monaten vorliegen (siehe Rn. 345). 119

Jede Beschäftigung, die **kürzer als 6 Monate** ist, sollte mit dem Vorbehalt versehen werden.

2. „Dauerndes" Beschäftigungsverhältnis gemäß § 630 BGB

Als einzige Zeugnisvorschrift verlangt § 630 BGB, dass es sich um ein *„dauerndes"* Dienstverhältnis handeln muss. 120

---

91 *LAG Köln*, 30.3.2001, BB 2001 S. 1959 (Zeugnis bejaht bei 6-wöchiger Beschäftigung).

92 ArbR-BGB *(Eisemann)*, Rn. 8. Aber das *LAG Düsseldorf* (14.5.1963, BB 1963 S. 1216 = DB 1963 S. 1260) hatte bei einem langfristig angelegten, jedoch bereits nach 2 Tagen beendeten Arbeitsverhältnis den Anspruch auf ein qualifiziertes Zeugnis bejaht!

Schon das *Reichsgericht* entschied, dass „Tagelöhner" oder wöchentlich und ähnlich kurz Kündbare in *keinem* dauernden Arbeitsverhältnis stünden.[93] Als das BGB und damit § 630 in Kraft traten (am 1.1.1900), bestand die Meinung, solche Personen sollten vom Zeugnisanspruch ausgeschlossen werden wegen angeblich zu großer Belästigung für den Dienstgeber.

121 Der *BGH*[94] meint, die Verpflichtung *„für ständige oder langfristige Aufgaben"* weise auf ein dauerndes Dienstverhältnis hin im Gegensatz etwa zu *Urlaubs- oder Krankheitsvertretung*, *Aushilfe* bei besonderem Arbeitsanfall oder Mitwirkung bei einer *einmaligen* Veranstaltung; das Dienstverhältnis müsse auf längere Zeit, etwa 12 Monate abgeschlossen sein. Bei kürzerer Zeit entfällt das Zeugnis.

122 Wird dagegen § 622 Abs. 5 Nr. 1 BGB (*vorübergehende* Aushilfe bis zu 3 Monaten) zugrunde gelegt, ist „dauerhaft" alles, was nicht vorübergehend ist, also länger als 3 Monate dauert oder geplant war.

123 Aber: Bei dem unter § 630 BGB fallenden Personenkreis (siehe Rn. 89) wird deren Beschäftigungsverhältnis normalerweise stets längere Zeit dauern bzw. angelegt sein, so dass dieses Zeitproblem praktisch wohl keine Rolle spielen wird.

3. Probearbeitsverhältnis

124 Es ist zwar beim *Probearbeitsverhältnis* zu unterscheiden, ob es sich um ein unbefristetes Arbeitsverhältnis mit vorgeschalteter Probezeit (was in der Regel vorliegt) oder um ein *befristetes* Probearbeitsverhältnis handelt – zeugnisrelevant sind diese Unterschiede jedoch nicht. Wird das Arbeitsverhältnis nicht über die Probezeit hinaus fortgesetzt, so besteht Anspruch auf ein Zeugnis (war die Probezeit sehr kurz, so gilt das oben bei Rn. 118 Gesagte hinsichtlich des Vorbehalts entsprechend).

Zum Zeugnismuster nach der Probezeit siehe Rn. 903.

4. Besondere Beschäftigungsverhältnisse

125 *Einfühlungsverhältnis*

Keine Zeugnispflicht besteht beim *Einfühlungsverhältnis*, da der „Einfühlende" keine Arbeitspflichten übernimmt, er untersteht nicht dem Direktionsrecht des Arbeitgebers (nur seinem Hausrecht) und erhält keine Vergütung; es liegt ein

---

93 *Reichsgericht*, 6.12.1890, amtliche Sammlung in Zivilsachen, Band 27 S. 223.
94 *BGH*, 31.3.1967, NJW 1967 S. 1416; *BAG*, 12.7.2006, BB 2006 S. 2199.

ganz loses Rechtsverhältnis eigener Art vor;[95] allenfalls wird ihm eine Bescheinigung über die Dauer dieses Rechtsverhältnisses gegeben.

Anlernverhältnis 126

Nur das einfache Zeugnis kommt in Betracht beim *Anlernverhältnis*; die Beurteilung entfällt, da sich hierbei ausschließlich der Arbeitnehmer auf seine künftige Arbeit vorbereitet hat ohne Überprüfung durch den Arbeitgeber.

Geht es jedoch bei diesem Anlernvertrag um eine Ausbildung für einen anerkannten Ausbildungsberuf, so ist dieser Vertrag nichtig[96] (§ 4 Abs. 2 BBiG in Verbindung mit § 134 BGB), da die Ausbildung nur nach dem BBiG erfolgen darf. Es bestand dann aber ein faktisches Arbeitsverhältnis, bei dem ein Zeugnis in Betracht kommt (siehe Rn. 129).

Weitere Beschäftigungsverhältnisse 127

- Das qualifizierte Zeugnis kann verlangt werden:
  - bei *geringfügig* oder *nebenberuflich* Beschäftigten,
  - beim *Leiharbeitsverhältnis* (siehe Rn. 648 ff.),
  - bei *befristet* Beschäftigten (Zeitvertrag),
  - bei *Teilzeit*-Beschäftigten (wie etwa auch beim Abruf-Arbeitsverhältnis),
  - bei der Arbeitsplatzteilung (wie z. B. Job-Sharing).

War die Beschäftigungsdauer sehr kurz, so gilt das oben bei Rn. 118 Gesagte hinsichtlich des Vorbehalts entsprechend.

- *Gruppenarbeitsverhältnis* 128
- Beim diesem Arbeitsverhältnis, bei dem mehrere Personen in gemeinsamer Tätigkeit eine bestimmte Arbeit verrichten, muss unterschieden werden:
  - Bei einer *Betriebsgruppe* (Teamarbeit, wie z. B. bei einer Akkordgruppe oder einer für ein gemeinsames Forschungsvorhaben – siehe auch § 87 Abs. 1 Nr. 13 BetrVG) kommt ein Zeugnis in Betracht, wobei aber die jeweilige Einzelleistung innerhalb der Gruppe, isoliert für sich betrachtet, von außerhalb der Gruppe Stehenden kaum beurteilt werden kann, da der Anteil an der Gesamtleistung durchweg nicht klar von außen ersichtlich ist. Hier muss der Gruppenleiter bei der Beurteilung mitwirken.
  - Bei einer „*Eigengruppe*“, bei der also die Mitglieder untereinander nicht arbeitsrechtlich, sondern gesellschaftsrechtlich verbunden sind, steht die

95 *LAG Hamm*, 24.5.1989, BB 1989 S. 1759.
96 *BAG*, 27.7.2010, BB 2010 S. 3147 (Ls) = DB 2011 S. 943 = ArbRB 2010 S. 361.

Gruppe als solche eventuell in einem Arbeitsverhältnis, nicht das einzelne Gruppenmitglied, so dass ein Zeugnis ausscheidet.[97]

Zum *Weiterbeschäftigungsverhältnis* siehe Rn. 205.

5. Nichtiges Arbeitsverhältnis

a) Allgemeines

129 Es ist nicht ausgeschlossen, dass sich Mängel des Arbeitsvertrags herausstellen, die seine Nichtigkeit begründen. So ist z. B. ein Arbeitsvertrag mit einem Minderjährigen ohne Einwilligung oder Ermächtigung des gesetzlichen Vertreters nichtig (§ 113 BGB), aber auch bei Gesetz- oder Sittenwidrigkeit (§§ 134, 138 BGB – bei Schwarzarbeit, Lohnwucher) bzw. im Falle der Anfechtung wegen Irrtums (§ 119 BGB).

Ist aber die Arbeitsleistung ohne wirksame Vertragsgrundlage (aber einvernehmlich) geleistet worden, dann wird von

> *„einem faktischem (besser: „fehlerhaften") Arbeitsverhältnis gesprochen. Die Nichtigkeit eines Arbeitsverhältnisses hat in der Regel keine rückwirkende Kraft. Es ist für den Zeitraum, in dem es trotz der ihm anhaftenden Mängel in Funktion gesetzt war, wie ein fehlerfreies zustande gekommenes Arbeitsverhältnis zu behandeln."*[98]

130 Auf beiden Seiten sind Pflichten begründet worden, die für die inzwischen verflossene Zeit durchweg nicht beseitigt werden können – anstelle rückwirkender Nichtigkeit des Beschäftigungsverhältnisses (Ex-tunc-Wirkung) erfasst die Nichtigkeit nur die Zukunft (Ex-nunc-Wirkung).[99] Die Vergangenheit wird nicht gelöscht, und daher kann der Beschäftigte grundsätzlich auch beim nichtigen Arbeitsvertrag ein Zeugnis verlangen (als quasi-vertraglicher Anspruch bzw. aus Gründen des Vertrauensschutzes[100]).

b) Ausnahmen

131 Wurde die Einstellung durch ein *gefälschtes Zeugnis*, also durch arglistige Täuschung erreicht (§ 123 BGB, siehe hierzu Rn. 40), so erhält der Arbeitnehmer im Falle der Anfechtung des Arbeitsvertrages für die „erschlichene" Beschäf-

---

97 A. A. ErfK *(Müller-Glöge)*, Rn. 2b = Anspruch auf ein einfaches Zeugnis.

98 *BAG*, 3.11.2004, BB 2005 S. 782 = DB 2005 S. 1334 = NZA 2005 S. 1409 = AP BGB § 134 Nr. 25.

99 *BAG*, 3.12.1998, BB 1999 S. 796 = DB 1999 S. 852 = NZA 1999 S. 584 = AP BGB § 123 Nr. 49.

100 ArbR-BGB *(Eisemann)*, Rn. 10; MünchArbR *(Wank)*, Rn. 10.

tigungszeit *kein* Zeugnis; denn wer arglistig handelt, dem kann nicht gestattet werden, dass er sich auf die durch seinen Betrug veranlasste Beschäftigungsdauer berufen kann und Vorteile zieht, indem diese erschlichene Zeit noch dokumentiert wird für Zwecke weiterer Bewerbungen.

Die Anfechtung beseitigt das Vertragsverhältnis gemäß der gesetzlichen Regelung des § 142 BGB ex-tunc, also von Anfang an, z. B. bei besonders schweren Vertragsmängeln, bzw. wenn dem Arbeitnehmer, der ein Zeugnis beantragt, persönlich erhebliche Vorwürfe gemacht werden können im Hinblick auf den fehlerhaften Arbeitsvertrag. Die Tätigkeit wird zeugnisrechtlich so behandelt, als wenn sie nicht stattgefunden hätte, und dann gibt es nichts zu dokumentieren.

Generell kann festgehalten werden: **132**
Wird das fehlerhafte Vertragsverhältnis ex-tunc aufgelöst, so entfällt das Zeugnis!

V. Beantragung des Zeugnisses

1. Die Beantragung

133 Bei den wesentlichen Zeugnisvorschriften geht es ziemlich durcheinander bei der Frage, ob das Zeugnis zu beantragen oder automatisch, also ohne Antrag auszustellen ist.

134 Das *einfache* Zeugnis ist auszufertigen:

- *automatisch* bei Arbeitnehmern (§ 109 Abs. 1 GewO) und in der Berufsausbildung (§ 16 BBiG)
  (Rätselhaft ist, warum nach § 109 GewO das einfache Zeugnis *automatisch* zu erteilen ist, während die Vorgängervorschrift des § 113 GewO dies sinnvollerweise nur *auf Antrag* vorsah; eine Begründung für dieses Abweichen gibt es nicht, obwohl in der amtlichen Begründung behauptet wird, diesbezüglich entspreche die neue Regelung der bisherigen[101]),
- nur auf *Antrag*: nach § 630 BGB, § 18 Entwicklungshelfergesetz und im Beamtenrecht (§ 85 BBG).

Das Soldatengesetz sowie die Tarifverträge TVöD und TV-L kennen das einfache Zeugnis als *End*zeugnis nicht.

135 Das *qualifizierte* Zeugnis ist auszufertigen

- durchweg auf *Antrag*,
- *automatisch* dagegen in den Tarifverträgen für den öffentlichen Dienst.
  (Im öffentlichen Dienst ist die unterschiedliche und kaum nachvollziehbare Handhabung besonders plastisch: Beamte erhalten ihre qualifizierten Zeugnisse nur auf Antrag, die anderen Beschäftigten des öffentlichen Dienstes automatisch).

136 Übrigens:

- Ist das Arbeitsverhältnis bereits *vor* Arbeitsantritt beendet, so entfällt ein Zeugnis, da nur Absichten vorlagen und nichts Vergangenes „bezeugt“ werden kann.
- Das Zeugnis kann nur vom Arbeitnehmer selbst beantragt werden, nicht etwa von dem Arbeitgeber, bei dem er sich bewirbt.

101 BT-Drs. 14/8796 vom 17.4.2002, S. 25.

a) Zeitpunkt der Beantragung

Soweit Zeugnisse zu beantragen sind, sollte mit der Antragstellung nicht zu lange gewartet werden, um zu vermeiden, dass das Antragsrecht erloschen ist und zwar wegen Verwirkung oder Unmöglichkeit (siehe Rn. 170 ff.). **137**

Das endgültige Zeugnis kann grundsätzlich erst beantragt werden, wenn der Zeugnisanspruch *entstanden* ist und d. h. erst ab dem Tag der *tatsächlichen* (nicht rechtlichen) Beendigung des Beschäftigungsverhältnisses, des faktischen Ausscheidens aus dem Betrieb (= Fälligkeitstag) – dies gilt unabhängig davon, in welcher Weise die Beendigung erfolgt, ob also z. B. durch fristgerechte bzw. fristlose Kündigung (egal, wer gekündigt hat) oder einvernehmlich durch Aufhebungsvertrag, Vergleich oder Ausgleichsquittung. **138**

b) Form und Begründung des Antrags

Für die Geltendmachung ist gesetzlich keine *Form* einzuhalten. Das Zeugnis kann daher mündlich beantragt werden (aus Beweisgründen ist aber die schriftliche Antragstellung zu empfehlen) oder auch *online*, es sei denn, tarif- oder einzelvertraglich ist eine besondere Form vorgeschrieben. **139**

Die Beantragung bedarf keiner *Begründung*, es braucht also nicht angegeben zu werden, wofür das Zeugnis benötigt wird (anders beim Zwischenzeugnis, siehe Rn. 595). Der Verwendungszweck ist ohne Bedeutung für den Zeugnisanspruch; so kann das Zeugnis auch privaten Zwecken dienen, **140**

- wenn nämlich der Arbeitnehmer beim Übertritt in den Ruhestand eine abschließende Anerkennung seiner Arbeitsleistung dokumentiert haben möchte[102] oder
- wenn er sich selbstständig macht, um das Zeugnis zu Werbezwecken oder sogar als Kreditwürdigkeitsempfehlung[103] zu verwenden.

2. Bearbeitung des Antrags

Der Fälligkeitstag (beim Endzeugnis: Tag der tatsächlichen Beendigung der Beschäftigung) führt nun zu unterschiedlichen Reaktionen des Arbeitgebers, je nachdem, ob das Zeugnis automatisch oder erst auf Antrag zu erteilen ist: **141**

- Nach § 109 GewO ist das *einfache* Zeugnis automatisch, also ohne Antrag auszustellen (nur die Erweiterung um die Beurteilung muss der Arbeitnehmer beantragen).

102 *LAG Hamm*, 12.7.1994, LAGE BGB § 630 Nr. 27.
103 *LAG Hamm*, 2.5.1991 – 4 Sa 156/91.

Eine wenig durchdachte, gesetzliche Regelung: denn mit dem auszustellenden, einfachen Zeugnis kann der Arbeitnehmer durchweg nichts anfangen, jedenfalls taugt es zu Bewerbungen kaum; die Beurteilung ist wichtig, die er aber erst auf Antrag erhält. Das einfache Zeugnis wird auch kaum für schnelle Bewerbungen benötigt, da angesichts der kurzen Bearbeitungszeit (siehe Rn. 145) das qualifizierte Zeugnis in der Regel rasch zur Verfügung steht.

142 • Sofern das Zeugnis zu beantragen ist, muss der Arbeitgeber zunächst nichts veranlassen, vielmehr kann er zuwarten, bis der Arbeitnehmer sein Zeugnis *beantragt* (sogenannter verhaltener Anspruch[104]); die Besonderheit dieses verhaltenen Anspruchs besteht darin, dass der entstandene und fällige Zeugnisanspruch erst mit dessen Geltendmachung (nach seiner Wahl der Zeugnisart: einfaches oder qualifiziertes Zeugnis?) erfüllbar wird.[105]

3. Bearbeitungszeit

143 Beim einfachen Zeugnis sind nur die entsprechenden Daten aus der Personalakte zu übernehmen, was keinen sonderlichen, zeitlichen Aufwand erfordert.

Anders beim qualifizierten Zeugnis: Besonders bei Betrieben von einer bestimmten Größenordnung an ist zu beachten, dass der Arbeitgeber oder sein Vertreter nicht jeden Arbeitnehmer so genau kennt, um über die Art des Arbeitsverhältnisses exakt Auskunft erteilen und auch Angaben über Leistung und Führung machen zu können. Meist ist die Anhörung mehrerer Vorgesetzter notwendig, ehe ein der Wahrheitspflicht genügendes Urteil abgegeben werden kann. Daher muss der Arbeitnehmer mit Verzögerungen rechnen.

144 Die Regelungen in den Tarifverträgen für den öffentlichen Dienst sehen vor, dass die Zeugnisse *„unverzüglich auszustellen"* sind (siehe Rn. 109) – diese Aussage kann sicherlich als Maßstab für alle Zeugnisse (egal auf welcher Rechtsgrundlage) übernommen werden, da es für den Arbeitnehmer wichtig ist, so schnell wie möglich das Zeugnis in der Hand zu haben, und es kann allgemein von folgender *Faustregel* ausgegangen werden:

145 Die Bearbeitungszeit beträgt
- beim einfachen Zeugnis 1–2 Tage,
- beim qualifizierten Zeugnis 2–3 Wochen.[106]

---

104 *BAG*, 12.2.2013, BB 2013 S. 1076 = DB 2013 S. 1307 = NZA 2014 S. 31; ErfK *(Müller-Glöge)*, Rn. 7.

105 Staudinger *(Preis)*, Rn. 11.

106 *LAG Kiel*, 1.4.2009 – 1 Sa 370/08.

Diese Zeitangaben werden von den Arbeitgebern im Wesentlichen wohl beachtet; denn nach der Arbeitszeugnis-Studie von *Grau/Watzka*[107] werden qualifizierte Arbeitszeugnisse im Durchschnitt 16,4 Tage nach dem Ausscheiden des Mitarbeiters übergeben.

Eine Bearbeitungszeit von 1 Monat ist verspätet.[108]

107 *Grau/Watzka*, „Arbeitszeugnisse in Deutschland", (2016, Wiesbaden), S. 55.
108 *LAG Hamburg*, 25.1.1994 – 2 Sa 98/93.

VI. Erlöschen des Zeugnisanspruchs

146 Ist die Erteilung des Zeugnisses oder dessen „Berichtigung“ beantragt, so ist zu prüfen, ob der Anspruch nicht inzwischen hinfällig ist, weil es mehrere Gründe gibt, die zu seinem Erlöschen führen.

1. Erfüllung

147 Wie jeder privatrechtliche Anspruch erlischt auch der Zeugnisanspruch durch seine *Erfüllung* (§ 362 BGB), wenn also ein nach Form und Inhalt den gesetzlichen Vorschriften entsprechendes Zeugnis erteilt ist.

Wechsel der Zeugnisart

148 Die Frage nach der Anspruchserfüllung stellt sich insbesondere beim Wechsel der Zeugnisart:

- Der Arbeitnehmer, der zunächst nur ein einfaches Zeugnis wünscht und erhält, verlangt zu einem späteren Zeitpunkt ein qualifiziertes Zeugnis;
- umgekehrt kann sich herausstellen, dass die zusätzlichen Angaben über Leistung und Verhalten/Führung dem Bewerber bei der Stellensuche nicht förderlich erscheinen und dass ihm nun ein einfaches Zeugnis genügt.

149 Der Arbeitnehmer hat nur einen einzigen Anspruch auf *ein* Zeugnisdokument[109] (er kann nicht das einfache plus das qualifizierte Zeugnis fordern[110]), und mit der ursprünglichen Zeugniswahl (§ 263 Abs. 2 BGB) ist der Anspruch erfüllt und damit erloschen.[111]

150 Dieser erloschene Zeugnisanspruch kann aber aufgrund nachwirkender Fürsorgepflicht wieder aufleben, da der Arbeitgeber in der für ihn zumutbaren Weise alles zu unterlassen hat, was das Fortkommen des Arbeitnehmers erschweren würde.

151 Jedoch müssen schon besondere Gründe vorliegen, um einen Antrag für ein weiteres Zeugnis zu rechtfertigen:

---

109 *LAG Hamm*, 17.12.1998, DB 1999 S. 1610 = NZA-RR 1999 S. 455 = LAGE BGB § 630 Nr. 31.

110 ErfK *(Müller-Glöge)*, Rn. 5.

111 *LAG Chemnitz*, 26.3.2003 – 2 Sa 875/02 (neu); Staudinger *(Preis)*, Rn. 10.

- Verlangt der Arbeitnehmer zunächst nur ein einfaches Zeugnis und später ein qualifiziertes, so ist es nur zu akzeptieren, wenn das einfache Zeugnis zu schnellen Bewerbungszwecken verlangt wurde und er jetzt das qualifizierte benötigt (aber nicht zu rechtfertigen, wenn sich der Arbeitnehmer inzwischen selbstständig gemacht hat[112]). 152
- Wurde ein qualifiziertes Zeugnis verlangt und erteilt und wünscht der Arbeitnehmer nunmehr ein einfaches, so wird es kaum zu rechtfertigen sein;[113] denn wenn der Arbeitnehmer im Nachhinein etwa feststellt, dass die Beurteilung zu schlecht ist für eine Bewerbung, dann führt eine Bewerbung nun mit einem einfachen Zeugnis auch nicht weiter. 153

Mit dem Antrag auf ein anderes Zeugnis verzichtet er auf das zuerst erteilte und muss es mit Erteilung des neuen Zeugnisses Zug um Zug zurückgeben,[114] um nicht zwei Original-Zeugnisse „im Umlauf" zu haben. Da Bewerbungen nicht mit dem Original-Zeugnis erfolgen, dieses Dokument also noch beim Arbeitnehmer vorhanden sein müsste, wird die Rückgabe kein Problem bereiten; ist es aber nicht mehr möglich, das Original zurück zu geben, entfällt die Übergabe des neuen Zeugnisses. 154

2. Verzicht

Der Arbeitnehmer kann auf die Zeugniserteilung einseitig oder durch Erlassvertrag (§ 397 BGB) verzichten. 155

Zu beachten ist aber:

- *Unwirksam* ist jeglicher Verzicht *während* der Dauer des Arbeitsverhältnisses. Denn der Zeugnisanspruch ist noch nicht entstanden, der Arbeitnehmer kann zu dieser Zeit überhaupt nicht überblicken, ob er später ein Zeugnis benötigt; es sind keinerlei Interessen erkennbar, die es in diesem frühen Stadium rechtfertigen würden, auf das für sein Berufsleben so wichtige Dokument für die Zukunft zu verzichten. Es geht um den Schutz vor unüberlegtem Gebrauch der Privatautonomie, der persönlichkeitsbezogene Charakter der Zeugnisvorschriften verbietet eine vorzeitige Aufgabe dieser Rechte.[115] 156
- *Bei* oder *nach* der Beendigung des Arbeitsverhältnisses sind die soziale Abhängigkeit und Schutzbedürftigkeit des Arbeitnehmers entfallen. Da der Ar- 157

112 *LAG Mainz*, 31.7.2002 – 10 Sa 405/02.

113 Umstritten – stets zulässig: Baumbach/Hopt *(Roth)*, Rn. 15; ablehnend: ErfK *(Müller-Glöge)*, Rn. 6; Staudinger *(Preis)*, Rn. 54.

114 ErfK *(Müller-Glöge)*, Rn. 6; MünchArbR *(Wank)*, Rn. 17.

115 *LAG Köln*, 17.6.2010 – 7 Ta 352/09; *Küchenhoff*, Anm. zu *BAG*, 16.9.1974 in AP BGB § 630 Nr. 9.

beitnehmer das Recht hat, ein Zeugnis zu verlangen oder nicht, kann er durch Nichtbeantragung auch hierauf verzichten.[116] Das *BAG*[117] hat einen solchen Verzicht nicht ausgeschlossen.

158 Aber es ist Vorsicht geboten:

> „*Sowohl der einseitige Verzicht als auch der Erlassvertrag bedürfen der unmissverständlichen Willensbekundung, von einer Forderung Abstand zu nehmen.*“[118]

Entweder müsste eine Erklärung vorliegen, die den Zeugnisanspruch ausdrücklich bezeichnet,[119] oder es müsste sich der Verzicht aus den besonderen Umständen deutlich ergeben, z. B. nach Übernahme als Beamter im öffentlichen Dienst oder nach Erreichung der Altersgrenze, oder wenn er sich selbstständig macht, also bei Vorgängen, bei denen durchweg kein Zeugnis mehr in Betracht kommt (siehe auch bei Ausgleichsklauseln Rn. 161 ff.).

159 *Nichtig* hingegen ist eine Vereinbarung, die einen Verzicht auf Zeugniserteilung beinhaltet, bei

- einem Ausbildungszeugnis (§ 25 BBiG) und
- einem tariflichen Zeugnisanspruch (§ 4 Abs. 4 TVG).

Das gilt nicht nur während der Beschäftigung, sondern auch bei oder nach Beendigung, eine zeitliche Differenzierung ist nicht vorgesehen.

160

Übrigens:

- Wer ein einfaches Zeugnis verlangt, verzichtet damit nicht auf ein qualifiziertes[120] und umgekehrt (ob er das verlangte Zeugnis aber erhält? – siehe oben Rn. 152/153).
- Wer ein Arbeitszeugnis entgegennimmt, verzichtet nicht auf Einsicht in seine Personalakte[121] (und nicht auf Ruhegehaltsansprüche[122]).
- Wer aber die Vernichtung seiner Personalakte verlangt, verzichtet auf die Zeugniserteilung.

---

116 ErfK *(Müller-Glöge)*, Rn. 52; Staudinger *(Preis)*, Rn. 7.

117 *BAG*, 16.9.1974, BB 1975 S. 136 (Ls) = DB 1975 S. 155 = NJW 1975 S. 407 = AP BGB § 630 Nr. 9.

118 *BAG*, 16.11.2010, BB 2011 S. 1212 = DB 2011 S. 822 = NZA 2011 S. 453.

119 Staudinger *(Preis)*, Rn. 8.

120 *Schulz*, „Der arbeitsrechtliche Zeugnisanspruch“, (2006, Hamburg), S. 95.

121 *BAG*, 16.11.2010, BB 2011 S. 1212 = DB 2011 S. 822 = NZA 2011 S. 453.

122 *BAG*, 15.7.1960, BB 1960 S. 983 = DB 1960 S. 878 = NJW 1960 S. 2118; Baumbach/Hopt *(Roth)*, Rn. 5.

Ausgleichsklauseln

Bei Beendigung eines Arbeitsverhältnisses werden oftmals im Aufhebungsvertrag oder in einem Vergleich Ausgleichsklauseln vereinbart wie etwa **161**

> „*Damit sind sämtliche Ansprüche aus dem Arbeitsverhältnis, bekannt oder nicht, gleich aus welchem Rechtsgrund erledigt.*“

oder

> „*Es bestehen keinerlei Forderungen mehr gegen den Arbeitgeber.*“

Diese oder ähnlich formulierten Klauseln bedeuten für den Zeugnisanspruch Folgendes:

- Solche Klauseln beinhalten *nicht* den Verzicht auf *erstmalige* Erteilung eines Zeugnisses, *sofern* … **162**

  … in den bisherigen Verhandlungen und in dem diesbezüglichen Schriftverkehr das Arbeitszeugnis nicht angesprochen war[123] und damit nicht zum „gedanklichen“ Inhalt der Klausel wurde.

  Denn bei solchen Klauseln sind nur vom Arbeitnehmer ohne Weiteres „überschaubare“, erkennbare, durchweg finanzielle Ansprüche (wie z.B. Lohn, Urlaub, Abgeltungen) gemeint, solche, die bekannt waren oder mit deren Bestehen zu rechnen war,[124] nicht jedoch der für den Arbeitnehmer in solchen Situationen zunächst nicht nahe liegende Anspruch auf das Arbeitszeugnis.

  Das gilt auch bei *Ausschlussklauseln*, die bereits bei Vertragsabschluss vereinbart wurden.[125]

- Diese Klauseln erfassen jedoch **163**
  - den Zeugnisanspruch, *sofern* …
    … ein Vergleich geschlossen wird, in dem umfangreich und detailliert aufgeführt ist, was zur Erledigung ansteht (ohne das Zeugnis zu erwähnen), wobei der Arbeitnehmer erklärte, er wolle sich aus dem aktiven Arbeitsleben zurückziehen und in Rente gehen und damit zu erkennen gab, kein Zeugnis zu benötigen (er hatte auch kein Zwischenzeugnis verlangt, als er mehrere Jahre von der Arbeitsleistung freigestellt war) – angesichts

123 *BAG*, 16.9.1974, BB 1975 S. 136 (Ls) = DB 1975 S. 155 = NJW 1975 S. 407 = AP BGB § 630 Nr. 9.

124 *BAG*, 20.1.1998, BB 1998 S. 1745 = NZA 1998 S. 816.

125 *LAG Nürnberg*, 18.1.1994, LAGE BGB § 630 Nr. 20.

solcher Umstände kann der Vergleich auch den nicht genannten Zeugnisanspruch erledigen;[126]

– den Anspruch auf *Berichtigung* eines erteilten Zeugnisses, *sofern …*

… der Arbeitnehmer ausreichend Zeit zur Überprüfung des Zeugnisses unter eventueller Hinzuziehung eines Rechtskundigen hatte.

Wer nur einen *einzigen* Tag vor Unterzeichnung der Ausgleichsquittung das Zeugnis erhalten hat, dem kann nicht ein Verzicht auf „Zeugnisberichtigung" unterstellt werden, weil er in dieser kurzen Zeit noch nicht den Inhalt des Zeugnisses „überschauen" konnte.[127]

3. Ausschlussfristen

164 Tarifverträge enthalten regelmäßig Ausschlussfristen für die Geltendmachung von Ansprüchen aus dem Dienst- und Arbeitsverhältnis. Sofern diese Frist (in der Regel 1 bis 3 Monate, bei Beschäftigten im öffentlichen Dienst: 6 Monate) nicht ausdrücklich auf die Geltendmachung bestimmter Ansprüche beschränkt ist, gilt sie auch

- für den tariflichen Zeugnisanspruch,[128]
- für die einzelvertraglich vereinbarte *Verfallklausel*[129]
- und für den gesetzlichen Zeugnisanspruch (denn der Tarifvertrag tangiert nicht den Inhalt des Gesetzes, sondern sieht nur eine zeitliche Begrenzung vor).

Wird der Zeugnisanspruch nicht innerhalb der Ausschlussfrist geltend gemacht, so ist er *erloschen.*

165 Die Ausschlussfrist für den Anspruch auf ein (endgültiges) Zeugnis beginnt mit dem letzten Tag der tatsächlichen Beendigung des Arbeitsverhältnisses,[130] für den auf ein vorläufiges Zeugnis mit dem Tag des Zugangs der Kündigung.

166 Die Erhebung der *Kündigungsschutzklage* wahrt die Ausschlussfrist für den Zeugnisanspruch *nicht*; denn der Zeugnisanspruch setzt die Beendigung des Ar-

---

126 *LAG Berlin-Brandenburg*, 6.12.2011, BB 2012 S. 380 (Ls) = DB 2012 S. 412 (Ls).

127 *LAG Düsseldorf*, 23.5.1995, BB 1995 S. 2064 (Ls) = NZA-RR 1996 S. 42 = LAGE BGB § 630 Nr. 24.

128 *BAG*, 4.10.2005, BB 2006 S. 1166 = DB 2006 S. 792 (Ls) = NZA 2006 S. 436 = AP BGB § 630 Nr. 32.

129 *LAG Hamm*, 10.4.2002, NZA-RR 2003 S. 463.

130 *BAG*, 23.2.1983, BB 1983 S. 1859 (Ls) = DB 1983 S. 2043 = MDR 1983 S. 961 = AP BGB § 630 Nr. 14 (Ls).

beitsverhältnisses voraus und kann schon deshalb nicht Gegenstand des Kündigungsschutzprozesses sein[131] (siehe auch Rn. 198 ff.).

Ist innerhalb der Ausschlussfrist Klage erhoben worden, so können auch *nach* Fristende im laufenden Zeugnisrechtsstreit weitere Forderungen auf Zeugnisänderung ergänzend vorgetragen werden. Es ist also nicht zwingend, innerhalb der Frist *sämtliche* Beanstandungen aufzuführen.[132] 167

4. Verjährung (beim einfachen Zeugnis)

Wird der Anspruch auf Erteilung eines Zeugnisses *nicht* von einer tariflichen Ausschlussfrist erfasst, so unterliegt er der 3-jährigen Verjährung (§ 195 BGB), wobei die Verjährungsfrist erst am Ende des Jahres beginnt, in dem der Anspruch entstanden ist (§ 199 BGB). 168

Das *einfache* Zeugnis lässt sich mit seinen unsensiblen Daten durchweg sogar ohne spezielle Personalunterlagen und ohne sonderliche Mühen mit Hilfe der Buchungsbelege und Lohnrechnungs- sowie sonstiger Steuerprüfungsunterlagen erstellen, die nach Handels- und Steuerrecht 6 bzw. 10 Jahre aufzubewahren sind (§ 257 HGB, § 147 Abgabenordnung). 169

Bei einem solchen Zeugnis ist es zu rechtfertigen, dass der Arbeitnehmer noch bis zu 3 Jahren zuwarten kann, um ein solches Zeugnis zu beantragen, dem Arbeitgeber wird nichts Unzumutbares aufgeladen (fraglich bleibt allerdings, was der Arbeitnehmer mit einem solchen Zeugnis nach dieser langen Zeit noch anfangen will?).

5. Verwirkung und Unmöglichkeit (beim qualifizierten Zeugnis)

Obgleich die Verjährungsfrist nicht mehr 30, sondern (seit 1.1.2002) 3 Jahre beträgt; ist auch diese Frist für das qualifizierte Zeugnis zu lang. 170

Um eine solches Zeugnis ausstellen zu können, müssen noch Bewertungsunterlagen vorhanden sein, die den bei Rn. 169 genannten Unterlagen nach Handels- und Steuerrecht nicht entnommen werden können, bzw. müssen zur Beurteilung noch Personen greifbar sein, die sich an den Mitarbeiter erinnern können – der Anspruch ist nicht mehr durchsetzbar, falls er (bereits vor Ablauf der Verjährungsfrist) erloschen ist wegen Verwirkung oder Unmöglichkeit.

---

131 *BAG*, 18.12.1984, BB 1985 S. 590 = DB 1985 S. 658 = NZA 1985 S. 219.

132 *BAG*, 4.10.2005, BB 2006 S. 1166 = DB 2006 S. 792 (Ls) = NZA 2006 S. 436 = AP BGB § 630 Nr. 32.

a) Verwirkung

171 Die Verwirkung ist zu beachten nicht nur für den Anspruch auf erstmalige Erteilung des Zeugnisses, sondern auch für den (in der Praxis häufigeren) Fall, dass das erteilte Zeugnis nicht den Vorstellungen des Arbeitnehmers entspricht, also im Falle der verlangten Änderung/Berichtigung – der Anspruch auf erstmalige Erteilung und der auf „Berichtigung" werden gleich behandelt; denn es gibt im Zeugnisrecht keinen Gewährleistungsanspruch, sondern nur den auf Erteilung eines ordnungsgemäßen Zeugnisses und falls dies nicht vorliegt, wird der ursprüngliche Zeugnisanspruch gewissermaßen „ein weiteres Mal" geltend gemacht.

172 Die Verwirkung ist ein Sonderfall der wegen Verstoßes gegen Treu und Glauben unzulässigen Rechtsausübung und lässt den Zeugnisanspruch erlöschen; sie setzt voraus:[133]

(1) Der Arbeitnehmer wartet längere Zeit und unternimmt nichts (*Zeitmoment*). Hierbei genügen *wenige Monate*, um das Zeitmoment zu erfüllen. Denn ein Zeugnis muss, wenn es seine Funktion im Arbeitsleben erfüllen soll, alsbald nach Beendigung des Arbeitsverhältnisses verlangt und erteilt werden; hinzu kommt, dass sonst das Erinnerungsvermögen verblassen kann[134] und dann aus diesem Grunde die Zeugniserteilung ausscheiden muss, weil nicht mehr gewährleistet ist, dass das Zeugnis inhaltlich zutreffend ist.
Bei einem bereits erteilten Zeugnis muss erwartet werden, dass ein ausgeschiedener Arbeitnehmer unmittelbar nach Erhalt des Zeugnisses Einwendungen erhebt und nicht erst den Erfolg seiner Bemühungen auf dem Arbeitsmarkt abwartet, um dann mit Änderungswünschen zu kommen, wenn die Stellensuche erfolglos geblieben ist.
Es ist auch nicht auszuschließen, dass ein Arbeitnehmer, der nach längerer Zeit ein anderes Zeugnis verlangt, von dem ihm zuerst erteilten bereits Gebrauch gemacht hat; das kann zu nachteiligen Folgen für den Aussteller eines weiteren Zeugnisses führen, weil er sich dann dem Verdacht aussetzt, ein Gefälligkeitszeugnis gegeben zu haben.[135]
(2) Sein Verhalten musste vom Arbeitgeber nur so aufgefasst werden, dass der Arbeitnehmer dem Zeugnis keine besondere Bedeutung beimesse, dass er keinen Wert mehr auf das Zeugnis lege, dass er entweder keinen neuen Arbeitsplatz suche oder ihn bereits auch ohne Zeugnis gefunden

133 *BAG*, 25.9.2013 (5 AZR 936/12), ArbRB 2014 S. 7.
134 *LAG Hamm*, 3.7.2002 – 3 Sa 248/02.
135 *BAG*, 17.2.1988, BB 1988 S. 978 = DB 1988 S. 1071 = NZA 1988 S. 427 = AP BGB § 630 Nr. 17.

habe, und daher der Arbeitgeber davon ausgehen konnte, die Sache habe damit ihr Bewenden (*Umstandsmoment*); der Arbeitnehmer würde sich nämlich mit seinem Antrag auf erstmalige oder erneute Zeugniserteilung in Widerspruch zu seinen vorherigen Erklärungen oder seinem früheren Verhalten setzen.

Die verspätete Geltendmachung wäre wegen widersprüchlichen Verhaltens unzulässig.

Welche Gründe für die Verspätung ursächlich sind (Unfall, berufliche Überlastung des Arbeitnehmers oder mangelndes gegenwärtiges Interesse), ist unerheblich.[136]

(3) Sind diese Voraussetzungen erfüllt, ist dem Arbeitgeber die Erfüllung des Zeugnisanspruchs nach Treu und Glauben nicht mehr zumutbar (*Zumutbarkeitsmoment*),[137] wozu er allerdings Tatsachen vortragen muss, aus denen seine Überzeugung ableitbar ist, der Arbeitnehmer werde sein Verlangen nicht mehr geltend machen – und das lässt sich z. B. ableiten,

- wenn der Arbeitnehmer zunächst auf Erteilung bzw. „Berichtigung" gepocht hat (vielleicht sogar sehr energisch unter Fristsetzung) und dann längere Zeit verstreichen lässt, um sich dann überraschend wieder meldet und den Zeugnisanspruch geltend macht;[138]
- wenn die Zeugniserteilung in einem *Vergleich* aufgenommen wurde und der Arbeitnehmer anschließend Monate verstreichen lässt, ohne das Zeugnis einzufordern – denn er gab beim Abschluss des Vergleichs zu erkennen, dass er das Zeugnis benötigt, und sein Schweigen widerspricht seinem vorhergehenden Verhalten;
- wenn der Arbeitgeber zusichert, die vom Arbeitnehmer zu fertigende Tätigkeitsbeschreibung wortgleich in das Zeugnis zu übernehmen, dies aber deutlich erkennbar *nicht* macht und der Arbeitnehmer sich hiergegen monatelang nicht wendet, dann ist die Verwirkung nicht zu vermeiden.[139]

Der Arbeitnehmer muss „am Ball bleiben", sonst erweckt er den Eindruck, seinen Anspruch nicht weiterzuverfolgen.

Ausnahme?

Ist der Zeugnisanspruch verwirkt, lässt sich aber der Arbeitgeber auf Drängen des Arbeitnehmers dennoch darauf ein, die *Tätigkeitsbeschreibung* zu ändern, **173**

136 *LAG Mainz*, 14.3.2002 – 1 Sa 1433/01.

137 *BAG*, 16.10.2007, BB 2008 S. 507 = DB 2008 S. 245 = NZA 2008 S. 298 = AP BGB § 630 Nr. 33.

138 *LAG Köln*, 8.2.2000, NZA-RR 2001 S. 130.

139 *LAG Frankfurt*, 16.1.2013 – 18 Sa 602/12.

so ist zweifelhaft, ob er dann noch die zusätzlich beantragte Verbesserung der *Leistungsbewertung* wegen Verwirkung ablehnen kann (ob also die Verwirkung gewissermaßen „gesplittet" werden kann) – wenn es aber nur um Fakten in der Tätigkeitsbeschreibung geht, die korrigiert werden (etwa falsches Eintrittsdatum, nicht vollständige Beschreibung der Tätigkeiten), so ist das ähnlich zu behandeln wie bei Schreibfehlern = eine solche Korrektur hat mit der Beurteilung nichts zu tun, lässt sie unberührt, und eine Änderung (auch) der Beurteilung kann daher nicht verlangt werden.[140]

aa) Eindeutige Zeitabgaben?

174 Je schwerer das Umstandsmoment wiegt, je kürzer ist das Zeitmoment; je mehr der Arbeitnehmer auf das Zeugnis gedrängt hat, je kürzer wird die Zeit für die Verwirkung zu bemessen sein, falls er sich danach in Stillschweigen hüllt. Aber es gibt keine zeitgenauen Angaben, ab wann nach vorausgehendem Verhalten der Zeugnisanspruch verwirkt ist – es kommt immer auf den Umstände des Einzelfalls an, wie die folgende Aufstellung zeigt:

- In einem vom *BAG*[141] entschiedenen Fall hatte der Arbeitnehmer nach erfolgloser Kündigungsschutzklage in einem weiteren Prozess erst im Wege der Widerklage **5 Monate** nach Erhalt des Zeugnisses Schadensersatz wegen angeblich unrichtigen Zeugnisses verlangt. Die Klage wurde zu Recht abgewiesen, weil der Arbeitgeber mit solchen Ansprüchen nicht mehr zu rechnen brauchte.
- In einem weiteren Falle hatte das *BAG*[142] den Anspruch auf „Berichtigung" als verwirkt angesehen, der erst nach 10 Monaten weiterverfolgt wurde; hier hatte der Arbeitnehmer durch dreimaliges Ersuchen um Zeugnisausstellung sein lebhaftes Interesse an einem Zeugnis zum Ausdruck gebracht, und als er es erhielt, 10 Monate zugewartet – der Arbeitgeber konnte davon ausgehen, der Arbeitnehmer werde sich alsbald melden, wenn er mit dem Zeugnis nicht einverstanden sei (und nicht 10 Monate zuwarten).
- Der Anspruch ist jedenfalls verwirkt, wenn zugewartet wurde:[143]

---

140 Küttner *(Poeche)*, Rn. 15.

141 *BAG*, 17.10.1972, BB 1973 S. 195 = DB 1973 S. 238 = AP BGB § 630 Nr. 8.

142 *BAG*, 17.2.1988, BB 1988 S. 978 = DB 1988 S. 1071 = NZA 1988 S. 427 = AP BGB § 630 Nr. 17.

143 Siehe auch die Zusammenstellung im Urteil des *LAG Frankfurt*, 22.1.2007 – 19/5 Sa 384/06.

- unter ursprünglich anwaltlicher Klagedrohung 11 Monate nach Fristsetzung (*LAG Düsseldorf*[144]) bzw. 12 Monate (*LAG Köln*[145]), 15 Monate nach Erteilung des Zeugnisses aufgrund eines Vergleichs (*LAG Hamm*[146]).
- Das *LAG Hamm*[147] hat eine Zeitspanne von rund 2½ Monaten noch nicht als ausreichend erachtet, um eine Verwirkung anzuerkennen. Es gibt keine Mindest-Zeitspanne, es kommt immer auf die besonderen Umstände und das Verhalten des Zeugnisempfängers an.[148]

Zwar dürfte die Zeitspanne für den „*Berichtigungsanspruch*" grundsätzlich kür- **175**
zer zu bemessen sein als die für den Anspruch auf erstmalige Zeugniserteilung; denn von dem Arbeitnehmer, der bereits im Besitz eines Zeugnisses ist, kann eine schnellere Prüfung erwartet werden als von demjenigen, der noch nicht sogleich übersehen kann, ob er überhaupt ein Zeugnis benötigt.[149]

Aber es handelt sich ohnehin nur um ungefähre Zeitangaben, bei denen nicht nach Monaten scharf differenziert werden kann, daher werden auch bei der „Berichtigung" (um unnötige Komplikationen zu vermeiden) gleiche Fristen anzusetzen sein.

Als Versuch der zeitlichen Eingrenzung für das Zeitmoment lässt sich die *äu-* **176**
ßerste Grenze der Geltendmachung von Zeugnisansprüchen in etwa festlegen, die im Anhalt an § 5 Abs. 3 KSchG bei 6 Monaten liegen dürfte, auch Ausschlussfristen oder Verfallsklauseln[150] haben eine maximale, nämlich 6-monatige Länge (längere Fristen sind so selten, dass sie hier außer Betracht bleiben können) – d. h. spätestens nach einem halben Jahr haben sich diese Themen erledigt.

177

Daher wird bei der Verwirkung des Zeugnisanspruchs – als grobe *Faustregel* – von maximal 6 Monaten auszugehen sein.

Allerdings ist dem Arbeitnehmer dringend zu empfehlen, diese äußerste Frist **178**
nicht annähernd auszunützen und nicht Monate zuzuwarten, sondern so früh wie möglich den Zeugnisanspruch geltend zu machen, um nicht mit dem Verdikt der Verwirkung belegt zu werden; denn Arbeitsgerichte können je nach den

---

144 *LAG Düsseldorf*, 11.11.1994, DB 1995 S. 1135.
145 *LAG Köln*, 8.2.2000, NZA-RR 2001 S. 130.
146 *LAG Hamm*, 3.7.2002, NZA-RR 2003 S. 73.
147 *LAG Hamm*, 16.3.1989, BB 1989 S. 1486 = NZA 1989 S. 848 (Ls).
148 Völlig unzumutbar, wenn die Berichtigung erst nach 7 Jahren (!) verlangt wird: *LAG Frankfurt*, 13.12.1989 – 10 Sa 182/89.
149 *LAG Mainz*, 14.3.2002 – 1 Sa 1433/01.
150 *ArbG Frankfurt a. M.*, 27.9.2004 – 15 Ca 10684/03.

Umständen des Einzelfalls durchaus eine kürzere Frist für die Verwirkung zugrunde legen – z. B. geht das *ArbG Passau* von 3–4 Monaten aus.[151]

bb) Ausschluss der Verwirkung

179 Die Verwirkung ist jedoch ausgeschlossen,

- wenn es sich um einen *tariflichen* Zeugnisanspruchs handelt (§ 4 Abs. 4 Satz 2 TVG), oder
- falls und solange eine *Ausschlussfrist* besteht; denn innerhalb dieser durchweg kurzen Zeiträume muss der Arbeitgeber stets mit der Geltendmachung des Zeugnisanspruchs rechnen.

b) Unmöglichkeit

180 Der Zeugnisanspruch kann auch erlöschen, wenn keine oder zu wenig zeugnisrelevante Unterlagen vorhanden sind bzw. für die Beurteilung keine ausreichende Erinnerung an die Person mehr besteht;[152] dann wird die Zeugnisausfertigung unmöglich (§ 275 BGB). Schadensersatzpflichtig wird der Arbeitgeber, wenn er die Unmöglichkeit zu vertreten hat (§ 280 BGB), d. h. wenn er diese Unterlagen nach Beendigung des Beschäftigungsverhältnisses nicht lange genug aufbewahrt.

aa) Aufbewahrung der Zeugnisunterlagen

181 Die Art richtiger Personalverwaltung ist nicht vorgeschrieben, es gibt (außerhalb des Beamtenrechts) *gesetzlich* keine Vorschriften über die Führung und Aufbewahrung von Personal-Zeugnisunterlagen.

182 Zeugnisunterlagen sind nicht gesondert zu verwahren, sie sind Bestandteil der Personalakte, in die alle zeugnisrelevanten Vorgänge gehören wie vorläufige und Zwischenzeugnisse, Abmahnungen und betriebsinterne Beurteilungen (aber nicht z. B. *Entwürfe* von Zeugnissen = sie sind zu vernichten).

183 Bei der „Anreicherung" des Zeugnisses um die Beurteilung wird der Arbeitgeber von seiner Pflicht zur Erteilung dieses Zeugnisses frei, wenn ihm wegen der Länge der verflossenen Zeit eine hinreichende Erinnerung an die Person und Qualifikation nicht mehr möglich ist,[153] wenn (abgesehen von den Perso-

---

151 *ArbG Passau*, 15.10.1990, BB 1991 S. 350 (Ls).

152 MünchArbR *(Wank)*, Rn. 27.

153 *BAG*, 29.1.1986 (4 AZR 479/84), DB 1986 S. 1340 = NZA 1987 S. 384 (Ls) = NJW 1986 S. 2209 (Ls) = AP BGB § 630 Nr. 15 (Ls).

nalunterlagen) das *Erinnerungsvermögen* nicht mehr vorhanden ist[154] – das kann eintreten:

- bei der Geschäftsauflösung oder beim Tod des Arbeitgebers (siehe Rn. 655/656),
- aber auch in den sehr seltenen Fällen, in denen die 3-jährige *Verjährungsfrist* zu beachten ist, wenn nämlich ein Tarifvertrag zwar einen Zeugnisanspruch, aber keine Ausschlussfrist vorsieht. Mangels Ausschlussfrist und aufgrund des Umstandes, dass tarifliche Zeugnisansprüche nicht verwirken können (siehe Rn. 179), ist die 3-Jahres-Frist zu berücksichtigen.

Hierbei könnte im Laufe der Zeit die Erinnerung verblassen und die Zeugniser- **184**
teilung unmöglich werden. Ab wann dies der Fall ist, hängt vom Einzelfall ab – je nach Betriebsgröße, Häufigkeit des Personalwechsels und je nach der Stellung des ausgeschiedenen Mitarbeiters wird der Zeitpunkt verschieden sein, zu dem die Erfüllung des Zeugnisanspruchs noch möglich ist; an eine Spitzenkraft wird sich der Arbeitgeber sicherlich stärker und länger erinnern können als an das Glied einer in sich variablen Arbeitsgruppe bzw. an Durchschnittskräfte.

bb) Aufbewahrungsfristen

Gesetzlich sind keine Aufbewahrungsfristen vorgesehen (außer in Beamtenge- **185**
setzen[155]); aber es ergeben sich

- einerseits Mindestfristen = die Personalakte ist über das Austrittsdatum hinaus aufzubewahren, solange mit einer *fristgerechten Geltendmachung des Zeugnisanspruchs* gerechnet werden muss; der Arbeitgeber hat dafür Sorge zu tragen, dass der Arbeitnehmer seine Rechte noch wahrnehmen kann (sonst drohen Schadensersatzansprüche),
- andererseits datenschutzrechtlich zeitliche Begrenzungen.

Und das bedeutet für die Aufbewahrung: **186**

- Besteht eine Ausschlussfrist = bis zum Ende der Ausschlussfrist.
- Besteht keine Ausschlussfrist, aber es ist noch kein Antrag auf Zeugniserteilung gestellt = bis maximal 6 Monate, gerechnet ab dem Austritt aus der Firma (siehe Rn. 177);
- besteht keine Ausschlussfrist, das Zeugnis ist erteilt, aber es ist noch kein Antrag auf „Berichtigung" gestellt = bis maximal 6 Monate, gerechnet ab Erteilung des Zeugnisses;

154 *LAG Mainz*, 14.3.2002 – 1 Sa 1433/01.
155 Z. B. § 113 BBG: 5 Jahre nach Abschluss der Personalakte.

- falls Rechtsstreitigkeiten bestehen = bis zum rechtskräftigen Abschluss des Verfahrens;
- falls im beiderseitigen Einverständnis eine Wiedereinstellung in absehbarer Zeit vorgenommen werden soll = bis die Wiedereinstellung nicht mehr in Betracht kommt (in Anlehnung an *BAG*,[156] das die Aufbewahrung für gerechtfertigt hält im Falle erfolgloser Bewerbung und Vereinbarung über eine eventuell spätere Neubewerbung, um Verwaltungs- und Vorstellungskosten zu sparen).

187 Nach Ablauf dieser genannten Zeitspannen ist (sofern nichts anderes mit dem Arbeitnehmer vereinbart ist) die Aufbewahrung/Speicherung der zeugnisrelevanten Daten über die genannten Zeiträume hinaus *unzulässig* (siehe § 35 BDSG). Der Arbeitnehmer kann auch außerhalb des Datenschutzrechts aus dem allgemeinen Persönlichkeitsrecht verlangen, dass die Daten analog § 1004 BGB vernichtet werden[157] (wer dies verlangt, verzichtet auf die Zeugniserteilung, siehe oben Rn. 160).

188 Diese genannten Fristen gelten nicht nur für die Zeugnisunterlagen, sondern auch für das Zeugnis selbst, falls es z. B. ausgefertigt, aber nicht abgeholt wird. Das Zeugnisdokument teilt das Schicksal der Daten.

---

156 *BAG*, 6.6.1984, BB 1984 S. 2130 = DB 1984 S. 2626 = AP BGB § 611 (Persönlichkeitsrecht) Nr. 7.

157 *BAG*, 6.6.1984, BB 1984 S. 2130 = DB 1984 S. 2626 = AP BGB § 611 (Persönlichkeitsrecht) Nr. 7.

VII. Erteilung des Zeugnisses

1. Allgemeines

Spätestens mit Ablauf der Bearbeitungszeit (siehe Rn. 145) ist das Zeugnis zu erteilen. **189**

Wegen der Bedeutung des *qualifizierten* Zeugnisses für das berufliche Fortkommen wird es vom Arbeitgeber durchweg erteilt, auch wenn der Arbeitnehmer ein Zeugnis ohne nähere Spezifizierung beantragt (sich also nicht äußert, ob das Zeugnis ein einfaches oder qualifiziertes sein soll, bzw. wenn er ein *„ordentliches Zeugnis“*[158] haben will). Viele Firmen stellen das qualifizierte Zeugnis sogar aus, ohne den Antrag abzuwarten! **190**

Wieviel Arbeitszeugnisse werden jährlich erteilt? **191**

Die Zahl wird auf rund *3 Millionen*[159] oder gar auf *10 Millionen*[160] geschätzt.

Wenn unterstellt wird, dass wohl mit jeder Kündigung auch ein (End-)Arbeitszeugnis im Zusammenhang steht, und dass bei schätzungsweise 11 bis 15% aller Kündigungen prozessiert wird,[161] dann kann bei jährlich 187.500 arbeitsgerichtlichen Klagen wegen Kündigungen[162] deren Gesamtzahl und damit auch die Zahl der Arbeitszeugnisse hochgerechnet werden und zwar auf maximal 1,7 Millionen. Hinzuzurechnen wären die unbekannten Zahlen für Eigenkündigungen, für die anderen Zeugnisarten sowie für Aufhebungs- oder Abwicklungsverträge, deren Inhalte ebenfalls Zeugnisse umfassen können – das alles wird vermutlich zu einer ungefähren Größenordnung von *2 bis 3 Millionen* Zeugnissen pro Jahr führen; ein insgesamt sicherlich beachtlicher Zeit- und Arbeitsaufwand, der aber gerechtfertigt ist angesichts der Bedeutung des Zeugnisses für den einzelnen Arbeitnehmer.

Zeugnis beim Aufhebungsvertrag **192**

Bei einem *Aufhebungs*vertrag ist es zweckmäßig, den Zeugnisinhalt bereits im Vertrag festzulegen, um nachträglich Streitigkeiten zu vermeiden, oder den Vertrag erst nach Vorlage des Zeugnisses zu unterschreiben[163] (zu unterschiedlichen Daten im Aufhebungsvertrag und im Zeugnis, siehe Rn. 390 ff.).

---

158 *Monjau*, „Das Zeugnis im Arbeitsrecht“, DB 1966 S. 265.

159 Tschöpe *(Wessel)*, Rn. 4.

160 *Heimann*, „Sinnlose Zeugnisse“, AiB 2016 Heft 9 S. 33.

161 Siehe „Projekt Regulierung des Arbeitsmarktes“ (Februar 2004) der Hans-Böckler-Stiftung.

162 Siehe die Statistik der Arbeitsgerichtsbarkeit für das Jahr 2016.

163 *Freckmann*, „Abwicklungs- und Aufhebungsverträge – in der Praxis noch immer ein Dauerbrenner“, BB 2004 S. 1564.

193 *Zeugnis beim Abwicklungsvertrag*

Beim *Abwicklungsvertrag* etwa mit Verzicht auf Erhebung der Kündigungsschutzklage gegen Erteilung eines Zeugnisses ist wegen der (nur) 3-wöchigen Klagefrist Eile geboten, d. h. vor Ablauf dieser Klagefrist muss Einigung erzielt sein über den Inhalt des Zeugnisses.

194 *Exkurs: Abwicklungsvertrag, § 307 BGB und das Zeugnis*

Ist der Abwicklungsvertrag (formularmäßig) vom Arbeitgeber vorformuliert, so kommt es gemäß § 307 Abs. 1 Satz 1 BGB auf die arbeitgeberseitige Gegenleistung an, ob dem vorgesehenen Klagverzicht eine angemessene Kompensation gegenübersteht – ein Klageverzicht ohne Kompensation ist unangemessen im Sinne von § 307 BGB[164] und damit unwirksam.

Eine Kompensation liegt vor, wenn der Arbeitnehmer keinen Anspruch auf diese (angemessene) Gegenleistung hat, wenn er also etwas (zusätzlich) erhält, was er ohne diesen Klageverzicht nicht erhalten hätte.

195 • Die Verwendung der kompletten *Schlussfloskel* im Zeugnis wird als ausreichende Gegenleistung angesehen[165] (denn auf diese Floskel besteht laut *BAG* kein Anspruch, siehe Rn. 394 ff.).

196 • Steht dem Arbeitnehmer nur ein *durchschnittliches* Zeugnis zu und erhält er als Gegenleistung ein *gutes* Zeugnis (auf das er keinen Anspruch hätte), dann soll das eine ausreichende Gegenleistung darstellen – so das *LAG Hannover.*[166]

Diese Meinung kann nicht richtig sein, denn hier wird das Wahrheitsgebot im Zeugnisrecht total ignoriert (es wird ein falsches Zeugnis ausgestellt!), und der Inhalt des Zeugnisses degeneriert zur „Handelsware". Bei der Gegenleistung ist auch die Leistung also solche zu überprüfen, ob sie überhaupt rechtlich in Ordnung geht.

Das *BAG* hat dieses Urteil auch aufgehoben und ausgeführt:[167]

Die vom Arbeitgeber übernommene Verpflichtung, ein Zeugnis mit guter Beurteilung zu erteilen, stelle lediglich den gesetzlichen Anspruch auf ein qualifiziertes Zeugnis und demnach keine Gegenleitung dar. Eine Verpflichtung, ein objektiv unzutreffendes, „zu gutes" Zeugnis zu erteilen, sei *„recht-*

164 *BAG*, 6.9.2007 (2 AZR 722/06), DB 2008 S. 411 = NZA 2008 S. 219 = RdA 2009 S. 111.

165 *Hilgenstock*, „Das Arbeitszeugnis als kompensatorische Gegenleistung im Abwicklungsvertrag", ArbRAktuell 2013 S. 254.

166 *LAG Hannover*, 27.3.2014 – 5 Sa 1099/13.

167 *BAG*, 24.9.2015, BB 2016 S. 627 (Ls) = DB 2016 S.900 (Ls) = NZA 2016 S. 351.

lich zumindest bedenklich und stellte aus diesem Grund ebenfalls keinen angemessenen Vorteil für den Arbeitnehmer dar."

Also: 197
Die Absprache, ein gutes Zeugnis zu erteilen, bringt im Rahmen des § 307 BGB nichts:

- Entweder wird nur der gesetzliche Anspruch erfüllt,
- oder das Zeugnis ist unzutreffend und schon deshalb keine angemessene Gegenleistung.

2. Zeugnis bei Kündigung und Kündigungsschutzklage

Ist das Beschäftigungsverhältnis gekündigt, so ist zu klären, welche Art des 198
qualifizierten Zeugnisses zu welchem Zeitpunkt zu erteilen ist.

– Zusammenfassend und vorwegnehmend –

Das *Zwischenzeugnis* scheidet in jedem Falle aus, da es ein *ungekündigtes* Ar- 199
beitsverhältnis voraussetzt (siehe Rn. 579). In Betracht kommen daher nur das vorläufige oder das endgültige Zeugnis.

a) Kündigung ohne anschließende Klage

- Wird der Arbeitnehmer mit Beginn der Kündigungsfrist oder danach *nicht* 200
  mehr beschäftigt (z. B. beurlaubt oder von der Arbeit freigestellt) und scheidet er damit faktisch aus dem Betrieb aus, so erhält er zu diesem Zeitpunkt das *endgültige* Zeugnis;[168] im Zeugnis sind Leistung und Führung abschließend beurteilbar, als Datum der Beendigung wird der letzte Tag der Kündigungsfrist genannt.
- Wird er hingegen nach erfolgter Kündigung bis zum Ende der Kündigungs- 201
  frist weiterbeschäftigt, so können seine Leistung und Führung in diesem weiteren Zeitraum für das Zeugnis noch maßgebend sein, also entfällt das endgültige Zeugnis im Zeitpunkt der Kündigungserklärung, vielmehr kann er jetzt ein vorläufiges Zeugnis verlangen (siehe Rn. 570).

168 *BAG*, 27.2.1987, BB 1987 S. 1816 (Ls) = DB 1987 S. 1845 = NZA 1987 S. 628 = AP BGB § 630 Nr. 16.

b) Kündigung mit anschließender Klage

202 Vorweg:

- Das Zeugnisverlangen bedeutet keine Zustimmung zur Kündigung, und der Arbeitnehmer handelt auch *nicht* widersprüchlich, wenn er trotz Kündigungsschutzklage ein Zeugnis verlangt und damit eigentlich von der Beendigung des Beschäftigungsverhältnisses ausgeht – aber ihm muss angesichts der Ungewissheit über den Ausgang des Prozesses die Chance eingeräumt werden, sich rein vorsorglich und rechtzeitig um einen anderen Arbeitsplatz zu bewerben (siehe auch § 629 BGB), was nur sinnvoll mit einem Zeugnis ist.

  Ein gekündigter Arbeitnehmer

  „*ist gehalten, sich um eine neue Beschäftigung zu bemühen, selbst wenn er die Kündigung für unwirksam hält und mit einer Kündigungsschutzklage angreift (§ 615 Satz 2 BGB sowie §§ 11 und 12 KSchG). Diesen Zweck kann … nur ein Zeugnis erfüllen.*“[169]

- Zur prozessualen Handhabung von Kündigung und Zeugnis siehe Rn. 662.

aa) Beendigung der Tätigkeit

203 Ist die Tätigkeit *beendet* und läuft noch der Kündigungsschutzprozess, so kann der Arbeitgeber die Erteilung des endgültigen Zeugnisses nicht mit der Begründung verweigern, über seine Kündigung sei noch nicht rechtskräftig entschieden, und daher käme kein Zeugnis, allenfalls ein Zwischenzeugnis in Betracht – das wäre *widersprüchlich*, denn der Arbeitgeber verhält sich so, wie wenn der Arbeitnehmer weiterbeschäftigt wird, und dies widerspricht seiner eigenen Kündigung, denn er geht ja mit seiner Kündigung davon aus, dass das Arbeitsverhältnis beendet ist (und dann kommt nur das Endzeugnis in Betracht); er würde sich auf die Unwirksamkeit seiner eigenen Kündigung berufen, dann müsste er die Kündigung gleichzeitig zurückzunehmen, um nicht widersprüchlich zu handeln![170]

Bei der Zeugniserteilung ist zu beachten, dass der Zeugnisinhalt nicht mit den Kündigungsgründen kollidiert – wenn etwa aus personen- oder verhaltensbe-

---

169 *BAG*, 27.2.1987, BB 1987 S. 1816 (Ls) = DB 1987 S. 1845 = NZA 1987 S. 628 = AP BGB § 630 Nr. 16. So auch *LAG Frankfurt*, 28.3.2003 – 12 SaGa 1744/02; ErfK *(Müller-Glöge)*, Rn. 7.

170 *BAG*, 27.2.1987, BB 1987 S. 1816 (Ls) = DB 1987 S. 1845 = NZA 1987 S. 628 = AP BGB § 630 Nr. 16.

dingten Gründen gekündigt wurde, so muss dies im Zeugnis seinen Niederschlag finden (siehe auch Rn. 48).

Bei erneuter Beschäftigung? 204

Gewinnt der Arbeitnehmer den Kündigungsschutzprozess und wird wieder beschäftigt, so braucht er ...

... das erteilte Zeugnis nicht zurückzugeben, wenn auch der Grund für die Zeugnisausstellung (die Bewerbung um einen anderen Arbeitsplatz) weggefallen ist; denn ein Interesse des Arbeitgebers an der Rückgabe ist nicht ersichtlich und wäre nur Anlass für unnötige Streitigkeiten – es wird dann als Zwischenzeugnis betrachtet.

Dies gilt auch für den Fall, dass nach betriebsbedingter Kündigung oder Verdachtskündigung und Erteilung eines (endgültigen) Zeugnisses der Arbeitnehmer seinen eventuellen Anspruch auf *Wiedereinstellung* durchsetzt.

Das gilt aber nicht, wenn in einem Tarifvertrag die Rückgabe des Zeugnisses vorgesehen ist.

... nicht Zeugnisse anderer Arbeitgeber vorzulegen, bei denen er in der Zwischenzeit gearbeitet hat.[171]

bb) Weiterbeschäftigungsanspruch

Über das Ende der Kündigungsfrist hinaus kann der gekündigte Arbeitnehmer einen Weiterbeschäftigungsanspruch bis zum rechtskräftigen Abschluss des Kündigungsschutzprozesses haben – das kann sich ergeben 205

- aus einer speziellen, vertraglichen Vereinbarung oder
- aus dem besonderen Beschäftigungsanspruch nach § 102 Abs. 5 BetrVG/ § 79 Abs. 2 BPersVG – hierbei wird das bisherige Arbeitsverhältnis kraft Gesetzes fortgeführt und nur auflösend bedingt durch die rechtskräftige Abweisung der Kündigungsschutzklage.[172]

In diesen beiden Fällen ist auch die Zeit nach Ende der Kündigungsfrist für das gesamte Zeugnis relevant, da ein vereinbartes bzw. fortgeführtes Beschäftigungsverhältnis vorliegt und in das Zeugnis einzubeziehen ist. Denn seine Leistung und Führung können in diesem weiteren Zeitraum für das Zeugnis noch maßgebend sein – also kann mit Ende der Kündigungsfrist das *endgültige* Zeugnis noch *nicht* erteilt werden.

171 *BAG*, 21.5.1981, BB 1982 S. 308 = DB 1981 S. 2496.

172 *BAG*, 10.3.1987 (8 AZR 146/84), BB 1987 S. 1110 = NJW 1987 S. 2251 = RdA 1987 S. 255.

206 Falls der Arbeitnehmer in der Zwischenzeit ein Zeugnis verlangt, kommt das *vorläufige* Zeugnis in Betracht.

Verliert der Arbeitnehmer den Prozess und verlangt nun das endgültige Zeugnis, dann ist das zu vermerkende Beendigungsdatum problematisch (siehe hierzu Rn. 305).

cc) Prozessbeschäftigung

207 War die Kündigungsschutzklage vor dem Arbeitsgericht erfolgreich und wird der Arbeitgeber verurteilt, den Arbeitnehmer bis zum rechtskräftigen Abschluss des Kündigungsschutzverfahrens weiter zu beschäftigen, so muss der Arbeitgeber diesem *allgemeinen* arbeitsvertraglichen Weiter-Beschäftigungsanspruch (abgeleitet aus § 242 BGB)[173] nachkommen, um Vollstreckungsmaßnahmen aus dem Weiterbeschäftigungstitel zu vermeiden.

> „*Mit der Prozessbeschäftigung zur Vermeidung der Zwangsvollstreckung wird kein Arbeitsverhältnis begründet oder die befristete Fortsetzung des Arbeitsverhältnisses vereinbart*".[174]

208 Die Prozessbeschäftigung ist auch kein faktisches Arbeitsverhältnis; denn

> „*ein faktisches Arbeitsverhältnis setzt voraus, dass die Beschäftigung des Arbeitnehmers zwar ohne Rechtsgrund, aber doch regelmäßig mit Wissen und Willen des Arbeitgebers erfolgt, während hier dem Arbeitgeber die Weiterbeschäftigung gegen seinen Willen aufgezwungen wird, was zugleich die Vertragsfreiheit beeinträchtigt.*"[175]

209 Der Arbeitgeber schuldet nur die bloße, tatsächliche Weiter-Beschäftigung; maßgeblich für das Zeugnis ist somit das rechtliche Ende der Beschäftigung (= Ende der Kündigungsfrist), nicht das tatsächliche.

Die Zeit der Prozessbeschäftigung ist zeugnisrechtlich unbeachtlich.[176]

Also kann er trotz der weiteren Tätigkeit bereits am Ende der Kündigungsfrist ein *endgültiges* Zeugnis verlangen.

210 Nachteilig ist, dass die Zeit der Prozessbeschäftigung im Zeugnis unerwähnt bleibt, aber diese Konsequenz lässt sich bei diesem allgemeinen Beschäftigungsanspruch nicht vermeiden. Hilfreich könnte allenfalls sein, diese zeitliche

173 *BAG*, 27.2.1985 (GS 1/84), BB 1985 S. 463 = NJW 1985 S. 2968.
174 *BAG*, 14.6.2016 – 9 AZR 8/15.
175 *BAG*, 27.2.1985 (GS 1/84), BB 1985 S. 463 = NJW 1985 S. 2968.
176 *BAG*, 14.6.2016 – 9 AZR 8/15.

Lücke mit einem weiteren, ergänzenden Zeugnis zu schließen,[177] wobei dann aber zwei Nachweise desselben Arbeitgebers vorliegen und klar wird, dass ein Prozess stattgefunden hat – die Biografie des Arbeitnehmers wird dadurch etwas „holperig", was für ihn nicht vorteilhaft ist.[178]

3. Zurückbehaltungsrecht

Ein Zurückbehaltungsrecht mit der Begründung, der Arbeitnehmer schulde noch Leistung oder habe Unterlagen oder sonstige dem Arbeitgeber gehörende Sachen (z. B. Bücher, Geräte, Spezialkleidung, Fahrzeuge) herauszugeben, besteht nicht. Der Arbeitgeber kann nicht die Zeugniserteilung von irgendwelchen Vorleistungen des Arbeitnehmers abhängig machen etwa von der Vorlage von Arbeitszeugnissen früherer Arbeitgeber. **211**

Der persönlichkeitsbezogene Charakter des Zeugnisses verbietet die Geltendmachung von Gegenrechten;[179] auch bei einem Streit über den Fortbestand des Arbeitsverhältnisses besteht die Verpflichtung, ein Zeugnis zu erstellen und auszuhändigen. **212**

Die Verweigerung der Aushändigung oder verspätete Ausstellung macht den Arbeitgeber schadensersatzpflichtig. Das gleiche gilt, wenn der Arbeitgeber die Zeugnisse *früherer* Arbeitgeber, die der Arbeitnehmer zusammen mit seinen Bewerbungsunterlagen bei seiner damaligen Einstellung übergeben hatte, nicht zurückgibt, sofern es sich um die *Original*-Zeugnisse handelt. Kopien, auch beglaubigte, kann der Arbeitgeber behalten. **213**

4. Mitbestimmung

Ist der Mitarbeiter, der ein Zeugnis beantragt, noch Betriebsangehöriger (so etwa beim vorläufigen und Zwischenzeugnis, aber auch bei einer Kündigung und vorerst weiterer Beschäftigung), so kann er sich neben seinem Beschwerderecht gemäß § 84 BetrVG unmittelbar an den Betriebsrat wenden, der nach § 85 BetrVG solche Beschwerden entgegen nehmen und sie auf ihre Berechtigung prüfen muss. Hält der Betriebsrat eine solche Beschwerde für berechtigt, so hat er beim Arbeitgeber auf Abhilfe hinzuwirken – etwa wenn der Arbeitgeber dem Zeugnisantrag nicht oder nicht zeitgerecht stattgibt. **214**

---

177 *LAG Frankfurt*, 17.11.2014 – 17 Sa 406/14.

178 *Herberger*, „Angaben zum Beendigungszeitpunkt im Arbeitszeugnis bei Prozessbeschäftigung", DB 2017 S. 1334.

179 *LAG Nürnberg*, 18.1.1994, LAGE BGB § 630 Nr. 20.

215 **Der Inhalt von Zeugnissen fällt aber nicht unter das Beteiligungsrecht des Betriebsrats (bzw. des Personalrats);[180] die Formulierungen und Bewertungen im Zeugnis sind ausschließlich Sache des Arbeitgebers,[181] sie können nicht Gegenstand von Auseinandersetzungen mit dem Betriebsrat werden.**

Das mag der Grund dafür sein, dass sich Zeugnisempfänger kaum an den Betriebsrat, sondern sogleich an das Arbeitsgericht wenden, wenn es um Beanstandungen geht.

Ist der Antragsteller bereits aus dem Betrieb ausgeschieden, so entfällt jegliche Beteiligung des Betriebsrats, der nunmehr keine Legitimation mehr hat, für ihn in irgendeiner Form tätig zu werden; eine nachwirkende Fürsorgepflicht (wie der Arbeitgeber) hat der Betriebsrat nicht.[182]

216 Bei Tendenzbetrieben und Religionsgemeinschaften im Sinne von § 118 BetrVG entfällt von vornherein das Mitbestimmungsrecht.

217 Jedoch bei der Aufstellung von *Beurteilungsgrundsätzen* (oder von Eingabebogen zur Zeugniserstellung[183]), die mit der Festsetzung von Beurteilungsmerkmalen Grundlage eines Zeugnisses sein können, besteht ein Mitbestimmungsrecht des Betriebsrats (§ 94 Abs. 2 BetrVG) bzw. des Personalrats (§§ 75, 76 BPersVG); gemäß § 30 SprAuG ist der Sprecherausschuss zu unterrichten.

5. Kosten der Zeugnisausstellung

218 Die Zeugnisvorschriften enthalten keine Kosten-Regelung, so dass der allgemeine Grundsatz gilt: der Schuldner = Arbeitgeber hat seine Zeugnis-Pflicht auf eigene Kosten zu erfüllen; der Arbeitnehmer hat hierfür nichts zu zahlen.

219 Sofern die Pflicht zur Zeugniserteilung *nicht oder nicht mehr* besteht, kann der Arbeitgeber das Zeugnis ausstellen unter der Voraussetzung, dass der Arbeitnehmer die Kosten übernimmt, wobei allerdings der Personal-, Zeit- und Sachaufwand vermutlich gar nicht zu ermitteln sein wird.

---

180 MünchArbR *(Wank)*, Rn. 26; Schaub *(Linck)*, Rn. 39.

181 *BAG*, 20.2.2001, BB 2001 S. 1957 = DB 2001 S. 1674 = NZA 2001 S. 843.

182 MünchArbR *(Wank)*, Rn. 26.

183 *LAG Frankfurt*, 5.10.1993 – 5 TaBVGa 112/93.

6. Die Übergabe des Zeugnisses

a) Holschuld

Der Arbeitgeber muss das Zeugnis an seinem Wohnsitz bzw. am Ort seiner gewerblichen Niederlassung zur Abholung bereithalten (§ 269 BGB), egal, ob das Zeugnis auf Antrag oder automatisch ausgestellt wurde – die Zeugnisschuld ist also eine *Holschuld.* **220**

(Dass diese Frage der Holschuld in einem Prozess alle Instanzen bis zum *BAG*[184] durchlaufen hat, erscheint absonderlich, aber nur zu erklären aus beidseitiger Halsstarrigkeit: die klagende Anwaltsgehilfin ist angeblich im Streit aus der beklagten Kanzlei ausgeschieden, sie wollte das Zeugnis nicht abholen, sondern bat darum, das Zeugnis in das Gerichtsfach ihrer jetzigen Kanzlei am *selben* Ort einzulegen, was aber abgelehnt wurde!).

Die Holschuld schließt nicht aus, dass das Zeugnis dem Arbeitnehmer überbracht oder geschickt wird;[185] einen Anspruch hierauf gibt es aber nicht,[186] auch dann nicht, wenn etwa ein frankierter Rückumschlag zugesandt wird. **221**

Den Empfang des Zeugnisses hat der Arbeitnehmer zu quittieren, wenn es der Arbeitgeber wünscht (§ 368 BGB). **222**

Übrigens: Wer *ohne* Abholversuch die Erteilung des Zeugnisses einklagt, hat natürlich keinen Erfolg und die Kosten zu tragen.[187] **223**

Wird das Zeugnis zwar ausgefertigt, aber vom Arbeitnehmer nicht abgeholt, so unterliegt es als Teil der Personalakte deren Schicksal (siehe Rn. 181). **224**

Dazu, ob der Arbeitgeber das Zeugnis zusammenfalten/knicken darf, siehe Rn. 234.

b) Bringschuld/Schickschuld

Der Arbeitgeber hat jedoch das Zeugnis dem Arbeitnehmer in folgenden Fällen zu *übersenden*: **225**

- Ist das Zeugnis nicht rechtzeitig, d. h. innerhalb der Bearbeitungszeit (siehe Rn. 145) fertig gestellt worden, so wird aus der Holschuld (als Form des Ver-

---

184 *BAG*, 8.3.1995, BB 1995 S. 1355 = DB 1995 S. 1518 = NZA 1995 S. 671 = AP BGB § 630 Nr. 21.

185 *LAG Frankfurt*, 7.2.2011 – 16 Sa 1195/10.

186 *LAG Berlin-Brandenburg*, 13.3.2014 – 10 Ta 414/14.

187 *LAG Berlin-Brandenburg*, 6.2.2013 (10 Ta 31/13), LAGE GewO § 109 Nr. 10.

zugsschadens = Hindernis in der Sphäre des Arbeitgebers) eine *Bringschuld*.[188]

Bei verspätetem Zugang des Zeugnisses (aus welchen Gründen auch immer) kommt der Arbeitgeber *in Verzug*; das gilt natürlich auch, falls die Adresse vom Arbeitgeber falsch geschrieben wurde und daher das Zeugnis nicht rechtzeitig zugestellt werden konnte.

Das *LAG Düsseldorf* meint, eine Übersendungspflicht bestehe auch dann, wenn der Arbeitgeber sich in einem Vergleich zur Erteilung eines Zeugnisses verpflichtet habe[189] – dies geht zu weit: Die bloße Verpflichtung zur Zeugniserteilung beinhaltet nicht zugleich die Übersendungspflicht; anders dann, wenn zwischenzeitlich der Geschäftsbetrieb aufgegeben wurde und der ehemalige Arbeitgeber nunmehr an einem entfernten Ort wohnt.

226 • Aus der Holschuld wird (aufgrund nachwirkender Fürsorgepflicht bzw. aus Gründen des Schikaneverbots = Hindernis in der Sphäre des Arbeitnehmers) eine *Schickschuld*, falls die Abholung

- für den Arbeitnehmer mit unverhältnismäßig hohen Kosten oder mit besonderen Mühen verbunden ist (wenn der Arbeitnehmer etwa seinen Wohnsitz inzwischen an einen weiter entfernten Ort verlegt hat oder krank ist), oder
- für ihn unzumutbar ist (weil er sich mit seinem Arbeitgeber überworfen hat, es sei denn, er kann sich zur Abholung eines Bevollmächtigten bedienen[190]).

Kommt das Zeugnis bei rechtzeitiger Absendung verspätet beim Arbeitnehmer an, so liegt *kein* Verzug vor (im Unterschied zur Bringschuld).

227 Geht das Zeugnis unterwegs verloren, hat der Arbeitgeber es erneut auszustellen, denn

- bei der Bringschuld trägt er die Verlustgefahr[191] (§ 292 BGB – d. h. beim Verzug: Übersendung auf Gefahr und Kosten des Arbeitgebers[192]).
- bei der Schickschuld trägt er aufgrund der Fürsorgepflicht die Kosten der Versendung.[193]

188 *LAG Frankfurt*, 1.3.1984, DB 1984 S. 2200.

189 *LAG Düsseldorf*, 15.3.2001 – 7 Ta 60/01.

190 *BAG*, 8.3.1995, BB 1995 S. 1355 = DB 1995 S. 1518 = NZA 1995 S. 671 = AP BGB § 630 Nr. 21.

191 *LAG Frankfurt*, 25.6.1980, DB 1981 S. 534.

192 *LAG Köln*, 26.4.2010 – 2 Ta 24/10.

193 So wohl auch Staudinger *(Preis)*, Rn. 9.

7. Die Versendung des Zeugnisses

a) Allgemeines

Sofern der Arbeitgeber das Zeugnis nicht zur Abholung bereithält, sondern auf eigene Kosten dem Arbeitnehmer zuschickt – weil er hierzu verpflichtet ist (siehe Rn. 225) oder dem Wunsch des Arbeitnehmers nachkommt – so ist bei der Versendung des Zeugnisses zu beachten: **228**

- Das Zeugnis darf nicht zugleich als Anschreiben dienen, das *Anschriftenfeld* des Firmenbogens darf also nicht ausgefüllt sein,[194] weil dies nicht den Formalien einer solchen Urkunde entspricht; üblicherweise wird eine solche Urkunde mit einem Begleitschreiben versandt. **229**
- Das Zeugnis kann mit einfachem Brief versendet werden; sofern es per „Einschreiben" verschickt wird, ist dies auf dem Begleitschreiben, nicht jedoch auf dem Zeugnis zu vermerken. **230**
- Wünscht der Arbeitnehmer eine besondere Versendungsart, wie z. B. „Einschreiben", so trägt er die Mehrkosten[195] (die wohl nicht der Rede wert sind), aber der Arbeitgeber kann diese Sonderwünsche auch ablehnen und mit schlichtem Brief übersenden. **231**
- Dem Arbeitnehmer muss die Zeugnisausfertigung mit der *Original*-Unterschrift zugesandt werden; daher scheiden hierfür moderne Formen der Kommunikation aus wie z. B. die Übermittlung des Zeugnisses per Telefax oder E-Mail.[196] **232**

Allein die Tatsache, dass das Zeugnis *versandt* wird, bietet keinen Anlass, auf einen Streit zwischen Arbeitnehmer und Arbeitgeber zu schließen; man kann aus der Versendung nicht den Schluss ziehen, dem Arbeitnehmer sei etwa Hausverbot erteilt worden oder es bestünden sonstige gravierende Anlässe, die ihn veranlasst haben könnten, das Zeugnis nicht mehr abzuholen. Es gibt die oben genannten guten Gründe für die Übersendung; sie ist also „wertneutral", hieraus lassen sich keine „Signale" entnehmen. **233**

194 *LAG Hamburg*, 7.9.1993, NZA 1994 S. 890; *ArbG Köln*, 5.3.2013 – 13 Ca 2497/12; *ArbG Stuttgart*, 19.10.2005 – 14 Ca 306/05; ErfK *(Müller-Glöge)*, Rn. 14a.

195 *LAG Frankfurt*, 1.3.1984, DB 1984 S. 2200.

196 *LAG Hamm*, 28.3.2000, NZA 2001 S. 576 (Ls) = MDR 2000 S. 1198 (Ls).

b) Knicken/Falten

234 Das *BAG*[197] meint, das Arbeitszeugnis könne gefaltet/geknickt (sogar zweimal gefaltet und in einen schlichten Briefumschlag gesteckt) verschickt werden; da den Bewerbungen ohnehin nur Ablichtungen beigefügt würden, sei das Knicken/Falten des Originals unbeachtlich, sofern auf der Kopie ein Knick nicht zu erkennen sei.

235 Das *BAG* führt weiter aus:

> *„Die Vorlage des Originalzeugnisses in „geknickter" Form mag auf einen sorglosen Umgang des Arbeitnehmers mit Geschäftsunterlagen deuten. Diesen Eindruck kann der Arbeitnehmer selbst vermeiden, indem er die entfaltete Urkunde in einer Dokumentenhülle verwahrt und das Zeugnis auf diese Weise bei Bewerbungsgesprächen präsentiert.*"

236 Beim Vorstellungsgespräch macht aber zweifellos ein *un*gefaltetes Zeugnis stets einen besseren Eindruck.[198]

Diese „knickenden" Passagen des *BAG* werden überwiegend abgelehnt,[199] aber: „Erfurt locuta, causa finita".

237 Dem Arbeitnehmer ist daher zu empfehlen, das Zeugnis beim Arbeitgeber abzuholen und sich nicht zusenden zu lassen, um ein eventuelles Falten zu vermeiden. Das Zeugnis könnte aber schon beim Abholen gefaltet sein, dann sollte er froh sein, einen Arbeitgeber zu verlassen, der ein Zeugnis formal wie einen schlichten Brief behandelt!

8. Ersatzausstellung

238 Bei Verlust oder starker Beschädigung eines Zeugnisses ist der Arbeitgeber zu einer Ersatzausstellung aufgrund nachwirkender Fürsorgepflicht bzw. nachvertraglicher Nebenpflicht[200] verpflichtet.

239 Das Zeugnis wird in Form und Inhalt genau wiederholt; die Ausstellung des Zeugnisses mit dem Vermerk „Duplikat" oder die Anfertigung einer Kopie (auch mit Beglaubigungsvermerk[201]) ist unzulässig, denn hierdurch würde in

---

197 *BAG*, 21.9.1999, BB 2000 S. 411 = DB 2000 S. 282 = NZA 2000 S. 257 = AP BGB § 630 Nr. 23 (mit Anm. von *Schleßmann*).

198 AR-K *(Gäntgen)*, Rn. 14.

199 *Hunold*, „Die Rechtsprechung zum Zeugnisrecht", NZA-RR 2001 S. 113 (115); Staudinger *(Preis)*, Rn. 30. Das *LAG Hamburg* hatte schon 1993 das Knicken abgelehnt (7.9.1993, NZA 1994 S. 890).

200 Erk *(Müller-Glöge)*, Rn. 58.

201 Schaub *(Linck)*, Rn. 8; Tschöpe *(Wessel)*, Rn. 50.

unzulässiger Weise der Eindruck erweckt, der Arbeitnehmer habe sein Originalzeugnis „verschlampt".

Diese Pflicht zur Ersatzausstellung besteht jedoch nur einmal, nicht mehrmals. **240**

Ob weitere Ersatzausstellungen für den Arbeitgeber zumutbar wären, spielt **241** keine Rolle[202] (heutzutage wird das Zeugnis abgespeichert sein, so dass die erneute Ausstellung keinen sonderlichen Aufwand verursachen, jedenfalls kostenmäßig zumutbar sein wird). Aber der Begriff der Zumutbarkeit ist kein Kriterium, vielmehr „verspielt" der Arbeitnehmer die Fürsorgepflicht, wenn er auch die *zweite* Zeugnisfertigung nicht mehr verwenden kann (aus welchen Gründen auch immer, wenn er z. B. das Zeugnis mit Randbemerkungen versehen hat).

Nicht jeder Wunsch des ehemaligen Arbeitnehmers ist zu erfüllen, nur weil es im Einzelfall für den Arbeitgeber zumutbar sein mag.

202 A. A. *LAG Frankfurt*, 7.2.2011 – 16 Sa 1195/10 (= entscheidend sei nicht, ob der Arbeitnehmer Verlust oder Beschädigung zu vertreten habe, sondern, ob die Ersatzausstellung dem Arbeitgeber zugemutet werden könne).

VIII. Inhalt des Zeugnisses

Vorbemerkung

242 Im Rahmen der Zeugnisgebote sind Formulierung und Gestaltung aller Zeugnisarten ausschließlich Sache des Arbeitgebers.[203] Das schließt nicht aus, die Abfassung des Zeugnisses mit dem Betroffenen zu besprechen, da das *Gespräch* hilfreich sein kann bei noch nicht festgelegter Detailbeurteilung.

Selbstausstellung?

243 Der Arbeitgeber kann den Arbeitnehmer auch bitten (aber nicht von ihm fordern), den Zeugnisentwurf selbst zu formulieren; die Anerkennung des Textes erfolgt durch die Unterzeichnung des Zeugnisses. Er ist jedoch nicht verpflichtet und kann sich auch nicht dazu verpflichten,[204] den Entwurf des Arbeitnehmers sodann ungeprüft in das Zeugnis zu übernehmen.

Diese Selbstausstellung mag in der Praxis häufiger vorkommen, ist aber nicht empfehlenswert, da der Zeugnisinhalt durchweg zu positiv ausfällt und sodann zu viel korrigiert werden muss, was eher zu Auseinandersetzungen Anlass bietet, als wenn der Arbeitgeber sogleich selbst formuliert.

Zeugnisfertigung nach Stichworten?

244 Problematisch ist es, wenn Außenstehende im Rahmen von Serviceleistungen Zeugnisse formulieren auf der Grundlage lediglich von *Stichworten* des Arbeitgebers; der Arbeitgeber, der die Zeugnisausstellung und -sprache nicht beherrscht und deshalb diesen Service in Anspruch nimmt, hat den Inhalt des Zeugnisses mit seiner Unterschrift zu verantworten und läuft Gefahr, für Formulierungen einstehen zu müssen, die er selbst nicht deuten konnte bzw. nicht so gemeint hatte (die Anfechtung dieser Zeugniserklärungen ist nicht möglich, siehe Rn. 611).

1. Grundsätze (Zeugnisgebote)

245 Um die Zielsetzungen des Zeugnisses (Bewerbungs- und Entscheidungsunterlage) zu erreichen bzw. die Warnfunktion für den neuen Arbeitgeber sowie die dienstvertragliche Pflicht des Zeugnisausstellers korrekt zu erfüllen, sind die folgenden 4 „Gebote“ des Zeugnisrechts zu beachten, die als wesentlicher Be-

---

203 *BAG*, 16.10.2007, BB 2008 S. 507 = DB 2008 S. 245 = NZA 2008 S. 298 = AP BGB § 630 Nr. 33.

204 AR *(Kolbe)*, Rn. 25.

standteil des Zeugnisrechts anerkannt sind[205] (und sie gelten auch für die tariflichen Zeugnisvorschriften) – werden sie beachtet und Beurteilungsfehler (siehe Rn. 348) vermieden, dann ist das Zeugnis komplett und wird einer gerichtlichen Überprüfung standhalten.

a) Wahrheitsgebot

Das Zeugnis muss inhaltlich wahr sein[206] (Gebot der Zeugniswahrheit). Dass es *wahrheitsgemäß* zu sein hat und keine schriftlichen Lügen enthalten darf, ist so selbstverständlich, dass es keiner weiteren Begründung bedarf (weshalb auch die heutigen Zeugnisvorschriften zu Recht keinen Hinweis auf dieses Wahrheitsgebot enthalten[207]). **246**

Wahrheit und Wohlwollen

Das Zeugnis muss wahrheitsgemäß sein, zugleich soll es aufgrund der auch über das Ende des Dienstverhältnisses hinausweisenden *„sozialen Mitverantwortung"*[208] bzw. als *„arbeitsvertragliche Nebenpflicht"*[209] **247**

> *„von verständigem Wohlwollen gegenüber dem Arbeitnehmer getragen sein und ihm das weitere Fortkommen nicht ungerechtfertigt erschweren"*,[210]

um ihm also noch eine Chance auf dem Arbeitsmarkt zu geben (zum Wohlwollensgebot siehe aber speziell Rn. 475 ff.).

Dieses Wohlwollensgebot lässt sich herleiten aus dem Grundsatz der Anspruchserfüllung nach Treu und Glauben (§ 242 BGB) bzw. aus dem Gebot der Rücksichtnahme auf die Interessenlage des Arbeitnehmers gemäß § 241 Abs. 2 BGB. **248**

Dieser Grundsatz des Wohlwollens bedeutet aber nicht, alle negativen Vorfälle und Eigenschaften im Zeugnis zu beschönigen oder wegzulassen, um reine Gefälligkeitszeugnisse auszustellen – diese Gefahr besteht allerdings dann, wenn der Arbeitgeber den Beschäftigten „wegloben" oder Streitigkeiten mit ihm ver- **249**

---

205 ErfK *(Müller-Glöge)*, Rn. 17.
206 So schon vor Jahrzehnten: *BAG*, 23.6.1960, BB 1960 S. 983 = DB 1960 S. 1042 = AP HGB § 73 Nr. 1.
207 Im Allgemeinen Landrecht für die Preußischen Staaten von 1794 wurde allerdings der Hinweis auf die Pflicht zum *„wahrheitsgemäßen Zeugnis"* (§ 171) für notwendig erachtet.
208 *BGH*, 15.5.1979, BB 1980 S. 779 = DB 1979 S. 2378 = NJW 1979 S. 1882 = AP BGB § 630 Nr. 13.
209 Staudinger *(Preis)*, Rn. 44.
210 *BAG*, 21.6.2005, BB 2005 S. 2530 = DB 2005 S. 2360 = NZA 2006 S. 104 = AP BGB § 630 Nr. 31.

meiden will. *Schönfärberei* von Arbeitszeugnissen führt zur Entwertung des Zeugnisses als dauerhaftes Dokument für den Berufstätigen und zur Täuschung neuer Arbeitgeber. In Zeiten guter Konjunktur verführen solche Zeugnisse zu störendem Personalwechsel; bei einer Rezession und dadurch gebotenem Personalabbau kann und soll das Wohlwollen, aber nicht die Schönfärberei bei der Arbeitssuche behilflich sein.

250 Allein wegen dieses Wohlwollens ist das Zeugnis nicht mit „guter" Beurteilung zu erteilen, auch wenn der Arbeitgeber anlässlich einer vergleichsweisen Beendigung des Arbeitsverhältnisses zusagt, er werde ein „wohlwollendes" Zeugnis erteilen[211] – daraus ergibt sich kein Anspruch auf eine bestimmte Formulierung oder einen bestimmten Wortlaut;[212]

denn es besteht ein Anspruch auf ein leistungsgerechtes, objektiv wahres Zeugnis, nicht auf ein gutes.[213]

251 Die beiden Grundsätze „Wahrheit und Wohlwollen" schließen sich nicht aus, sie begrenzen sich gegenseitig, aber dem Gebot der Wahrheit ist Priorität eingeräumt;[214] oberster Grundsatz ist, dass der Inhalt des Zeugnisses wahr sein muss, also: Wahrheit *vor* Wohlwollen. Wahrheit allein bestimmt den Inhalt eines Zeugnisses, um den dokumentarischen Wert zu erhalten. Und wohlwollend kann das Zeugnis nur im Rahmen der Wahrheit sein.[215]

Selbst im Falle totalen Versagens gilt das Wahrheitsgebot, ohne allerdings herabwürdigende oder beleidigende Formulierungen wählen zu dürfen.[216]

252 Diese Priorität ist auch dann zu beachten,

- wenn eine einvernehmliche Trennung erfolgt und der Arbeitgeber ihm bei seiner beruflichen Neuorientierung behilflich ist (beim sogenannten Outplacement). Die Unterstützung bei Bewerbungen darf aber nicht dazu verleiten, vom Wahrheitsgebot Abstand zu nehmen;
- wenn das Zeugnis ausschließlich als Werbemittel verstanden wird. Zwar kann ein gutes Zeugnis ein Instrument sein, für sich auf dem Arbeitsmarkt

---

211 *LAG Bremen*, 9.11.2000, NZA-RR 2001 S. 287 = MDR 2001 S. 575.
212 *LAG Hamm*, 4.8.2010 – 1 Ta 310/10.
213 *BAG*, 14.10.2003, BB 2004 S. 1500 = DB 2004 S. 1270 = NZA 2004 S. 842 = AP BGB § 630 Nr. 28.
214 *BAG*, 18.11.2014, BB 2015 S. 1216 = DB 2015 S. 868 = NZA 2015 S. 435 = AP GewO § 109 Nr. 5.
215 *BAG*, 14.6.2016 – 9 AZR 8/15.
216 *LAG Berlin-Brandenburg*, 7.11.2013 – 10 Sa 1440/13.

zu werben, jedoch wäre der Wahrheitspflicht nicht Genüge getan, wenn deshalb negative Bewertungen zu unterbleiben hätten.

Verfehlt ist die reine Wohlgefälligkeit, die zum Schadensersatz führen kann (= Vorrang der Wahrheit missachtet), falls der neue Arbeitgeber durch eine gravierende Unrichtigkeit im Zeugnis einen Schaden erleidet – ebenso wie die schonungslose, gnadenlose Wahrheit (= Beurteilungsfehler, siehe Rn. 348), falls dem Arbeitnehmer mit einem derart abgefassten Zeugnis eine berufliche Chance entgeht. Es ist oft schwierig, zwischen dem Gebot der Wahrheit und dem Wunsch nach Wohlwollen die unterschiedlichen Interessen miteinander in Einklang zu bringen, dies ist oft eine Wanderung auf schmalem Grat; es besteht hierbei ein „Spannungsverhältnis".[217] **253**

b) Vollständigkeitsgebot

Das Zeugnis muss alle wesentlichen Tatsachen und Bewertungen enthalten, **254**

> *„die für die Gesamtbeurteilung des Arbeitnehmers von Bedeutung sind und an denen ein künftiger Arbeitgeber ein berechtigtes und verständiges Interesse haben kann; die Tätigkeiten sind so vollständig und genau zu beschreiben, dass sich künftige Arbeitgeber ein klares Bild machen können. … Insbesondere muss das Zeugnis ein objektives Bild über den Verlauf des Arbeitsverhältnisses vermitteln."*[218]

Nur wenn der Zeugnisinhalt der Wahrheit entspricht und vollständig ist, hat er den erforderlichen Informationswert, sonst wäre das Zeugnis seiner Bedeutung beraubt und nutzlos.

c) Einheitlichkeitsgebot

Dieser Grundsatz besagt: **255**

- Es gibt nur ein einziges Zeugnis, das einfache *oder* das qualifizierte (siehe Rn. 149),
- es gibt nicht mehrere Zeugnisse getrennt nach Zeitabschnitten (siehe Rn. 341),
- es gibt keinen Anspruch darauf, zwei getrennte Zeugnisse zu erhalten (z. B. mit und ohne Erwähnung der Freistellung als Mitglied des Betriebsrates),

---

217 *BAG*, 9.9.1992, BB 1993 S. 729 = DB 1993 S. 644 = NZA 1993 S. 698 = AP BGB § 630 Nr. 19; Staudinger *(Preis)*, Rn. 44.

218 *BAG*, 10.5.2005, BB 2005 S. 2755 = DB 2005 S. 2474 = NZA 2005 S. 1237 = AP BGB § 630 Nr. 30.

von denen er wahlweise Gebrauch machen kann.[219] Eine etwaige Zusage des Arbeitgebers, 2 getrennte Zeugnisse zu erteilen, wäre unwirksam;[220]

- das qualifizierte Zeugnis muss Angaben über Leistung *plus* Führung enthalten, nicht etwa nur über die Leistung, um dann zusätzlich noch ein separates „Führungszeugnis" zu erteilen;
- die Bewertung muss die gesamte Beschäftigungsdauer umfassen (nicht zeitliche Einzelabschnitte, siehe Rn. 341.

d) Transparenzgebot

256 Das Zeugnis muss gemäß § 109 Abs. 2 GewO klar und verständlich abgefasst sein ohne Merkmale, Formulierungen und Wendungen, die eine andere Bedeutung signalisieren sollen (Gebot der Zeugnisklarheit). Mit diesem Gebot kann vor allem die sogenannte Zeugnissprache kollidieren, die im Teil 2 (Rn. 740 ff.) gesondert abgehandelt wird.

2. Was darf nicht in das Zeugnis/was nur auf Wunsch?

257 Nicht alle Erkenntnisse über Mitarbeiter gehören ins Zeugnis, sei es, dass sie über den gesetzlich geschuldeten Zeugnisinhalt hinausgehen und für den Arbeitnehmer ungünstig sind, sei es, dass sie dem Wohlwollensgebot widersprechen.

258 *Wünsche* des Arbeitnehmers auf textliche Ergänzungen im Zeugnis, deren Erwähnung er hinsichtlich seiner beruflichen Entwicklungschancen für förderlich hält, können berücksichtigt werden (müssen es aber nicht), sofern sie die Seriosität dieses Dokuments nicht tangieren, also

- mit dem Arbeitsverhältnis überhaupt im Zusammenhang stehen,
- mit der Erwähnung nicht das wahrheitsgemäße Gesamtbild verändern (also gewissermaßen „unschädliche" Angaben) und
- nicht aus dem Rahmen ähnlich wichtiger Urkunden fallen.

---

219 *LAG Köln*, 6.12.2013, ArbRAktuell 2013 S. 633.
220 Küttner *(Poeche)*, Rn. 22.

259 Folgende Angaben kommen hierbei in Betracht:[221]
– zusammenfassend und vorwegnehmend –

	Darf *nicht* in das Zeugnis	Darf auf *Wunsch* in das Zeugnis
Abfindungshöhe		277
Abmahnungen	331	
Aids	443	
Alkoholgenuss	371	
Anschrift des Arbeitnehmers		526
Arbeitsbeschaffungsmaßnahme		283
Außerdienstliches Verhalten (anders bei Beamten)	369	
Beendigungsgründe		383
Beendigungsmodalität		386
Betriebsratstätigkeit	286	
Ehrenamtliche Tätigkeit im Betrieb		284
Ehrlichkeit im Ausbildungszeugnis		836
Elternzeit		317
Ermittlungsverfahren	450	
Fortbildungsmaßnahmen		282
Fremdsprachen		276
Funktion als Arbeitnehmervertreter	286	
Geburtsdatum weglassen		524
Geburtsort		525
Gehaltshöhe		277
Gesundheitszustand	435	
Gewerkschaftsfunktion	286	
Konfession	527	
Krankheit	435	
Nebentätigkeit außerhalb des Betriebes	284	
Nebentätigkeit im Betrieb		284
Privatleben	369	

221 Verwiesen wird (auch zu eventuellen Ausnahmen) jeweils auf die Rn.

Prüfungen außerhalb des Arbeitsverhältnisses	282	
Rechtswidrige Zuweisung von Tätigkeiten	301	
Religionszugehörigkeit	527	
Schwerbehinderung		441
Straftaten, vor oder außerhalb des gegenwärtigen Arbeitsverhältnisses	446	
Tarifgruppe		277
Tatverdacht	449	
Titel		528
Triftiger Grund beim Zwischenzeugnis		583
Trunk- und Drogensucht	371	
Unterbrechungen des Arbeitsverhältnisses wegen …		
… Aussperrung	308	
… Arbeitsbefreiung	308	
… Elternzeit		309
… Freiheitsstrafe	309	
… Freiwilligendienst		317
… Heilverfahren	309	
… Krankheit	308	
… Kurzarbeit	308	
… Mutterschutz		317
… Schwangerschaft		317
… Streik	308	
… Urlaub	308	
Urheberrechte		361
Vergütung		277
Vertragsbruch	433	
Vertrauensmann der Gewerkschaft	286	
Vertrauensmann der Schwerbehinderten	286	
Vorstrafen	448	
Wettbewerbsabreden		361

3. Das einfache Zeugnis

Das Zeugnis muss gemäß § 109 Abs. 1 Satz 2 GewO über Art und Dauer des Arbeitsverhältnisses Auskunft geben; in der Gesetzesbegründung heißt es hierzu,[222] das Zeugnis **260**

„*muss neben den Angaben über die Person und dem Ausstellungsdatum auch eine möglichst genaue und vollständige Beschreibung der bisherigen Tätigkeit und den Aufgabenbereich der Beschäftigten enthalten*".

Neben Personalangaben und Datum bildet die *Tätigkeitsbeschreibung* den wesentlichen Bestandteil dieser Zeugnisurkunde. Diese Zeugnisart enthält (nur) betriebliche Fakten, also keine Bewertung der Tätigkeit und hat eher den Charakter einer Arbeitsbescheinigung – sie bildet eine objektive und wichtige Informationsquelle. **261**

Bei der Tätigkeitsbeschreibung hat der Arbeitgeber, wie das *BAG*[223] hervorhebt, einen weit geringeren Beurteilungsspielraum als bei der Leistungsbewertung; diese Beschreibung hat objektive Grundlagen, ist im Wesentlichen unbelastet von der Zeugnissprache und deshalb oft von besonderem Informationswert. Denn sie belegt, auf welchem Sachgebiet der Arbeitnehmer und wie lange und bei welchem Arbeitgeber tätig war, welche Qualifikation und Berufserfahrung er mitbringt, und ob das bisherige Arbeitsgebiet dem Profil des neuen Arbeitsplatzes entspricht. **262**

Zu achten ist darauf, dass die Tätigkeitsbeschreibung nicht mit *Bewertungen* vermischt wird; die Beurteilung von Leistung und Führung/Verhalten ist hiervon getrennt und erst im Anschluss an die Beschreibung vorzunehmen. **263**

(Was bei der Tätigkeitsbeschreibung im Hinblick auf die *Zeugnissprache* zu beachten ist, siehe Rn. 779ff.).

a) Art des Arbeitsverhältnisses

Die Erläuterungen zur Art der Tätigkeit müssen ein getreues Spiegelbild aller vom Zeugnisempfänger ausgeführten Tätigkeiten abgeben. Die ausgeübten Tätigkeiten und Aufgaben des Arbeitnehmers sind so vollständig und genau zu beschreiben, dass sich künftige Arbeitgeber ein zweifelsfreies, klares Bild machen können, damit ein Urteil über die Kenntnisse und Leistungsfähigkeit des Arbeitnehmers ermöglicht wird (Vollständigkeitsgebot). **264**

---

222 BT-Drs. 14/8796 vom 17.4.2002, S. 25.

223 *BAG*, 12.8.1976, BB 1976 S. 1516 (Ls) = DB 1976 S. 2211 = AP BGB § 630 Nr. 11 (mit Anm. von *Karl Schleßmann*).

265 Es muss dem Zeugnisleser der Eindruck über die eigentlichen Aufgaben, Kompetenzen und Wertigkeit der Arbeit vermittelt werden.[224] Die Tätigkeitsbeschreibung muss nicht jedes Aktivitätsdetail umfassen, es reicht aus, wenn der Arbeitsplatz *„identifiziert werden kann und Tätigkeiten stichwortartig zusammengefasst den wesentlichen Inhalt der anfallenden Aufgaben erkennen lassen."*[225]

266 Die Ausführlichkeit hängt dabei von der Qualifikation, auch von der Dauer der Betriebszugehörigkeit ab, da einfache Arbeiten nur einfach dargestellt werden können, bei höherem Leistungsstand und längerer Tätigkeit muss ausführlicher berichtet werden.

267 Je höher die *Leitungsbefugnisse* waren, desto umfangreicher und erschöpfender muss die Darstellung der Arbeitsart und des Arbeitsumfangs sowie des Maßes der Verantwortung sein. Es geht um die objektiven Merkmale, um den fest umrissenen Sachverhalt, um Aufgaben und Inhalt des Arbeitsplatzes, bei Änderungen im Laufe eines Arbeitsverhältnisses um die chronologisch aufgezählten Arbeitsplätze des Arbeitnehmers.

Es darf nichts übergangen, nichts unerwähnt gelassen werden, was den Arbeitnehmer in seiner Wertigkeit charakterisiert; doch darf auch nichts beschönigt und bedeutsamer dargestellt werden, um damit eine Empfehlung auszudrücken, die objektiv nicht zu rechtfertigen wäre.

268 Die *chronologische Schau* ist vollständig sichtbar zu machen. Hieraus lässt sich die innerbetriebliche, fachliche Entwicklung, die zeitliche Abfolge der Beförderungen ablesen, die von besonderem Aussagewert sind. Denn wer die betriebliche „Stufenleiter" hinaufsteigt, wird kein mittelmäßiger Mitarbeiter sein.

269 Ein steigendes Maß an Verantwortung weist auch ohne Leistungsprädikate auf das Potenzial an Zuverlässigkeit und Durchsetzungsvermögen hin. Schwächen an Leistungsstärke sind an der Darstellung der beruflichen Entwicklung in dem Arbeitsverhältnis ablesbar.

270 Die objektive Ausführlichkeit der Art des Arbeitsverhältnisses kann für den Betroffenen wesentlicher und wichtiger sein als ein qualifiziertes Zeugnis; dieses ist ja nicht frei von subjektiven Bestandteilen, auf die mancher ausscheidender Mitarbeiter keinen Wert legt.

271 Hilfreich für die Darstellung der Tätigkeitsmerkmale können sein (alles ablesbar aus der *Personalakte*):

---

224 *LAG Mainz*, 15.2.2013 – 6 Sa 468/12.

225 *LAG Köln*, 27.7.2015 – 2 Sa 284/15.

- Die (ursprüngliche und jeweils fortgeschriebene) *Stellenbeschreibung*
- bereits erteilte (Zwischen-)Zeugnisse
- Angaben im Mitarbeiter-Beurteilungsverfahren
- Tätigkeitsbeschreibungen im Arbeitsvertrag oder
- die Merkmale aus den Vertragsniederschriften, die aufgrund des Nachweisgesetzes, aufgrund von § 11 BBiG oder § 11 AÜG zu fertigen bzw. der Dienstbescheinigung gemäß § 33 SeeArbG zu entnehmen sind.

Allerdings besteht kein Anspruch, diese Darstellungen wortgleich in das Zeug- **272**
nis zu übernehmen, weil es alleinige Sache des Arbeitsgebers ist, das Zeugnis zu formulieren, zumal auch *betriebsinterne* Unterlagen grundsätzlich nicht für ein Zeugnis passen, da sie oft drastischer formuliert sind und nicht immer dem Wohlwollensgebot entsprechen.

Die Tätigkeiten, die zum jeweiligen Berufsbild gehören, sind z. B. im Internet **273**
unter <www.berufskunde.com> ersichtlich; siehe auch die „Steckbriefe" unter <www.berufenet.arbeitsagentur.de>.[226]

Schwerpunktmäßig besteht die Tätigkeitsbeschreibung aus 3 Blöcken:[227] **274**

- Die Stellung innerhalb der betrieblichen Hierarchie (die Unterstellung, die Überstellung, Stellvertretung)
- Aufgabenschwerpunkte, berufliche Entwicklung (Sonderaufgaben, bei Aufgabenwechsel der jeweilige Zeitraum)
- Vollmachten, Prokura

Die Arbeitszeugnis-Studie von *Grau/Watzka* ergab,[228] dass das gravierendste **275**
Problem bei der Zeugniserstellung die Rekonstruktion des Werdeganges des Mitarbeiters im Betrieb sei, fast 30 % der Zeugnisaussteller hätten unvollständige Personalakten – wer im Personal-Bereich schlampig arbeitet, muss dann beim Zeugnis „nacharbeiten".

aa) Einzelfälle

Die bloße Erwähnung der *Berufsbezeichnung* (z. B. vage Bezeichnungen wie **276**
„Angestellter" oder „Facharbeiter" ohne nähere Spezifikation) genügt keineswegs:[229]

---

226 Hinweis von *Gäntgen*, „Die Leistungsbeurteilung im Arbeitszeugnis", NZA 2016 S. 147.

227 *LAG Hamm*, 1.12.1994, LAGE BGB § 630 Nr. 28, sowie 21.12.1993, BB 1995 S. 154 (Ls).

228 *Grau/Watzka*, „Arbeitszeugnisse in Deutschland", (2016, Wiesbaden), S. 70.

229 *LAG Hamm*, 2.5.1991 – 4 Sa 156/91.

- Bei einem Exportsachbearbeiter wären das betraute Gebiet und eventuelle Auslandsreisetätigkeiten von Interesse.
- Bei einem Dipl.-Volkswirt genügt nicht die Angabe, dass er in einer Betriebswirtschaftsabteilung „anfallende Aufgaben" erledigt habe; für seine berufliche Qualifikation ist wesentlich, ob er z. B. den Jahresabschluss oder eine Nachkalkulation erstellt oder Revisionsaufgaben selbstständig durchgeführt hat.
- Bei technischen Angestellten ist ebenfalls eine Spezifikation vonnöten; diese kann mitunter einfach sein, so bei der Funktion „Leiter unserer Härterei", „Leiter unserer Lehrwerkstatt für Elektronik", weil hieraus unschwer der Umfang der Qualifikation zu erkennen ist.
- Bei einem Konstrukteur wäre anzufügen, zu welcher Konstruktions*gruppe* der Beurteilte gehörte und mit welchen Aufgaben er betraut war (z. B. in einer Kfz-Fabrik: Konstruktionsabteilung für hydraulische Bremsen, für Einspritzpumpen, für Karosserien), ob er für ein Teilgebiet Gruppenleiter oder ob er Detailkonstrukteur war, ob ihm Sonderaufgaben gestellt waren, ob er patentfähige Erfindungen gemacht hat, wobei allerdings eine exakte Aufzählung der Patente, bei denen er als Erfinder oder Miterfinder benannt ist, nicht erforderlich ist.
- Ein gelernter Werkzeugmacher kann dauernd oder überwiegend im Vorrichtungsbau, aber auch in der Bohrerei mit Akkordarbeiten beschäftigt worden sein.
- Eine Auslandskorrespondentin will nachweisen können, dass sie in einer Exportabteilung Diktate in einer Fremdsprache aufnehmen konnte oder als Übersetzerin, als Dolmetscherin, als Sachbearbeiterin oder als Sekretärin des Exportleiters eingesetzt war.
- Bei einem Einfirmenvertreter ist das von ihm betraute Gebiet interessant.

277 Die Höhe der zuletzt erhaltenen Vergütung (oder Abfindung) im Zeugnis darf nur auf Wunsch, sonst nicht erwähnt werden (da sie mit der „Art" des Arbeitsverhältnisses in keinem Zusammenhang steht). Aber die Angabe der *Tarifgruppe* ist zulässig[230] und mitunter für die Charakterisierung des Arbeitsplatzes sehr aufschlussreich, sofern sich hieraus für einen Dritten erkennen lässt, welche Qualifikationsmerkmale mit der Eingruppierung verbunden sind.

278 Verfügt ein Mitarbeiter über *Spezialkenntnisse* (etwa im Bereich der Datenverarbeitung, aber auch über sonstiges Spezialwissen in Anbetracht der zunehmen-

---

230 Baumbach/Hopt *(Roth)*, Rn. 10; ErfK *(Müller-Glöge)*, Rn. 29. Ähnlich Staudinger *(Preis)*, Rn. 32.

den Spezialisierung der Arbeitsplätze), so sind sie im Zeugnis ausführlich zu behandeln.

Besonders erwähnenswert ist die Erteilung der *Prokura* oder Handlungsvollmacht (die zwar einen begrifflichen Übergang zur „Leistungsbeurteilung", aber doch einen wesentlichen Teil der Tätigkeitsbeschreibung darstellt). **279**

Problematisch wird es allerdings, falls die Prokura während des Beschäftigungsverhältnisses *widerrufen* wurde (vgl. § 52 HGB). **280**

In einem vom *LAG Baden-Württemberg*[231] entschiedenen Fall hatte der Mitarbeiter bei einer Beschäftigungszeit von 38 Monaten in einem Zeitraum von 8 Monaten keine Prokura; dieser „prokuralose" Zeitraum (mehr als 20 %) ist nicht unwesentlich, die Zeugnisformulierung wäre schlicht falsch, wenn es hieße,

„*er hatte fast die gesamte Zeit Prokura*".

Das *LAG* meint, es sei nicht nachteilig für den Arbeitnehmer, wenn die zeitliche Begrenzung der Prokura erwähnt würde, weil es die verschiedensten betrieblichen und auch organisatorischen Gründe für den Widerruf gebe, die mit der Leistung des Betreffenden nicht in Verbindung stünden – aber:

Selbst bei solchen betrieblichen Gründen wird den guten Mitarbeitern die Prokura nicht ohne Weiteres entzogen, dies stellt stets einen Makel dar, den der Arbeitnehmer auch so empfindet; der Widerruf wird stets nachteilig für den Arbeitnehmer ausgelegt.

Wird im Zeugnis der Widerruf *ohne* die Widerrufsgründe genannt, so eröffnet dies Spekulation über Zerwürfnisse zwischen den Vertragsparteien.[232] Einerseits ist also der Widerruf, ob mit oder ohne Angabe der Gründe, für den weiteren beruflichen Weg nicht förderlich, andererseits kann auf die Erwähnung der Prokura-Erteilung und deren Widerruf nicht ohne Weiteres verzichtet werden, um nicht gegen das Wahrheitsgebot zu verstoßen.

Da es im Zeugnis es nur die beiden Varianten gibt: „erwähnen oder nicht", hat der Arbeitgeber grundsätzlich nur die Möglichkeit: Der Arbeitnehmer akzeptiert die Erwähnung des Widerrufs (eventuell einschließlich der Widerrufsgründe), oder auf die Erwähnung der Prokura-Erteilung wird verzichtet.[233]

---

231 *LAG Baden-Württemberg*, 19.6.1992, DB 1993 S. 1040 = NZA 1993 S. 127 = LAGE BGB § 630 Nr. 17.

232 *LAG Hannover*, 13.3.2007 – 9 Sa 1835/06.

233 So *Pfleger* in seiner Urteils-Anm. in DB 1993 S. 1041.

281 *Ausnahme*:

Sofern die Zeitpunkte des Widerrufs und der Beendigung des Arbeitsverhältnisses maximal wenige Monate auseinander liegen, so wäre es der „Wahrheit am nächsten“, Prokura ohne den Widerruf zu vermerken.

282 Erwähnenswert ist, wenn er an beruflichen *Fortbildungsmaßnahmen* (wann, jeweils wie lange, bei welchem Fortbildungsträger?) teilgenommen hat;[234] gegebenenfalls ist auf ein „Fortbildungszeugnis“ oder eine entsprechende Teilnahmebestätigung zu verweisen. Genießt der Fortbildungsträger in der betreffenden Branche ein besonderes Ansehen, so sollte er namentlich im Zeugnis genannt werden, da der erfolgreiche Besuch solcher Veranstaltungen Hinweise auf die Qualifikation des Arbeitnehmers gibt.

Es sind aber nur die Fortbildungsmaßnahmen erwähnenswert, die im Zusammenhang mit dem Dienst- oder Arbeitsverhältnis stehen; berufsfremde Veranstaltungen, mögen sie auch der Erweiterung des allgemeinen Wissensstandes dienen, werden nicht vermerkt. Unerwähnt bleiben auch berufliche Fortbildungsveranstaltungen, die so lange zurückliegen, dass sie heute keine „Nachwirkungen“ mehr haben – es ist aber schwierig, zeitliche Grenzen anzugeben.

283 Bei einem Beschäftigungsverhältnis im Rahmen einer *Arbeitsbeschaffungsmaßnahme* wird auf Wunsch des Arbeitnehmers diese Tatsache erwähnt, was sinnvoll ist, um andere Arbeitgeber nicht andere Gründe für die Kurzfristigkeit des Beschäftigungsverhältnisses vermuten zu lassen.

284 *Nebentätigkeiten* (ob genehmigt oder nicht) sowie *ehrenamtliche* Tätigkeiten aller Art (z.B. Mitglied des Gemeinderats) werden im Zeugnis nicht erwähnt; sie stehen mit der Art der Hauptbeschäftigung in keinem direkten Zusammenhang,[235] das Zeugnis bezieht sich auf die arbeitsvertragliche, nicht ehrenamtliche Tätigkeit. Auf Wunsch des Arbeitnehmers kann allenfalls die Erwähnung von solchen Nebenbeschäftigungen in Betracht kommen, die *innerhalb* des Betriebes ausgeübt wurden (z.B. Betriebssanitäter, Mitglied der Betriebsfeuerwehr, Leiter der Betriebssportgruppe Volleyball).

285 Wird die Tätigkeit während des Beschäftigungsverhältnisses *gewechselt*, so ist dies zeitgenau darzustellen; es wäre z.B. sogar widersprüchlich, im ersten Teil des Zeugnisses eine bis zum Ende des Arbeitsverhältnisses bestimmte, wahrgenommene Tätigkeit zu attestieren, und im weiteren Verlauf des Zeugnisses darauf hinzuweisen, dass ab einem bestimmten Zeitpunkt eine andere Tätigkeit wahrgenommen worden sei.[236]

---

234 Staudinger *(Preis)*, Rn. 32.

235 So für das Dienstzeugnis: *BVerwG*, 2.5.1988 – 2 CB 48/87.

236 *LAG Baden-Württemberg*, 9.2.2012, NZA-RR 2012 S. 238.

bb) Funktionen als Arbeitnehmervertreter

Mit der Art des Arbeitsverhältnisses hat die Funktion als Arbeitnehmervertreter nichts zu tun. Im Zeugnis dürfen daher grundsätzlich nicht erwähnt werden:[237] 286

- die Mitgliedschaft im Betriebsrat (auch Jugendvertretung[238]),
- die Mitgliedschaft im Personalrat,
- die Entsendung in den Aufsichtsrat,[239]
- die Funktion als Vertrauensmann der Schwerbehinderten oder
- die Tätigkeit als Vertrauensmann der Gewerkschaft im Betrieb.

Das sind zwar Funktionen, die nur durch das Arbeitsverhältnis möglich sind, aber sie sind diesem nicht immanent und dem Direktionsrecht des Arbeitgebers sowie seiner Bewertung völlig entzogen, sie haben keinen Bezug zur geschuldeten Arbeitsleistung, die Betriebsratstätigkeit ist keine Dienstleistung gegenüber dem Arbeitgeber und daher nicht Gegenstand des Zeugnisses. 287

Die Nichterwähnung ergibt sich auch aus dem *Benachteiligungsverbot* des § 78 Satz 2 BetrVG bzw. § 8 BPersVG, denn manche Arbeitgeber werden von der Einstellung Abstand nehmen, wenn sie aus dem Zeugnis entnehmen, dass der Bewerber sich in diesen Funktionen betätigt hatte. 288

Dieses Verbot, die Arbeitnehmerfunktionen zu erwähnen, gilt selbstverständlich auch für das vorläufige und für das *Zwischen*zeugnis (da es zu Bewerbungszwecken eingesetzt werden kann und eingesetzt wird) und für die „Dienstliche Beurteilung".[240] 289

Es darf auf diese Funktionen auch nicht mittelbar, in verschlüsselter Form hingewiesen werden etwa durch die Umschreibung, er sei „*für die Interessen der Arbeitnehmer innerhalb und außerhalb des Betriebes engagiert eingetreten*"[241] (siehe Rn. 844). 290

Diese Funktionen dürfen auch dann *nicht* erwähnt werden, wenn der Arbeitnehmer es *wünscht*.[242] Denn § 78 BetrVG bzw. § 8 BPersVG enthalten nicht nur ein 291

237 *BAG*, 19.8.1992, BB 1992 S. 2512 (Ls) = DB 1993 S. 1525 = NZA 1993 S. 222 = AP BPersVG § 8 Nr. 5; Schaub *(Linck)*, Rn. 18.

238 *LAG Hamm*, 6.3.1991, LAGE BGB § 630 Nr. 13.

239 A. A. *Schneider* bei der Buchbesprechung in RdA 1983 S. 251.

240 *BAG*, 19.8.1992, BB 1992 S. 2512 (Ls) = DB 1993 S. 1525 = NZA 1993 S. 222 = AP BPersVG § 8 Nr. 5.

241 *ArbG Ludwigshafen*, 18.3.1987, BB 1987 S. 1464 (Ls) = DB 1987 S. 1364.

242 A. A. *Witt*, „Die Erwähnung des Betriebsratsamtes und der Freistellung im Arbeitszeugnis", BB 1996 S. 2194.

Benachteiligungs-, sondern auch ein *Begünstigungsverbot* – und es besteht bei der Erwähnung dieser Funktionen die nicht von der Hand zu weisende Chance, bei Bewerbungen Vorteile zu erlangen im Vorauswahlverfahren in Betrieben und Verwaltungen, die von Gewerkschaften geführt werden oder ihnen nahe stehen.

Die Freistellung

292 Schwieriger ist eine sachgerechte Lösung zu finden im Falle der Freistellung als Mitglied des Betriebs- oder Personalrats. Selbstverständlich kann der Arbeitnehmer zu Beginn der Freistellung ein Zwischenzeugnis verlangen (vgl. Rn. 587). Verlangt er aber später ein Zeugnis unter Einschluss des Zeitraums der Freistellung, so kann dieser Zeitabschnitt nicht vom Arbeitgeber bewertet werden, es fehlt die hinreichende Beurteilungsgrundlage, schon die „Art des Arbeitsverhältnisses" ist nicht darstellbar.

- Diese Zeit der Freistellung aus dem Zeugnis zu eliminieren, bedeutet, dass der Arbeitnehmer keinen lückenlosen Nachweis seiner Tätigkeiten erbringen kann, und es könnte ein unbefangener Dritter auf den Gedanken verfallen, eine Beurteilung hätte so schlecht ausfallen müssen, dass hiervon Abstand genommen worden sei; diese „*Darstellungslücke*"[243] provoziert Spekulationen darüber, was in dieser Zeit wirklich geschehen ist (was nicht im Interesse des Arbeitnehmers liegen kann).
- Diese Zeit einzubeziehen *ohne* Hinweis auf diese Funktionen bedeutet, dass der neue Arbeitgeber irregeführt wird in dem Glauben, der Arbeitnehmer habe kontinuierlich die aufgeführten Tätigkeiten wahrgenommen, während er in Wahrheit jahrelang von der Arbeitspflicht befreit war.

293 Aus diesem Dilemma führt nur ein Weg: Verlangt der Arbeitnehmer ein qualifiziertes Zeugnis für die gesamte Zeit, so wird nach dem Gebot der Zeugniswahrheit die Freistellung im Zeugnis erwähnt![244] Diese Erwähnung mag wegen dieser „Auszeit" Folgen für den weiteren beruflichen Werdegang haben – aber wer sich freistellen lässt, muss dies bedenken.[245]

294 • Anders entschied das *LAG Frankfurt*[246] bei folgendem Sachverhalt:
Eine Krankenschwester war 5 Jahre lang Stationsleiterin in einem Krankenhaus, wurde sodann als Personalrat freigestellt, und verlangt nach $4^1/_2$ Jahren

243 *LAG Köln*, 6.12.2012, ArbRAktuell 2013 S. 633.

244 *BAG*, 19.8.1992, BB 1992 S. 2512 (Ls) = DB 1993 S. 1525 = NZA 1993 S. 222 = AP BPersVG § 8 Nr. 5 (für die „Dienstliche Beurteilung"); *LAG Köln*, 6.12.2012, ArbR-Aktuell 2013 S. 633.

245 *LAG Köln*, 6.12.2012, ArbRAktuell 2013 S. 633.

246 *LAG Frankfurt*, 19.11.1993, BB 1994 S. 1150 (Ls) = DB 1994 S. 1044 (Ls) – das Revisionsverfahren endete beim *BAG* durch Vergleich.

Freistellung (in dieser Zeit hatte sie an einigen Fortbildungsveranstaltungen teilgenommen) ein qualifiziertes Zwischenzeugnis; das Gericht meint, das Zeugnis sei (ohne Erwähnung der Freistellung) auch dann noch inhaltlich wahr, wenn sich die Beurteilung auf die Zeit bis vor 4 $^1/_2$ Jahren stütze und die zwischenzeitliche Teilnahme an den genannten Veranstaltungen ergänzend berücksichtigt werde; der vom Gericht akzeptierte Zeugnistext lautet insoweit: „*Sie ist Stationsleiterin*".

Dieses Urteil kann nicht gebilligt werden.[247] Mit diesem Text wird der Eindruck erweckt, die Schwester sei seit nunmehr 9 $^1/_2$ Jahren ununterbrochen Stationsleiterin, in Wahrheit war sie es aber nur die *erste* Hälfte ihrer Beschäftigungszeit. Hier wird jeder Arbeitgeber in die Irre geführt. Die Pflicht, dem Arbeitnehmer nicht den weiteren Berufsweg unnötig zu erschweren, kann und darf nicht soweit ausgedehnt werden, dass völlig unzutreffende Aussagen gemacht werden (das gilt auch für das hier verlangte Zwischenzeugnis, das ja für Bewerbungszwecke eingesetzt werden kann). Der vom *LAG Frankfurt* gewählte Weg weicht zu weit vom Pfade der Wahrheit ab.

- Die Erwähnung der Freistellung kann auch nicht, wie das *LAG Frankfurt*[248] meint, davon abhängig sein, ob der Arbeitnehmer durch die Dauer der Amtsausübung seiner Tätigkeit völlig entfremdet sei, ob er also durch die Einführung neuer Arbeitsmethoden oder Fertigungs- und Betriebsabläufe die von ihm früher ausgeübte Tätigkeit nicht mehr beherrsche oder erhebliche Einarbeitungsschwierigkeiten bei der Wiederaufnahme der Tätigkeit hätte. Denn mit dem Merkmal „Entfremdung" wird nicht nur ein viel zu vager Begriff eingeführt, der in keinem Zusammenhang mit dem Zeugnis steht, sondern eventuelle Probleme bei der Wiederaufnahme der Arbeit sind auch „Zukunftsmusik", das Zeugnis soll aber Vergangenes beurkunden. **295**

Es gibt schließlich keinen Anspruch darauf, zwei getrennte Zeugnisse zu erhalten (z. B. mit und ohne Erwähnung der Freistellung als Mitglied des Betriebsrates), von denen er wahlweise Gebrauch machen kann.[249] Eine etwaige Zusage des Arbeitgebers, 2 getrennte Zeugnisse zu erteilen, wäre unwirksam.[250] **296**

247 *Hunold*, „Die Rechtsprechung zum Zeugnisrecht", NZA-RR 2001 S. 113.

248 *LAG Frankfurt*, 2.12.1983, AuR 1984 S. 287; *ArbG Kassel*, 18.6.1976, BB 1976 S. 978 (Ls) = DB 1976 S. 1487.

249 *LAG Köln*, 6.12.2012, ArbRAktuell 2013 S. 633.

250 Küttner *(Poeche)*, Rn. 22.

b) Dauer des Arbeitsverhältnisses

297 Auch für die Dauer des Arbeitsverhältnisses, über die das Zeugnis Auskunft erteilen muss, gilt die Wahrheitspflicht. Entscheidend ist die Dauer des rechtlichen Bestandes des Arbeitsverhältnisses, nicht seine tatsächliche Dauer.[251]

298 Die Auslegung, den rechtlichen Bestand als maßgebend zu erachten, ergibt sich nicht eindeutig aus dem Wortlaut der Zeugnisvorschriften, in denen einmal von „Dauer der Tätigkeit" (§ 109 GewO), andererseits vom „Dienstverhältnis und dessen Dauer" (§ 630 BGB) die Rede ist. Vielmehr ergibt sich dies aus der Pflicht zur wohlwollenden Formulierung. Denn sonst würde, wenn der Arbeitgeber mit der Kündigung den Arbeitnehmer ab einem beliebigen Tag von der Arbeit freistellt, dieser Freistellungstag im Zeugnis genannt, der sodann Anlass zu ungerechtfertigten Vermutungen geben, ja sogar den Eindruck einer fristlosen Kündigung entstehen lassen könnte – die Formulierungen dürfen nicht zu Irrtümern oder Missdeutungen führen (siehe Rn. 766).

299 Schließt sich an ein früheres Arbeitsverhältnis unmittelbar ein weiteres an, so ist das Gesamtarbeitsverhältnis (Dauer beider Arbeitsverhältnisse) auch dann anzugeben, wenn die Tätigkeit aus dem ersten Arbeitsverhältnis infolge Krankheit nicht aufgenommen wurde (um den nachteiligen Eindruck der Arbeitslosigkeit zu vermeiden)[252] – allerdings hängt es von der Dauer der Unterbrechung ab (siehe Rn. 308).

300 Die Tätigkeitsbeschreibung hat die *gesamte* Tätigkeitszeit zu erfassen und nicht etwa nur Teilbereiche, das gilt auch bei gemischten Tätigkeiten.

301 Anders ist es, falls dem Arbeitnehmer *rechtswidrige* Tätigkeiten zugewiesen waren, die er nur unter Vorbehalt ausgeübt hatte – rechtswidrige Degradierungen oder Versetzungen werden im Zeugnis nicht erwähnt,[253] vielmehr die bisher rechtmäßig ausgeübte Tätigkeit über diese Zeit „prolongiert".

302 Anzugeben sind nicht der Zeitraum (*„auf 5 Jahre"*), sondern die genauen Daten (*„vom … bis …"*[254]), d. h. vom Abschluss des Arbeitsvertrags bis zum Ende der Kündigungsfrist, bzw. bis zum Tag der vereinbarten Vertragsauflösung oder des Fristablaufs.

---

251 So schon *BGH*, 9.11.1967, BB 1967 S. 1394 (Ls) = DB 1967 S. 2214; *LAG Köln*, 4.3.2009 – 3 Sa 1419/08.

252 *ArbG Neubrandenburg*, 12.2.2003, NZA-RR 2003 S. 465.

253 *LAG Baden-Württemberg*, 9.2.2012, NZA-RR 2012 S. 238; *ArbG Offenbach*, 13.2.2013 – 10 Ca 152/12.

254 *LAG Hamm*, 27.2.1997, NZA-RR 1998 S. 151.

aa) Beendigungsdatum

Das Beendigungsdatum ist genau anzugeben und zwar: der letzte Tag des rechtlichen Endes des Beschäftigungsverhältnisses (bei der fristlosen Kündigung fallen der Tag des rechtlichen und des tatsächlichen Endes zusammen). Ein „krummes“ Beendigungsdatum erweckt die negative Annahme, das Arbeitsverhältnis sei vorzeitig beendet worden. **303**

Endet das Arbeitsverhältnis (wie im Regelfall) zum Monatsende, dann ist der letzte Tag des Monats anzugeben, es darf z. B. nicht statt „31.10.(Jahreszahl)“ = „30.10.(Jahreszahl)“ geschrieben werden.[255] Unerheblich ist, ob der letzte Tag des Monats auf einen Sonn- oder Feiertag fällt.

Datum bei Weiterbeschäftigung

Hat der Arbeitnehmer über das Ende der Kündigungsfrist hinaus bis zur Rechtskraft des Kündigungsschutzprozesses weiter gearbeitet, und war die Weiterbeschäftigung vereinbart oder das Beschäftigungsverhältnis kraft Gesetzes fortgeführt (siehe Rn. 205), so ist diese Zeit der Weiterbeschäftigung zeugnisrelevant (anders bei der reinen Prozessbeschäftigung, siehe Rn. 207). **304**

Problematisch ist, welches *Datum* für die Beendigung des Arbeitsverhältnisses anzugeben ist, denn der Tag der Rechtskraft des Kündigungsschutzprozesses als Beendigungsdatum wird nur zufällig auf ein „unverdächtiges“ Datum fallen, etwa Quartals- oder Monatsende; jedes andere Datum würde sogar den Verdacht einer fristlosen Kündigung wecken. **305**

Aus diesem Dilemma gelangt man, wenn möglichst „nahe“ an der Wahrheit, vom Wohlwollen geleitet, geblieben und demgemäß als Beendigungsdatum der zeitlich nächstgelegene, vergangene Termin gewählt wird, also z. B.: Rechtskraft am 13. Juli – Vermerk des Austrittsdatums: 30. Juni.[256] **306**

bb) Unterbrechungen

Ob Ausfallzeiten im Zeugnis zu erwähnen sind, hängt sehr vom Einzelfall ab. Dabei sollten folgende „Eckpunkte“ beachtet werden: **307**

aaa) Dauer der Unterbrechung

Nicht erwähnt werden die dem Arbeitsverhältnis immanenten Unterbrechungen der Arbeitsleistung, die sich im allgemeinen, zeitlich-üblichen Rahmen halten; **308**

255 *LAG Frankfurt*, 23.9.2008 – 12 Ta 250/08.

256 *LAG Hamm*, 21.12.1993, BB 1995 S. 154 (Ls); Baumbach/Hopt *(Roth)*, Rn. 10; MünchArbR *(Wank)*, Rn. 9.

solche Ausfallzeiten interessieren andere Arbeitgeber nicht, sie gehören zum Alltag im Arbeitsleben, wie z. B.

- Krankheiten (siehe speziell auch Rn. 435),
- Urlaub,
- Arbeitsbefreiung aller Art (etwa Schöffen- und Beisitzertätigkeit),
- Kurzarbeit,
- kraft tarifvertraglicher Regelung gestattete Teilnahme an Schulungskursen,
- Beteiligung an einem (sogar rechtswidrigen) Streik bzw. die Zeit der Aussperrung, zumal solche Arbeitskampfmaßnahmen das Arbeitsverhältnis in der Regel nur suspendieren.

309 Allerdings wird der neue Arbeitgeber ein berechtigtes und verständliches Interesse daran haben zu erfahren, ob der Arbeitnehmer im Wesentlichen tatsächlich gearbeitet und demgemäß praktische Erfahrungen gesammelt hatte, ob Leistungen kontinuierlich erbracht wurden, ob Ausfallzeiten vorliegen, die den üblichen Rahmen sprengen.

Um diesem Informationsinteresse zu genügen, sind länger dauernde Zeiten der Befreiung von der Arbeitspflicht über *zahlreiche Monate* hinweg zu vermerken (egal, aus welchem Rechtsgrund: etwa bei der Elternzeit, Beschäftigungsverbote nach dem Mutterschutzgesetz, bei lang dauernder Krankheit oder Heilverfahren oder Verbüßen einer Freiheitsstrafe).

310 Es darf kein Missverhältnis bestehen zwischen der gesamten Beschäftigungszeit und der Zeit der Nichtbeschäftigung. Das *BAG* meint, die Ausfallzeiten müssten „*erheblich, wesentlich*" sein,[257] um sie zu erwähnen.

311 Als *Faustregel* kann gelten:

> Die Unterbrechung ist zu erwähnen, wenn sie mehr als 50 % der Beschäftigungszeit ausmacht.[258]
> Und es kann in diesem Fall formuliert werden: „*Das Arbeitsverhältnis war vom… bis… unterbrochen.*"

bbb) Lage der Unterbrechung

312 Neben der Dauer mehrmonatiger Unterbrechung kommt es auch auf die *Lage* der Ausfallzeit an. Längere Unterbrechungen, die Jahre zurückliegen, bleiben

257 *BAG*, 10.5.2005, BB 2005 S. 2755 = DB 2005 S. 2474 = NZA 2005 S. 1237 = AP BGB § 630 Nr. 30 (mit Anm. von *Schleßmann*).

258 AR-K *(Gäntgen)*, Rn. 28; MünchArbR *(Wank)*, Rn. 13; Tschöpe *(Wessel)*, Rn. 24.

unerwähnt, wenn sie heute keine Bedeutung mehr haben, und die Unterbrechung im Zeitpunkt der Zeugnisausstellung die gesamte Beschäftigungszeit nicht mehr mitprägt.

Der neue Arbeitgeber interessiert sich weniger dafür, was vor zahlreichen Jahren vorlag, als vielmehr danach, was in jüngerer Zeit aktuell ist und damit auch auf das neu geplante Arbeitsverhältnis „abfärben“ kann.

Problematisch sind die Fälle, in denen die Ausfallzeit sogar geringer als etwa 50 % ist, aber am *Ende* der Beschäftigungszeit liegt. **313**

Insbesondere im schnelllebigen, spezialisierten *technischen*, beruflichen Umfeld, in dem bei längerer Unterbrechung in jüngerer Vergangenheit der Bewerber vielleicht nicht mehr auf dem neuesten Stand des von ihm ausgeübten Berufes ist, sind solche Ausfallzeiten aus den Grundsatz der Zeugniswahrheit zu vermerken – anders wäre es wohl etwa bei einem Verwaltungsangestellten in einem Arbeitsumfeld, in dem es nicht so schwierig wäre, nach längerer Abwesenheit recht schnell wieder voll einsatzfähig zu sein. **314**

Es kommt also auf den jeweils ausgeübten Beruf an, ob eine Erwähnung im Zeugnis erfolgt. **315**

Speziell zu Unterbrechungen am Ende der Beschäftigungszeit wegen *Krankheit*, deren Ende nicht absehbar ist, siehe Rn. 437.

ccc) Gründe der Unterbrechung

Diese Gründe dürfen nicht genannt werden (sie gehören nicht zum gesetzlich geschuldeten Inhalt), es sei denn, der Arbeitnehmer stimmt zu. **316**

Sofern die Unterbrechung und deren Gründe jedoch *nicht nachteilig* sind, wie z. B. (der bisherige) Wehr- oder Zivildienst, Freiwilligendienst, Beschäftigungsverbote nach dem Mutterschutzgesetz (Schwangerschaft) oder Elternzeit,[259] kann das Einverständnis unterstellt werden. Die Erwähnung dieser genannten Gründe dient dem Interesse des Arbeitnehmers, um zu verhindern, dass potenzielle Arbeitgeber nachteilige Mutmaßungen über die Gründe der Ausfallzeit anstellen. **317**

Widerspricht jedoch der Arbeitnehmer, so sind die Gründe zu streichen, allerdings mit dem möglichen Nachteil, dass sodann längere Unterbrechungen im Zeugnis gemäß dem Grundsatz der Zeugniswahrheit zu erwähnen sind *ohne* nähere Begründung; bei Bewerbungen wird diese Lücke wohl zur Ablehnung führen. **318**

---

259 *BAG*, 10.5.2005, BB 2005 S. 2755 = DB 2005 S. 2474 = NZA 2005 S. 1237 = AP BGB § 630 Nr. 30 (mit Anm. von *Schleßmann*).

Die Erwähnung dieser genannten Gründe im Zeugnis ist auch nicht diskriminierend (siehe Rn. 53).

c) Muster für einfache Zeugnisse

319 Zeugnis

Herr Julius Meyer, geb. am ..., kam nach seiner Lehre als Maschinenschlosser am ... in unser damals noch verhältnismäßig kleines Werk des Maschinenbaus. Es galt damals, Fahrzeugteile für Lastkraftwagen herzustellen, die an ein größeres Kfz.-Werk zu liefern waren.

Ab ... wurde ihm die Leitung der Härterei übertragen.

Nebenbei beteiligte sich Herr Meyer an allen betrieblichen Schulungsmaßnahmen und an zahlreichen Kursen, zu denen wir ihn entsenden konnten, vor allem an Seminaren für Führungskräfte. An der Industrie- und Handelskammer Karlsruhe absolvierte Herr Meyer den Industriemeister-Lehrgang und machte das Abschlussexamen als Bester im Jahre ... Wir konnten dann Herrn Meyer eine größere Abteilung übertragen, zunächst die Teilefertigung und ab ... die Betriebsleitung unseres Werkes II in Rottweil/Neckar mit mehr als 300 Belegschaftsmitgliedern, wo Kühlaggregate für Kraftfahrzeuge hergestellt werden.

Herr Meyer leitete auch den weiteren Ausbau dieses Werkes, wobei er die Vorverhandlungen mit der Stadtverwaltung erfolgreich zum Abschluss bringen konnte, so dass mit den Erweiterungsbauten alsbald begonnen und diese im Jahre ... fertig gestellt werden konnten. Die Belegschaft vergrößerte sich bis zum Ende dieses Jahres auf 667 Mitarbeiterinnen und Mitarbeiter.

Zu Weihnachten ... wurde Herr Meyer zum Betriebsdirektor ernannt und ihm Gesamtprokura für Werk II erteilt.

Ein Hüftgelenkleiden verschlimmerte sich trotz regelmäßiger Heilverfahren. Deshalb bat Herr Meyer, ihn Ende Juni aus seinem Arbeitsverhältnis zu entlassen. In der Hoffnung, dass sich sein Leiden soweit bessert, dass er uns weiterhin im Beratungsverhältnis zeitweilig zur Verfügung stehen kann, haben wir seinem Wunsch Rechnung getragen.

Karlsruhe, den ... (Unterschrift)

Anmerkung:

Dieses einfache Zeugnis hat auch ohne Beurteilung eine große Aussagekraft über das hohe Leistungsniveau.

Einfaches (Zwischen-)Zeugnis für den Leiter der Personalabteilung

Zeugnis

Herr Assessor Dr. jur. Fritz Holzapfel, geb. am ..., trat zum ... in unsere Rechtsabteilung ein. Zum ... wurde er Stellvertreter unseres Justitiars. Als dieser in den Ruhestand trat, übernahm Herr Dr. Holzapfel die Leitung dieses Ressorts zum ... Ihm wurde zum ... Gesamtprokura erteilt.

Zum Aufgabenbereich der Rechtsabteilung gehören neben allen zivilrechtlichen Angelegenheiten Wettbewerbs- und Lizenzfragen, Arbeits- und Betriebsverfassungsrecht sowie die Rechtsbeziehungen unserer in- und ausländischen Niederlassungen.

Als ... die Stelle der Personalleitung in unserer Belegschaft mit über 12000 Arbeitnehmern vakant wurde, übernahm er auch diese Funktion, die nach dem Eindringen der Elektronik in Entwicklung, Fertigung und Vertrieb besondere Probleme schuf. Es ging dabei um möglichst reibungslose Neuorientierung in unserer Produktionspalette durch Engagements und Spezialisten in allen Stufen der genannten Bereiche.

Nach Übernahme unseres Unternehmens durch die Firma Computer AG, Düsseldorf, wird die Rechts- und Personalabteilung in Düsseldorf konzentriert. Herr Dr. Holzapfel wird daher zum 1. März dieses Jahres nach Düsseldorf versetzt, um dort die Leitung der zentralen Personalabteilung zu übernehmen

Dieses Zeugnis wird auf Wunsch von Herrn Dr. Holzapfel erteilt.

Köln, den ... (Unterschrift)

Anmerkung:

Der dokumentierte, stetige betriebliche Aufstieg macht die Leistung sichtbar und ersetzt deren Darstellung; ein solches *einfaches* Zeugnis kann wichtiger sein als eine angehängte Beurteilung, zumal manche Führungskräfte es ablehnen, sich beurteilen zu lassen!

4. Das qualifizierte Zeugnis

Das einfache Zeugnis ist auf Verlangen des Arbeitnehmers auf Leistung und Verhalten auszudehnen und wird damit gemäß § 109 Abs. 1 GewO zum qualifizierten Zeugnis. **320**

Das *Verlangen* muss zwar ausdrücklich sein, aber bei qualifizierteren Mitarbeitern kann davon ausgegangen werden, dass sie nicht mit dem einfachen Zeugnis zufrieden sind, weil bei ihrer Bewerbung ein qualifiziertes Zeugnis erwartet wird (um nicht den Verdacht auf Verfehlungen entstehen zu lassen). Daher nei- **321** gen viele Personalabteilungen dazu, auch ohne ausdrücklichen Wunsch sogleich ein qualifiziertes Zeugnis auszufertigen (siehe auch Rn. 190).

a) Die Beurteilung

322 Die Ergänzung um die Beurteilung ist das eigentliche Problem der Zeugnisabfassung. Während die Tätigkeitsbeschreibung (= Art und Dauer der Beschäftigung) doch im Wesentlichen „objektiviert" ist und durchweg abgeschrieben werden kann, geht die Bewertung von Leistung und Verhalten ins „Eingemachte", hierbei geht es um nicht zu vermeidende subjektive Einschätzungen, die Zündstoff für Auseinandersetzungen vor allem bei mittelmäßigen bis schwachen Mitarbeitern bieten.

323 Die Beurteilung ist ein *Werturteil* mit zweifellos subjektiven Momenten, die sich nie ausschalten lassen. Dennoch hat sich der Beurteiler um größtmögliche Objektivität zu bemühen, die Beurteilung muss durch objektive Umstände untermauert sein. Denn die rein subjektive Auffassung des Beurteilers ist nicht maßgebend, sondern die Angaben zu Leistung und Verhalten

> *„müssen einer sachlichen Beurteilung, wie sie ein verständiger und gerecht denkender Mann über den Arbeitnehmer aussprechen würde, entsprechen. Die subjektive Auffassung ist daher mit größter Sorgfalt dahin zu prüfen, ob sie auch nach objektiven Gesichtspunkten immer unter Berücksichtigung des Zweckes des Zeugnisses vertretbar ist.*"[260]

324 Den Maßstab bildet die übliche, verständige Verkehrsanschauung[261] (siehe auch Rn. 769).

325 Der Arbeitnehmer sollte beachten: Wer ein qualifiziertes Zeugnis verlangt, setzt sich der Gefahr aus, dass ein so komplettiertes Zeugnis negative Aussagen enthält, die für sein weiteres Fortkommen nachteilig sein können; er selbst trägt das *Risiko* für ein „schlechtes" Zeugnis.[262]

> Denn es besteht ein „*Anspruch auf ein leistungsgerechtes, objektivwahres Zeugnis, nicht auf ein gutes*".[263]

Zur *Gesamtbeurteilung* siehe Rn. 783.

---

260 So schon *Reichsarbeitsgericht*, 9.2.1938, Band 19 S. 293.

261 ArbR-BGB *(Eisemann)*, Rn. 41.

262 *BAG*, 8.2.1972, BB 1972 S. 618 = DB 1972 S. 931 = NJW 1972 S. 1214 = AP BGB § 630 Nr. 7.

263 *BAG*, 14.10.2003, BB 2004 S. 1500 = DB 2004 S. 1270 = NZA 2004 S. 842 = AP BGB § 630 Nr. 28; *LAG München*, 11.11.2008 – 8 Sa 298/08.

aa) Beurteilungsspielraum

Das *BAG* räumt dem Arbeitgeber bei der Beurteilung eine gewisse Freiheit in der Formulierung ein: 326

„*Die Formulierung von Werturteilen in einem Zeugnis ist Sache des Arbeitgebers. Sie lässt sich nicht bis in die Einzelheiten regeln und vorschreiben. Ein Beurteilungsspielraum ist unvermeidlich.*[264]

Er ist in seiner Entscheidung frei, welche positiven oder negativen Leistungen und Eigenschaften des Arbeitnehmers er mehr hervorheben will als andere. Das Zeugnis darf nur nichts Falsches enthalten.“[265]

Im Gegensatz zur Tätigkeitsbeschreibung, die keinen nennenswerten Spielraum zulässt, hat bei der Beurteilung der Arbeitgeber die alleinige Entscheidung, welche Umstände er berücksichtigt, welche er für charakteristisch hält, welche positiven oder negativen Eigenschaften und Leistungen er stärker hervorheben will als andere[266] – das alles liegt in seinem Ermessen. 327

Aber das Ermessen ist insoweit eingeschränkt, als die „Auswahl“ der Beurteilungskriterien nicht fehlerhaft sein darf, es dürfen berufsspezifische Merkmale nicht fehlen, es ist auch gerichtlich überprüfbar, ob etwa sachfremde Erwägungen einflossen oder allgemein gültige Bewertungsmaßstäbe außer Acht gelassen wurden (z. B. bei überspannten Anforderungen des Arbeitgebers). 328

Hierzu gehört auch, dass der Beurteilungsspielraum voll ausgeschöpft, eine substanzielle Begründung für eine transparente Charakteristik des Könnens und des Leistungsumfangs für den gesamten Umfang seiner Tätigkeit erbracht und nichts Wesentliches übergangen wird. Der Arbeitnehmer hat ein Recht auf ein individuell gestaltetes Zeugnis, das seine Leistungen und sein Verhalten so feststellt und würdigt, dass der Zeugnisleser ein wahres, anschauliches und zutreffendes Bild von den Kenntnissen, Fähigkeiten, Erfolgen und seiner Persönlichkeit erhält. 329

Die Beurteilung

- betrifft grundsätzlich nicht die Meinungen Dritter; die Ansichten Dritter sind nur dann zeugnisrelevant, wenn sie für die Qualifikation, für das Leistungsprofil von Bedeutung sind, wenn der Kontakt zu anderen Personen zu den wesentlichen Aufgaben gehört (siehe Rn. 752 und 816); 330

264 *BAG*, 12.8.1976, BB 1976 S. 1516 (Ls) = DB 1976 S. 2211 = AP BGB § 630 Nr. 11.
265 *BAG*, 29.7.1971, BB 1971 S. 1280 = DB 1971 S. 1923 = AP BGB § 630 Nr. 6.
266 *BAG*, 12.8.2008, BB 2008 S. 2514 (Ls) = DB 2008 S. 2546 = NZA 2008 S. 1349 = AP GewO Nr. 1.

331 • betrifft Leistung und Verhalten des Arbeitnehmers, nicht das Verhalten des Arbeitgebers oder dessen Reaktion; so darf etwa die Tatsache einer *Abmahnung* im Zeugnis nicht erwähnt werden.[267]

Übrigens zum Unterschied zwischen Abmahnung und Arbeitszeugnis:[268]

das Zeugnis enthält sämtliche Tatsachen und Wertungen und muss auf Verlangen des Arbeitnehmers erteilt werden; dagegen entscheidet der Arbeitgeber allein, ob er eine Abmahnung überhaupt aussprechen will und gegebenenfalls mit welchem Inhalt und welchen Rügen;

332 • betrifft Verfehlungen während des *jetzigen* Arbeitsverhältnisses, nicht jedoch solche, die in früheren Arbeitsverhältnissen gegenüber anderen Arbeitgebern begangen und jetzt bekannt wurden.[269]

333 Die Beurteilung wird unmittelbar im Anschluss an die Angaben des einfachen Zeugnisses vermerkt, d. h. nicht getrennt hiervon auf einer separaten Urkunde, es dürfen im Ergebnis also nicht zwei Zeugnisse vorliegen.[270]

bb) Umfang der Beurteilung

334 Die Beurteilung darf sich nicht nur auf einen Teil beschränken, etwa nur auf Leistungen, und den anderen Teil (das Verhalten) überhaupt nicht erwähnen,[271] eine Ausklammerung würde auch negativ bewertet (siehe Rn. 817). Es sind über *beide* Begriffe, über beide Komponenten Aussagen zu machen.[272] Es gibt keine Zwischenformen innerhalb der Zeugnisarten – es gibt nur das einfache oder das (vollständige) qualifizierte Zeugnis, ein „halbqualifiziertes" Zeugnis gibt es nicht.

Es ist also unzulässig, ein Zeugnis allein über die Leistung oder über das Verhalten auszustellen,[273] desgleichen nur ein „Teilzeugnis" auszustellen, das Zeugnis gewissermaßen zu splitten[274] (Grundsatz der Einheitlichkeit, siehe Rn. 255) – das Zeugnis wäre unvollständig, dem Gesetz nicht Genüge getan, zumal auch ein kaum zu trennender Zusammenhang zwischen den Qualifikationsmerkmalen besteht und die Abgrenzung im Einzelfall unscharf ist.

---

267 MünchArbR *(Wank)*, Rn. 23.
268 *BAG*, 13.3.1991 (5 AZR 113/90), NJW 1991 S. 2510.
269 *LAG Kiel*, 23.6.2010 – 6 Sa 391/09.
270 Staudinger *(Preis)*, Rn. 39.
271 ErfK *(Müller-Glöge)*, Rn. 18.
272 *LAG Hamm*, 17.12.1998, BB 2000 S. 1090 = LAGE BGB § 630 Nr. 32.
273 *LAG Köln*, 30.3.2001, BB 2001 S. 1959.
274 ErfK *(Müller-Glöge)*, Rn. 18.

Ausnahme: 335

Bei Mitarbeitern, die ganz oder überwiegend zu Hause arbeiten (homeoffice) oder eine eigene Betriebsstätte haben, ist die Beurteilung des *Verhaltens* im Betrieb des Auftraggebers nicht möglich; auf diese Besonderheit ist im Zeugnis[275] speziell hinzuweisen und etwa auszuführen:

> „*Da sich der Arbeitsplatz des Herrn ... außerhalb der Betriebsstätte unseres Unternehmens befindet, ist die Beurteilung seines Verhaltens innerhalb unseres Betriebs nicht möglich.*"

Für die Leistungsbeurteilung bleibt nur der Arbeitserfolg, das Arbeitsergebnis übrig, so dass es in diesen Fällen sogar sinnvoll sein könnte, nur das *einfache* Zeugnis auszustellen!

Des Weiteren ist zu beachten: 336

Bei der Vielgestaltigkeit des betrieblichen Lebens erfüllt mancher Betriebsangehörige mehrere Funktionen nebeneinander, die einzeln entweder nicht arbeitsplatzfüllend sind oder aber aus Personalmangel von einer einzigen Arbeitskraft ausgefüllt werden müssen (Sicherheitsbeauftragter zugleich Konstrukteur, Exportsachbearbeiter zugleich Dolmetscher, Klinikleiterin zugleich Arzthelferin).

Aber auch in der zeitlichen Folge können verschiedenartige Tätigkeiten ausge- 337
übt worden sein, so Abordnung an eine Beteiligungsgesellschaft oder (umgekehrt) Übernahme von Außenkräften in die Zentrale, wobei es sich formell um rechtlich selbstständige Betriebe handeln kann. Alle derartigen verschiedenartigen Tätigkeiten und Funktionen müssen einheitlich beurteilt werden – unwirksam wäre die Zusage des Arbeitgebers, jeweils hierüber verschiedene Zeugnisse zu erteilen.[276]

Wird der Arbeitnehmer in unterschiedlicher Art und Weise beschäftigt (z.B. 338
erst Kfz-Meister und dann Auto-Verkäufer), so ist im Zeugnis auf beide Beschäftigungsarten einzugehen, und zwar auch dann, wenn bereits bei der Übernahme der letzten Tätigkeit ein Zeugnis über die frühere erteilt wurde.[277]

339

Die Beurteilung muss sich also auf *sämtliche Tätigkeiten* und Funktionen erstrecken.[278] Entscheidend ist die Darstellung der Gesamtpersönlichkeit. Denn

275 Sofern ein Zeugnis überhaupt in Betracht kommt: als Festangestellter, Heimarbeiter oder arbeitnehmerähnliche Person, nicht dagegen beim freien Mitarbeiter (siehe Rn. 92).

276 Küttner *(Poeche)*, Rn. 22.

277 *LAG Baden-Württemberg*, 6.2.1968, BB 1968 S. 381 = DB 1968 S. 534.

278 *LAG Frankfurt*, 23.1.1968, BB 1968 S. 1040 = DB 1969 S. 887 = NJW 1968 S. 2028 = AP BGB § 630 Nr. 5.

ein anderer Arbeitgeber soll über die Person des Bewerbers unterrichtet und ihm einen Gesamteindruck vermittelt werden.

340 Die Einheitlichkeit der Tätigkeiten im Rahmen der Zeugnispflicht besteht bei Identität der Firmenspitze, mag auch der Tätigkeitsbereich rechtliche Selbstständigkeit genießen (z.B. bei Betriebskrankenkassen, Sozialeinrichtungen oder Niederlassungen in Gesellschaftsform, Tochtergesellschaften); bei Funktionen in Beteiligungsgesellschaften wird eine Einheitlichkeit zu bejahen sein, sofern die Beteiligung beherrschend ist.

cc) Zeitraum der Beurteilung

341 Aufgrund der Einheitlichkeit des Zeugnisses und der Wahrheitspflicht hat sich die Beurteilung nicht nur auf sämtliche Tätigkeiten und Funktionen, sondern auch auf die gesamte Dauer des Arbeitsverhältnisses zu erstrecken, eine Beschränkung auf einen bestimmten Zeitraum ist nicht zulässig.[279]

Die Beurteilung umfasst auch den Zeitraum, in dem der Arbeitnehmer an der Dienstleistung verhindert war – das gilt selbst dann, wenn etwa Zwischenzeugnisse erteilt wurden; es wäre also unzulässig, auf ein Zwischenzeugnis zu verweisen und im Übrigen für das (End-)Zeugnis nur die sich daran anschließende Beschäftigungszeit zugrunde zu legen.

342 Doch bei *längerer* Betriebszugehörigkeit ist es so leicht dahingesagt, die *gesamte* Beschäftigung müsse bei der Beurteilung berücksichtigt werden – wer kann sich denn noch daran erinnern, wie Leistung und Verhalten eines Mitarbeiters vor 10 oder weiter zurückliegenden Jahren waren (zumal dann, wenn nicht in kürzeren Abständen Zwischenzeugnisse erteilt oder keine internen Beurteilungen vorgenommen wurden)?

Außerdem:

343 Wichtig für den neuen Arbeitgeber ist die Qualifikation heute, nicht die vor 10 Jahren. Daher ist es sachgerecht, nur die *letzten, überschaubaren Jahre* zur Beurteilung heranzuziehen und auf die gesamte Dauer der Betriebszugehörigkeit gewissermaßen zu „prolongieren“.

dd) Zuverlässigkeit der Beurteilung

344 Die Zuverlässigkeit der Beurteilung hängt davon ab, in welchem Rahmen der Mitarbeiter gestellt war, wie die Tätigkeit wirksam werden konnte, welche be-

---

279 *LAG Frankfurt*, 14.9.1984, BB 1985 S. 1397 (Ls) = DB 1985 S. 820 = NZA 1985 S. 27; Schaub *(Linck)*, Rn. 19.

sonderen Merkmale für die Leistung sichtbar wurden, und ob die Einfügung in die Betriebsgemeinschaft[280] einfach oder aber aus Gründen in der Person oder des Verhaltens schwierig war.

Vor allem ist eine gewisse Dauer der Betriebszugehörigkeit und des Arbeitseinsatzes Voraussetzung. Eine zuverlässige Beurteilung ist durchweg erst möglich, wenn eine Arbeitszeit von mehreren Monaten vorliegt, etwa auf die Dauer der üblichen Probezeit, also **6 Monate** (auch im Hochschulbereich genügen 6 Monate[281]). **345**

Liegen *kürzere* Zeiträume vor, dann sollte die Beurteilung nicht abgelehnt, vielmehr mit dem *Vorbehalt* versehen werden, dass ihre Zuverlässigkeit angesichts des kurzen Zeitraums eingeschränkt sei. Wer z. B. lediglich 6 Wochen tatsächlich gearbeitet hat und eine Beurteilung verlangt,[282] dann ist (um auch prozessual auf der sicheren Seite zu sein, da man nie weiß, wie die Arbeitsgerichte entscheiden) empfehlenswert, die Beurteilung mit dem Vorbehalt abzugeben (siehe auch Rn. 118). **346**

Als Grundlage für die Beurteilung von Leistung und Verhalten dient vor allem die Personalakte, aus der die betriebliche Biographie ersichtlich ist (z. B. frühere Beurteilungen, Zwischenzeugnisse, Stellenbeschreibung, Beförderungen, Gehaltserhöhungen, Verbesserungsvorschläge, aber auch schriftliche Abmahnungen). **347**

ee) Beurteilungsfehler

Es gibt Fehlerquellen bei der Bewertung, die ursächlich dafür sind, dass über den Zeugnisempfänger ein falsches Urteil abgegeben und das Zeugnis angreifbar wird; es sind Beurteilungsfehler, die – losgelöst vom konkreten Einzelfall – schon gewissermaßen in der „Ausgangslage“ zu einem falschen Ansatz und zu keiner sach- und fachgerechten, objektiven, „richtigen“ und damit korrekten Bewertung führen. Sind sie im Zeugnistext erkenn- oder belegbar, kann der Arbeitnehmer deren Eliminierung durchsetzen. **348**

---

280 Der Begriff „Betriebsgemeinschaft“ findet sich im Agrar- und Forstrecht (§ 16 des Bundeswaldgesetzes = <Forst-Betriebsgemeinschaft>), also bei Zusammenschlüssen von Personen, die gleichgerichtet gemeinsame Ziele verfolgen. Der Begriff ist nicht so passend in anderen Wirtschaftsbereichen wegen divergierender Interessenlagen und Zielsetzungen innerhalb der Belegschaft (nicht deshalb unpassend, weil er von den Nationalsozialisten missbraucht wurde); er ist aber so griffig, dass dessen Verwendung im Zeugnis nicht „schädlich“ ist!

281 *Verwaltungsgericht Düsseldorf*, 1.7.2011 – 10 K 2164/11.

282 *LAG Köln*, 30.3.2001, BB 2001 S. 1959.

349 Im Folgenden sind typische Beurteilungsfehler zusammengestellt:[283]

Beurteilungsfehler	
Der Beurteiler *kennt den Arbeitnehmer zu wenig*, er überblickt nicht den gesamten Beurteilungszeitraum.	Ohne dass er sich die nötigen Informationen beschafft bzw. (falls dies nicht möglich war) einen entsprechenden Vorbehalt angebracht hat – die Beurteilung ist zu „kurz gegriffen".
Allgemein gültige Bewertungsmaßstäbe werden außer Acht gelassen[284] = Der Beurteiler bewertet zu scharf/zu mild/findet alles durchschnittlich.	Gnadenlose, schonungslose Wahrheit, überspannte Anforderungen – zu lasche Anforderungen, reine Wohlgefälligkeit, Schönfärberei, Wegloben – aus Vorsicht oder Unsicherheit führt es zu blassen Mittelwerten.
Die Bewertung darf nicht den Rahmen des *pflichtgemäßen Ermessens* überschreiten.	Ein hohes Leistungsniveau darf nicht deswegen verkleinert werden, weil die Kündigung nach der Ansicht des Arbeitgebers zur Unzeit, etwa mitten in einer Entwicklungsphase, in Verkaufsverhandlungen und dergleichen kritischen Situationen erfolgt.
In die Bewertung dürfen keine *sachfremden, willkürlichen Erwägungen* einfließen.[285]	Verzerrung des Leistungsbildes etwa infolge privater Probleme mit dem Mitarbeiter.
Beurteilung nicht verfärben durch „*Vorurteile oder Voreingenommenheit*".[286]	Weder Stimmungen, Gefühle, Sympathie, Antipathie oder „*Rachsucht oder andere Leidenschaften noch falsches Mitleid*"[287] (in etwa die Übersetzung von „sine ira et studio") dürfen eine Rolle spielen; also sich unter möglichster Ausschaltung subjektiver Eindrücke um größtmögliche Objektivität bemühen.
Der *erste oder der letzte Eindruck*, also Momentaufnahmen dürfen nicht bestimmend sein.	Die gesamte Zeit der Beschäftigung darf nicht ausgeblendet werden.

283 *Kiefer/Knebel*, „Taschenbuch Personalbeurteilung" (Kapitel C. „8. Fehlerquellen bei der Beurteilung" – 12. Auflage 2011, Hamburg); *Weuster*, „Beurteilungsfehler bei der Zeugniserstellung und der Zeugnisanalyse", Zeitschrift „Personal", 2003, Heft 9 S. 20.

284 *BAG*, 18.11.2008 (9 AZR 865/07), DB 2009 S. 458 = NZA 2009 S. 206 = MDR 2009 S. 335.

285 AR-K *(Gäntgen)*, Rn. 29.

286 *Reichsarbeitsgericht*, 22.2.1933, Band 12 S. 281.

287 So schon die Berliner Gesindeordnung von 1746 – zitiert aus: *Schröder*, „Das Gesinde war immer frech und unverschämt", (1992, Frankfurt a. M.), S. 35.

Nicht zu erwähnen sind *Vorfälle, die lange zurückliegen.*	Was länger als ungefähr 5 Jahre zurückliegt, nicht gravierend war und sich nicht wiederholte, ist heute nicht mehr verwertbar.
Nicht zu erwähnen sind *Nebensächlichkeiten*, Kleinigkeiten, Imponderabilien, kleinere Auffälligkeiten, Unwesentliches.	Zu erwähnen ist nur das *Wesentliche, Charakteristische*, Prägende, Kennzeichnende. Das Abgangszeugnis solle nur „*von groben Verbrechen, als Untreue, Diebstahl und Trunkenheit, nicht aber von kleinen Fehlern und Vergehungen, Erwehnung geschehen, damit den Dienstboten dadurch ihr anderweitiges Unterkommen nicht schwer gemacht werde.*“[288]
Falsch ist: *Festhalten an Einzelvorgängen* oder Darstellung *einmaligen Fehlverhaltens.*	Nicht krass aus dem Rahmen fallende, nicht gravierende, belanglose, sich nicht wiederholende Vorfälle die nicht für die gesamte Beurteilungszeit prägend sind, gehören nicht in das Zeugnis. *Ausnahme*: Gehören bestimmte Spezifika zum *Kernbereich* einer Tätigkeit (z. B. ein besonderes Vertrauensverhältnis oder die Ehrlichkeit im Kassenwesen), dann dürfen sie im Zeugnis nicht attestiert werden, auch wenn nur ein einmaliges entsprechendes Fehlverhalten vorliegt (Unterschlagung auch geringer Beträge).
Falsch wäre es, aus einer guten Leistung ohne Weiteres auch auf eine gute Führung zu schließen bzw. umgekehrt (sogenannter *Überstrahlungseffekt*).	Die „Leistung“ lässt sich leichter beurteilen als das „Verhalten“, da sie besser messbar ist – um zu vereinfachen, wird die Leistungsbewertung auf das Verhalten „überstrahlt“.
Falsch wäre es, Mitarbeiter nur deshalb besser zu beurteilen, weil sie der *eigenen* Abteilung angehören.	Die eigene Abteilung hält man sowieso immer für die beste der Firma!
Falsch wäre es, Mitarbeiter nur deshalb besser zu beurteilen, weil sie einer höheren Hierarchieebene angehören (sogenannter *Hierarchieeffekt*).	*Aber:* ein Arbeitgeber kann es sich eigentlich nicht leisten, demjenigen, der in seinem Betrieb aufgestiegen ist, am Schluss eine mittelmäßige bis miserable Beurteilung zu geben.

288 So schon die Brandenburgische Gesindeordnung von 1769 – zitiert aus: *Könnecke*, „Rechtsgeschichte des Gesindes in West- und Süddeutschland“, (1912, Marburg), S. 880.

Keine Verdachtsmomente, Unterstellungen oder Behauptungen einfließen lassen.	*Nur Fakten*, also nur objektive, nachvollziehbare Kriterien.
Bei der Beurteilung neigen ältere Beurteiler eher zur Milde, jüngere zur Strenge.	Keine objektiven Kriterien.
End-Beurteilung weicht von bisherigen Beurteilungen zum Nachteil des Arbeitnehmers ab, ohne dass zwischenzeitlich entsprechende Vorfälle solche Abweichungen rechtfertigen.	Widersprüchlich; nur die Endphase, nicht die gesamte Zeit der Beschäftigung wurde berücksichtigt.

b) Die Leistungen

aa) Allgemeines

350 Bei der Darstellung der Leistungen ist der Beurteilungsspielraum größer als bei der Tätigkeitsbeschreibung; die Freiheit des Arbeitgebers in der Formulierung muss aber von der Verantwortung getragen werden, dem wahren Leistungsvolumen des Arbeitnehmers gerecht zu werden.

351 Er darf dabei den Arbeitnehmer weder unterbewerten (dessen Belange wären gefährdet) noch überbewerten (die Belange des neuen Arbeitgebers wären gefährdet).[289]

> „*Das Zeugnis muss vom verständigen Wohlwollen gegenüber dem Arbeitnehmer getragen sein und* (soll) *ihm das weitere Fortkommen nicht ungerechtfertigt erschweren.*“[290]

352 Ist es dagegen „*gerechtfertigt*“, so sind negative Formulierungen zulässig, wenn sie für das Gesamtbild charakteristisch und prägend sind. Dies hängt von der Häufigkeit und von der Schwere der Fehlleistungen ab – gravierendes oder wiederholtes Fehlverhalten (z. B. totales Versagen, schwerer Vertrauensbruch oder nachhaltiges Stören des Betriebsfriedens) wird stets seinen Niederschlag in Abmahnungen finden, die, in die Personalakte aufgenommen, dann Grundlage und Rechtfertigung für die Beurteilung darstellen.

353 Finden sich in der Personalakte aber *keine* Vermerke, so sind mangels entsprechender mündlicher Ermahnungen negative Formulierungen für den Arbeitgeber im Streitfall kaum plausibel zu machen.

---

289 *BAG*, 23.6.1960, BB 1960 S. 983 = DB 1960 S. 1042 = AP HGB § 73 Nr. 1; *LAG Baden-Württemberg*, 19.6.1992, DB 1993 S. 1040 = NZA 1993 S. 127 = LAGE BGB § 630 Nr. 17.

290 *BAG*, 11.12.2012, BB 2013 S. 563 (Ls) = DB 2013 S. 466 = NZA 2013 S. 324 = NJW 2013 S. 811, siehe auch 21.6.2005, BB 2005 S. 2530 = DB 2005 S. 2360 = NZA 2006 S. 104 = AP BGB § 630 Nr. 31.

Bei allem Wohlwollen darf nichts Unwahres geschrieben werden. Das Spektrum der Leistungsübersicht wird aber nicht unwahr, wenn z. B. 354

- manche Schwäche,
- gelegentliches Nachlassen der hoch geforderten Leistung (auch manche Unpünktlichkeit),
- Fehlverhalten, das länger zurückliegt, nicht krass aus dem Rahmen fällt und sich nicht wiederholt hat,
- vorübergehender Leistungsabfall,
- einmalige und nicht gravierende, belanglose Vorfälle, die nicht charakteristisch, prägend sind,

nicht hervorgehoben oder verallgemeinert, vielmehr überhaupt nicht erwähnt werden. Ein Verzicht auf Erwähnung von Schwächepunkten oder -zeiten ist immer dann vertretbar, wenn die Persönlichkeit des beurteilten Menschen in ihrem Wesensgehalt nicht verändert erscheint.

Nicht immer werden Höchstleistungen zu verzeichnen sein. Jeder Mensch unterliegt Schwankungen bei der Intensität seiner Arbeit, die auf mancherlei Einflüssen beruhen; diese können rein privater Natur sein, wie Sorgen, Krankheit, Klima, aber auch aus der Gemeinschaft des Betriebes können solche Belastungen erwachsen (Vorgesetztenproblem, Mitarbeiter-Querelen, Kontaktarmut). Solche Perioden labiler Leistung brauchen nicht das Gesamtbild des Arbeitnehmers zu trüben; eine besondere Erwähnung hat in diesem Falle zu unterbleiben. 355

Denn manche Kritik wird erst dadurch vergröbert, dass sie in einem Zeugnis verewigt wird.

Da die Beurteilung nicht Einzelfälle, sondern die gesamte Dauer der Beschäftigung umfassen muss, ergibt sich das „Vergessen" auch aus dem *Amnestiegedanken*, wie er in einigen Gesetzen zum Ausdruck kommt (z. B. BZRG bzw. Gewerbe- oder Verkehrszentralregister); im Anhalt an das Disziplinar- und Personalaktenrecht der Beamten sollte daher etwa alle 3 bis 5 Jahre ein nicht erhebliches und sich nicht wiederholendes Fehlverhalten aus der Personalakte eliminiert werden. 356

Leistungskriterien

Konkret geht es um Leistungskriterien, die in der amtlichen Begründung zu § 109 GewO[291] wie folgt umschrieben werden: 357

291 BT-Drs. 14/8796 vom 17.4.2002, S. 25.

„Die Beschreibung der Leistung sollte beispielsweise Angaben über Fähigkeiten, Kenntnisse, Fertigkeiten, Geschicklichkeit und Sorgfalt sowie Einsatzfreude und Einstellung zur Arbeit einbeziehen.“

358 Diese Aufzählung ist einerseits nicht erschöpfend (siehe die Bausteine, Rn. 845 ff.), andererseits nicht in ihrer Vollständigkeit bei jedem Arbeitnehmer erforderlich – entscheidend ist die Stellung des Arbeitnehmers innerhalb der Betriebsgemeinschaft. Zwar ist es Sache des Arbeitgebers, welche einzelnen Kriterien er im Zeugnis für erwähnenswert hält; allerdings müssen die charakteristischen Merkmale des jeweiligen Arbeitsplatzes genannt und beurteilt werden, z. B. bei leitenden Mitarbeitern das Führungsverhalten.

359 Die „Leistung“ lässt sich im Anhalt etwa von betrieblichen Bewertungsmaßstäben/Zielvereinbarungen/Standards formulieren.

bb) Einzelfälle

360 Zu erwähnen sind „außer der Reihe“ erfolgte Heraushebungen, die eine bessere Leistungsbewertung rechtfertigen können, wie z. B.

- überdurchschnittliche Beurteilungen in Zwischenzeugnissen oder internen Beurteilungen
- Beförderungen
- wegen Verkaufserfolgen erfolgte Höhergruppierung
- tarifliche Höhergruppierung
- Verbesserungsvorschläge von besonderem Wert
- Entwicklung neuer Ideen
- Erschließung neuer Märkte
- Lösen schwieriger Spezialaufgaben
- außertarifliche Zulagen
- außergewöhnliche Anhebungen der Bezüge[292]
- übertarifliche Bezahlung
- Prämien für Arbeitserfolge, Tantiemen, Boni[293]
- Anerkennungsschreiben

292 *LAG Düsseldorf*, 11.6.2003 (12 Sa 354/03), LAGE GewO § 109 Nr. 1.

293 Boni können Hinweise auf besondere Anerkennung geben, so *BAG*, 18.11.2014, BB 2015 S. 1216 = DB 2015 S. 868 = NZA 2015 S. 435.

- besondere persönliche Belobigungen
- anlässlich seines Arbeitsjubiläums hat der Arbeitgeber die Leistung mit einem Präsent belohnt und die Hoffnung zum Ausdruck gebracht, auch weiterhin auf seine Mitarbeit rechnen zu dürfen.[294]

Diese Angaben bieten ein beachtenswertes Leistungsbild.

Wettbewerbsabreden gehören nicht zum notwendigen Inhalt eines Zeugnisses; 361
sie stehen mit der Art der Beschäftigung, übrigens auch mit der Leistung und Verhalten, in keinem Zusammenhang;[295] auf Wunsch des Arbeitnehmers kann diese Abrede jedoch erwähnt werden. Dasselbe gilt für *Urheberrechte* des Arbeitnehmers.

Der wirtschaftliche Nutzen für das Unternehmen, das Bilanzvolumen oder etwa 362
die *Umsatzerfolge* der Firma werden im Zeugnis nicht erwähnt;[296] denn solche Erfolge hängen von vielen Umständen ab, die mit der Leistungsfähigkeit des Einzelnen nichts zu tun haben. Zwar kann oftmals vom Erfolg auf die Leistung geschlossen werden, aber ebenso können auch beste Leistungen ohne Erfolg bleiben. Der persönliche Arbeitserfolg wird dargestellt, nicht der Erfolg des Betriebes.

Aber: Handelt es sich etwa um einen Außendienstmitarbeiter, so ist sein Umsatzerfolg dann erwähnenswert, wenn er allein auf seine Tätigkeit zurückzuführen ist.

Falsch wäre es, bei einem mit Forschungs- und Entwicklungsaufgaben betrau- 363
ten Arbeitnehmer auf die *wirtschaftliche Verwertbarkeit* der Arbeitsergebnisse maßgeblich abzustellen; denn oft liegt der besondere Wert derartiger Arbeiten gerade darin, dass sie bestimmte Wege zur Lösung technisch-wissenschaftlicher Probleme als nicht gangbar nachweisen und dadurch Fehlinvestitionen vermeiden,[297] so können auch erfolglose Bemühungen wissenschaftlich wertvoll sein.

Undeutlich wäre es zu formulieren, der Kindergarten habe seit Beginn ihrer Tä- 364
tigkeit „*eine positive wirtschaftliche Entwicklung*" genommen, es sei denn, dies lässt sich unmittelbar und allein auf die Tätigkeit der Arbeitnehmerin zurückführen.[298]

294 *LAG Hamm*, 12.7.1994, LAGE BGB § 630 Nr. 27 (Ls).
295 MünchArbR *(Wank)*, Rn. 32.
296 *LAG Saarbrücken*, 28.2.1990, LAGE BGB § 630 Nr. 9.
297 *BAG*, 24.3.1977, BB 1977 S. 997 (Ls) = DB 1977 S. 1369 = AP BGB § 630 Nr. 12.
298 *LAG Mainz*, 27.5.2004 – 6 Sa 147/04.

(Was bei der Leistungsbeurteilung im Hinblick auf die *Zeugnissprache* zu beachten ist, siehe Rn. 805 ff.).

c) Die Führung/das Verhalten

aa) Allgemeines

365 In § 109 GewO und § 16 BBiG ist von „Verhalten" die Rede, in § 630 BGB von dem veralteten Begriff „Führung"; beide Begriffe sind gleichbedeutend, eine inhaltliche Differenzierung liegt nicht vor.

366 Das *LAG Hamm*[299] umschreibt die Begriffe „Führung/Verhalten" zutreffend:

> *„Mit ‚Führung' wird das allgemeine Verhalten, die Fähigkeit, mit anderen zusammenzuarbeiten, die Vertrauenswürdigkeit, Verantwortungsbereitschaft und die Beachtung betrieblicher Ordnung angesprochen.*
>
> *Mit ‚Führung' ist nicht etwa die sozialethische Führung des Arbeitnehmers zu verstehen, sondern dessen Sozialverhalten, seine Kooperations- und Kompromissbereitschaft, gegebenenfalls sein Führungsverhalten und -stil.*
>
> *Gemeint ist hier ein zusammenfassendes Urteil über die Eigenschaften und das gesamte Verhalten des Arbeitnehmers, also um das betriebliche Zusammenwirken, nämlich sein Verhalten zu Vorgesetzten, gleichgeordneten Arbeitskollegen, nachgeordneten Mitarbeitern, aber auch gegenüber Kunden.*
>
> *Es ist wichtig, dass alle Verhaltensrichtungen beurteilt werden, da Auslassungen Rückschlüsse auf Verhaltens-, Anpassungs-, Kontakt- oder Führungsschwierigkeiten zulassen."*

367 In der amtlichen Begründung zur Neufassung des § 109 GewO heißt es:[300]

> *„Bei den Angaben über das Verhalten von Beschäftigten ist insbesondere ihr Verhältnis gegenüber Mitarbeitern und Vorgesetzten sowie ihr Einfügen in den betrieblichen Arbeitsablauf zu beurteilen."*

(Zur Reihenfolge „Vorgesetzter/Mitarbeiter" siehe Rn. 842).

368 Das Verhalten „im Arbeitsverhältnis" (§ 109 GewO) bzw. die Führung „im Dienst" (§ 630 BGB) beinhalten also das Verhalten des Arbeitnehmers innerhalb der Betriebsgemeinschaft (teilweise in einer *Arbeitsordnung* zusammengefasst), und zwar das Sozialverhalten gegenüber Vorgesetzten, Kollegen, Mitarbeitern und Dritten (Kunden/Patienten).

---

299 *LAG Hamm*, 17.12.1998, BB 2000 S. 1090 = LAGE BGB § 630 Nr. 32, sowie 12.7.1994, LAGE BGB § 630 Nr. 27.

300 BT-Drs. 14/8796 vom 17.4.2002, S. 25.

Das *Privatleben* der beurteilten Person ist ausgeblendet (außer bei Beamten, siehe Rn. 101). 369

Das Privatleben des Arbeitnehmers gehört diesem allein,

> *„weil sich der Arbeitnehmer vertraglich nur zur Leistung einer bestimmten Tätigkeit, nicht aber zu einer bestimmten Lebensführung verpflichtet hat*".[301]

Daher darf grundsätzlich im Zeugnis nicht etwa formuliert werden: 370

> *„Über das außerdienstliche Verhalten des Mitarbeiters ist nichts bekannt*"[302] –

ausgenommen die Fälle, in denen sich das Verhalten dienstlich auswirkte (Drogen- und Trunksucht, unbefugte Benutzung eines Dienstwagens in betrunkenem Zustand zu Privatfahrten).[303] 371

bb) Einzelfälle

- Bei der Beurteilung aller Vorkommnisse ist davon auszugehen, dass nur solche Tatsachen erwähnenswert sind, die für die *Gesamtbewertung* von Bedeutung und für den künftigen Arbeitgeber von Interesse sind. Daher sind einzelne, *einmalige* Vorgänge nur dann für die Formulierung im Zeugnis Veranlassung, wenn sie für die Verhaltensweise des Arbeitnehmers charakteristisch sind.[304] 372
- Das *Fehlverhalten anderer* (durch den Ton der Anordnungen unzulänglicher Vorgesetzter im Umgang mit Mitarbeitern oder durch Mobbing oder politische Aversionen, und was es an Motiven für Streitgespräche immer geben mag) muss ebenso sorgfältig geprüft werden wie die Reaktion des Betroffenen. Bleiben Zweifel an der wahrheitsgemäßen Ermittlung, so wird der Vorfall nicht erwähnt. 373
- Offensichtlich schlechte Eigenschaften, die zu Störungen im Betrieb geführt haben (z. B. eine *Kumulation von Ordnungswidrigkeiten*), müssen, um der Pflicht zur Wahrheit zu genügen, im Zeugnis erwähnt werden; Schwere und Häufigkeit sind aber wesentlich. 374

---

301 Staudinger *(Preis)*, Rn. 47.
302 AR *(Kolbe)*, Rn. 33.
303 *BAG*, 29.1.1986 (4 AZR 479/84), DB 1986 S. 1340 = NZA 1987 S. 384 (Ls) = RdA 1986 S. 140; MünchArbR *(Wank)*, Rn. 22.
304 ErfK *(Müller-Glöge)*, Rn. 40; Staudinger *(Preis)*, Rn. 75.

375 Verletzungen der Ordnungsregeln sind je nach dem Grad der *Häufigkeit* und ihrer *Schwere* geeignet, im Beurteilungsrahmen hinsichtlich der Führung im Dienst Beachtung zu finden. Dies hat besonderes Gewicht bei grobfahrlässiger oder gar vorsätzlicher Verletzung von *Unfallverhütungsvorschriften*; auch Verstöße gegen Sicherheitsvorschriften (Behandlung von Explosivstoffen und Giften, Verhalten in Starkstromanlagen) sind besondere Merkmale.

376 • *Kirchliche* Mitarbeiter haben das besondere Leitbild einer christlichen Dienstgemeinschaft zu beachten, ihnen sind besondere Obliegenheiten einer kirchlichen Lebensführung auferlegt (Loyalitätspflichten) – das entsprechende Führungsverhalten ist im Zeugnis zu vermerken, wobei auch das außerdienstliche Verhalten zu beurteilen ist (wie auch bei Beamten).

377 • *Tendenzträger* (vgl. § 118 BetrVG) wie z. B. Redakteure unterliegen einer gesteigerten Treuepflicht und haben innerhalb und außerhalb des Dienstes alles zu unterlassen, was der besonderen Bestimmung des Betriebes schaden könnte; sofern also ein tendenzabweisendes Verhalten vorliegt, wäre das Führungsverhalten entsprechend zu beanstanden.

(Zum Zeugnismuster für Redakteure siehe Rn. 924).

378 • Bei *Teamarbeit* ist vom Leiter des Teams (Teamführer) in der Beurteilung besonders einzugehen auf das Verhalten innerhalb der Gruppe, auf die Fähigkeit, partnerschaftlich miteinander umzugehen und sich in dem Team einzuordnen, also auf die Teamfähigkeit.

(Was bei der Führungsbeurteilung im Hinblick auf die Zeugnissprache zu beachten ist, siehe Rn. 840).

d) Verhältnis von Leistungs- und Verhaltensbeurteilung

379 Beide Kriterien stehen unabhängig voneinander und bewegen sich auf verschiedenen Ebenen. Eine überdurchschnittliche *Leistungs*beurteilung muss nicht zwangsläufig, quasi automatisch auch zu einer ebensolchen *Verhaltens*beurteilung führen.

380 Aber in der Praxis laufen „Leistung“ und „Verhalten“ bewertungsmäßig in der Regel parallel; die Noten gleichen sich – klaffen sie jedoch um mehr als eine Note auseinander, dann wird wohl doch Anlass zu Fragen beim Bewerber oder gar beim Zeugnisaussteller (siehe Rn. 927 ff.) bestehen, z. B.

- geht es um Tätigkeiten z. B. im Forschungs- oder Entwicklungsbereich oder in Laboratorien, in denen die Einzelleistung und nicht das Sozialverhalten im Vordergrund steht, dann wird dennoch eine *unter*durchschnittliche Verhaltensbeurteilung klärungsbedürftig sein;

- umgekehrt: in Berufen, die denen der Kontakt zu anderen Menschen zum wesentlichen Inhalt gehört (wie etwa im Kranken- und Pflegebereich), kommt es vor allen Dingen auf das Verhalten an – die Leistungsbeurteilung wird nur dann zu hinterfragen sein, falls sie bei „guter“ Verhaltensbeurteilung nur „ausreichend“ ausfallen sollte.

Erhält der Arbeitnehmer bei einer *über*durchschnittlichen Leistungsbeurteilung **381** nur eine durchschnittliche Verhaltensbeurteilung, dann hat er zu belegen und zu beweisen, dass auch sein Verhalten eine überdurchschnittliche Bewertung rechtfertigt.[305]

5. Die Beendigungsformel

Die Beendigungsformel kommt als textliches Ende des Zeugnisses in Betracht. **382**

a) Beendigungsgrund

Der Hinweis auf den Beendigungsgrund (*warum* gekündigt wurde) geht über **383** den gesetzlich geschuldeten Zeugnisinhalt hinaus; hierauf besteht grundsätzlich kein Anspruch.[306]

Ausnahmen: **384**

Ausgenommen sind die Fälle, in denen „*unter dem Gesichtspunkt der nachfolgenden Fürsorgepflicht* (es) *keine unzumutbare Belastung*“[307] darstellt, die Gründe anzugeben, z. B.

- bei einer *betriebsbedingten* Kündigung (etwa bei Betriebsstilllegung oder Personalabbau), um im Interesse seiner weiteren Berufschancen nicht den Eindruck entstehen zu lassen, die Beendigung des Arbeitsverhältnisses sei durch Gründe erfolgt, die in der Person oder im Verhalten des Arbeitnehmers liegen.

  Es müssen dabei zwar eventuell innerbetriebliche Angelegenheiten wie die wirtschaftliche Lage des Arbeitgebers angesprochen werden, was aber im Interesse des Arbeitnehmers im Zeugnis vermerkt werden darf, oder

- wenn es darum geht, die (nicht den Arbeitgeber desavouierenden) Hintergründe einer „Druckkündigung“ darzustellen.[308]

---

305 *LAG Mainz*, 14.5.2009, NZA-RR 2010 S. 69.

306 *LAG Berlin-Brandenburg*, 25.1.2007, NZA-RR 2007 S. 373 = LAGE GewO § 109 Nr. 4; Staudinger *(Preis)*, Rn. 35.

307 *BAG*, 23.6.1960, BB 1960 S. 983 = DB 1960 S. 1042 = AP HGB § 73 Nr. 1.

308 *Popp*, „Die Bekanntgabe des Austrittsgrundes im Arbeitszeugnis“, NZA 1997 S. 588.

Hinweise auf Streitigkeiten?

385 **Das Zeugnis darf nicht erkennen lassen, dass sich die Parteien im *Streit* getrennt haben.**[309]

Denn eine solche, für den Arbeitnehmer ungünstige Information könnte bei seiner Bewerbung nachteilig sein; es darf nicht der Eindruck erweckt werden, das Zeugnis sei erst nach längeren Auseinandersetzungen mit dem früheren Arbeitgeber ausgestellt worden. Wegen unzulässiger Hinweise auf Streitigkeiten darf deshalb im Zeugnis *nicht* erwähnt werden:

- das Gerichtsverfahren,
- das Aktenzeichen des Gerichts,[310]
- die Beauftragung eines freiberuflichen Rechtsanwalts bzw. einer Gewerkschaft,
- der Eingangsstempel eines Anwalt oder einer Gewerkschaft.

b) Beendigungsmodalität

386 Die Aussage, *wer* (Arbeitgeber oder Arbeitnehmer) gekündigt hat, von wem also die Kündigungsinitiative ausging, findet sich in fast allen Zeugnissen, obgleich hierzu in den Zeugnisvorschriften nichts zu finden ist. Aber diese Aussage gehört als nahezu einhellige Übung zu den ungeschriebenen Bestandteilen eines Arbeitszeugnisses, deren Erwähnung im Zeugnis aus der Fürsorgepflicht geschuldet wird.

387 Zu einzelnen Formulierungen:

„Er verlässt uns auf eigenen Wunsch“[311]	Hat der *Arbeitnehmer* ordentlich gekündigt, dann gebietet es die Fürsorgepflicht, dies auf Wunsch im Zeugnis zu dokumentieren.[312] Achtung: Problem mit der Sperrfrist (siehe Rn. 390).

309 *BAG*, 12.8.1976, BB 1976 S. 1516 (Ls) = DB 1976 S. 2211 = AP BGB § 630 Nr. 11 (mit Anm. von *Karl Schleßmann*); siehe auch *BAG*, 9.9.1992, BB 1993 S. 729 = DB 1993 S. 644 = NZA 1993 S. 698 = AP BGB § 630 Nr. 19.

310 *LAG Köln*, 14.2.2017, BB 2017 S. 1011 (Ls) = ArbRAktuell 2017 S. 202.

311 *BAG*, 23.6.1960, BB 1960 S. 983 = DB 1960 S. 1042 = AP HGB § 73 Nr. 1.

312 Auf Wunsch zu vermerken: *ArbG Frankfurt a.M.*, 2.5.2001, NZA-RR 2002 S. 182; MünchArbR *(Wank)*, Rn. 13; Schaub *(Linck)*, Rn. 18.

„Er verlässt uns am …" oder *„Das Arbeitsverhältnis endete am …"*	Hinweis auf die ordentliche Kündigung durch den *Arbeitgeber.*
„Der Arbeitsplatz wurde verlassen vertragswidrig und vorzeitig" oder *„vorzeitig und ohne Einhaltung der Kündigungsfrist"*[313]	Bei einer *außerordentlichen* Kündigung, ist der Hinweis auf die fristlose Kündigung unzulässig;[314] der meist ungewöhnliche Zeitpunkt der Beendigung wird aber zu Fragen des neuen Arbeitgebers nach dem Grund Anlass geben.
„Er schied am … aus, um sofort eine neue Tätigkeit aufzunehmen"[315]	Unzulässiger Hinweis auf Vertragsbruch. Der Hinweis auf „sofort" signalisiert die fristlose Beendigung. Der 2. Halbsatz ist deshalb zu streichen, weil im Zeugnis Vergangenes zu bekunden ist, nicht das, was der Arbeitnehmer künftig beabsichtigt.
„Er schied aus, um in einem anderen Unternehmen eine höherwertige Tätigkeit zu übernehmen" oder *„Er schied aus, um sich finanziell zu verbessern"*	Abgesehen davon, dass künftige Absichten fehl am Platz sind, ist mit diesen Abschiedsworten eine negative Beurteilung verbunden, denn der Arbeitgeber war offenbar nicht bereit, dem Arbeitnehmer mehr zu bieten!

Was bedeutet die „**einvernehmliche**" Trennung? **388**

„Er schied im beiderseitigen Einvernehmen aus" oder *„Wir haben uns einvernehmlich getrennt* oder *„Das Arbeitsverhältnis wurde* *… einvernehmlich* *… im beiderseitigen Einvernehmen aufgelöst"*	Inhaltlich gleichbedeutend – kein Hinweis darauf, von wem die Kündigungsabsicht ausgegangen ist.

313 *LAG Hamm*, 24.9.1985, NZA 1986 S. 99 (Ls) = LAGE BGB § 630 Nr. 1.

314 *LAG Köln*, 8.11.1989, BB 1990 S. 856 (Ls) = LAGE BGB § 630 Nr. 8; *LAG Düsseldorf*, 22.1.1988, BB 1988 S. 1463 = NZA 1988 S. 399 = LAGE BGB § 630 Nr. 4. A.A. ErfK *(Müller-Glöge)*, Rn. 26.

315 *Hunold*, „Die Rechtsprechung zum Zeugnisrecht", NZA-RR, 2001 S. 113. A.A. *LAG Hamm*, 24.9.1985, NZA 1986 S. 99 (Ls) = LAGE BGB § 630 Nr. 1, das diese Formulierung für unbedenklich hält.

„Wir haben uns im besten Einvernehmen getrennt“	Eine wirklich einvernehmliche Beendigung, ohne Dissonanzen und Streitpunkte.
„Das Arbeitsverhältnis wurde vertraglich aufgehoben zum …“	Beim Abschluss eines *Aufhebungsvertrages* ist dies auf Wunsch zu formulieren.

389 Wenn nach (sogar fristloser) Kündigung im *Prozessvergleich* die einvernehmliche Auflösung festgelegt wurde, so darf im Zeugnis der Prozessvergleich nicht erwähnt werden, und der Arbeitnehmer kann nunmehr die *„einvernehmliche Auflösungen“* verlangen –

der Vergleich „verdrängt“ die Kündigungserklärung, die Beendigungsmodalität verliert ihre rechtliche Bedeutung, wenn Einvernehmen erzielt wird.[316]

Unterschiedliche Angaben wegen der Sperrfrist?

390 Das Arbeitslosengeld kann bis zu 12 Wochen gesperrt werden, wenn der Arbeitslose das Beschäftigungsverhältnis gelöst hat (§ 159 SGB III); hier hat der Arbeitnehmer natürlich ein Interesse an einer Formulierung, die die Sperrfrist nicht in Lauf setzt. Falls die Angaben über den Grund der Beendigung des Beschäftigungsverhältnisses manipuliert werden, so ist zu beachten:

391 • Ist in einem Aufhebungsvertrag von *„betriebsbedingter“* Kündigung die Rede, im Zeugnis heißt es dagegen wahrheitsgemäß: *„Er verlässt uns am …“*, also durch Kündigung des Arbeitgebers (siehe Rn. 387), wodurch eventuell eine Sperrfrist in Lauf gesetzt würde, so könnte der Aufhebungsvertrag nichtig sein wegen Täuschung der Bundesagentur für Arbeit.[317]

392 • Vereinbaren Arbeitgeber und Arbeitnehmer eine unzutreffende Sprachregelung gegenüber der Bundesagentur, um die Sperrfrist zu vermeiden, und erteilt der Arbeitgeber der Bundesagentur sodann eine zwar absprachewidrige, aber *wahre* Auskunft über den Beendigungsgrund, so gilt:

393 Der Arbeitnehmer hat keinen Schadensersatzanspruch gegen ihn, wenn nunmehr aufgrund dieser Auskunft eine Sperrfrist festgesetzt wurde. Denn der Verlust oder die Vorenthaltung einer Position, auf die nach der Rechtsordnung kein Anspruch besteht, stellt keinen ersatzfähigen Nachteil dar, der auszugleichen wäre.[318]

---

316 *LAG Berlin-Brandenburg*, 25.1.2007, NZA-RR 2007 S. 373 = LAGE GewO § 109 Nr. 4; *LAG Baden-Württemberg*, 9.5.1968, BB 1968 S. 872 (Ls) = DB 1968 S. 1319.

317 *LAG Hamm*, 27.11.1997, BB 1998 S. 541.

318 *LAG Frankfurt*, 17.7.2012 – 13 Sa 1053/11.

c) Schlussfloskel

Die Schlussfloskel (Schlussformel oder Schlusssätze) besteht komplett aus 3 Aussagen und lautet herkömmlich: **394**

> *„Wir bedauern sein Ausscheiden, danken für die geleistete Arbeit und wünschen ihm für die Zukunft alles Gute."*

Das *BAG* verneint einen Rechtsanspruch auf diese Schlusssätze oder Teile hiervon,[319] denn **395**

- sie würden nicht zum gesetzlich geschuldeten Zeugnisinhalt gehören,
- ein Zeugnis werde mit Schlusssätzen zwar aufgewertet, aber ein solches ohne Schlusssätze nicht (im Umkehrschluss) „entwertet",
- verlangen könne der Arbeitnehmer nur die Erteilung eines Zeugnisses ohne die Schlussformel, das Fehlen der Floskel lasse eher Rückschlüsse auf den Zeugnisverfasser als auf den Beurteilten zu.

Ansonsten werden die Schlusssätze anders gesehen.[320] Da gesetzlich/tariflich nicht vorgeschrieben ist, aus welchen Teilen die „Beurteilung" zu bestehen hat und wie sie zu formulieren ist, kann die Schlussformel durchaus als Bestandteil der Beurteilung gesehen und gewertet werden. **396**

Die Schlussformel ist *„für die Bewerbungschancen des Arbeitnehmers auf dem Arbeitsmarkt von erheblicher Bedeutung."*[321]

Aber nach dieser Rechtsprechung des *BAG* hat sich das Thema des Rechtsanspruchs wohl erledigt! **397**

---

319 *BAG*, 11.12.2012, BB 2013 S. 563 (Ls) = DB 2013 S. 466 = NZA 2013 S. 324 = NJW 2013 S. 811, sowie 20.2.2001, BB 2001 S. 1957 (mit Anm. von *Schleßmann*) = DB 2001 S. 1674 = NZA 2001 S. 843 = AP BGB § 630 Nr. 26 – so auch: *LAG Baden-Württemberg*, 9.2.2012, NZA-RR 2012 S. 238; *LAG Berlin*, 10.12.1998, BB 1999 S. 851 (hinsichtlich des Ausspruchs des Bedauerns); *ArbG Frankfurt a. M.*, 8.8.2001, NZA-RR 2002 S. 182 (= solche „Gefühlsäußerungen" könnten nicht vollstreckt werden).

320 *LAG Düsseldorf*, 3.11.2010, NZA-RR 2011 S. 125 („clausula benevolentiae"), sowie 21.5.2008, NZA-RR 2009 S. 177; *ArbG München*, 22.3.2012 – 23 Ca 8191/11; *ArbG Berlin*, 7.3.2003, ArbRB 2005 S. 9; früher schon: *Kammergericht*, 6.11.1978, BB 1979 S. 988. AR-K *(Güntgen)*, Rn. 28a; *Düwell/Dahl*, „Die Leistungs- und Verhaltensbeurteilung im Arbeitszeugnis", NZA 2011 S. 958; *Grobys/von Steinau-Steinbrück*, „Zeugnis – Anspruch auf Dank und gute Wünsche", NJW-Spezial, 2013 Heft 5, S. 146.
Vorsichtige Zweifel bestehen wohl, wenn formuliert wird: *„Die Verwendung der Schlussformel sollte überdacht werden, da in der Zeugnispraxis Folgerungen gezogen werden"* = ErfK *(Müller-Glöge)*, Rn. 46; wohl auch kritisch: Schaub *(Linck)*, Rn. 27.

321 *LAG Köln*, 27.5.2016 – 11 Ta 176/15.

Tabelle für die Schlussfloskel

398 Das *BAG*[322] meint, dass die Schlussfloskel, sofern sie verwendet wird, mit den übrigen Zeugnisaussagen im Einklang stehen müsse (denn die einzelnen Zeugnisteile müssen in sich abgestimmt sein), das bedeutet auch, dass die Formel inhaltlich anzupassen ist an die jeweilige Beurteilung.

Es wäre widersprüchlich und ein Zeichen fehlender Abstimmung einzelner Zeugnisteile, eine mittelmäßige Beurteilung abzuschließen mit der *kompletten* Schlussfloskel. Umgekehrt dürfen nicht zuvor unterlassene negative Werturteile mit einer knappen, lieblosen Floskel nachgeholt werden.[323]

Eine angemessene Verwendung der Floskeln zeigt die folgende Tabelle (wenn es auch zuweilen schablonenhaft klingen mag):

Beurteilung	**Schlussfloskel**
Herausragende Beurteilung	Komplette Formel: *„Wir bedauern sein Ausscheiden, danken für die geleistete Arbeit und wünschen ihm für die Zukunft alles Gute.“*
Gute Beurteilung[324]	Dank und Wünsche: *„Wir danken für die geleistete Arbeit und wünschen ihm für die Zukunft alles Gute.“*
Befriedigende und ausreichende Beurteilung	Nur Wünsche: *„Wir wünschen ihm für die Zukunft alles Gute.“*
Mangelhafte Beurteilung/völliges Versagen, und auch bei Vertragsbruch	Keine Schlussfloskel – ein „Hinterherwinken“ mit Zukunftswünschen wäre in diesen Fällen deplatziert.

399 Arbeitgebern ist zu empfehlen, Schlusssätze etwa entsprechend dieser Tabelle in die Zeugnisse aufzunehmen – wenn der übrige Inhalt des Zeugnisses unstrittig ist, dann sollte ein Streitfall nur wegen der Schlussfloskel doch zu vermeiden sein!

400 Zu einer Schlussfloskel, in welcher Ausgestaltung auch immer, kann sich der Arbeitgeber allerdings vertraglich verpflichten.

Wenn er sich in einem *Vergleich* zu einem Zeugnis verpflichtet,

- das *„dem beruflichen Fortkommen förderlich ist“* und als Bewertung die Gesamtnote *„gut“* zu enthalten hat,

322 20.2.2001, BB 2001 S. 1957 = DB 2001 S. 1674 = NZA 2001 S. 843 = AP BGB § 630 Nr. 26.

323 *LAG Hamm*, 12.7.1994, LAGE BGB § 630 Nr. 26 und 27.

324 *LAG Köln*, 29.2.2008 – 4 Sa 1315/07.

dann soll nach *LAG Mainz* und *LAG Hamm*[325] die Schlussfloskel lauten: *„Für die weitere berufliche und private Zukunft wünschen wir alles Gute"*. *Private* Zukunftswünsche sind aber fehl am Platz, stattdessen wäre bei einer guten Beurteilung der Dank für geleistete Dienste angebracht;

- das *„im Übrigen für die weitere berufliche Entwicklung förderlich ist"* und als Bewertung die Gesamtnote *„sehr gut"* zu enthalten hat, dann kommt die *komplette* Schlussformel in Betracht.[326]

Zu weiteren Schlussfloskeln: **401**

„Wir danken für die ‚wertvolle' Arbeit, und bedauern sein Ausscheiden ‚sehr', und wünschen ihm für die Zukunft ‚das Allerbeste'."	Steigerungen der Schlussfloskel sind abzulehnen. Die Werthaltigkeit der Tätigkeit wird im Zeugnisinhalt deutlich[327] und bedarf am Schluss keiner erweiterten Hymne mehr – besondere, je nach dem Lobgesang abgestufte, feinere Differenzierungen sind deplatziert; die Floskel (auf die ja ohnehin kein Anspruch besteht) ist ungeeignet für ergänzende Wort-Spielereien.
„Wir wünschen ihm für seinen weiteren beruflichen und privaten Lebensweg alles Gute."[328]	*Private* Wünsche können nicht verlangt werden. Arbeitnehmer sollten sich allmählich abgewöhnen, *private* Wünsche zu fordern, die ja nun in dem beruflichen Abschiedspapier wirklich nichts zu suchen haben.[329]
„Wir wünschen für die Zukunft viel Glück."	Widersprüchlich bei *guter* Beurteilung: Mit Glück, aber nicht mit eigener Leistung schafft er es.[330]
„Wir wünschen ihm beruflich weiterhin viel Erfolg."	Widersprüchlich bei *schlechter* Beurteilung: Das Wort „weiterhin" passt nicht mit der schlechten Beurteilung zusammen.
„Wir wünschen alles Gute, vor allem Gesundheit."	Ungebührlicher Hinweis auf krankheitsbedingte Fehlzeiten.
„Unsere besten Wünsche begleiten ihn."	Schlichte Ironie, wenn der Arbeitgeber gekündigt hatte.

325 *LAG Mainz*, 11.9.2014 – 3 Sa 127/14; *LAG Hamm*, 8.9.2011 (8 Sa 509/11), NZA-RR 2012 S. 71.

326 *LAG Köln*, 11.12.2013 – 11 Sa 511/13.

327 *LAG Köln*, 11.12.2013 – 11 Sa 511/13.

328 *LAG Düsseldorf*, 21.5.2008, NZA-RR 2009 S. 177.

329 *LAG Köln*, 11.12.2003 – 11 Sa 511/13.

330 *LAG Hamm*, 28.3.2000 – 4 Sa 1578/99.

Schlussfloskeln bei verschiedenen Zeugnisarten:

402 – Bei einem *vorläufigen* Zeugnis entfällt die Schlussfloskel, da sie erst im Schlusszeugnis aufgeführt wird.

403 – Bei einem *Zwischenzeugnis* besteht jetzt ebenfalls kein Anlass, eine Schlussfloskel zu erwähnen. Stattdessen kann bei guten Mitarbeitern die „*Hoffnung auf weitere gute Zusammenarbeit*" zum Ausdruck gebracht werden.

Erwähnenswert wäre es, den „triftigen" Grund anzuführen, der die Ausstellung dieses Zeugnisses rechtfertigte, oder einfach zu schreiben:

„*Dieses Zeugnis wird auf Wunsch von Herrn … erteilt.*"

Allerdings sind auch diese Schlussätze (wie alle Schlussfloskeln) nicht einklagbar.[331]

Verfehlt wäre der Schlusssatz:

„*Ich wünsche ihr viel Glück für die Zukunft. Für ihren weiteren Berufsweg wünsche ich ihr viel Erfolg*";

denn im Rahmen des Zwischenzeugnisses geht es nicht um den „weiteren Berufsweg".

404 – Beim *einfachen* Zeugnis, das nur betriebliche Fakten enthält und eher als Arbeitspapier zu betrachten ist, entfällt die Floskel.[332]

d) Wiedereinstellungsklausel

405 Durchaus positiv gemeint und bewertet werden Wiedereinstellungsklauseln, die mit der Schlussfloskel verbunden werden, wie z. B.:

„*Falls es später ihre Familienverhältnisse erlauben, sind wir gerne bereit, mit ihr über ihre bisherige Tätigkeit (vielleicht als Teilzeitbeschäftigte) eine neue Vereinbarung zu treffen.*"

oder

„*Wir werden nicht zögern, an sie heranzutreten, wenn die Konjunkturlage eine Wiedereinstellung ermöglichen sollte.*"

406 Aber die Wiedereinstellungsklausel kann auch weggelassen werden, das Schweigen über diese Klausel bedeutet keine Abwertung, hieraus werden keine negativen Schlüsse gezogen.

331 *ArbG Köln*, 28.3.2011 – 15 Ca 8058/10.

332 *Schmid*, „Zur Interpretation von Zeugnisinhalten", DB 1988 S. 2253.

Nicht unproblematisch ist jedoch die Formulierung: 407

> „*Wenn er gesundheitlich wieder hergestellt ist, sind wir gerne bereit, ihn wieder einzustellen!*“;[333]

denn ein Hinweis auf schwere Krankheiten (bei deren Ausheilung eine Wiedereinstellung erwogen werde) kann nachteilig bei einer Bewerbung sein, weil der neue Arbeitgeber sicherlich zögern wird, einen Mitarbeiter einzustellen, der bei einem anderen Arbeitgeber wegen einer schweren Krankheit entlassen wurde; hier kann das Wohlwollen des Zeugnisausstellers das Gegenteil bewirken.

6. Speziell: Zeugnis für leitende Angestellte

In einem Zeugnis für eine Führungskraft der Wirtschaft sind andere Schwer- 408
punkte zu betonen, als dies bei anderen Arbeitnehmern der Fall ist. Dies ergibt sich aus der Stellung im Betrieb oder im Rahmen des Unternehmens aus dem Aufgabenbereich in Stabs- oder in Linienfunktionen sowie aus den erteilten Vollmachten (Handlungsvollmacht, Generalvollmacht, Prokura).

Neben einer prägnanten Charakteristik der Leistungen sind die unternehmeri- 409
schen oder strategischen Kompetenzen sowie auch eine plausible Begründung für einen Unternehmenswechsel gefragt – außerdem ist es ratsam, gute Referenzgeber zu benennen, denn je höher der Angestellte in der betrieblichen Hierarchie aufgestiegen ist, je wichtiger werden Referenzen und die Bedeutung der Zeugnisse nimmt ab.

Bei der „Führungsbeurteilung“ geht es um die *Führungsqualitäten*, um die Fä- 410
higkeit zur richtigen Menschenbehandlung der unterstellten Mitarbeiterschaft. Dies ist ein entscheidender Faktor für den Erfolg der gestellten Aufgabe des Betriebes und des Unternehmens. Das fachliche Können sichert nicht allein das Erfüllen des Arbeitsauftrags; es muss die Fähigkeit hinzukommen, das Arbeitsklima positiv zu gestalten und die Menschen, die mithelfen sollen, in ihrer Leistungsbereitschaft zu stärken. Die hohe Kunst, *Mitarbeiter richtig zu führen*, ist für jeden neuen Arbeitgeber ebenso wichtig wie Sachkunde und Leistungspotenzial.

Das *Sozialverhalten* (die Sozialkompetenz) ist ein wesentliches Kriterium bei 411
Führungskräften aller Kategorien. In reinen Stabsstellungen wird dieses weniger zur Geltung kommen können; hier ergibt sich nur die eine Chance, die Art der Zusammenarbeit mit korrespondierenden Stabsabteilungen und den Kon-

333 *Schmid*, „Zur Interpretation von Zeugnisinhalten“, DB 1988 S. 2253.

takt zu den Linienfunktionen, vor allem natürlich zur hierarchischen Spitze zu charakterisieren.

412 Bei Führungskräften muss also die Beurteilung darüber Auskunft geben können, ob das Leistungspotenzial von der Fähigkeit und dem Willen getragen war, unterstellte Arbeitnehmer durch die richtige Form der Menschenbehandlung zu gemeinsamen Erfolgen anzuregen; die Kontaktbereitschaft innerhalb der Betriebsgemeinschaft ist ein wesentliches Element für die Sicherung guter Leistung und zugleich für die Führungsqualität (Teamgeist, Integrationsfähigkeit).

413 Es ist des Weiteren von erheblicher Bedeutung, welches Vertrauen der Führungskraft entgegengebracht wurde; auch das Ausmaß der Entscheidungsfreiheit ist zu würdigen, um einem neuen Arbeitgeber (insoweit dem Aufsichtsrat der Gesellschaft) die Einsicht zu vermitteln, wie jener für seine neue Aufgabe richtig eingesetzt werden kann.

414 Das *LAG Hamm* führt hierzu aus:[334]

„*Je nach Führungsebene ist eine Reihe von Merkmalen wichtig. Sehr wichtig ist, dass sowohl zur Auswirkung der Führung auf die Motivation der Mitarbeiter (Betriebsklima) als auch auf die Mitarbeiterleistung (Abteilungsergebnis) Stellung genommen wird.*

Neben der praktischen Anwendung von Führungsrichtlinien des Unternehmens sind von Bedeutung:
- *der individuelle Führungsstil*
- *die Führung durch Zielvorgaben*
- *Art und Weise der Mitarbeiterinformation*
- *Arten und Mittel der Mitarbeitermotivation*
- *Umfang der Delegation von Aufgaben und Verantwortung*
- *Erfolge bei der Mitarbeiterauswahl und -einarbeitung*
- *die Verbindung von Spezialisten zum Team.*
- *Die Senkung der Fluktuationsrate oder Abwesenheitsquote lässt auf ein gutes Betriebsklima schließen.*

Stets zu beurteilen ist die Durchsetzungskraft der Führungskraft. Fehlendes Durchsetzungsvermögen ist ein Zeichen von Führungsschwäche.“

415 Man kann aber den Schwierigkeiten, ein qualifiziertes Zeugnis für Führungskräfte zu erstellen, dadurch begegnen, dass besonderer Wert auf ausführliche Darstellung der „Art des Arbeitsverhältnisses“ gelegt wird. Gerade eine umfassende Schau der übertragenen Verantwortung offenbart zur Genüge die Qualifikation des Beurteilten; denn in der Darstellung der ausgefüllten Funktionen lie-

334 *LAG Hamm*, 27.4.2000, BB 2000 S. 1786 (Ls) = NZA 2002 S. 624 (Ls).

gen erheblich mehr Bewertungsgrade als in wortreichen allgemeinen Ausführungen, hinter denen sich oft genug Verlegenheiten verbergen, die bei Bewerbungen mehr Zweifel erregen als Überzeugungen begründen. Und manche Führungskräfte empfinden es auch als Zumutung, sich beurteilen zu lassen.

Das *Kammergericht*[335] bestätigt, dass bei leitenden Angestellten eine umfassende Darstellung der übertragenen Verantwortung über die Qualifikation des Beurteilten oft mehr offenbart als wortreiche allgemeine Ausführungen über Leistung und Führung. **416**

Die Beurteilung fällt durchweg *positiver* aus, je höherrangig der Beurteilte ist (verbunden in der Regel mit anspruchsvollerer Tätigkeit) – das kann am Hierarchieeffekt liegen (siehe auch Rn. 349); aber ein Arbeitgeber widerspricht sich eigentlich selbst, wenn er einen Mitarbeiter im Betrieb aufsteigen lässt, und ihm dann ein mäßiges Zeugnis erteilt. **417**

Bei Spitzenkräften vollzieht sich die Trennung ohne Zeugnisse.

Zu Zeugnismuster für leitende Angestellte siehe z. B. Rn. 871, 872, 874, 920.

7. Speziell: Zeugnis in der Berufsausbildung

Das Ausbildungszeugnis, das auch ohne Antrag auszustellen ist, muss gemäß § 16 BBiG Angaben enthalten über Art, Dauer und Ziel der Berufsausbildung sowie über die erworbenen beruflichen Fertigkeiten, Kenntnisse und Fähigkeiten des Auszubildenden. **418**

Hat der Ausbildende die Ausbildung nicht selbst durchgeführt, soll auch der Ausbilder das Zeugnis unterschreiben; fehlt die *Unterschrift* des Ausbilders, so wird das Zeugnis aber nicht unwirksam (da § 16 Abs. 1 Satz 3 BBiG nur eine Soll-Vorschrift ist).

Auf Verlangen und nicht automatisch ist über Verhalten und Leistung zu berichten, was gerade bei denen wesentlich ist, die sich einer beruflichen Fortbildungsmaßnahme oder gar einer beruflichen Umschulung unterworfen haben. Bei diesen jungen Menschen ist eine gewisse *Großzügigkeit* bei der Bewertung am Platze. Eine besondere Strenge ist nicht gefordert. **419**

Doch sollte zum Ausdruck kommen, wie sich der junge Mensch fachlich entwickelt hat, zumal gegen Ende der Ausbildung, wo ihm schon echte Arbeitsaufträge erteilt wurden, um den Grad seiner Leistungsfähigkeit zu erproben. Gelegentlich macht wohl die Darstellung der Führung etwas Kopfzerbrechen, zumal es bei der Jugend mehr „stürmt und drängt" als bei Erwachsenen. **420**

---

335 *Kammergericht*, 6.11.1978, BB 1979 S. 988 (insoweit nicht abgedruckt).

Mancher neigt zur strengen Beurteilung bei der Bewertung von jugendlichem Übermut. Davon sollte man sich jedoch bei der recht schnellen Entwicklung des jungen Menschen freimachen. Die Erwähnung von Verstößen gegen die Gesetze des Wohlverhaltens, die den Zeugnisempfänger unreif erscheinen lassen, bleibt im Zeugnis haften und wirft bei späteren Bewerbungen stets ein falsches Licht auf den so gekennzeichneten Menschen – Hinweise zur Verhaltensbeurteilung ist in § 13 BBiG ablesbar.

421 Das Ausbildungszeugnis wird bei „*Beendigung des Berufsausbildungsverhältnisses*“ erteilt, also bei Bekanntgabe des Ergebnisses der Abschlussprüfung (§ 21 BBiG). Mit dieser zeitlichen Fixierung des Zeugnisanspruchs ist ein zeitlich enger Zusammenhang mit der Beendigung der Ausbildung verbunden, um dem Ausgebildeten schnell den Einstieg ins Berufsleben zu ermöglichen (Bewerbungen *ohne* Zeugnis sind kaum erfolgreich).

Hinweis auf die Abschlussprüfung?

422 Der Hinweis auf die bestandene Abschlussprüfung darf im Zeugnis nicht fehlen, da sonst deren Nichtbestehen angenommen wird.

423 Ein *vorläufiges* Zeugnis zu Bewerbungszwecken kann in Betracht kommen, wenn die Prüfung nicht bestanden und die Ausbildung teilweise zu wiederholen ist – das Nichtbestehen der Prüfung darf nicht erwähnt und auch nicht formuliert werden „*Er absolvierte die Ausbildung*“, weil hierunter der erfolgreiche Abschluss der Ausbildung verstanden wird. Es sollte heißen:

> „*Er ist seit … bei uns im Ausbildungsverhältnis.*“

424 Wird das Ausbildungsverhältnis wegen wiederholten Nichtbestehens der Prüfung beendet, so kann nicht verlangt werden zu formulieren, er sei „*auf eigenen Wunsch*“ ausgeschieden,[336] sondern:

> „*Er war in der Zeit vom … bis … bei uns im Ausbildungsverhältnis.*“

Zum Muster eines Ausbildungszeugnisses siehe Rn. 880.

8. Speziell: Zeugnis und Rechtsanwalt

– Zusammenfassend und teilweise vorwegnehmend –

a) Welcher Anwalt erhält ein Arbeitszeugnis?

425 Mangels Abhängigkeitsverhältnisses entfällt ein Zeugnis

---

336 *ArbG Darmstadt*, 6.4.1967, BB 1967 S. 541 = DB 1967 S. 734.

- untereinander, wenn sich Anwälte gesellschaftsrechtlich zusammenschließen, partnerschaftlich miteinander verbunden sind,
- bei Bürogemeinschaften,
- beim „freien Mitarbeiter" der Kanzlei (siehe dazu Rn. 92),
- des Mandanten über seinen Anwalt (auch beim Dauermandat).

Dagegen kann ein Zeugnis verlangen:

- der in einer Kanzlei *angestellte* Rechtsanwalt, da er aufgrund seiner dauernden und engen Bindung an die Kanzlei mit einem Arbeitnehmer sozial vergleichbar ist,[337] und
- der *Syndikus-Rechtsanwalt* aufgrund seines Arbeitsverhältnisses (§ 46 BRAO).

b) Inhalt eines Zeugnisses für den Anwalt

Sofern ein Zeugnis für den angestellten Rechtsanwalt erteilt wird, können für den Zeugnisinhalt folgende Kriterien in Betracht kommen: **426**

- Arbeitsökonomie und Arbeitstempo (nach *LAG München* sind dies entscheidende Faktoren[338])
- Sach- und Fachkompetenz, Sorgfalt
- Grad der Rechtskenntnisse, Tiefe und Umfang des juristischen Fachwissens
- Sprachliches Niveau der Schriftsätze
- Verhandlungsgeschick
- Fähigkeit, komplexe juristische Sachverhalte dem nichtjuristischen Mandanten verständlich zu machen,
- Anerkennung bei Mandaten und Erweiterung des Mandantenbestandes
- Teilnahme an Fortbildungsmaßnahmen
- Spezialisierung, vor allem Weiterbildung zum Fachanwalt
- Wahrnehmung von Gerichtsterminen in 1. und 2. Instanz[339]
- Auftreten und Argumentieren vor Gericht
- Sein Verhalten innerhalb der Kanzlei.

Bei einer schlechten Beurteilung wäre es aber falsch, im Zeugnis zu schreiben: **427**

„*Er genügte nicht den hohen Anforderungen unserer Kanzlei*";

denn das negativ formulierte Leistungsbild des gekündigten Anwalts ist nicht einschätzbar, da die „Anforderungen der Kanzlei" nicht bekannt sind.

337 *LAG Köln*, 21.11.2007 (7 Sa 647/07), AuR 2008 S. 456.
338 *LAG München*, 31.7.2007 – 6 Sa 1238/05.
339 *LAG Frankfurt*, 30.3.2013 – 6 Sa 975/12.

Eine bare Selbstverständlichkeit wäre die Formulierung:

„Er hält sein Fachwissen auf aktuellem Stand.“

(Zum Muster für ein *sehr gutes Zeugnis* siehe Rn. 872, *gute Beurteilungen* siehe Rn. 898 und 899).

428 Beim *Syndikusanwalt* sind andere Kriterien gefragt, denn im Kernbereich seiner Tätigkeit (in „Fragen des Rechts“) ist er nicht weisungsgebunden, fachlich unabhängig und eigenverantwortlich (siehe § 46 BRAO), er ist nicht und niemanden nachgeordnet, so dass es in diesem Bereich keinen Vorgesetzten gibt, der für eine Beurteilung in Frage käme. Aber im Übrigen unterliegt er im Rahmen und während der Dauer des Arbeitsverhältnisses den allgemein zeugnisrelevanten Merkmalen und dazu gehören:

- Wie war der Erfolg seiner Rechtsberatung und Verhandlungsführung, waren die Ergebnisse für das Unternehmen brauchbar = umsetzbar?
- Wurde dem Rechtsrat immer gefolgt?
- Auf welchem Rechtsgebiet wurde er speziell und vordringlich eingesetzt?
- War seine Verhandlungsführung zielführend?
- Traf er den richtigen Umgangston in Gesprächen insbesondere mit Verhandlungspartner, die für das Unternehmen besonders wichtig sind?
- Wie war seine Einordnung im Unternehmen?
- Wie war sein Umgang und Verhalten gegenüber Vorgesetzten und Mitarbeitern?

c) Zeugniserteilung durch den Anwalt?

429 Der unternehmens*fremde* Anwalt kann zwar bei der Ausfertigung des Arbeitszeugnisses behilflich sein und Formulierungen vorschlagen, aber *unterschreiben* darf er das Zeugnis nicht, da er nicht dem Arbeitnehmer übergeordnet ist (zur notwendigen Ranghöhe siehe Rn. 548).

Er kann sich hinsichtlich der Zeugnisausstellung auch nicht auf § 3 BRAO berufen; denn der Arbeitgeber kann sich zwar von einem Anwalt *beraten* und vor Gericht etc. *vertreten* lassen – die Ausfertigung des Zeugnisses hat damit nichts zu tun.[340]

430 Das Gleiche gilt auch für den *Syndikus*-Rechtsanwalt, der zwar im Rahmen eines Arbeitsverhältnisses bei einem Unternehmen angestellt ist und auch dem Zeugnisempfänger übergeordnet sein könnte, so dass die Ranghöhe unproblematisch wäre, aber dessen Befugnisse sind eingeschränkt. Nach § 46 BRAO kann er bei der Zeugniserteilung beraten und behilflich sein, jedoch die Unter-

---

340 *LAG Hamm*, 17.6.1999 (4 Sa 2587/98), MDR 2000 S. 590.

zeichnung und damit die Verantwortung für den Zeugnisinhalt liegt außerhalb seiner Kompetenz.

9. Speziell: Zeugnis nach Probezeit

Nach Ablauf der Probezeit ist zu differenzieren: **431**

- Hat der Arbeitnehmer die Probezeit *nicht* bestanden und scheidet er aus, so wird im (End-)Zeugnis das Nichtbestehen der Probezeit (ähnlich wie das Nichtbestehen einer Prüfung) verschwiegen, in der Beurteilung allerdings werden sich entsprechende Ausführungen zur Leistungsbeurteilung nicht vermeiden lassen (wobei demjenigen, der die Probezeit nicht bestanden hat, zu empfehlen ist, kein *qualifiziertes* Zeugnis zu verlangen).
- Scheidet der Arbeitnehmer jedoch aus anderen, eigenen Gründen aus (z. B. weil er das Klima in der Höhenlage oder in der Rheinebene nicht verträgt), so liegt die Erwähnung auch in seinem Interesse.

Hat der Arbeitnehmer die Probezeit bestanden und wird weiterbeschäftigt, so erhält er *kein* (Zwischen-)Zeugnis (siehe Rn. 598). **432**

Zum Zeugnismuster beim Ausscheiden nach Probezeit, siehe Rn. 903.

10. Speziell: Zeugnis beim Vertragsbruch

Auch der *vertragsbrüchige* Arbeitnehmer hat Anspruch auf unverzügliche Zeugniserteilung; hierbei gilt ebenfalls die allgemeine, zeitliche Faustregel, die Bearbeitungszeit ist nicht deshalb kürzer (aber auch nicht länger), weil er ohne „Übergangszeit" sofort aus dem Betrieb ausscheidet. **433**

Verlangt der vertragsbrüchig gewordene Arbeitnehmer ein Zeugnis, dann darf der Arbeitgeber nicht vermerken oder anklingen lassen, dass jener unter Vertragsbruch ausgeschieden ist[341] (siehe auch Rn. 387). Allerdings kann die Tatsache des Vertragsbruchs im qualifizierten Zeugnis bei der Charakterisierung der „Führung" einfließen.

Der unter Vertragsbruch ausgeschiedene Arbeitnehmer kann nicht erwarten und auch nicht verlangen, dass die *Daten* des Zeugnisses kaschiert werden, um das Ausscheiden zu einem ungewöhnlichen Zeitpunkt nicht sichtbar zu machen. Das Ende der Tätigkeit ist wahrheitsgemäß zu vermerken, wenn auch nicht besonders hervorzuheben. **434**

Zum Zeugnismuster bei *Vertragsbruch* siehe Rn. 902.

---

341 *LAG Köln*, 8.11.1989, BB 1990 S. 856 (Ls) = LAGE BGB § 630 Nr. 8. A. A. ErfK *(Müller-Glöge)*, Rn. 26.

11. Speziell: Krankheit

435 Eine Krankheit darf im Zeugnis *nicht* vermerkt werden.

Die Erwähnung entfällt auch dann, wenn die Krankheit den Kündigungsgrund bildet; denn der Kündigungsgrund wird ohnehin nicht angegeben, und eine Krankheit fällt nicht unter das Begriffspaar „Leistung und Führung". Hinweise auf eine Krankheit würden sie auch „verewigen" und dem Arbeitnehmer sein ganzes Berufsleben lang anhängen ohne Rücksicht auf mögliche Heilerfolge. Im Übrigen bieten Offenbarungspflichten bzw. ärztliche Untersuchungen bei der Einstellung die Möglichkeit, etwa Krankheiten mit *Ansteckungsgefahr* festzustellen bzw. Vorsorge zu treffen.

436 Krankheitsbedingte Fehlzeiten werden jedoch dann unter „Dauer des Arbeitsverhältnisses" (ohne Hinweis auf die Krankheit) erwähnt, wenn sie außer Verhältnis zur tatsächlichen Arbeitsleistung stehen, wenn die Unterbrechung mehr als die Hälfte der gesamten Beschäftigungszeit ausmacht

(siehe Rn. 311) mit der Anmerkung:

„*Das Arbeitsverhältnis war vom … bis … unterbrochen.*"

437 Problematisch sind die Fälle, in denen die Krankheit am *Ende der Beschäftigungszeit* liegt und die Genesung nicht absehbar ist – bestand z. B. das Arbeitsverhältnis 17 Jahre und war die Arbeitnehmerin (Verwaltungsangestellte) $1^1/_2$ Jahre vor dem Ende ununterbrochen arbeitsunfähig krank, so wird dies im Zeugnis nicht erwähnt,[342] obwohl dem neuen Arbeitgeber die wichtige Information vorenthalten wird, ob die Bewerberin heute gesund und einsatzfähig ist (nicht so wichtig ist es, ob sie es vor 2 Jahren war!).

Aber da es im Zeugnisrecht nur die beiden Varianten gibt (erwähnen oder nicht), lassen sich die mit Krankheiten verbundenen Probleme nicht immer befriedigend für Arbeitnehmer und Arbeitgeber lösen.

438 Allerdings wäre wohl anders zu entscheiden (d. h. im Zeugnis zu erwähnen), wenn es sich nicht um eine Verwaltungsangestellte gehandelt hätte, sondern um eine Mitarbeiterin etwa im technischen, spezialisierten Bereich, in dem eine so lange Abwesenheit nicht mehr garantiert, bei dem sich schnell verändernden technischen, beruflichen Umfeld auf dem neuesten Wissensstand zu sein (siehe Rn. 314).

439 Führt eine Krankheit zu Minderleistungen, so wird – ohne Hinweis auf die Krankheit – die entsprechende Beurteilung abgegeben.

---

342 *ArbG Frankfurt a. M.*, 19.3.1991, DB 1991 S. 2448 (Ls).

Ist das Führungsverhalten z.B. wegen Drogen- oder Trunksucht zu beanstanden, weil der Mitarbeiter sehr häufig unentschuldigt der Arbeit fernblieb, so wird im Zeugnis das „Verhalten" nicht erwähnt (was möglicherweise zu Rückfragen Anlass bietet), oder es muss klar und eindeutig vermerkt werden: **440**

„*Er gab Anlass zu Beanstandungen.*"

Bei der *betriebsinternen* Beurteilung eines *schwerbehinderten* Arbeitnehmers ist nur eine durch die Behinderung bedingte quantitative Minderleistung zu berücksichtigen (und anzugeben, dass und in welcher Weise sie berücksichtigt wurde); in qualitativer Hinsicht sind die allgemeinen Maßstäbe anzulegen.[343] **441**

Im Zeugnis dagegen wird die Tatsache der Schwerbehinderung *nicht* erwähnt – hat die Behinderung jedoch Einfluss auf das (quantitative) Leistungsvermögen, so ist es für den Arbeitnehmer bei Bewerbungen sicherlich vorteilhafter, wenn das Zeugnis bei der nicht so befriedigenden Leistungsbeurteilung den Hinweis auf die Schwerbehinderung enthält, als wenn der Zeugnisleser (ohne diesen Hinweis) Faulheit vermuten muss. Zwar wird die Herleitung und Rechtfertigung für eine Beurteilung nicht im Zeugnis aufgenommen, aber im Falle der (oft schicksalhaften) Schwerbehinderung ist auf Wunsch des Arbeitnehmers eine Ausnahme zu machen. **442**

Bei der Immunschwächekrankheit *AIDS* handelt es sich zwar um eine bei Ausbruch oft tödlich verlaufende Krankheit; aber die Gefahr der Infizierung von Betriebsangehörigen selbst bei Arbeitsunfällen ist unter Beachtung der erforderlichen Arbeitsschutzvorschriften wohl so gering, dass AIDS im qualifizierten Zeugnis *nicht* zu vermerken ist.[344] **443**

Zwar ist das Zeugnis – worauf nicht oft genug hingewiesen werden kann – kein Datenträger zur Übermittlung von sonstigen Informationen, die über den gesetzlich vorgeschriebenen Inhalt hinausgehen, aber im Anhalt an den Grundgedanken des Notstandes (§ 34 StGB) sind Krankheiten dann zu erwähnen, wenn eine *akute Gefährdung Dritter* ernsthaft zu befürchten ist (siehe auch Art. 6 Nr. 1d EU-DSGVO, wonach die Weitergabe solcher Informationen zulässig ist). **444**

Dies ist bei der *Epilepsie* möglich, die besonders im technischen Bereich wegen der Unfallgefahr sehr belastend ist und zu empfindlichen Störungen im Betriebsablauf führen kann; es liegt auf der Hand, dass ein Arbeitgeber etwa aus dem Baugewerbe, der seine Arbeitnehmer auf Baustellen und auch auf Gerüsten einsetzt, ein berechtigtes Interesse an Information hat, ob einem solchen Einsatz ein Anfallsleiden entgegensteht.[345] Nicht zu übersehen ist allerdings, dass

343 *BVerwG*, 25.2.1988, NVwZ 1988 S. 734.
344 ErfK *(Müller-Glöge)*, Rn. 45.

eine Erwähnung dieser Krankheit im Zeugnis ein weiteres Fortkommen außerordentlich erschwert. In diesem Dilemma geht es, so hart es auch klingen mag, doch mehr um die Belange anderer Arbeitgeber und ihrer Belegschaften als um den Betroffenen in seinem schicksalhaften Zustand. Es lässt sich daher rechtfertigen, in einem qualifizierten Zeugnis eine solche Krankheit, so schonend wie nur möglich, zu erwähnen.[346]

Zum *Zeugnismuster bei Epilepsie* siehe Rn. 916; zu *Auskünften über Epilepsie* siehe Rn. 969.

12. Speziell: Straftaten und Tatverdacht

445 Die Erwähnung strafrechtlicher Sachverhalte im Zeugnis ist problematisch,

- denn einerseits würde der Hinweis dem Arbeitnehmer sein Leben lang anhängen ohne Rücksicht auf die zwischenzeitliche Tilgung im Bundeszentralregister. Mag auch ein solcher Sachverhalt eine Kündigung rechtfertigen, in einem Kündigungsprozess kann ein Verdacht auf seine Begründetheit hin überprüft und sogar ausgeräumt werden, das Zeugnis aber enthält Endgültiges, das dem Betroffenen während der ganzen Dauer seines Berufslebens anhaftet;
- andererseits kann ein Verschweigen zum Schadensersatz führen (siehe Rn. 732).

Es ist von Folgendem auszugehen:

446 • Strafsachen werden für ein Zeugnis überhaupt nur dann relevant, wenn sie mit dem Arbeitsverhältnis in Verbindung stehen bzw. sich auf die Führung auswirken[347] (z. B. Untreue, Unterschlagung oder Diebstahl zum Nachteil des eigenen Arbeitgebers bzw. der Kollegen oder private Trunkenheitsfahrt mit einem Dienstfahrzeug[348]).

447 • Strafsachen im früheren Arbeitsverhältnis beim *früheren* Arbeitgeber sind irrelevant.[349]

448 • *Vorstrafen* wegen Handlungen, die außerhalb des Arbeitsverhältnisses oder zeitlich davor begangen wurden, dürfen nicht erwähnt werden.[350]

---

345 *LAG Köln*, 27.6.1997, NZA-RR 1998 S. 533, hinsichtlich Auskunftserteilung.

346 *ArbG Hagen*, 17.4.1969, BB 1969 S. 676 = DB 1969 S. 886.

347 ErfK *(Müller-Glöge)*, Rn. 44.

348 *BAG*, 29.1.1986 (4 AZR 479/84), DB 1986 S. 1340 = NZA 1987 S. 384 (Ls) = AP BGB § 630 Nr. 15 (Ls).

349 *LAG Kiel*, 23.6.2010 – 6 Sa 391/09.

350 ArbR-BGB *(Eisemann)*, Rn. 62.

- Da das Zeugnis Fakten, jedenfalls keine Verdachtsmomente, Annahmen, Unterstellungen, Behauptungen[351] oder Vorläufiges enthalten darf, reichen der bloße (selbst dringende) *Tatverdacht*[352] (z.B. der Verdacht auf 3 Diebstähle in einer Anwaltskanzlei[353]) nicht aus, um im Zeugnis entsprechende Andeutungen machen zu dürfen. **449**

  Wird der Verdacht später bestätigt, so besteht zwar das Recht des Zeugnisausstellers auf Widerruf des Zeugnisses, aber dies ist oft eher theoretisch, denn er erfährt vom Ausgang des Verfahrens in der Regel nichts.

  Der Tatverdacht bzw. das eingeleitete Verfahren sind übrigens keine Fakten im Sinne des Zeugnisrechts, sondern bleiben Verdachtsmomente.[354]

- Sogar ein anhängiges *Ermittlungs- oder Strafverfahren* gehört nicht in das Zeugnis; denn solche Verfahren bedeuten noch nichts Endgültiges, ein Ermittlungsverfahren kann eingestellt, die Anklage nicht zugelassen, ein Strafverfahren eingestellt werden oder mit Freispruch enden.[355] **450**

  Ausnahme: **451**

  Ein anhängiges Strafverfahren ist jedoch im Zeugnis zu *erwähnen*, wenn die Brisanz, Tragweite und Schwere des Tatvorwurfs es gebieten, wenn sonst irreparable Personenschäden zu befürchten wären:[356]

  – Wird gegen einen Heimerzieher ein Ermittlungsverfahren wegen des Verdachts unsittlicher Handlungen an ihm anvertrauten Heimjungen geführt, so muss das Zeugnis einen entsprechenden Hinweis enthalten, da das sittlich einwandfreie Verhalten eines solchen pädagogischen Mitarbeiters von zentraler Bedeutung ist.[357]

  – Im Zeugnis für eine Krankenschwester auf der Intensivstation wurde folgender Passus vom *LAG Baden-Württemberg* zu Recht nicht beanstandet:

    „Leider kommen wir nicht umhin zu erwähnen, dass die Staatsanwaltschaft … seit … ein Ermittlungsverfahren gegen Frau … eingeleitet hat wegen des Verdachts des versuchten Mordes und wegen des Verdacht der gefährlichen Körperverletzung zum Nachteil von Patienten des Klinikums …“,[358]

---

351 *LAG Hamm*, 13.2.1992, LAGE BGB § 630 Nr. 16.

352 AR-K *(Gäntgen)*, Rn. 28; MünchArbR *(Wank)*, Rn. 23; Staudinger *(Preis)*, Rn. 41.

353 *LAG Düsseldorf*, 3.5.2005, BB 2005 S. 2308 (Ls) = DB 2005 S. 1799.

354 *ArbG Düsseldorf*, 15.12.2003, NZA-RR 2004 S. 294; Schaub *(Linck)*, Rn. 28; Tschöpe *(Wessel)*, Rn. 8.

355 ArbR-BGB *(Eisemann)*, Rn. 60.

356 *LAG Düsseldorf*, 3.5.2005, BB 2005 S. 2308 (Ls) = DB 2005 S. 1799.

357 *BAG*, 5.8.1976, BB 1977 S. 297 = AP BGB § 630 Nr. 10.

358 *LAG Baden-Württemberg*, 29.11.2007, BB 2008 S. 441 (Ls) = DB 2008 S. 480 (Ls).

zumal – wie das *LAG* feststellte – eine zugrunde liegende Handlungsmotivation nicht erkennbar und insoweit eine Wiederholungsgefahr nicht ausgeschlossen ist.

In solchen Fällen wäre der Arbeitgeber zur Zeugnis-Berichtigung zu verpflichten, falls das Ermittlungsverfahren eingestellt oder der Arbeitnehmer freigesprochen wurde.[359]

452 • Ist eine Straftat im Bundeszentralregister getilgt, so dürfen dem Betreffenden Tat und Verurteilung im Rechtsverkehr nicht mehr vorgehalten und nicht zu seinem Nachteil verwerten werden (§ 51 BZRG), daher darf die Strafe auch nicht mehr im Zeugnis erwähnt werden.[360]

453 • Im Übrigen dürfen im Zeugnis nicht ausgerechnet solche Eigenschaften positiv hervorgehoben bzw. ihr Vorhandensein besonders bestätigt werden, die Gegenstand strafrechtlicher Verfahren sind (dies kann zum Schadensersatz führen):

- Bei der Trunkenheitsfahrt mit einem Dienstfahrzeug und betrügerischen Verhalten in Bezug auf Reisekostenabrechnungen darf im Zeugnis nicht formuliert werden:

  „*Seine Führung war einwandfrei.*“ [361]

- Sind Unterschlagungen nachgewiesen, so darf nicht geschrieben werden, der Arbeitnehmer habe die Aufgaben „*zur Zufriedenheit erledigt*“.

- Hat der Arbeitgeber z. B. den Verdacht, der Arbeitnehmer habe falsche Reisekostenabrechnungen vorgenommen, so kann wegen Beeinträchtigung des Vertrauensverhältnisses der Arbeitnehmer nicht die Zeugnisformulierung erhalten,

  „*wir konnten ihm in jeder Hinsicht unser vollstes Vertrauen schenken,*“

  denn dies setzt ein völlig ungestörtes Vertrauensverhältnis voraus.[362]

- Falls wesentliche Charakterzüge durch das Adjektiv „*ehrlich*“ oder „*zuverlässig*“ umschrieben werden, dann dürfen hieran nicht die geringsten Zweifel bestehen, es darf kein entsprechendes, jedenfalls *vorsätzliches* Fehlverhalten vorliegen.

---

359 AR-K *(Gäntgen)*, Rn. 28.

360 Zweifelnd ErfK *(Müller-Glöge)*, Rn. 44.

361 *BAG*, 29.1.1986 (4 AZR 479/84), DB 1986 S. 1340 = NZA 1987 S. 384 (Ls) = AP BGB § 630 Nr. 15 (Ls).

362 *ArbG Passau*, 15.10.1990, BB 1991 S. 350 (Ls).

- Liegen relevante Straftaten vor, die charakteristische Merkmale aufweisen, so ist zu empfehlen, zur „Führung“ *keine* Aussagen machen,[363] oder (wenn der Arbeitnehmer unbedingt solche Aussagen haben will) deutlich zu schreiben: **454**

  „Sein Verhalten gab Anlass zur Beanstandungen.“

13. Speziell: Vergleich und Zeugnis

Die Handhabung mit Vergleichen, die auch die Ausstellung eines Zeugnisses beinhalten, wird im Folgenden zusammengestellt (zur Vollstreckung aus solchen Vergleichen siehe Rn. 689ff.): **455**

- Zwar kann der Arbeitgeber das Zeugnis nicht anfechten (siehe Rn. 611), aber der Vergleich als solcher kann angefochten werden wegen Irrtums gemäß § 119 Abs. 2 BGB etwa in den Fällen, in denen er sich zu einer Leistungsbeurteilung verpflichtet hat, die aufgrund nachträglich festgestellter Leistungsmängel nicht mehr gerechtfertigt ist.[364] **456**
- Wegen Rechtsmissbrauchs ausgeschlossen ist der Widerruf des Zeugnisses, dessen Erteilung dem Arbeitgeber durch einen Vergleich auferlegt war. **457**
- Geht es bei einem Vergleich z.B. um Freistellung und Abfindung, aber auch um Erteilung eines Zeugnisses, so kann der Arbeitnehmer nicht vom gesamten Vergleich zurücktreten, wenn das im Vergleich vereinbarte Zeugnis nicht erteilt wird; denn die Zeugniserteilung ist keine Hauptverpflichtung, sondern nur eine Nebenpflicht, ein Nebenprodukt im Rahmen der Restabwicklung des Arbeitsverhältnisses.[365] **458**
- In Ausgleichsklauseln, die in einem Vergleich vorgesehen werden, kann grundsätzlich nicht ein Verzicht auf Erteilung eines Zeugnisses gesehen werden (siehe Rn. 162). **459**
- Wurde über Details der Zeugnisbeurteilung ein *Vergleich* geschlossen, so soll nach *ArbG Würzburg* die abgesprochene Beurteilung in das anschließend zu erteilenden Zeugnis gemäß §§ 781, 782 BGB auch dann zu übernehmen sein, wenn zeitlich zwischen dem Vergleichsabschluss und der Zeugniserteilung zeugnisrelevante *Verfehlungen* bekannt werden[366] – das gilt aber nicht, wenn das Verschweigen zum Schadensersatz des Zeugnisausstellers gegenüber dem neuen Arbeitgeber führen würde; denn er würde zu einem Zeugnis verpflichtet, dass er sogleich widerrufen müsste. **460**

---

363 A. A. ErfK *(Müller-Glöge)*, Rn. 44: im Dienst begangene Straftaten sind zu erwähnen.
364 *LAG Köln*, 7.5.2008, AuR 2009 S. 105.
365 *LAG Düsseldorf*, 16.11.2001, LAGE BGB § 630 Nr. 38 (Ls) = LAGE BGB § 326 Nr. 1.
366 *ArbG Würzburg*, 15.6.2004, AuR 2005 S. 118 (Ls).

461 • Wenn nach fristloser Kündigung im Prozessvergleich die einvernehmliche Auflösung festgelegt wurde, so darf im Zeugnis der Prozessvergleich nicht erwähnt werden, vielmehr kann der Arbeitnehmer nunmehr den Hinweis verlangen: „*Auflösung im beiderseitigen Einvernehmen*“ (siehe Rn. 389).

462 • Hat der Arbeitgeber anlässlich einer vergleichsweisen Beendigung des Arbeitsverhältnisses zusagt, er werde ein „wohlwollendes“ Zeugnis erteilen,[367] so ist allein wegen des Wohlwollens das Zeugnis nicht mit „guter“ Beurteilung zu erteilen,

> „*denn es besteht ein Anspruch auf ein leistungsgerechtes, objektiv wahres Zeugnis, nicht auf ein gutes.*“[368]

463 • Verpflichtet sich der Arbeitgeber in einem Vergleich zur Erteilung eines Zeugnisses, so übernimmt er *nicht* zugleich die Pflicht, das Zeugnis dem Arbeitnehmer zu *übersenden*[369] – anders dann, wenn zwischenzeitlich der Geschäftsbetrieb aufgegeben wurde und der ehemalige Arbeitgeber nunmehr an einem entfernten Ort wohnt (siehe Rn. 225).

14. Dienstliche Beurteilung

a) Im öffentlichen Dienst

464 Während des Bestehens des Beamtenverhältnisses gibt es eine besondere Art eines Zeugnisses, das kein Dienstzeugnis im eigentlichen Sinne, vielmehr eine Art verwaltungsinternes Zwischenzeugnis darstellt, und das im Bundes- und Landesrecht einheitlich als „*Dienstliche Beurteilung*“ bezeichnet wird (gesetzlich vorgeschrieben in Beamtengesetzen bzw. Laufbahnverordnungen).

465 Dabei wird zwischen regelmäßiger Beurteilung (z. B. für Landesbeamte in Baden-Württemberg: alle 3 Jahre) und nicht regelmäßiger Beurteilung unterschieden (bei bestimmten Personalmaßnahmen wie Bewerbung um eine Stelle im Bereich desselben Dienstherrn, bei Versetzungen und Beförderungen bzw. dann, wenn dienstliche oder persönliche Verhältnisse es erfordern). In der Regel bestehen Ausnahmen von der regelmäßigen Beurteilung bei solchen Beamten, die das 55. Lebensjahr vollendet haben.

466 Die Beurteilung erstreckt sich auf Eignung, Befähigung und fachliche Leistung, ist in den meisten Fällen mit einem Gesamturteil abzuschließen und mit einem Vorschlag für die weitere dienstliche Verwendung zu versehen. Die Beurteilung

---

367 *LAG Bremen*, 9.11.2000, NZA-RR 2001 S. 287 = MDR 2001 S. 575.

368 *BAG*, 14.10.2003, BB 2004 S. 1500 = DB 2004 S. 1270 = NZA 2004 S. 842 = AP BGB § 630 Nr. 28.

369 A. A. *LAG Düsseldorf*, 15.3.2001 – 7 Ta 60/01.

wird dem Beamten zur Kenntnis gebracht, in der Regel mit ihm durchgesprochen und stets zu den Personalakten genommen.

b) In der Privatwirtschaft

Solche Beurteilungen werden auch außerhalb des öffentlichen Dienstes im Rahmen des betriebsinternen Mitarbeiter-Beurteilungsverfahrens erstellt; dieses Beurteilungsverfahren ist gesetzlich nicht vorgeschrieben, dessen Einführung im Betrieb vielmehr dem Arbeitgeber überlassen unter Wahrung der Mitbestimmung. **467**

c) Unterschiede zum Zeugnis

Die *interne Beurteilung* hat den Zweck, Grundlage für am Leistungsprinzip orientierte Personalentscheidungen des Dienstherrn zu sein, sie soll außerdem sicherstellen, dass bei Beendigung ein qualifiziertes Zeugnis erteilt werden kann; denn in größeren Betrieben und Verwaltungen, in denen Vorgesetzte wechseln, könnte ein sachlich richtiges Urteil nicht erteilt werden, wenn nicht zwischenzeitlich der Leistungsstand in dienstlichen Beurteilungen festgehalten wurde.[370] **468**

Das *Zeugnis* ist dagegen grundsätzlich zur Information möglicher künftiger Arbeitgeber (oder neuer Dienstherrn) bestimmt und dient zur Unterstützung des weiteren Fortkommens.[371] **469**

Durch diesen Zweck außerhalb des bestehenden Arbeits- bzw. Beamtenverhältnisses unterscheidet sich das Zeugnis grundlegend von der dienstlichen Beurteilung[372] (die dienstliche Beurteilung kann auch als „Innenzeugnis", das Dienstzeugnis als „Außenzeugnis" bezeichnet werden[373]). **470**

Unterschiede bestehen auch insofern, als die interne Beurteilung (im Gegensatz zum Zeugnis) nicht die Indiz- und Bindungswirkung besitzt und vor allem sogar gegen den erklärten Willen des Beschäftigten gefertigt wird und der Dienstherr die Intensität der Beurteilung bestimmt.[374] Außerdem hat die dienstliche Beurteilung nur den konkreten Beurteilungszeitraum zum Gegenstand, während sich ein Zeugnis auf die gesamte Dauer des Beschäftigungsverhältnisses erstreckt.[375] **471**

---

370 *BAG*, 28.3.1979, BB 1979 S. 1401 = DB 1979 S. 1703.

371 *VGH Kassel*, 27.1.1994, DB 1994 S. 2140.

372 *BVerwG*, 20.11.1990 – 2 B 51/90.

373 *OVG Saarlouis*, 3.12.2004, Zeitschrift „Recht im Amt", 2005 S. 155.

374 *BAG*, 19.8.1992, BB 1992 S. 2512 (Ls) = DB 1993 S. 1525 = NZA 1993 S. 222 = AP BPersVG § 8 Nr. 5.

375 *LAG Köln*, 12.12.2007 – 7 Sa 1130/06.

472 Im Übrigen ist zu erwähnen, dass Angaben aus der „Dienstlichen Beurteilung" nicht ohne Weiteres in das Zeugnis übernommen werden dürfen, denn Zeugnisse sind wohlwollend abzufassen, während diese Pflicht für die nur innerbetrieblichen Zwecken unter Wahrung der Vertraulichkeit dienende Beurteilungen nicht besteht, und sie daher in der Regel schonungsloser formuliert sind, als dies im Zeugnis zulässig wäre; das Wohlwollen tritt zurück. In der Beurteilung müssen sogar *„einzelne unangemessene, saloppe, ungeschickte oder missglückte Formulierungen"* hingenommen werden.[376]

473 Beide Formen der Beurteilung (Zeugnis bzw. dienstliche Beurteilung) sind nach Zweck, Regeln und Kriterien unterschiedlich.[377] Daher könnte der Dienstherr z.B. nicht das beantragte Zwischenzeugnis ablehnen und stattdessen eine dienstliche Beurteilung fertigen; denn sie ersetzt nicht das Zeugnis.

474 Das Arbeitszeugnis spielt auch im öffentlichen Dienst bei der Bewerberauswahl dann eine Rolle, wenn sonst keine Beurteilungen vorliegen.[378]

15. Exkurs: Muss das Zeugnis wirklich „wohlwollend" sein?[379]

475 Einmütig und immer wiederkehrend wird hervorgehoben, das Zeugnis (so das *BAG* in ständiger Rechtsprechung)

> *„muss inhaltlich wahr und zugleich von verständigem Wohlwollen getragen sein und darf dessen weiteres Fortkommen nicht ungerechtfertigt erschweren" – „im Interesse des beruflichen Fortkommens ist das Zeugnis wohlwollend abzufassen"*; Maßstab für die Frage, welche Leistungen stärker hervorgehoben werden als andere, *„ist der eines wohlwollenden verständigen Arbeitgebers"*.[380]

476 Dieses Wohlwollens-Gebot birgt die Gefahr in sich,

- dass klare Formulierungen ersetzt werden durch wenig aussagekräftige oder nichts sagende und durch Auslassungen (*„aus Schweigen wird Verschweigen"*[381]),
- dass Zeugnisse „geschönt" sind und zu gut ausfallen,

376 *BVerwG*, 23.4.1998, NVwZ 1998 S. 1302; *OVG Saarlouis*, 3.12.2004, Zeitschrift „Recht im Amt", 2005 S. 155.

377 *VGH Kassel*, 27.1.1994, DB 1994 S. 2140.

378 *BVerwG*, 27.4.2010, Deutsches Verwaltungsblatt, 2010 S. 1057 (Ls).

379 Siehe auch *Schleßmann*, „Zwei Fragen zum Arbeitszeugnis", BB 2015 S. 2421.

380 *BAG*, 11.12.2012, BB 2013 S. 563 (Ls) = DB 2013 S. 466 = NZA 2013 S. 324, sowie 15.11.2011, BB 2011 S. 2932 (Ls) = DB 2012 S. 636 = NZA 2012 S. 448 = AP GewO § 109 Nr. 3.

381 *Preis/Bender*, „Recht und Zwang zur Lüge", NZA 2005 S. 1327.

- dass das Vertrauen in den Informationsgehalt des Zeugnisses schwindet und der künftige Arbeitgeber beim Zeugnisverfasser nachfragt: „Wie ist er denn nun wirklich?",
- dass die schon „inflationäre" Verwendung des Begriffs *Wohlwollen* dem Image des Arbeitszeugnisses gewaltig schadet.

Dieses Wohlwollens-Gebot wurde höchstrichterlich erstmals vom *BGH* im Jahre 1963 in das Zeugnisrecht eingeführt.[382] Der *BGH* verweist hinsichtlich dieses Gebots auf das Lehrbuch „Arbeitsrecht" von *Nikisch* aus den 1950er Jahren[383] (in dem seinerseits keine Fundstelle für dieses Gebot angegeben wurde) – andere, damals auch maßgebliche Literatur[384] erwähnte das Wohlwollensgebot (oder ähnliche Formulierungen) mit keinem Wort. **477**

Dass der *BGH* das „Wohlwollen" bemühte, ist schon deshalb unverständlich, weil in der damaligen Zeit der *Vollbeschäftigung* (1963) bei einer Arbeitslosenquote von (traumhaften) 0,8 % sicher jeder mit fast jedem Zeugnisinhalt einen neuen Arbeitsplatz erhalten konnte und keinerlei Sorge um das weitere Fortkommen begründet war; es gab keinen Anlass, diesen Begriff einzuführen, der nunmehr seit vielen Jahrzehnten die Zeugnisurteile „schmückt"!

Ob nun das Wohlwollensgebot durch Wiederholungen in den Urteilen (durch Verweise auf die jeweils älteren Entscheidungen quasi wie ein Textbaustein verwendet) überzeugender wird, mag dahinstehen, denn: **478**

Wie die unten in der Tabelle angeführten Beispiele zeigen, ist der Begriff des „Wohlwollens" fehl am Platz, es geht nicht um fürsorgliche Wohlgesonnenheit, ob im Zeugnis bestimmte Angaben zu machen oder zu unterlassen sind, sondern:

- Es liegen schlichte Beurteilungsfehler vor (hierzu siehe Rn. 348); sie dürfen nicht ins Zeugnis, weil es unkorrekt ist, nicht, weil es nicht wohlwollend wäre,
- es sind Angaben, die über den gesetzlich geschuldeten Zeugnisinhalt hinausgehen und aus diesen Gründen ausscheiden, nicht deshalb, weil sie nicht wohlwollend wären, oder
- die Angaben sind aus besonderen Rechtsgründen geboten, die aber nichts mit dem Wohlwollensgebot zu tun haben.

Das *Reichsarbeitsgericht* und anfangs auch das *BAG* (im Jahre 1960) kamen zum richtigen Ergebnis, ohne das „Wohlwollen" zu bemühen, es geht vielmehr um die korrekte, sach- und fachgerechte, „richtige" Beurteilung und Formulierung: **479**

---

382 *BGH*, 26.11.1963 (VI ZR 221/62), DB 1964 S. 517 = AP BGB § 826 Nr. 10.

383 *Nikisch*, Lehrbuch „Arbeitsrecht", (2. Auflage 1955, 1. Band), S. 703.

384 *Hueck-Nipperdey*, „Lehrbuch des Arbeitsrechts", (7. Auflage 1963, 1. Band), S. 460.

- Das *Reichsarbeitsgericht* meinte, die Erwähnung einzelner, einmaliger Vorgänge, die nicht charakteristisch seien, stelle „*eine unrichtige Beurteilung*“[385] dar (heute wird argumentiert, diese Erwähnung verstoße gegen das Wohlwollensgebot);
- ebenso führte das *BAG* im Urteil vom 23.6.1960[386] aus, die im Zeugnis erforderliche „*Gesamtbeurteilung*“ schließe die Erwähnung einzelner, einmaliger Vorgänge aus = also wäre die Erwähnung ein schlichter Beurteilungsfehler, von Wohlwollen keine Rede!

480 Seit dem *BGH*-Urteil von 1963 hat sich das „Wohlwollen“ im Zeugnisrecht zu Unrecht ausgebreitet; aber einen solchen Grundsatz gibt es nicht.[387]

481 In der folgenden Tabelle sind Beispiele zusammengefasst, die mit dem Wohlwollensgebot in Zusammenhang gebracht werden, aber damit nichts zu tun haben:

Mit dem „Wohlwollensgebot“ wird begründet:	In Wahrheit bedeutet es aber:
keine schonungslose, gnadenlose Wahrheit[388]	Beurteilungsfehler = Positives übersehen, zu scharfe Anforderungen
Bewertung ohne Voreingenommenheit, ohne Vorurteil[389]	Beurteilungsfehler
nicht jeden Einzelaspekt erwähnen[390]	Beurteilungsfehler
einmalige Vorfälle, kleinere Auffälligkeiten, nicht Charakteristisches weglassen[391]	Beurteilungsfehler
Unwesentliches weglassen[392]	Beurteilungsfehler
keine Behauptungen, Unterstellungen, Verdachtsmomente, Vermutungen[393]	Beurteilungsfehler

385 *Reichsarbeitsgericht*, 22.2.1933, Band 12 S. 280.
386 *BAG*, 23.6.1960, BB 1960 S. 983 = DB 1960 S. 1042 = AP HGB § 73 Nr. 1.
387 *ArbG Koblenz*, 16.4.1987 – 1 Ca 198/87; *Hunold*, „Die Rechtsprechung zum Zeugnisrecht“, NZA-RR 2001 S. 113.
388 *BGH*, 26.11.1963 (VI ZR 221/62), DB 1964 S. 517 = AP BGB § 826 Nr. 10.
389 *Grimm* in „Arbeitsrechts-Blattei“, (Systematische Darstellung, 2007, Heidelberg), Stichwort „Zeugnis“, Rn. 80.
390 *BAG*, 12.8.2008, BB 2008 S. 2514 (Ls) = DB 2008 S. 2546 = NZA 2008 S. 1349 = AP GewO § 109 Nr. 1.
391 *BAG*, 21.6.2005, BB 2005 S. 2530 = DB 2005 S. 2360 = NZA 2006 S. 104 = AP BGB § 630 Nr. 31; AR (*Kolbe*), Rn. 28.
392 *BAG*, 10.5.2005, BB 2005 S. 2755 = DB 2005 S. 2474 = NZA 2005 S. 1237 = AP BGB § 630 Nr. 30.

Belange gefährdet, wenn er unterbewertet wird[394]	Beurteilungsfehler
Entscheidend ist die Dauer des rechtlichen, nicht des tatsächlichen Bestands des Beschäftigungsverhältnisses	Formulierungen dürfen bei Dritten nicht zu Irrtümern, Mehrdeutigkeiten bzw. zu unberechtigten, unwahren, für Arbeitnehmer negativen Schlüssen führen[395]
Vertragsbruch darf nicht genannt werden[396]	Geht über gesetzlich geschuldeten Inhalt hinaus
Beendigungsgrund darf nicht ins Zeugnis[397]	Geht über gesetzlich geschuldeten Inhalt hinaus
Datum der Zeugnisausstellung nach Beendigung eines Kündigungsschutz-prozesses = ein unverdächtiges Datum suchen	Durch Wahrnehmung seiner Rechte darf der Arbeitnehmer keine Nachteile erleiden
Bei Verzögerung der Zeugnisausstellung = Datum nahe am Tag des Ausscheidens	Durch Datendiskrepanz, die der Arbeitgeber zu vertreten hat, darf der Arbeitnehmer keine Nachteile erleiden und ist so zu stellen, wie wenn die Verzögerung nicht stattfand
Die Tendenz zu *durchschnittlichen* Beurteilungen von unterdurchschnittlichen Mitarbeitern	Ergebnis der vom *BAG* entwickelten Beweislastverteilung, wonach der Arbeitgeber die Beweislast trage, falls er eine *unter*durchschnittliche Bewertung vornehme, also gibt es durchweg eher durchschnittliche oder bessere Beurteilungen, um diese lästige Beweislast zu vermeiden.

Es ist nicht eine inhaltliche Änderung im Zeugnisrecht angezeigt, vielmehr eine **482** andere Sprachregelung, um den unzutreffenden und missverstandenen Begriff „Wohlwollen“ zu eliminieren[398] – das „Wohlwollen“ muss nicht bemüht und kann gestrichen werden, damit würde auch das Image des Arbeitszeugnisses verbessert!

(Im Interesse der Leser ist in diesem Buch aber die vom Wohlwollen getragene, bislang einhellige Rechtsmeinung durchgängig dargestellt.)

---

393 *LAG Hamm*, 27.4.2000, BB 2000 S. 1786 (Ls) = NZA 2002 S. 624 (Ls), sowie 13.2.1992, LAGE BGB § 630 Nr. 16.

394 *LAG München*, 31.7.2007 – 6 Sa 1238/05.

395 *BAG*, 23.6.1960, BB 1960 S. 983 = DB 1960 S. 1042 = AP HGB § 73 Nr. 1.

396 *LAG Hamm*, 24.9.1985, NZA 1986 S. 99 (Ls) = LAGE BGB § 630 Nr. 1.

397 *LAG Berlin-Brandenburg*, 25.1.2007, NZA-RR 2007 S. 373 = LAGE GewO § 109 Nr. 4.

398 So schon *Göldner*, „Die Problematik der Zeugniserteilung im Arbeitsrecht“, ZfA 1991, S. 225 (236).

483 Es darf noch folgende Skurrilität nicht unerwähnt bleiben:

- Schul- und Hochschul-Abschlusszeugnisse, die heute für den Einstieg in das Ausbildungs- oder Berufsleben oft von entscheidender Bedeutung sind, werden knallhart mit klaren Notenziffern versehen ohne jegliches Wohlwollen, ohne Rücksicht auf die nachfolgenden beruflichen Chancen.
- Hingegen werden die späteren Arbeitszeugnisse, die für den weiteren Berufsweg nicht allein ausschlaggebend sind, verbal und nebulös umschrieben und mit „Wohlwollen" abgefedert!

IX. Form des Zeugnisses

Außer der Schriftform ist über sonstige Formerfordernisse gesetzlich oder tarifvertraglich nichts bestimmt. Daher obliegt dem Arbeitgeber (nicht nur der Inhalt, die Formulierung, sondern auch) die Gestaltung, das äußere Bild, der formale Aufbau des Zeugnisses.[399] **484**

Allerdings ist der Arbeitgeber dabei nicht völlig frei. Er hat sich zunächst an den gesetzlich geschuldeten Inhalt eines Arbeitszeugnisses zu halten, und in diesem Rahmen muss das Zeugnis den Anforderungen entsprechen, wie sie im „Geschäftsleben" an ein Zeugnis gestellt werden;[400] er muss gemäß § 242 BGB auf die gefestigte Übung in der Zeugnispraxis des Geschäfts- und Arbeitslebens zurückgreifen, und als Maßstab für die formale Gestaltung bietet sich die Überlegung an, die sich der Zeugnisaussteller stets vor Augen halten sollte: **485**

Das Zeugnis stellt ein wichtiges Dokument für Arbeitnehmer und künftige Arbeitgeber dar, das „gehörig" sein muss, den üblichen „Gepflogenheiten"[401] des Arbeitgebers zu entsprechen hat und keine formalen Auffälligkeiten enthalten darf, die andere Leser des Zeugnisses „aufhorchen" lassen. **486**

1. Äußere Form

Die Formulierung und die äußere Form müssen übereinstimmen (§ 109 Abs. 2 GewO). **487**

Der Arbeitnehmer darf nicht der Gefahr ausgesetzt werden, dass ein künftiger Arbeitgeber Abweichung als verdeckte negative Beurteilung deutet und Misstrauen erregt wird. Durch die äußere Form darf nicht der Eindruck erweckt werden, der Aussteller distanziere sich vom buchstäblichen Wortlaut seiner Erklärung.[402] Dies gilt für alle Zeugnisarten. **488**

Das Zeugnis ist in *natura* auszustellen, es kann also nicht etwa durch ein obsiegendes Gerichtsurteil ersetzt werden, in dem die Zeugnisformulierung niedergelegt ist. **489**

---

399 *BAG*, 20.2.2001, BB 2001 S. 1957 = DB 2001 S. 1674 = NZA 2001 S. 843 = AP BGB § 630 Nr. 26.

400 *BAG*, 21.9.1999, BB 2000 S. 411 (mit Anm. von *Schleßmann*) = DB 2000 S. 282 = NZA 2000 S. 257 = AP BGB § 630 Nr. 23 (mit Anm. von *Schleßmann*).

401 *BAG*, 3.3.1993, BB 1993 S. 1439 = DB 1993 S. 1624 = NZA 1993 S. 697 = AP BGB § 630 Nr. 20.

402 *BAG*, 20.2.2001, BB 2001 S. 1957 = DB 2001 S. 1674 = NZA 2001 S. 843 = AP BGB § 630 Nr. 26.

a) Schriftform/elektronische Form/Textform

490 Da das Zeugnis vor allem zu Bewerbungszwecken vorgelegt wird, ist klar, dass es *schriftlich* zu erteilen ist (so auch ausdrücklich § 109 Abs. 1 Satz 1 GewO und § 630 Satz 1 BGB, siehe auch die Regelung über die Mit-Zeichnung in § 16 Abs. 1 Satz 2 BBiG). Mündlich erteilte Zeugnisse erfüllen nicht die Pflicht des Arbeitgebers.

491 Die *elektronische Form* ist ausgeschlossen (§ 109 Abs. 3 GewO, § 630 Satz 3 BGB bzw. § 16 Abs. 1 Satz 2 BBiG) und kann auch nicht tarifrechtlich eingeführt werden. In der amtlichen Begründung zum § 109 GewO heißt es hierzu:[403]

> „*Für Arbeitnehmerinnen und Arbeitnehmer hat ein schriftliches Zeugnis vor allem als Bewerbungsunterlage erhebliche praktische Bedeutung. Die Vorlage von Zeugnissen in elektronischer Form gegenüber Dritten, insbesondere bei Bewerbungen in Klein- und Mittelbetrieben, ist heute noch nicht üblich. Bis sich die elektronische Form in gleicher Weise wie die herkömmliche Schriftform im Rechtsgeschäftsverkehr etabliert hat und sich die Möglichkeit elektronischer Bewerbungen verbreitet, soll es bei der Schriftform des Zeugnisses bleiben.*“

492 Die *Textform* des § 126b BGB (z. B. E-Mail, SMS-Nachricht oder Telefax) ist zwar gesetzlich in den Zeugnisvorschriften nicht ausdrücklich ausgeschlossen, aber sie scheidet aus,[404] weil die eigenhändige Unterschrift fehlt – die vorgeschriebene *Schriftform* verlangt die eigenhändige Unterzeichnung (siehe Rn. 552).

b) Firmenbogen/Art und Aussehen des Papiers

493 Die Zeugnisse sind auf Firmenbogen zu erteilen, die der Arbeitgeber im Geschäftsverkehr üblicherweise für Geschäftsbriefe verwendet.[405]

494 Im Firmenbogen bleibt das markierte Anschriftenfeld (Adressenfeld für Fensterbriefumschläge) unausgefüllt,[406] Telefon- und Durchwahl- oder Faxnummer, Geschäfts- oder Aktenzeichen sind wegzulassen bzw. nicht auszufüllen, sie haben keine Funktion innerhalb des Zeugnisses und erwecken eher den Eindruck,

---

403 Vgl. BT-Drs. 14/8796 vom 17.4.2002, S. 26.

404 Baumbach/Hopt *(Roth)*, Rn. 9.

405 *BAG*, 3.3.1993, BB 1993 S. 1439 = DB 1993 S. 1624 = NZA 1993 S. 697 = AP BGB § 630 Nr. 20; *LAG Köln*, 26.2.1992, BB 1992 S. 1490 (Ls) = DB 1992 S. 1484 (Ls) = NZA 1992 S. 841 (Ls) = LAGE BGB § 630 Nr. 15.

406 *ArbG Köln*, 5.3.2013 – 13 Ca 2497/12; ErfK *(Müller-Glöge)*, Rn. 14.

es habe zum Zeugnis bereits einen Schriftverkehr gegeben (was nachteilig für den Arbeitnehmer wäre).[407]

Hat der Arbeitgeber keinen Firmenbogen, so ist eine haltbare *Papierart* von guter Qualität geboten, die üblicherweise für wichtige Urkunden Verwendung findet. Die Qualität des Papiers darf nicht schlechter, muss aber auch nicht besser sein als das, was üblicherweise im Geschäftsverkehr verwendet wird. **495**

Es ist stets *weißes* Papier zu verwenden, nicht farbiges (mit rosa Papier wird der Zeugnisanspruch nicht erfüllt[408]), es ist auch zu vermeiden, dass mit der Farbenwahl „Signale“ des Arbeitgebers vermutet werden. **496**

Das Zeugnis darf keine *Radierungen*, Verbesserungen, Durchstreichungen, Flecken, „Eselsohren“, Einrisse oder Ähnliches enthalten,[409] da dies mit der Bedeutung des Zeugnisses für den Arbeitnehmer unvereinbar wäre; es muss auch *ungelocht* sein entsprechend der üblichen Form ähnlicher Dokumente. **497**

Zu optischen Hervorhebungen siehe Rn. 771.

Zum Knicken/Falten des Zeugnisdokuments siehe Rn. 234.

c) Papiergröße/Zeugnisumfang

Die Papiergröße DIN-A4 ist vorzusehen (DIN-A5 kann für ein einfaches Zeugnis und bei untergeordneten/kurzfristigen Tätigkeiten in Betracht kommen). **498**

Der *Umfang* für ein qualifiziertes Zeugnis sollte bei qualifizierteren Mitarbeitern mindestens *eine* DIN-A4-Seite (mit normalem Zeilenabstand) betragen, aber in der Regel nicht *zwei bis drei* Seiten überschreiten, um nicht übertrieben voluminös zu erscheinen, was für den Arbeitnehmer vor allem dann nachteilig sein kann, wenn es mit Unwesentlichem, Selbstverständlichem oder sonstigem Füllsel „aufgetakelt“ ist. **499**

Das Zeugnis ist auf einzelne Blätter, nicht auf Vor- und Rückseite zu schreiben,[410] da Letzteres negativ auszulegen ist (der Arbeitnehmer verdiene nämlich nur *ein* Blatt Papier, mehr nicht!). Mehrere Blätter haben fortlaufende Nummerierung und einheitliche Gestaltung. **500**

---

407 *ArbG Heilbronn*, 17.12.1998 – 1 Ca 476/98.

408 Nicht so eindeutig: *LAG Kiel*, 23.6.2016 – 1 Ta 68/16.

409 *BAG*, 3.3.1993, BB 1993 S. 1439 = DB 1993 S. 1624 = NZA 1993 S. 697 = AP BGB § 630 Nr. 20; AR (*Kolbe*), Rn. 20.

410 A. A. *ArbG Heilbronn*, 17.12.1998 – 1 Ca 476/98.

d) Schriftart

501 Maschinenschrift (mit PC) ist üblich, wobei das Zeugnis mit einheitlicher Schrift anzufertigen ist, also nicht mit verschiedenen Schrifttypen.[411] Als Schriftgrad kommt „12“ in Betracht, nicht kleiner.[412]

502 Es sollte Blocksatz, nicht Flattersatz verwendet werden, um zahlreiche, unschöne Silbentrennungen zu vermeiden; aber dies entscheidet allein der Aussteller (auch eine Schulsekretärin hat eine Fülle von Silbentrennungen am Zeilenende zu erdulden[413]).

503 Die Einhaltung eines bestimmten Zeilenabstandes oder Blattrandes kann nicht verlangt werden;[414] Abstand und Rand müssen aber dem entsprechen, wie es sonst im Geschäftsverkehr des Arbeitgebers üblich ist, da Abweichungen Anlass für negative Signale sein können (der Zeilenabstand darf im Zeugnisdokument nicht gewechselt werden).

504 Auf einem Geschäftsbogen ist *Handschrift* nicht üblich, also entfällt die handschriftliche Anfertigung eines Zeugnisses;[415] aber in der oberen Etage der Hierarchie kann diese Anfertigung als Zeichen besonderer Wertschätzung gesehen werden (zum Schreibmittel siehe Rn. 565).

e) Schreib- und Druckfehler

505 Enthält das Zeugnis *Schreibfehler*, hat der Arbeitnehmer grundsätzlich Anspruch auf Ausstellung eines neuen, fehlerlosen Zeugnisses. Man kann heutzutage erwarten, dass der Arbeitgeber das Zeugnis abgespeichert hat und daher die korrigierte Neuausstellung überhaupt keine (auch keine zeitlichen) Probleme bereitet, zumal die Schreibprogramme im PC auch auf Schreibfehler hinweisen, und dass er die deutsche Sprache so zu beherrschen hat, um ein schreibfehlerloses Zeugnis auszustellen.

506 Es wirft zwar eher ein schlechtes Licht auf den Zeugnisaussteller, wenn Schreibfehler vorliegen, aber es ist für den Arbeitnehmer nicht zumutbar, sich mit fehlerhaften Zeugnissen bewerben zu müssen – allerdings muss es sich um *bedeutsame* und offensichtliche Fehler handeln, die zu einer Korrektur ver-

411 *BAG*, 3.3.1993, BB 1993 S. 1439 = DB 1993 S. 1624 = NZA 1993 S. 697 = AP BGB § 630 Nr. 20.

412 AR-K *(Gäntgen)*, Rn. 14. A. A. *LAG Frankfurt*, 13.8.2002 – 16 Ta 255/02 (Schriftgröße „10“ genüge).

413 *LAG Baden-Württemberg*, 27.11.2014 – 3 Sa 21/14.

414 *ArbG Heilbronn*, 17.12.1998 – 1 Ca 476/98.

415 *LAG Hamm*, 27.2.1997, NZA-RR 1998 S. 151.

pflichten, die auch Rückschlüsse auf grammatikalische Unkenntnisse des Bewerbers zulassen würden.

Das *ArbG Düsseldorf* hatte die Korrektur eines (unbedeutenden) Schreibfehlers abgelehnt, als es im Zeugnis hieß: 507

> „*Auf Grund ihrer Persönlichkeit, ihres gradlinigen verbindlichen Wesens sowie ihres loyalen integeren Verhaltens*“[416] (statt „integren“).

Dieses zu viel getippte ‚e‘ hätten wohl nur wenige als Schreibfehler erkannt, und es grenzt schon an gewisse Halsstarrigkeit der Prozessparteien, deswegen die Justiz zu belästigen!

Werden aber im Zeugnis z.B. mitten im Satz Adjektive und Verben willkürlich groß geschrieben, so kann das auch Anlass zu negativen Vermutungen geben, nämlich sich durch bewusst mangelnde Sorgfalt vom Zeugnisinhalt zu distanzieren.[417] 508

Bei der *neuen Rechtschreibung* ist zu differenzieren: 509

Die neue Schreibweise ist verbindlich in Schulen und in Behörden, in denen sie durch Dienstanweisung eingeführt wurde; im Übrigen haben wohl alle Behörden ihre Schreibprogramme umgestellt und die Zeugnisse werden dann automatisch in der neuen Schreibweise erstellt.

Außerhalb des öffentlichen Dienstes bestimmt allein der Arbeitgeber die (alte oder neue) Schreibweise.[418] Es wird gegenwärtig und in naher Zukunft niemand verlangen können, dass dort das Zeugnis in der neuen Schreibweise ausgefertigt bzw. „umgeschrieben“ wird. Denn

> „*allenfalls auf lange Sicht lässt sich vorstellen, dass einzelne Schreibweisen von neuen abgelöst werden, sofern sich diese im Schreibusus der Schreibgemeinschaft durchsetzen.*“[419]

Einzelne (alte) Schreibweisen müssten sich in der allgemeinen Auffassung als offensichtliche Fehler herausstellen, was zurzeit nicht annähernd der Fall ist.

Druckfehler

Ergeben sich Störungen beim Ausdrucken des Zeugnisses (der Ausdruck ist nicht einwandfrei, z.B. die Zeilen „verschwimmen“ und können sogar als un- 510

---

416 *ArbG Düsseldorf*, 19.12.1984, NZA 1985 S. 812 = NJW 1986 S. 1281 (mit lesenswertlustiger Begründung).

417 *LAG Frankfurt*, 21.10.2014 – 12 Ta 375/14.

418 *BVerfG*, 2.5.2006, NJW 2006 S. 2909 (Ls) = NVwZ 2006 S. 924.

419 *BVerfG*, 14.7.1998, NJW 1998 S. 2515 = NVwZ 1998 S. 946 (Ls).

saubere Unterstreichungen gewertet werden), so ist das Zeugnis neu auszustellen.[420]

f) Beschreibung in der 3. Person/Keine Briefform

511 Die Beschreibung ist in der dritten Person vorzusehen[421] – also

nicht: „*Sie waren tätig* …“, sondern: „*Er war tätig* …“;

nicht: „*Ihr Aufgabengebiet haben Sie* …“, sondern: „*Sein Aufgabengebiet hat er* …“.

512 Hieraus wird zugleich deutlich, dass das Zeugnis der Information Dritter dient, nicht als persönlich gerichtetes Dankschreiben. Das Zeugnis wird daher auch nicht in Briefform erstellt, es entfallen Anrede („*Sehr geehrter Herr* …“) und am Schluss: „*Mit freundlichen Grüßen*“.

g) Formulierung im Präsens?

513 „*Eine Formulierung des Zeugnisses im Präsens ist angesichts dessen, dass die vergangenen Leistungen und Tätigkeiten des Arbeitnehmers bewertet werden, nicht richtig. Das Präsens mag für ein Zwischenzeugnis angemessen sein, nicht jedoch für ein Endzeugnis.*“[422]

514 Richtig ist, dass die Beschreibung der Tätigkeit im Betrieb in der Vergangenheitsform erfolgt, dagegen sind persönliche Merkmale (z. B. Fachkenntnisse) im Präsens darzustellen – jedoch sollten nicht zu strenge Anforderungen gestellt werden, da der Zeugnisleser solchen sprachlich feinen Differenzierungen sicherlich wenig Beachtung schenken wird.

h) Textsprache

515 Die Textsprache ist *Deutsch*. Das gilt auch bei Ausländern, wenn deutsches Zeugnisrecht zur Anwendung kommt – ob der Arbeitnehmer der deutschen Sprache nicht oder nicht ausreichend mächtig ist, ob er also den Inhalt des Zeugnisses versteht oder nicht, ist gleichgültig.[423]

516 Ausnahmsweise ließe sich aus der Fürsorgepflicht der Anspruch auf die fremdsprachige Zeugnisausfertigung ableiten, wenn der Arbeitnehmer hierauf drin-

420 *LAG Kiel*, 19.4.2006 – 2 Ta 57/06.

421 *LAG Düsseldorf*, 23.5.1995, BB 1995 S. 2064 (Ls) = NZA-RR 1996 S. 42 = LAGE BGB § 630 Nr. 24.

422 *ArbG Offenbach*, 13.2.2013 – 10 Ca 152/12.

423 Hinsichtlich des Abschlusses eines Arbeitsvertrages mit Ausländern: *BAG*, 19.3.2014, BB 2014 S. 1907 (Ls) = DB 2014 S. 1623.

gend angewiesen ist, das Unternehmen eine Fremdsprachenabteilung hat und die Ausfertigung dem Arbeitgeber keine sonderlichen Kosten und Mühen bereitet.[424]

Aber: **517**

Die inhaltsgleiche Übersetzung eines qualifizierten Zeugnisses ist angesichts der Zeugnissprache und deren Eigenarten durchweg nicht möglich, diese Formulierungen mit ihren ziselierten Nuancen sind kaum übersetzbar – in solchen Fällen kann es statt dessen hilfreich sein, neben dem *einfachen* Zeugnis landesübliche Empfehlungsschreiben auszustellen.[425]

Besonderheiten bestehen für **518**

- *Auszubildende*: Gemäß § 37 Abs. 3 BBiG ist auf Antrag eine englisch- und französischsprachige Übersetzung des *Prüfungs*zeugnisses beizufügen; das gilt aber nicht für das Ausbildungszeugnis. Da das Prüfungszeugnis mit klaren Notenziffern versehen und nicht mit der Zeugnissprache belastet ist, wird die Übersetzung problemlos sein.
- *Seeleute*: Gemäß § 33 Abs. 1 SeeArbG ist die Dienstbescheinigung zwar in deutscher und englischer Sprache auszustellen, aber diese Bescheinigung enthält keine mit der Zeugnissprache belastete Beurteilung (siehe Rn. 18).

2. Weitere Formalien

a) Überschrift

Es ist selbstverständlich, dass das Zeugnis die Überschrift „Zeugnis" trägt.[426] Es **519** bestehen keine Bedenken, ein vorläufiges oder ein Zwischenzeugnis in der Überschrift als solches zu bezeichnen; es ist kein Grund ersichtlich, weshalb eine solche Erwähnung schädlich sein sollte.

Das Zeugnis muss außerdem die volle *Anschrift* des Arbeitgebers und den *Aus-* **520** *stellungsort* enthalten. Denn es muss aus der Urkunde selbst ablesbar sein, wer sie ausgestellt hat.

---

424 AR *(Kolbe)*, Rn. 22.

425 *Kursawe*, „Der Anspruch auf ein englischsprachiges Arbeitszeugnis", ArbRAktuell, 2010 S. 643.

426 *LAG Düsseldorf*, 23.5.1995, BB 1995 S. 2064 (Ls) = NZA-RR 1996 S. 42 = LAGE BGB § 630 Nr. 24.

b) Personalien

521 Vorweg ist festzuhalten: Das Zeugnis ist einerseits kein Ausweispapier und demnach sind nicht alle verfügbaren, persönlichen Daten aufzunehmen; andererseits ist eine hinreichende Individualisierung erforderlich, um es einer bestimmten Person zuordnen zu können (die Daten dienen auch dazu, Verwechslungen zu vermeiden).

522 • Arbeitnehmer sind mit „Herr", Arbeitnehmerinnen (ob verheiratet oder nicht) mit „Frau" zu titulieren. Das „Fräulein" (ist sicherlich „ausgestorben" und) wird nur auf Wunsch verwendet,[427] dann aber nicht abgekürzt („Frl."), was als unhöflich empfunden werden kann.

523 • Die Person des Arbeitnehmers ist mit Vor- und Nachnamen zu bezeichnen. Bei Verheirateten ist der jetzige Familienname maßgebend, frühere Nachnamen („geborene Müller" oder „verwitwete Maier") sind irrelevant. Die Namen müssen in richtiger Schreibweise angegeben werden.[428]

524 • Umstritten ist, ob das *Geburtsdatum* zu vermerken ist.[429] Dieses Datum dient zweifellos der sicheren Identifikation – es ist aber nicht ausgeschlossen, dass eine Benachteiligung konstruiert wird (siehe AGG), weil aus dem Geburtsdatum das *Alter* ableitbar ist, was jedoch in etwa aus der im Zeugnis zu attestierenden Dauer des Ausbildungs- oder Beschäftigungsverhältnisses und aus den übrigen Bewerbungsunterlagen ohnehin ablesbar ist.

Es bietet sich an, das Geburtsdatum stets zu vermerken, auf Wunsch des Arbeitnehmers aber wegzulassen. Das Wort „geboren" kann abgekürzt („geb.") werden.

Man kann nicht die Entscheidung davon abhängig machen, ob der Arbeitnehmer einen weit verbreiteten, sehr gebräuchlichen Nachnamen trägt und daher das Geburtsdatum zur sicheren Identifikation nützlich wäre,[430] denn es nicht Aufgabe des Arbeitgebers ist zu entscheiden, ob ein solcher Name vorliegt.

525 • Der *Geburtsort* des Arbeitnehmers gehört hier nicht zu den Personalien, wird aber auf dessen Wunsch erwähnt.[431] In einer Arbeitszeugnis-Studie[432]

---

427 *LAG Hamm*, 2.5.1991 – 4 Sa 156/91.

428 *LAG Frankfurt*, 23.9.2008 – 12 Ta 250/08.

429 Bejahend: ErfK *(Müller-Glöge)*, Rn. 13; MünchArbR *(Wank)*, Rn. 13. Verneinend: ArbR-BGB *(Eisemann)*, Rn. 29. Nur auf Wunsch zu erwähnen: Schaub *(Linck)*, Rn. 18; Staudinger *(Preis)*, Rn. 30.

430 So aber Landmann/Rohmer *(Neumann)*, Rn. 14.

431 *LAG Kiel*, 10.1.2012 – 6 Ta 3/12.

432 *Sende/Galais/Dahl* „Zwischen Wahrheit und Wohlwollen", Zeitschrift „Personalwirtschaft", (2011 Heft 7 S. 35), unter Hinweis auf die Studie des Lehrstuhls für Wirtschafts-

wurde festgestellt, dass in fast 42 % der untersuchten Zeugnisse der Geburtsort erwähnt ist – dieser hohe Prozentsatz überrascht, wobei allerdings unklar ist, ob die Arbeitnehmer diese Erwähnung vielleicht sogar gewünscht haben.

- Die *Anschrift des Arbeitnehmers* darf nur auf dessen Wunsch vermerkt werden. **526**

Die *Religionszugehörigkeit* gehört nicht in das Zeugnis (auch ungeeignet zur Identifizierung)[433] – bei einer kirchlichen Einrichtung darf die Konfession jedoch auch ohne ausdrücklichen Wunsch angegeben werden.[434] **527**

- Bei *Titeln* gilt Folgendes: **528**
  - Betriebliche Titel (z. B. Betriebsdirektor, Oberingenieur) können, aber müssen nicht verwendet werden, wenn es sich um endgültige Zeugnisse handelt, da solche Hervorhebungen oder Auszeichnungen mit dem Ausscheiden ihre Berechtigung verlieren (sie gehören nicht zu den Personalien, sondern eher zur Leistungsbeurteilung).
  - Titel aus *früheren* Beschäftigungsverhältnissen, die jetzt nicht Gegenstand des Zeugnisses sind, bleiben unberücksichtigt (scheidet z. B. ein ehemaliger Bürgermeister aus einer Versicherungsgesellschaft aus, so besteht kein Anspruch auf „Bürgermeister a. D.“).
  - Akademische Grade, z. B. Doktor- und Professorentitel, sind anzuführen, obwohl sie keine Namensbestandteile sind (der Doktortitel dient auch nicht als Berufsbezeichnung).[435] Sie begleiten aber den Inhaber losgelöst von Beschäftigungsverhältnissen, interessieren künftige Arbeitgeber, und deren Erwähnung entspricht den üblichen Umgangsformen, deren Weglassen kann als plumper Hinweis auf mangelnde Leistung aufgefasst werden. **529**

    Der Titel ist auch dann im Zeugnis zu erwähnen, wenn der Arbeitnehmer ihn im bisherigen Arbeitsverhältnis nicht geführt hatte.[436]
  - Akademische Titel können in der üblichen Abkürzung geschrieben werden, also z. B. statt „Diplom-Ingenieur“ = „Dipl.-Ing.“; nicht möglich ist **530**

---

und Sozialpsychologie der Friedrich-Alexander Universität Erlangen-Nürnberg (Stand: Mai 2011).

433 ArbR-BGB *(Eisemann)*, Rn. 29; Schaub *(Linck)*, Rn. 18. A. A. *LAG Hamm*, 27.2.1997, NZA-RR 1998 S. 151.

434 ErfK *(Müller-Glöge)*, Rn. 13.

435 *BGH*, 19.12.1962, NJW 1963 S. 581; *Zimmerling*, „Anspruch auf Anrede mit dem Doktorgrad“, MDR 1997 S. 224.

436 *LAG Frankfurt*, 20.3.2013 – 6 Sa 975/12.

dagegen die unübliche Abkürzung „Dipl.-Vw.“ anstatt „Diplom-Volkswirt“.[437]

531 – Titel sind *korrekt* anzugeben, so wie es in der Verleihungsurkunde steht (soweit es dem Arbeitgeber bekannt ist). Wurde ein Titel von einer Fachhochschule verliehen, so ist in Klammern „FH“ anzufügen, sofern es das Hochschulgesetz vorschreibt – falls „FH“ nicht in der offiziellen Urkunde enthalten ist, so kann der Arbeitgeber es dennoch vermerken, wenn er mit dem Zusatz „FH“ die *praxisbezogene* Ausbildung herausstellen will.[438]

Bei den Titeln „Bachelor of...“ oder „Master of...“ wird kein Hinweis auf die Bildungseinrichtung (Universität oder Fachhochschule) angefügt.

Zur Frage der Diskriminierung wegen der Angabe der Personalien siehe Rn. 55.

c) Datum der Ausstellung

532 Zu den ungeschriebenen Bestandteilen eines Zeugnisses (wie bei jeder Urkunde vergleichbarer Bedeutung) gehört das *Datum der Ausstellung*,[439] und zwar das *genaue* Datum (mit dem genauen Tag), also nicht z. B. „*im Juni*“.

533 Die Schreibweise des Datums ist nicht vorgeschrieben und dem Aussteller überlassen; so kann er den Monat ausschreiben oder als Zahl anführen („31. Dezember (Jahreszahl)“ oder „31.12.(Jahreszahl)“). Ungewöhnlich, wenn auch nicht unzulässig, kann man gemäß DIN 5008 in umgekehrter Reihenfolge mit dem Jahr beginnen, dann den Monat und schließlich den Tag kennzeichnen, z. B. „(Jahreszahl)-12-31“.

534 Da das Zeugnis hinsichtlich der Wahrheitspflicht nicht in verschiedene Teile aufgespalten werden kann, unterliegt auch das Ausstellungsdatum der Wahrheitspflicht und ist keiner Vereinbarung zwischen Arbeitgeber und Arbeitnehmer zugänglich.[440]

Es ist im redlichen Geschäftsverkehr auch üblich, schriftliche Erklärungen unter dem richtigen Datum auszustellen, also dem Datum, an dem sie abgegeben werden.[441] Der Arbeitnehmer kann z. B. keine *Rückdatierung*[442] und auch keine

---

437 *ArbG Siegburg*, 27.6.1990 – 2 Ca 1676/89.

438 *BAG*, 8.2.1984 (5 AZR 501/81), NZA 1984 S. 225 = MDR 1984 S. 873 = AP BGB § 611 (Persönlichkeitsrecht) Nr. 5.

439 *LAG Frankfurt*, 2.9.1997, MDR 1998 S. 544; *LAG Bremen*, 23.6.1989, BB 1989 S. 1825 = LAGE BGB § 630 Nr. 6.

440 A. A. Staudinger *(Preis)*, Rn. 29.

441 *BAG*, 9.9.1992, BB 1993 S. 729 = DB 1993 S. 644 = NZA 1993 S. 698 = AP BGB § 630 Nr. 19.

442 *LAG Bremen*, 23.6.1989, BB 1989 S. 1825 = LAGE BGB § 630 Nr. 6; Staudinger *(Preis)*, Rn. 29.

Vordatierung[443] verlangen. Beantragt also der Arbeitnehmer erst einige Zeit nach seinem Ausscheiden ein Zeugnis, oder wechselt er die Zeugnisart, so hat das Zeugnis das jetzige Ausstellungsdatum zu tragen.

Wird aber das bereits erteilte Zeugnis vom Arbeitgeber inhaltlich geändert (berichtigt), so trägt das berichtigte Zeugnis das Datum des ursprünglich und erstmals erteilten Zeugnisses, und zwar unabhängig davon, ob der Arbeitgeber die Berichtigung von sich aus vornimmt oder ob er hierzu gerichtlich verurteilt bzw. durch Prozessvergleich angehalten wurde; denn auch bei inhaltlichen Berichtigungen handelt es sich immer noch um das „alte" Zeugnis.[444] Es ist also nicht zulässig, dass ein berichtigtes Zeugnis z. B. das Datum des gerichtlichen Urteils trägt, durch welches der Arbeitgeber zur Berichtigung verurteilt worden ist.[445] **535**

Zu berücksichtigen ist auch: **536**

Fallen das Ausstellungsdatum und der Tag der Beendigung des Beschäftigungsverhältnisses etwa um Monate auseinander, so liegt die Vermutung nahe, dass Streitigkeiten mit dem früheren Arbeitgeber vorlagen, was für den Arbeitnehmer bei seiner Bewerbung nachteilig sein könnte (siehe hierzu Rn. 385). Genauso nachteilig wäre es, wenn das Datum *vor* Beendigung des Beschäftigungsverhältnisses liegen würde, da es auf eine Freistellung schließen lässt.

Eine Datendiskrepanz zwischen Austrittsdatum und Ausstellungsdatum liegt vor, wenn der Arbeitgeber das Zeugnis länger als 1 bis 2 Monate verzögert – dann erhält das Zeugnis das Datum, das innerhalb angemessener Frist (2–3 Wochen) nach Beendigung des Arbeitsverhältnisses liegt.[446] **537**

Die Datenwahrheit wird also durch das Wohlwollen modifiziert, wenn eine Datendiskrepanz geschaffen wurde, die ausschließlich der Arbeitgeber zu vertreten hatte. Denn **538**

> *„es ist nicht einzusehen, weshalb ein Arbeitnehmer nur deshalb der Gefahr ausgesetzt sein soll, das Nachsehen zu haben, weil sein Arbeitgeber seiner Verpflichtung zur Zeugniserteilung erst so spät nachgekommen ist"*.[447]

Das hat nichts mit (unzulässiger) Rückdatierung zu tun, sondern gleicht die vom Arbeitgeber verschuldete Verzögerung der Zeugniserteilung aus.

---

443 ErfK *(Müller-Glöge)*, Rn. 12.

444 *BAG*, 9.9.1992, BB 1993 S. 729 = DB 1993 S. 644 = NZA 1993 S. 698 = AP BGB § 630 Nr. 19; *LAG Hamm*, 20.6.2006 – 19 Sa 135/06.

445 *ArbG Karlsruhe*, 19.9.1985, BB 1986 S. 461 = NZA 1986 S. 169.

446 *LAG Frankfurt*, 12.3.1982 – 6 Sa 1130/81.

447 *ArbG Karlsruhe*, 19.9.1985, BB 1986 S. 461 = NZA 1986 S. 169.

539 Es ist des Weiteren nicht zulässig, auf einem zunächst undatierten Zeugnis nachträglich das Datum zu setzen, wenn es ohne Weiteres erkennbar ist; denn für den Außenstehenden würde es Rückschlüsse auf einen Rechtsstreit zulassen.[448]

540 Bei einer Ersatzausstellung wird selbstverständlich das frühere Datum wiederholt.

3. Die Unterschrift

a) Person des Unterzeichners[449]

541 Jedes Zeugnis bedarf der Unterschrift des Arbeitgebers oder dessen Vertreters. Die Person des Unterzeichnenden ist von erheblicher Bedeutung, sie gibt Arbeitgebern, denen das Zeugnis bei der Stellensuche vorgelegt wird, wichtige Hinweise. Denn diese Person sichert den Wert des Zeugnisses und das Vertrauen in die Richtigkeit insbesondere der Beurteilung im qualifizierenden Teil des Zeugnisses, verleiht ihm das nötige Gewicht und die Glaubwürdigkeit, dokumentiert die Verantwortung und gibt Auskunft über die Wertschätzung des Arbeitnehmers – man achtet auf den „Resonanzboden" des Unterzeichnenden.

542 Um diesen „Resonanzboden" zu erreichen, ist erforderlich, dass der Unterzeichner im Rang *höher* steht, dem Zeugnisempfänger übergeordnet ist (= *Ranghöhe*) – zusätzlich muss das Fachwissen für die Beurteilung sichtbar werden (= *Fachkompetenz*).

543 Beim *einfachen* Zeugnis, bei dem es nicht um die Beurteilung, sondern nur um die Zusammenstellung der Fakten geht, ist die Fachkompetenz unerheblich, aber es muss auch hierbei ein Ranghöherer unterzeichnen, um dieser Zeugnisart die nötige Bedeutung beizumessen.

544 Im Übrigen ist es unerheblich, wer den Zeugnistext formuliert, wer das Zeugnis unterschriftsreif gefertigt hat – das können auch nachgeordnete Mitarbeiter sein. Entscheidend ist nur die Person des *Unterzeichners*, der den Text sodann zu verantworten hat.

aa) Unterzeichnung durch die Firmenleitung

545 Wenn die Firmenleitung (im öffentlichen Dienst: der Leiter der Behörde oder deren gesetzliches Vertretungsorgan) unterzeichnet, so ist der „Resonanzboden" problemlos. Denn die Firmen- (oder Behörden-)„Spitze" kann ja in der

---

448 *LAG Bremen*, 23.6.1989, BB 1989 S. 1825 = LAGE BGB § 630 Nr. 6.

449 Grundlegend: *BAG*, 4.10.2005, BB 2006 S. 1166 = DB 2006 S. 792 (Ls) = NZA 2006 S. 436 = AP BGB § 630 Nr. 32 (mit Anm. von *Schleßmann*); Schaub *(Linck)*, Rn. 3; Staudinger *(Preis)*, Rn. 22.

Hierarchie nicht mehr übertroffen werden, und – was die Fachkompetenz betrifft – kann die „Spitze" je nach Größe des Betriebes zwar häufig nicht aufgrund eigener Zusammenarbeit selbstständig die Beurteilung vornehmen, sondern bedarf der Hilfe durch Beurteilungsbeiträge anderer,[450] aber die mangelnde eigene fachliche Beurteilung wird durch die diesem Personenkreis übertragene Vertretungsbefugnis *kompensiert*.[451]

bb) Unterzeichnung durch den Vertreter

Der Arbeitgeber kann auch einen *Vertreter* als Erfüllungsgehilfen beauftragen, das Zeugnis auszufertigen bzw. zu unterzeichnen. Es ist also nicht jeder Vorgesetzte zur Zeugnisausstellung befugt, sondern nur der hierzu Beauftragte. **546**

Die Unterschriftsbefugnis kann der Arbeitgeber nicht beliebig *delegieren*, denn bei den Unterzeichnern müssen die Überordnung und die Fachkompetenz nachgewiesen sein.

Sonderfall: Kleiner Betrieb **547**

Die Delegation der Zeichnungsbefugnis ist unwirksam etwa im Handwerksbetrieb, in dem die Beurteilung nur vom Firmenchef selbst vorgenommen werden kann (weil sonst kein Vorgesetzter vorhanden ist), dann hat er auch das Zeugnis zu unterzeichnen und nicht andere Personen, die sonst für Personal- und Verwaltungstätigkeit zuständig sind;[452] denn es bestehen schon erhebliche Zweifel an der Überordnung eines solchen Unterzeichners, und ist der Firmenchef zugleich der „Fachvorgesetzte", also keine Instanz dazwischengeschaltet, dann muss auch der Chef unterzeichnen.

Zur Ranghöhe **548**

- Die Ranghöhe muss sich direkt aus dem Zeugnis ergeben, nicht aus anderen Dokumenten wie etwa aus dem Handelsregister.[453]
- Mangels Rangverhältnisses scheiden für die Zeugnisfertigung alle *unternehmensfremde* Personen aus, wie z. B. freiberufliche Rechtsanwälte (siehe hierzu auch Rn. 429).
- Für die Ermittlung der Ranghöhe ist unerheblich,

---

450 *BAG*, 16.10.2007 (9 AZR 248/07), DB 2008 S. 245 = NZA 2008 S. 298 = AP BGB § 630 Nr. 33.

451 *BAG*, 4.10.2005, BB 2006 S. 1166 = DB 2006 S. 792 (Ls) = NZA 2006 S. 436 = AP BGB § 630 Nr. 32 (mit Anm. von *Schleßmann*).

452 A. A. *LAG Kiel*, 23.6.2016 – 1 Ta 68/16: das Gericht akzeptierte, dass der Jura-studierende Sohn der Chefin einer kleinen Arztpraxis, der als „Personalleiter" fungierte, das Zwischenzeugnis einer medizinischen Fachangestellten allein unterzeichnete!

453 Küttner *(Poeche)*, Rn. 21.

- ob der Unterzeichner auch den Arbeitsvertrag unterschrieben hatte; denn beide Urkunden haben unterschiedliche Funktionen (der Arbeitsvertrag regelt ausschließlich das Rechtsverhältnis von Arbeitgeber und Arbeitnehmer untereinander, das Zeugnis dient dagegen der Information Außenstehender), oder
- ob in einer *Geschäftsordnung* ein ranggleicher Mitarbeiter mit der Unterzeichnung beauftragt wird; denn eine (ohnehin nur intern bedeutsame) Geschäftsordnung kann nicht die Abweichung vom gesetzlichen Zeugnisrecht rechtfertigen. Wer daher lediglich *betriebsintern* ranghöher eingeordnet ist, kann das Zeugnis nicht wirksam unterzeichnen.[454]

- Ein gleich- oder untergeordneter Unterzeichner erweckt den Anschein eines Gefälligkeitszeugnisses bzw. vermittelt den Eindruck der Geringschätzung und Missachtung.
- Sofern das Zeugnis durch zwei Personen unterzeichnet wird, muss der eine ranghöher und der zweite mindestens gleich geordnet sein;[455] es darf also niemals eine nachgeordnete Person unterschreiben.
- Ist der Arbeitnehmer mehreren Personen unterstellt (etwa Abteilungsleiter, Referatsleiter, Sachgebietsleiter), so kann er für die Unterzeichnung nicht zwischen ihnen auswählen, er bestimmt nicht die Person. Für die korrekte Unterzeichnung genügt der unmittelbar Übergeordnete (sofern er zeichnungsberechtigt ist).
- Es besteht kein Anspruch darauf, dass der 2 Stufen höher stehende Geschäftsführer (anstelle des 1 Stufe höher stehenden Fachvorgesetzten) unterzeichnet; dies gilt auch dann, wenn dieser Geschäftsführer das zunächst erteilte Zeugnis unterschrieben hatte, das Zeugnis aber später neu gefasst und nun nicht mehr von ihm unterzeichnet wurde, sondern vom Fachvorgesetzten.[456]
- Der Arbeitnehmer kann nicht verlangen, dass der Unterzeichner eines vorläufigen Zeugnisses oder Zwischenzeugnisses auch das Endzeugnis unterschreibt, sie müssen nicht identisch sein (sofern nur die Ranghöhe stimmt). Ebenso muss nicht derjenige, der ein früheres Zwischenzeugnis unterzeichnet hatte, auch das spätere Zwischenzeugnis unterzeichnen.

---

454 Schaub *(Linck)*, Rn. 3.
455 ErfK *(Müller-Glöge)*, Rn. 3.
456 *ArbG Hannover*, 31.7.2003 – 6 Ca 140/03.

- Der Arbeitnehmer muss das Endzeugnis, das nicht von einem Höherrangigen unterzeichnet wurde, nicht deshalb akzeptieren, weil er das in gleicher Weise mangelhafte Zwischenzeugnis nicht beanstandet hatte.[457]
- Die Unterzeichnung durch den *früheren* (inzwischen aber ausgeschiedenen) Vorgesetzten reicht nicht aus, es muss der im Zeitpunkt der Zeugniserteilung „aktive" Chef sein.
- Der Dr.-Titel kann bei einem Zeugnis für einen Nicht-Akademiker Hinweis geben für die Ranghöhe, aber die Vertreterstellung muss im Zeugnis genannt sein, wenn weder der Arbeitgeber, noch der Geschäftsführer einer Gesellschaft unterzeichnet.[458]
- Erhebt der Arbeitnehmer gegen den Unterzeichner zu Recht erhebliche Vorwürfe und ist es für ihn unzumutbar, sich in Zukunft stets gestützt auf den Namen dieser Person bewerben zu müssen, so kann er gemäß § 242 BGB verlangen, dass ein Anderer (sofern vorhanden) das Zeugnis unterschreibt.
- Im *öffentlichen* Dienst gelten dieselben Grundsätze; die hierarchische Überordnung ist besonders plastisch bei Beamten durch die Verleihung von Amtsbezeichnungen, aus denen die zugehörige Beamtengruppe und „Ranghöhe" ablesbar sind.

Zur Fachkompetenz **549**

- Es ist nicht zweckmäßig, die Zeugniserteilung allein vom *Fachvorgesetzten* vornehmen zu lassen; der Fachvorgesetzte liefert nur die Grundlagen der Beurteilung, und je nachdem, ob er sehr hohe oder lasche Anforderungen stellt, muss dies im Interesse gleichmäßiger Zeugnisabfassung „ausgeglichen" werden. Ein Zeugnis allein durch den Fachvorgesetzten käme auch in die Nähe eines nicht dem Arbeitgeber zurechenbaren Referenzzeugnisses (siehe hierzu Rn. 9 ff.).
- Die zentrale Ausstellung des Zeugnisses allein durch die *Personalabteilung* ist eine Möglichkeit. Denn zu deren Aufgabe gehört es, sich mit dem Zeugnisrecht, der Zeugnissprache und der Formulierungspraxis vertraut zu machen; dadurch wird am ehesten gewährleistet, dass das Zeugnis ordnungsgemäß und nach objektiven Grundsätzen abgefasst, in Form und Formulierung in vergleichbaren Fällen einheitlich gestaltet und damit auch zu einer Visitenkarte des Arbeitgebers wird.

  Der „Personaler" kann nicht aus eigener Kenntnis Personen in anderen, etwa

---

457 *BAG*, 26.6.2001, BB 2001 S. 1481 = DB 2001 S. 2450 = NZA 2002 S. 34 = AP BGB § 630 Nr. 27.

458 *LAG Frankfurt*, 30.11.2014 – 12 Ta 486/14.

in technischen oder kaufmännischen Bereichen beurteilen, und er ist daher auf die Information des jeweiligen Fachvorgesetzten angewiesen, dort muss er sich gewissermaßen die „Fachkompetenz abholen" – das ist bekannt und üblich, er könnte sodann das Zeugnis auch allein unterzeichnen.

- Aber folgende Empfehlung:

550 Ist das Zeugnis nicht von der Firmen- bzw. Behördenleitung oder dessen gesetzlichem Vertretungsorgan auszufertigen, so sollte es von der Personalabteilung *gemeinsam* mit dem Fachvorgesetzten unterschrieben werden – bei beiden Unterschriften kumulieren Fachkompetenz, Ranghöhe und Qualität der Zeugnisfertigung, sie erhöhen damit die Glaubwürdigkeit des Zeugnisses.[459]

cc) Beispiele zur Person des Unterzeichners

551
- Je nach der Stellung des betreffenden Arbeitnehmers in der betrieblichen Hierarchie und je nach den Vollmachten des Unterzeichners kann zeichnungsbefugt entweder ein Organmitglied oder ein Personalleiter mit Prokura oder Handlungsvollmacht oder ein Personalabteilungsleiter, ein Betriebs- oder Werksleiter sein.
- Gab es *mehrere* Fachvorgesetzte während der Dauer der Betriebszugehörigkeit, so unterzeichnet (nur) der jetzige.
- Beim *Organmitglied* ist derjenige zur Unterschrift verpflichtet, der den Anstellungsvertrag unterschrieben hatte bzw. im Laufe des Dienstverhältnisses an dessen Stelle getreten ist, durchweg also der Vorsitzende des Aufsichtsrats oder sein Stellvertreter;
- beim *leitenden Angestellten*, der dem Vorstand unmittelbar unterstellt war, muss das Zeugnis vom Vorstandsvorsitzenden unterzeichnet sein;
- wer der „Geschäftsleitung" unterstellt war, kann nicht verlangen, dass ein Geschäfts*führer* unterzeichnet; es genügt die Unterschrift des Prokuristen, wenn er zur Geschäftsleitung zählt;[460]
- beim Lehrer eines (Weiterbildungs-)Vereins muss ein Mitglied des Vorstands unterschreiben;[461]

---

459 *Boecken*, in: Hümmerich/Boecken/Düwell, „AnwaltKommentar Arbeitsrecht", (Band 2, 2. Auflage 2010, Bonn), § 109 GewO, Rn. 24.

460 *BAG*, 26.6.2001, BB 2001 S. 1481 = DB 2001 S. 2450 = NZA 2002 S. 34 = AP BGB § 630 Nr. 27.

461 *LAG Köln*, 14.7.1994, NZA 1995 S. 685 (Ls) = MDR 1995 S. 612.

- tarifvertraglich kann die Person des Zeugnisausstellers genau festgelegt sein; z. B. ist in der Sonderregelung zum TV-L für *Ärzte* bei § 35 folgender Absatz 5 angefügt:

  „*Das Zeugnis wird vom leitenden Arzt und vom Arbeitgeber ausgestellt.*"

  Also: Unterzeichnung durch den Chefarzt[462] und durch den Geschäftsführer des Krankenhausträgers;[463]
- beim *Redakteur* einer fachwissenschaftlichen Zeitschrift reicht die alleinige Unterzeichnung durch den Verlagsgeschäftsführer aus, nicht nötig ist die Unterzeichnung zusätzlich noch durch den Schriftleiter.[464]

  Zum Zeugnismuster für einen Zeitungsredakteur siehe Rn. 924.

b) Die Unterzeichnung[465]

- Die Unterschrift muss eigenhändig = handschriftlich geleistet werden (analog § 126 BGB). Maschinenschrift, Unterschriftsautomat, Stempel (Faksimile), eine kopierte, elektronisch erzeugte (eingescannte) Unterschrift oder Ähnliches genügen nicht.[466] **552**
- Da heute in allen Bereichen des Geschäftslebens Schreibautomaten und Kopierer verwendet werden, ist es zulässig, eine *Kopie* des Zeugnisses als Original zu benutzen, allerdings mit der Original-Unterschrift.[467] **553**
- Wenn das Zeugnis nicht vom Arbeitgeber selbst, sondern von einem Vertreter ausgestellt wird, so muss der Vertreter mit seinem eigenen Namen unterschreiben, nicht mit dem Namen des Arbeitgebers.[468] Das Vertretungsver- **554**

---

462 Siehe hierzu *LAG Frankfurt*, 6.2.2015 – 3 Sa 266/14.

463 *LAG Hamm*, 21.12.1993, BB 1995 S. 154 (Ls).

464 *LAG Hamm*, 14.1.2010 – 8 Sa 1132/09.

465 Das *BAG* (9.12.2008, BB 2009 S. 1536 = DB 2009 S. 1357 = NZA 2009 S. 627) führt zur Unterzeichnung aus:
„*Sie soll vor Übereilung bei der Abgabe der Erklärung schützen (Warnfunktion), den Aussteller der Urkunde erkennbar machen (Identitätsfunktion), sicherstellen, dass die Erklärung von diesem stammt (Echtheitsfunktion) und garantieren, dass die Erklärung inhaltlich abgeschlossen ist (Vollständigkeitsfunktion).*"

466 *LAG Hamm*, 28.3.2000, NZA 2001 S. 576 (Ls) = MDR 2000 S. 1198 (Ls).

467 *LAG Hamm*, 21.12.1993, BB 1995 S. 154 (Ls); *LAG Bremen*, 23.6.1989, BB 1989 S. 1825 = LAGE BGB § 630 Nr. 6.

468 *BAG*, 21.9.1999, BB 2000 S. 411 = DB 2000 S. 282 = NZA 2000 S. 257 = AP BGB § 630 Nr. 23.

hältnis ist ausdrücklich zu nennen („i. V.“) und die Funktion kenntlich zu machen.[469]

Ist aber der Name des Unterzeichners im Zeugnis genannt, so kann in diesem Fall nicht ein Dritter „in Vertretung“ unterschreiben.[470] Der als Unterzeichner Genannte muss also mit seinem eigenen Namen unterschreiben (es gibt nur eine Vertretung in der Funktion, nicht im Namen).

555 • Der Zusatz „*im Auftrag*“ sollte vermieden werden,[471] denn für Außenstehende kann „i. A.“ so verstanden werden, dass der Unterzeichnende nicht als bevollmächtigter Vertreter handelt, sondern als Bote einer fremden Erklärung auftritt (eine Botenhandlung genügt nicht für die Erfüllung der Schriftform[472]). Im *öffentlichen* Dienst ist es allerdings bei einer Vertreterhandlung nicht unüblich, diesen Zusatz zu verwenden.[473]

556 • Die Unterzeichnung muss in der Weise erfolgen, wie der Unterzeichner im Übrigen wichtige, betriebliche oder dienstliche Dokumente unterschreibt; er darf im Zeugnis keine Unterzeichnung wählen, die hiervon abweicht.

Eine anders modellierte Unterzeichnung lässt den Schluss zu, dass dem Zeugnis keine sonderliche Bedeutung beigemessen wird, bzw. dass das Zeugnis anders zu lesen ist, als dem Wortlaut zu entnommen werden kann. Das gilt auch für Schriftzüge, die „*ungeübt, nicht flüssig oder schülerhaft wirken.*“[474]

Die Unterschrift muss nicht genau lesbar sein, aber sich als Wiedergabe eines Namens darstellen und die Absicht einer vollen Unterschriftsleistung erkennen lassen – so kann auch ein vereinfachter, von einem starken Abschleifungsprozess gekennzeichneter Namenszug als Unterschrift anzuerkennen sein.[475] Besteht keine Klarheit über die Person des Unterzeichners, so ist der Name maschinengeschrieben zu wiederholen.[476]

---

469 *BAG*, 4.10.2005, BB 2006 S. 1166 = DB 2006 S. 792 (Ls) = NZA 2006 S. 436 = AP BGB § 630 Nr. 32 (mit Anm. von *Schleßmann*), sowie vom 26.6.2001, BB 2001 S. 1481 = DB 2001 S. 2450 = NZA 2002 S. 34 = AP BGB § 630 Nr. 27.

470 *ArbG München*, 18.8.2010, ArbRB 2010 S. 302.

471 *BAG*, 12.4.2017 (7 AZR 446/15), ArbRAktuell 2017 S. 391.

472 *ArbG Hamburg*, 8.12.2006 – 27 Ca 21/06; *ArbG Saarlouis*, 15.2.2005 – 1 Ca 1355/04.

473 *BAG*, 4.10.2005, BB 2006 S. 1166 = DB 2006 S. 792 (Ls) = NZA 2006 S. 436 = AP BGB § 630 Nr. 32.

474 *BAG*, 21.9.1999, BB 2000 S. 411 = DB 2000 S. 282 = NZA 2000 S. 257.

475 *BAG*, 25.2.2015, BB 2015 S. 1460 (Ls).

476 *LAG Düsseldorf*, 23.5.1995, BB 1995 S. 2064 (Ls) = NZA-RR 1996 S. 42 = LAGE BGB § 630 Nr. 24. A. A. ErfK *(Müller-Glöge)*, Rn. 10; Staudinger *(Preis)*, Rn. 25.

- Die Unterzeichnung ist unwirksam, falls die Unterschrift völlig überdimensioniert ist bzw. von der allgemein üblichen Gestaltung signifikant abweicht[477] (besteht nur aus extrem breiten Aufwärts- und Abwärtslinien), so erweckt sie unzulässiger Weise den Eindruck, der Unterzeichner distanziere sich von dem Zeugnisinhalt bzw. es fehle an der Ernsthaftigkeit des Textes.[478] **557**
- Wer im üblichen Geschäftsverkehr die Unterschrift in absonderlicher Weise unter Verwendung eines lachenden Smileys leistet und das Zeugnis mit einem Smiley mit heruntergezogenen Mundwinkeln versieht, muss dieses Emoticon ändern.[479] **558**
- Ist das Schriftzeichen für Dritte *unbekannt oder unverständlich*, dann ist die Unterschrift als *Handzeichen* zu werten.[480] Und das Abzeichnen mit einem Handzeichen (*Paraphe*) reicht aber nicht aus für eine Unterschrift[481] (§ 126 Abs. 1 BGB – 1. Alternative), sie mag bei einem Entwurf üblich sein, nicht aber bei dem endgültigen Dokument. **559**
  Das *BAG* führt hierzu aus:[482]

  > „*Die Unterschrift muss ein Schriftbild aufweisen, das individuell und einmalig ist, entsprechende charakteristische Merkmale hat und sich so als eine die Identität des Unterzeichnenden ausreichend kennzeichnende Unterschrift des Namens darstellt, die von einem Dritten nicht ohne weiteres nachgeahmt werden kann.*
  >
  > *Hierbei ist nicht erforderlich, dass die Unterschrift lesbar ist oder auch nur einzelne Buchstaben zweifelsfrei erkennbar sind. Es genügt vielmehr, dass ein Dritter, der den Namen des Unterzeichnenden kennt, diesen Namen aus dem Schriftzug noch herauslesen kann. Vereinfachungen, Undeutlichkeiten und Verstümmelungen schaden nichts. Es muss sich aber vom äußeren Erscheinungsbild her um einen Schriftzug handeln, der erkennen lässt, dass der Unterzeichner seinen vollen Namen und nicht nur eine Abkürzung hat niederschreiben wollen.*
  >
  > *Die Unterschrift muss also sichtbar werden lassen, dass es sich um eine endgültige Erklärung und nicht nur um das Abzeichnen eines Entwurfs mit einer so genannten Paraphe handelt.*“

---

477 *LAG Hamm*, 27.7.2016 (4 Ta 118/16), ArbRB 2016 S. 363.

478 *LAG Nürnberg*, 29.7.2005, BB 2006 S. 276 (Ls) = DB 2005 S. 2476.

479 *ArbG Kiel*, 18.4.2013 – 5 Ca 80b/13.

480 *LAG Hamm*, 27.7.2016 (4 Ta 118/16), ArbRB 2016 S. 363.

481 *LAG Hamm*, 28.3.2000, NZA 2001 S. 576 (Ls) = MDR 2000 S. 1198 (Ls); Staudinger *(Preis)*, Rn. 25.

482 *BAG*, 27.3.1996, BB 1997 S. 947; siehe auch *BAG*, 24.1.2008, BB 2008 S. 1068 (Ls) = DB 2008 S. 1217 = NZA 2008 S. 521 = AuR 2008 S. 104.

560 *Ausnahme:*

Wird ein Handzeichen eigenhändig angebracht, dann kann es die Unterschrift ersetzen, falls das Handzeichen notariell beglaubigt wurde (126 Abs. 1 BGB – 2. Alternative), und diese Beglaubigung auf dem Zeugnis vermerkt ist.

561 • Es genügt nicht, das Zeugnis mit dem Vermerk „gesehen" abzuzeichnen, da unklar ist, ob er auch die Verantwortung übernimmt.

562 • Die Unterschrift muss das Zeugnis räumlich abschließen, darf also nicht am Rand („Nebenschrift") oder über dem Zeugnis („Oberschrift") angebracht werden.

563 • Im öffentlichen Dienst wird üblicherweise noch das Dienstsiegel angebracht.

564 • Die Blanko-Unterschrift ist möglich, aber der Unterzeichner hat den später eingefügten Zeugnistext zu verantworten.

565 • Die Unterschrift hat mit Tinte,[483] Filz- oder Kugelschreiber (also mit dokumentenechtem Stift), nicht mit Bleistift zu erfolgen, da Änderungen durch Radieren möglich wären.

---

483 Die Verwendung von Tinte wurde bereits 1878 in der damaligen Reichsgewerbeordnung (§ 111) für Eintragungen im Arbeitsbuch vorgeschrieben.

X. Das vorläufige Zeugnis und das Zwischenzeugnis

- Wer faktisch aus dem Beschäftigungsverhältnis ausscheidet, erhält das *endgültige* Zeugnis. 566
- Wenn durch Kündigung oder Zeitablauf die *baldige Beendigung* des Beschäftigungsverhältnisses ansteht, der Arbeitnehmer aber weiterbeschäftigt wird und ein Zeugnis jetzt schon vor der Beendigung benötigt, etwa zur Vorlage bei anderen Arbeitgebern, dann handelt es sich um das *vorläufige* Zeugnis.
- Steht dagegen eine Beendigung überhaupt *nicht* bevor, so kann das *Zwischenzeugnis* aktuell sein.[484]

Diese besonderen Zeugnisarten (vorläufiges und Zwischenzeugnis) werden vom Gesetzgeber etwas stiefmütterlich behandelt; denn das vorläufige Zeugnis findet sich nur im Soldatengesetz, das Zwischenzeugnis nur im BBG – aber sie sind tarifvertraglich verankert (z.B. § 35 Abs. 2 und 3 TVöD bzw. TV-L). 567

Für das Zwischenzeugnis sind triftige Gründe nötig, die beim vorläufigen Zeugnis unerheblich sind. Beide Zeugnisarten scheiden aus, wenn das *endgültige* Zeugnis verlangt werden kann, sie sind subsidiär.[485] 568

Wird später das endgültige Zeugnis erteilt, so ist das vorläufige Zeugnis *nicht* zurückzugeben; eine Herausgabepflicht besteht nicht, ein rechtliches Interesse des Arbeitgebers an der Rückgabe ist nicht ersichtlich, wobei oft der sich bewerbende Arbeitnehmer das vorläufige Zeugnis nicht mehr besitzt (da er es seinen Bewerbungsunterlagen beigefügt hat) – anders, wenn etwa in einem Tarifvertrag die Rückgabe des Zeugnisses vorgesehen ist. Die Rückgabe entfällt natürlich erst recht bei einem früher einmal erteilten Zwischenzeugnis, das ja mit der jetzigen Beendigung nichts zu tun hat. 569

1. Das vorläufige Zeugnis

a) Bei Kündigung

Obwohl der Anspruch auf ein (endgültiges) Zeugnis bzw. die Zeugnispflicht mit dem Tag der tatsächlichen Beendigung des Beschäftigungsverhältnisses entsteht, ist anerkannt, dass der Arbeitnehmer mit dem Tag des Zugangs der *Kündigungserklärung* ein *vorläufiges* Zeugnis verlangen kann, um sich inner- 570

---

484 *BAG*, 1.10.1998, BB 1999 S. 903 = DB 1999 S. 1120 = NZA 1999 S. 894 = AP BAT § 61 Nr. 2 (mit Anm. von *Schleßmann*), sowie 21.1.1993, BB 1993 S. 2309 = DB 1993 S. 2134 = NZA 1993 S. 1031 = AP BAT § 61 Nr. 1.

485 *LAG Frankfurt*, 28.3.2003 – 12 SaGa 1744/02.

halb der Kündigungsfrist bei einem anderen Arbeitgeber bewerben zu können[486] (vgl. auch § 629 BGB); denn eine Bewerbung ist nur sinnvoll und Erfolg versprechend, wenn ein Zeugnis vorgelegt werden kann.

571 Kündigt eine der Vertragsparteien *vor* dem Zeitpunkt der gesetzlichen, tarifvertraglichen oder vereinbarten Frist oder wird überzeugend erklärt, dass mit einer Kündigung zum nächstmöglichen Termin gerechnet werden muss, so ist auf Antrag schon bei Bekanntgabe der Kündigungsabsicht ein vorläufiges Zeugnis ohne Verzögerung auszustellen; das Zeugnis ist zum frühestmöglichen Zeitpunkt zu geben und nicht etwa bis zum Beginn einer fiktiven, gesetzlichen Kündigungsfrist zuzuwarten.

Das Verlangen des *ungekündigten* Arbeitnehmers auf Ausstellung des End-Zeugnisses kann zwar nicht als Kündigungserklärung angesehen werden (da die Kündigung gemäß § 623 BGB der Schriftform bedarf), aber dieses ungewöhnliche Verhalten lässt Abschiedsabsichten erkennen und rechtfertigt zunächst ein *vorläufiges* Zeugnis; das Endzeugnis kommt erst beim tatsächlichen Ausscheiden aus dem Betrieb in Betracht.

Übrigens:

572 Das Zeugnisverlangen bedeutet keine Zustimmung zur Kündigung[487] bzw. wäre angesichts einer Kündigungsschutzklage auch nicht widersprüchlich (siehe Rn. 202).[488]

573 Der Charakter eines vorläufigen Zeugnisses ist in der Überschrift und im Inhalt zum Ausdruck zu bringen. Misstrauen wird bei Dritten dadurch nicht erregt, denn der am Zeugnis interessierte Dritte erfährt bei der ersten Kontaktaufnahme ohnehin, dass der Bewerber noch in fremden Diensten steht.

574 Zur Frage, ob und in welchem Maße die Formulierungen im vorläufigen Zeugnis auch im endgültigen Zeugnis zu berücksichtigen sind, wird auf die Ausführungen zum Zwischenzeugnis verwiesen (siehe Rn. 602).

Zum Muster für ein *vorläufiges Zeugnis* siehe Rn. 906.

b) Beim Zeitvertrag

575 Bei befristeten Arbeitsverhältnissen, die ohne Kündigung auslaufen, hat der Arbeitgeber (auf Antrag) grundsätzlich eine angemessene Zeit vor der Beendi-

---

486 *BAG*, 27.2.1987, BB 1987 S. 1816 (Ls) = DB 1987 S. 1845 = NZA 1987 S. 628 = AP BGB § 630 Nr. 16.

487 *BAG*, 15.7.1960, BB 1960 S. 983 = DB 1960 S. 878 = NJW 1960 S. 2118; Baumbach/Hopt *(Roth)*, Rn. 5.

488 *BAG*, 27.2.1987, BB 1987 S. 1816 = DB 1987 S. 1845 = NZA 1987 S. 628 = AP BGB § 630 Nr. 16; *LAG Frankfurt*, 28.3.2003 – 12 SaGa 1744/02; ErfK *(Müller-Glöge)*, Rn. 7.

gung der Tätigkeit ein vorläufiges Zeugnis zu geben. In der Regel ist das Zeugnis etwa 3 Monate vor dem Ende der befristeten Tätigkeit auszustellen.

So besteht ein Interesse am vorläufigen Zeugnis für denjenigen, der sich um ein anderes Engagement bemühen will, vor allem wenn feststeht, dass eine weitere Beschäftigung nicht in Frage kommt (z. B. bei Künstlern, die üblicherweise nur für eine Saison engagiert werden). **576**

Bei kurzfristiger Inanspruchnahme, z. B. für eine Urlaubsvertretung, wird ein vorläufiges Zeugnis zu anderweitiger Bewerbung wohl nicht in Frage kommen. In der Probezeit fehlt vor deren Ablauf der Maßstab zur Beurteilung; Praktikanten und Werkstudenten brauchen das Zeugnis kaum vor Ablauf ihrer Tätigkeit. **577**

2. Das Zwischenzeugnis

Steht *keine* Beendigung des Arbeitsverhältnisses an, so ist das Zwischenzeugnis im Anhalt an § 35 Abs. 2 TVöD/TV-L (früher: § 61 BAT) aus triftigen, berechtigten[489] Gründen als arbeitsvertragliche Nebenpflicht[490] bzw. aufgrund der Fürsorgepflicht anerkannt. **578**

Das Zwischenzeugnis setzt ein *ungekündigtes* Arbeitsverhältnis voraus.[491] **579**

Bezüglich Form und Inhalt gelten für das Zwischenzeugnis die gleichen Grundsätze wie für das Endzeugnis (zur Schlussformel beim Zwischenzeugnis siehe aber Rn. 403). **580**

Aus dieser Gleichstellung ergibt sich, dass das Zwischenzeugnis inhaltlich als einfaches oder auch als qualifiziertes verlangt werden kann.

Wie jedes Zeugnis hat auch das Zwischenzeugnis für den Arbeitnehmer Bedeutung, denn es erhält eine Analyse seiner Tätigkeit, die von hohem persönlichen Wert ist, sowie einen Maßstab, wie der Arbeitgeber ihn bewertet – was „*bei dem Begehren nach einem Zwischenzeugnis besonders deutlich wird.*“[492] **581**

489 Bei „berechtigtem Interesse“ = § 85 BBG.

490 Vgl. Staudinger *(Preis)*, Rn. 20.

491 *LAG Baden-Württemberg*, 8.7.2011 – 7 Sa 37/11.

492 *BAG*, 8.2.1972, BB 1972 S. 618 = DB 1972 S. 931 = AP BGB § 630 Nr. 7.

Übrigens:

582 Es ist nicht unwahrscheinlich, dass Zwischenzeugnisse wegen der weiterhin erwarteten gedeihlichen Zusammenarbeit und im Interesse eines Motivationsschubes stets positiver ausfallen als Endzeugnisse, aber es gibt keinen entsprechenden Erfahrungssatz.[493]

a) *Triftiger Grund*

583 Es müssen besondere „triftige" Gründe vorliegen, die das Interesse an Dokumentation bisheriger Leistung und Führung bei verständiger Betrachtung rechtfertigen; das Zwischenzeugnis muss geeignet sein, den mit ihm angestrebten Erfolg zu fördern, wobei aber nicht kleinlich vorgegangen werden soll.[494]

584 Die „triftigen Gründe" für die Ausstellung eines Zwischenzeugnisses liegen vor in folgenden Fällen (unter Einbeziehung der Aufzählung im *BAG*-Urteil vom 21.1.1993,[495] ohne dass sich das *BAG* allerdings alle Gründe zu eigen machte):

585
- Falls eine Dokumentation in Zeugnisform zur *Vorlage bei Dritten* aus nachvollziehbaren Gründen bestimmt ist (externer Anlass), abgeleitet aus der Fürsorgepflicht:
  - Bewerbung um eine neue Stelle (aus dem ungekündigten Beschäftigungsverhältnis heraus),
  - Vorlage bei Behörden, Gerichten,
  - anlässlich von Fort- oder Weiterbildungsmaßnahmen,
  - bei Stellung eines Kreditantrags (wobei hier oft das einfache Zeugnis oder eine schlichte Arbeitsbestätigung ausreicht).

586
- Falls Ereignisse eintreten, die strukturelle Veränderungen innerhalb des Betriebsgefüges oder eine berufliche Zäsur darstellen bzw. einen Abschnitt im Arbeitsleben abschließen (wie z.B. neue Aufgaben, neues berufliches Umfeld, längere Unterbrechungen), oder falls Betriebsänderungen geplant sind (interner Anlass), geschuldet als vertragliche Nebenpflicht:

587
  - Geplante längere *Arbeitsunterbrechungen* etwa ab 1 Jahr rechtfertigen ein Zwischenzeugnis:

---

493 *LAG Köln*, 8.7.1993, LAGE BGB § 630 Nr. 18.

494 *BAG*, 21.1.1993, BB 1993 S. 2309 = DB 1993 S. 2134 = NZA 1993 S. 1031 = AP BAT § 61 Nr. 1.

495 *BAG*, 21.1.1993, BB 1993 S. 2309 = DB 1993 S. 2134 = NZA 1993 S. 1031 = AP BAT § 61 Nr. 1.

Elternzeit (früher: Erziehungsurlaub[496]), Freiwilligendienst, Übernahme eines politischen Mandats oder einer Funktion als Arbeitnehmervertreter mit Freistellung.

Begründung:

Die Zeugniserteilung ist aus folgenden Gründen zweckmäßig:

Wenn nach langer Abwesenheit bzw. Freistellung das Arbeitsverhältnis beendet und nun ein qualifiziertes Endzeugnis verlangt wird, kann es ohne das Zwischenzeugnis schwierig werden, die zutreffende Beurteilung vorzunehmen über die weit zurückliegende Beschäftigungszeit. Ohne ein Zwischenzeugnis würde beim Ausscheiden eines langjährigen Mitarbeiters eine Beurteilungs-„Lücke" im späteren Endzeugnis entstehen, da nicht nur die Endphase der Beschäftigung, sondern die gesamte Beschäftigungsdauer zu erfassen ist, die Anfertigung einer sachlich richtigen Beurteilung könnte schwierig werden.

Ausnahme: **588**

Kein sachlicher Grund für ein Zwischenzeugnis liegt hingegen vor, wenn das Zeugnis nicht vor/bei Beginn einer längeren Unterbrechung, sondern erst *nach deren Ende* beantragt[497] und als Datum = *Beginn* der Unterbrechung verlangt wird (dann wäre nämlich die Unterbrechung nicht zu erwähnen). Nach Ende der Unterbrechung ist aber heute der sachliche Grund für das Zwischenzeugnis für die damalige Zeit entfallen!

Außerdem:

Wird „heute" ein Zeugnis beantragt, dann ist die Zeit bis „heute" zu berücksichtigen (also einschließlich der Unterbrechung) und das „heutige" Datum zu wählen. Andernfalls käme es zu einer unzulässigen Rückdatierung und das Zeugnis wäre für heutige Zwecke auch zu alt und unbrauchbar.

- Der *Wechsel des Vorgesetzten* (unabhängig davon, ob der bisherige aus dem **589** Betrieb ausscheidet oder dort verbleibt) ist der typische Anwendungsfall des Begriffs „triftiger Grund".[498] Ein besonderes Interesse am Zeugnis besteht natürlich dann, wenn der bisherige Vorgesetzte in der Branche einen „guten Namen" hat und im Zeugnis erwähnt wird.

Das qualifizierte Zwischenzeugnis kann nicht wiederholt verlangt werden in kurzen Abständen, wenn nicht ein ausreichender Beurteilungszeitraum von

496 *LAG Kiel*, 5.6.1991 – 3 Sa 71/91; Baumbach/Hopt *(Roth)*, Rn. 6.
497 *LAG Köln*, 30.8.2007 – 10 Sa 482/07.
498 *BAG*, 1.10.1998, BB 1999 S. 903 = DB 1999 S. 1120 = NZA 1999 S. 894 = AP BAT § 61 Nr. 2 (mit Anm. von *Schleßmann*).

etwa 6 Monaten eingehalten wird, der eine erneute Beurteilung ermöglicht; findet ein Vorgesetztenwechsel in kürzeren Abständen statt, scheidet das Zwischenzeugnis aus.

590 • Die *Versetzung* (etwa auch aufgrund einer Änderungskündigung) ist zumeist mit neuen Aufgaben, jedenfalls mit einer neuen Betriebsatmosphäre verbunden.

591 • Ein triftiger Grund ist für *leitende Angestellte* und Arbeitnehmer in *Vertrauensstellung* (nicht für andere Mitarbeiter) anzunehmen, wenn der bisherige Arbeitgeber *wegfällt* (wie bei *Insolvenzen*) oder wenn der Arbeitgeber *wechselt* (wie bei einer *Betriebsübergabe*[499]), sofern jeweils das Dienstverhältnis fortgesetzt wird.[500]

592 • Für *Führungskräfte* kommt das Zwischenzeugnis in Betracht bei wesentlichen betrieblichen Umstrukturierungen (z. B. aufgrund des Umwandlungsgesetzes, bei völliger Umgestaltung der Gesellschaftsorgane).

593 • *Statusänderungen* rechtfertigen angesichts der beruflichen Zäsur die Erteilung eines Zwischenzeugnisses: z. B. ein Arbeitnehmer wird zum leitenden Angestellten oder zum Organmitglied, etwa zum Geschäftsführer einer GmbH ernannt (im letzteren Fall ist es unabhängig davon, ob ein zuvor mit der GmbH bestehendes Arbeitsverhältnis durch die Ernennung beendet wird oder nicht).

• Bei Betriebsänderungen kann im Sozialplan die unverzügliche Erteilung eines Zwischenzeugnisses vorgesehen werden.

594 • Beschäftigte des *öffentlichen Dienstes* können tarifrechtlich „aus triftigen Gründen" ein Zwischenzeugnis verlangen, z. B. im Falle der Übernahme ins Beamtenverhältnis bzw. im Falle der Auflösung oder Zusammenlegung der Behörde oder Verwaltung mit einer anderen.

595 Während die anderen Zeugnisarten ohne *Begründung* verlangt werden können (siehe Rn. 140), hat der Arbeitnehmer für das Zwischenzeugnis das Vorliegen dieser triftigen Gründe darzulegen – allerdings wird das offensichtlich nicht so ernst genommen, denn es zeigt sich, dass überwiegend *kein* „triftiger" Grund angegeben wurde, als das Zwischenzeugnis verlangt (und erteilt) wurde.

---

499 AR *(Kolbe)*, Rn. 12.

500 *BAG*, 16.10.2007, BB 2008 S. 507 = DB 2008 S. 245 = NZA 2008 S. 298 = AP BGB § 630 Nr. 33; siehe auch *LAG Köln*, 26.2.2004, MDR 2004 S. 1067; Tschöpe *(Wessel)*, Rn. 27.

Das Zeugnis wird mit dem abschließenden Hinweis versehen: 596

„*Dieses Zeugnis wird auf Wunsch von Herrn … erteilt;*"

im Übrigen werden die Gründe für das Zwischenzeugnis nicht genannt.

Zum Muster für ein Zwischenzeugnis siehe Rn. 884 und 901; für Beurteilungen zum Zwischenzeugnis siehe Rn. 887 und 907.

b) Kein triftiger Grund

Liegt kein triftiger Grund vor, entfällt der Anspruch auf ein Zwischenzeugnis. 597

Kein Zwischenzeugnis gibt es z. B.

- Wenn sich substanziell nichts am gegenwärtigen Arbeitsverhältnis ändert wie bei Beginn von Kurzarbeit oder Feierschichten, beim Übergang von der Vollzeit- zur Teilzeitarbeit (Altersteilzeit), ebenso nach Ende der Probezeit und anschließender Weiterbeschäftigung. 598
- für Angestellte im öffentlichen Dienst, 599
  - wenn sich Veränderungen in der politischen Zusammensetzung der parlamentarischen Vertretung ergeben;
  - wenn das Zeugnis nur als Beweismittel im Prozess um Höhergruppierung dienen soll[501] (da Eingruppierungen nach Tätigkeitsmerkmalen erfolgen, nicht nach deren Beschreibung und Beurteilung im Zeugnis);
- für *Beamte* bei Versetzungen, Abordnungen oder selbst bei Auflösung der Behörde; sie erhalten statt eines Zwischenzeugnisses eine „Dienstliche Beurteilung" (siehe Rn. 464 ff.), sofern die Beurteilungsrichtlinien es für diese Fälle vorsehen. 600

Es besteht auch kein Anspruch auf *Korrektur* eines bereits 2½ Jahre alten Zwischenzeugnisses; denn dieses Zwischenzeugnis ist zu alt, um als Vorlage bei Bewerbungen in Betracht zu kommen, daher liegt kein triftiger Grund für eine Korrektur vor – allerdings kann heute ein neues Zwischenzeugnis mit heutigem Datum, aber eventuell auch mit anderer Formulierung beantragt werden,[502] sofern die triftigen Gründe jetzt vorliegen. 601

---

501 *BAG*, 21.1.1993, BB 1993 S. 2309 = DB 1993 S. 2134 = NZA 1993 S. 1031 = AP BAT § 61 Nr. 1.

502 *LAG Berlin*, 14.11.2002 – 16 Sa 970/02.

c) Verhältnis von Zwischenzeugnis zum Endzeugnis

602 Der Arbeitnehmer hat keinen Anspruch darauf, dass der Arbeitgeber bei der Erteilung des endgültigen Zeugnisses exakt die Formulierungen aus früher erteilten (vorläufigen oder Zwischen-)Zeugnissen übernimmt.[503] Der Arbeitgeber ist in Wortwahl und Ausdruck an ein früher erteiltes Zeugnis nicht gebunden.

Geht es aber nicht bloß um andere Formulierungen, sondern um andere Bewertungen, Beurteilungen, so ist zu beachten:

603 • Ist das Zwischenzeugnis nicht älter als etwa 1–2 Jahre, liegt es also noch in einem verwertbaren Zeitraum, so können die im Zwischenzeugnis enthaltenen, wertenden Ausführungen nicht geändert werden[504] und führen zu einer *Selbstbindung* des Arbeitgebers, von denen er im Endzeugnis nicht abweichen darf, ohne rechtsmissbräuchlich zu handeln. Das gilt besonders dann, wenn das Arbeitsverhältnis nur wenige Monate – 10 Monate[505] bzw. 5 Monate[506] – nach dem erteilten Zwischenzeugnis endet.

604 • Inhaltliche Abweichungen im Endzeugnis zum Nachteil des Arbeitnehmers (z.B. aus „vollste“ wird jetzt eine „volle“ Zufriedenheit, oder verstärkende Attribute werden ersatzlos gestrichen) müssen gerechtfertigt sein durch jüngere Vorfälle, die zugleich charakteristisch und für das Gesamtbild prägend sind, es müssen neue Tatsachen bekannt werden, die eine Änderung verlangen.[507]

Aber:

- Die Beurteilung muss dem gesamten Zeitraum, nicht nur der Endphase der Beschäftigung gerecht werden, daher dürfen jüngste und negative Vorfälle ein im Übrigen positives Bild nicht unverhältnismäßig „verfärben“;
- Verfehlungen, die erst nach Erteilung des Zwischenzeugnisses bekannt werden, können die Beurteilung im End-Zeugnis nicht verändern, wenn sie in einem früheren Arbeitsverhältnis zu einem *anderen* Arbeitgeber begangen wurden; denn sie berühren nicht Leistung und Verhalten in dem zur Beurteilung stehenden Arbeitsverhältnis.[508]

---

503 *LAG Düsseldorf*, 2.7.1976, BB 1976 S. 1562 = DB 1976 S. 2310.

504 *LAG Köln*, 22.8.1997, NZA 1999 S. 771 (Ls) = LAGE BGB § 630 Nr. 30.

505 *LAG Köln*, 22.8.1997, NZA 1999 S. 771 (Ls) = LAGE BGB § 630 Nr. 30.

506 *BAG*, 16.10.2007, BB 2008 S. 507 = DB 2008 S. 245 = NZA 2008 S. 298 = AP BGB § 630 Nr. 33.

507 *LAG Kiel*, 23.10.2007 – 2 Sa 213/07.

508 *LAG Kiel*, 23.6.2010 – 6 Sa 391/09.

- Ist in einem Aufhebungsvertrag vereinbart, dass *„der Zeugnistext auf der Basis des Zwischenzeugnisses formuliert wird,“* so muss sich die „Struktur“ des Zwischenzeugnisses im Endzeugnis wiederfinden, es muss sich nicht um wortgleiche Wiederholungen handeln, aber es muss inhaltlich übereinstimmen.[509] (Zur Vollstreckung siehe Rn. 691). **605**
- Wenn sich im Betrieb die Beschäftigungsart wesentlich *ändert* (zuerst Kfz-Meister, dann Auto-Verkäufer), und bei diesem Wechsel ein Zwischenzeugnis ausgestellt wurde, dann kann der Arbeitnehmer bei seinem Ausscheiden fast 10 Jahre danach verlangen, dass im „Abschluss“-Zeugnis nunmehr zumindest sinngemäß für die damalige Beschäftigungsart wiederholt wird, was im Zwischenzeugnis damals vermerkt war;[510] denn wegen des Wechsels der Tätigkeit kann sich an der damaligen Beurteilung (etwa durch spätere Ereignisse in anderen Tätigkeitsbereichen) nichts mehr verändern. **606**
- Auch der *Arbeitnehmer* ist an das Zwischenzeugnis gebunden, wenn er nach einem Betriebsübergang in einem Zwischenzeugnis des Betriebsveräußerers eine „befriedigende“ Leistungsbeurteilung akzeptiert; dann kann er nicht $1^1/_2$ Jahre nach dem Betriebsübergang im Endzeugnis nun eine „gute“ Beurteilung verlangen (er hat dann vielmehr darzulegen und zu beweisen, wo sich Verbesserungen zwischenzeitlich ergeben haben).[511] **607**

Dagegen besteht *keine* Bindung, wenn der Arbeitnehmer ein nicht den gesetzlichen Vorschriften entsprechendes Zwischenzeugnis ohne Beanstandung hingenommen hat; das in gleicher Weise mangelhafte Endzeugnis muss er deshalb nicht akzeptieren.[512] **608**

d) Zwischenzeugnis und Arbeitsplatzgefahr?

Auffallend ist, wie spärlich die Rechtsprechung zum Zwischenzeugnis ist (das *BAG* hat sich bislang detailliert nur in zwei Urteilen jeweils zu § 61 BAT äußern müssen[513]); der geringe Entscheidungsbedarf lässt sich nur erahnen. **609**

Zum einen mag das Zwischenzeugnis dem Arbeitnehmer nicht so geläufig sein, zum andern ist wohl eine gewisse Zurückhaltung des Arbeitnehmers, ein sol-

---

509 *LAG Hannover*, 13.3.2007 – 9 Sa 1835/06.

510 *LAG Baden-Württemberg*, 6.2.1968, BB 1968 S. 381 = DB 1968 S. 534.

511 *LAG Bremen*, 9.11.2000, NZA-RR 2001 S. 287.

512 *BAG*, 26.6.2001, BB 2001 S. 1481 = DB 2001 S. 2450 = NZA 2002 S. 34 = AP BGB § 630 Nr. 27.

513 Vgl. *BAG*, 1.10.1998, BB 1999 S. 903 = DB 1999 S. 1120 = NZA 1999 S. 894 = AP BAT § 61 Nr. 2 (mit Anm. von *Schleßmann*), sowie 21.1.1993, BB 1993 S. 2309 = DB 1993 S. 2134 = NZA 1993 S. 1031 = AP BAT § 61 Nr. 1.

ches Zeugnis zu verlangen, nicht ganz von der Hand zu weisen, da es eine zweischneidige Zeugnisart sein kann:

610 Das Zwischenzeugnis dient regelmäßig dem Arbeitnehmer (wie das Endzeugnis) bekanntlich dazu, Dritte über die Tätigkeit zu unterrichten, also als Bewerbungsunterlage, und damit kann dem Arbeitgeber beim Verlangen nach einem Zwischenzeugnis ein gewisser Abkehrwille signalisiert werden, was im Falle des Scheiterns der Bewerbung der weiteren Zusammenarbeit nicht förderlich ist; wer sogar *häufiger* dieses Zeugnis beantragt, Bewerbungen schreibt und zu erkennen gibt, dass er sich ernsthaft um einen Stellenwechsel bemüht, kann sich der Gefahr aussetzen, dass ihm gekündigt wird[514] (da hilft auch der Hinweis auf das unbestrittene Recht auf freie Wahl des Arbeitsplatzes gemäß Art. 12 GG nicht weiter). Vielleicht lässt sich aus dieser wirklichen oder vermeintlichen Arbeitsplatzgefahr die Zurückhaltung beim Zwischenzeugnis erklären.

---

514 *BAG*, 22.10.1964, BB 1965 S. 85.

XI. Änderung des Zeugnisses

1. Widerruf durch den Arbeitgeber

Stellt der Arbeitgeber fest, dass er sich über den Inhalt des Zeugnisses geirrt hatte, so kann er das Zeugnis zwar nicht anfechten (da es eine Wissens- und keine Willenserklärung ist), aber *widerrufen*. **611**

Der Widerruf gilt für alle Zeugnisarten (vorläufiges, endgültiges und Zwischenzeugnis), kommt aber nur in Betracht, wenn das Zeugnis (grobe) Unrichtigkeiten *schwerwiegender* Art enthält, die die Verlässlichkeit des Zeugnisses in ihrem *Kern* berühren.[515] Es wird sich dabei stets nur um solche Fälle handeln, in denen eine weit über den Rahmen des Vertretbaren hinausgehende günstige Bewertung des Arbeitnehmers vorgenommen wurde, die sich nachträglich als falsch erweist, für einen anderen Arbeitgeber aber von ausschlaggebender Bedeutung für den Entschluss ist, den Bewerber einzustellen. **612**

Der Antrag auf Widerruf lautet: **613**

> „*Der Beklagte wird verurteilt, das alte Zeugnis des Klägers vom … herauszugeben Zug um Zug gegen das neue Zeugnis vom …, das folgenden Wortlaut hat:…*“

Der Wortlaut des neu angebotenen Zeugnisses ist voll in den Antrag aufzunehmen.[516]

Im Übrigen ist noch nicht abschließend geklärt, ob der Widerruf sonstigen sachlichen und zeitlichen Beschränkungen unterliegt: **614**

- In den sicherlich seltenen und kaum nachweisbaren Fällen der *vorsätzlich* falschen Zeugniserteilung wären der Widerruf und Rückforderungsanspruch gemäß § 817 BGB ausgeschlossen. Allerdings wird man mit rein bereicherungsrechtlichen Überlegungen der Interessenlage nicht gerecht; es geht um die Abwendung von selbst geschaffenen „Gefahrenquellen“, es geht darum zu vermeiden, dass Dritte, nämlich künftige Arbeitgeber, durch ein falsches Zeugnis geschädigt werden – die Schadensvermeidung ist wichtiger, als den anderen Arbeitgeber auf Schadensersatzansprüche zu verweisen. Der Widerruf ist daher auch in diesen Ausnahmefällen zulässig.[517]
- Der Widerruf muss *unverzüglich* nach Kenntnis der Unrichtigkeit erfolgen, um Schadensersatzansprüche zu vermeiden.

---

515 *BGH*, 15.5.1979, BB 1980 S. 779 = DB 1979 S. 2378 = NJW 1979 S. 1882 = AP BGB § 630 Nr. 13.

516 Staudinger *(Preis)*, Rn. 68.

517 *Hueck*, „Der Widerruf eines unrichtigen Zeugnisses“, BB 1951 S. 253. A. A. Staudinger *(Preis)*, Rn. 61.

615 Der Widerruf ist notwendig, wenn *nach* Erteilung des Zeugnisses etwa Straftaten bekannt werden, die dem Inhalt des Zeugnisses entgegenstehen, wie z. B.:

- Unterschlagung oder Diebstahl zum Nachteil des Arbeitgebers, während im Zeugnis die Ehrlichkeit hervorgehoben wurde.
- Sexueller Missbrauch von Schutzbefohlenen, während im Zeugnis gerade die Qualifikation als Ausbilder für Jugendliche hervorgehoben wurde.
- Wird der Arbeitgeber in einem Vergleich zu einer Leistungsbeurteilung verpflichtet, die aufgrund *nachträglich* festgestellter Leistungsmängel nicht mehr gerechtfertigt ist, so kann er den Vergleich wegen Irrtums gemäß § 119 BGB anfechten.[518]

616 Der Widerruf entfällt dagegen,

- wenn es um Berichtigungen geht, die die Dokumentation in ihrem Bestand nicht verändern würden, nicht jede unwichtige Ungenauigkeit kann herhalten, um den Widerruf zu begründen;
- wenn die Erteilung des Zeugnisses durch gerichtliche Entscheidung oder durch einen Vergleich dem Arbeitgeber auferlegt war, ohne dass nachträglich neue Erkenntnisse vorliegen (er würde etwas verlangen, was er sofort wieder herauszugeben hätte);
- wenn das unrichtige Zeugnis zeitlich so lange zurückliegt, dass es keine maßgebliche Bedeutung für künftige Arbeitgeber haben kann.

2. Arbeitnehmer verlangt Änderungen

617 Der Arbeitnehmer kann eine Änderung (Berichtigung) des Zeugnisses verlangen, wenn er meint, das erteilte Zeugnis entspreche nicht seinen Vorstellungen. Mit diesem Verlangen

> „*macht er keinen dem Gesetz fremden Berichtigungsanspruch geltend, sondern weiterhin die Erfüllung des Zeugnisanspruchs*".[519]

618 Dieser Erfüllungsanspruch besteht darin, ein nach Form und Inhalt den gesetzlichen Vorschriften entsprechendes Zeugnis zu erteilen, der (ursprüngliche) Anspruch wird also noch einmal geltend gemacht.

---

518 *LAG Köln*, 7.5.2008, AuR 2009 S. 105.

519 *BAG*, 16.10.2007, BB 2008 S. 507 = DB 2008 S. 245 = NZA 2008 S. 298 = AP BGB § 630 Nr. 33.

Die Beanstandung des Zeugnisses muss ausdrücklich erfolgen, die (bloße) Erhebung der Kündigungsschutzklage reicht hierzu nicht aus.[520] **619**

Ein Anspruch kommt in Betracht, wenn bei einem bereits erteilten Zeugnis **620**

- die dem Zeugnis zugrunde liegenden Fakten nicht korrekt sind (auch z. B. ein falsches Geburtsdatum),
- die Grundsätze des Zeugnisrechts (Wahrheit und Wohlwollen, Vollständigkeit, Einheitlichkeit und Transparenzgebot) nicht beachtet wurden,
- Beurteilungs- oder Schreibfehler vorliegen.

Weitere Gründe: **621**

- Wurde das Zeugnis auf Wunsch des Arbeitnehmers an die Geschäftsstelle einer *Gewerkschaft* verschickt und dort versehentlich mit dem Eingangsstempel versehen, so besteht Anspruch auf erneute Ausstellung des Zeugnisses,[521] da sonst jeder andere Arbeitgeber die Mitgliedschaft in der Gewerkschaft aus dem Zeugnis entnehmen könnte, was zu vermeiden ist; dasselbe gilt auch beim Eingangsstempel eines *Rechtsanwalts* (siehe Rn. 385).
- Eine *transsexuelle* Person kann die Neuerteilung eines Zeugnisses mit geändertem Vornamen bzw. geändertem Geschlecht verlangen (abgeleitet aus der nachvertraglichen Fürsorgepflicht in Verbindung mit dem Transsexuellengesetz) selbst dann, wenn die Personalakte infolge Zeitablaufs vernichtet sein sollte; denn es geht nicht um inhaltliche Überprüfung des Zeugnisses, sondern lediglich um Umformulierung des Namens und Geschlechts mit den sich daraus ergebenden grammatikalischen und orthographischen Abänderungen[522] (alle anderen Daten samt Ausstellungsdatum bleiben aber unverändert).

Der „Berichtigungsanspruch" entfällt dagegen z. B. **622**

- sofern der Arbeitnehmer jede Einzelleistung erwähnt haben will, die aber unwesentlich für die Gesamtdarstellung ist und der bei einer Bewerbung keine Bedeutung zukommt;
- sofern es um die Ersetzung von Worten mit gleichem Aussagewert geht (statt *„stets"* = *„jederzeit"* oder *„immer"*).[523] Der Arbeitnehmer kann nicht etwa verlangen, dass die vom Arbeitgeber gewählten Worte und Begriffe ersetzt

---

520 *BAG*, 17.10.1972, BB 1973 S. 195 = DB 1973 S. 238 = AP BGB § 630 Nr. 8.
521 *LAG Hamm*, 15.7.1986, LAGE BGB § 630 Nr. 5.
522 *LAG Hamm*, 17.12.1998, DB 1999 S. 1610 = LAGE BGB § 630 Nr. 31.
523 *LAG Hamm*, 17.12.1998, BB 2000 S. 1090 = LAGE BGB § 630 Nr. 32.

werden durch solche, die den gleichen Aussagewert besitzen und die der Arbeitnehmer aber gern verwandt haben möchte,[524] oder dass bestimmte stilistische Formulierungen gewählt werden;[525]

- sofern eine vorbehaltslose *Ausgleichsquittung* erteilt wurde, die nämlich den „Berichtigungsanspruch" ausschließt (siehe Rn. 163);
- sofern die Übertragung der Beurteilung aus einer *Referenz* begehrt wird (siehe Rn. 9);
- sofern *außerhalb* des öffentlichen Dienstes die Schreibweise nach der neuen Rechtschreibreform begehrt wird.

a) Ausschlussfrist

623 Eine tarifliche oder einzelvertraglich vereinbarte Ausschlussfrist, erfasst auch den Anspruch auf „Berichtigung" des Zeugnisses[526] (zur Ausschlussfrist siehe auch Rn. 164 ff.). Die Ausschlussfrist für den „Berichtigungsanspruch" beginnt mit dem Zeitpunkt, an dem der Arbeitnehmer das Zeugnis erhalten hat, denn erst dann vermag er zu beurteilen, ob der Arbeitgeber bei der Zeugnisformulierung den gesetzlichen Vorschriften entspricht.[527]

624 Für den Fall, dass der Arbeitnehmer erst nach Ablauf der Ausschlussfrist ein Zeugnis beantragt und es dennoch ausgestellt wird, „lebt" die Ausschlussfrist für den Berichtigungsanspruch (wieder) auf. Der Arbeitnehmer kann die Frist zeitlich voll ausschöpfen, der Arbeitgeber kann und muss sich hierauf einstellen.

b) Verwirkung

625 Besteht jedoch für den Zeugnisanspruch keine Ausschlussfrist, so kann der Arbeitnehmer seinen Anspruch auf „Zeugnisberichtigung" wegen missbräuchlicher Rechtsverfolgung verwirken – hierzu darf im Detail auf Rn. 171 ff. verwiesen werden, um Wiederholungen zu vermeiden.

524 *ArbG Solingen*, 17.5.1990, AuR 1991 S. 152 (Ls).

525 *ArbG Frankfurt a. M.*, 8.8.2001, NZA-RR 2002 S. 182.

526 *LAG Hamm*, 10.4.2002, NZA-RR 2003 S. 463.

527 *BAG*, 8.2.1984 – 5 AZR 58/82, sowie 23.2.1983, BB 1983 S. 1859 (Ls) = DB 1983 S. 2043 = MDR 1983 S. 961 = AP BGB § 630 Nr. 14 (Ls).

3. Das geänderte Zeugnis

Sofern der Widerruf erfolgt bzw. ein Anspruch auf Änderung des Zeugnisses besteht (und nicht unter die Ausschlussfrist fällt oder verwirkt ist), so ist zu beachten: **626**

- Der Arbeitgeber muss ein komplett neues Zeugnis erteilen, er darf also nicht die Korrektur auf dem alten Zeugnis vornehmen.

  „*Sind Ergänzungen ....nur auf die Weise durchzuführen, dass sie als solche erkennbar sind,* (so) *ist ein neues Zeugnis zu erstellen.*“[528]

- Das geänderte Zeugnis ist so abzufassen, als ob es sich um die Erstfertigung handelt.
- Eine Bezugnahme auf das Gerichtsurteil, das dem Arbeitgeber die Berichtigung aufgetragen hat, ist nicht zulässig.[529]
- Das Zeugnis kann nicht durch das obsiegende Gerichtsurteil ersetzt werden, in dem die Zeugnisformulierung niedergelegt ist.
- Wenn er das geänderte Zeugnis inhaltlich *verschlechtert*, werden wegen des Vertrauensschutzes strenge Anforderungen gestellt,[530] die nur zu begründen sind, falls *neue* Umstände dies rechtfertigen. Falls der Arbeitnehmer die Änderung verlangt, lässt sich das Verschlechterungsverbot aus dem Maßregelungsverbot des § 612a BGB ableiten, wonach der Arbeitnehmer nicht deshalb benachteiligt werden darf, weil er in zulässiger Weise seine Rechte ausübt.[531]
- Wird der Arbeitnehmer in einer geänderten Fassung des Zeugnisses *besser* als zuvor beurteilt, so kann sich der Arbeitgeber nicht mit Erfolg darauf berufen, die zweite Beurteilung sei ein „Gefälligkeitszeugnis“, denn er muss sich an diese (zweite) Beurteilung festhalten lassen.[532]
- Der Zeugnisaussteller hat die Beweislast für die inhaltliche Richtigkeit des neuen Zeugnisses.

---

528 *LAG Bremen*, 23.6.1989, BB 1989 S. 1825 = AuR 1990 S. 27 = LAGE BGB § 630 Nr. 6.

529 *LAG Hamm*, 17.6.1999, MDR 2000 S. 590; *LAG Baden-Württemberg*, 27.10.1966, BB 1967 S. 161 = DB 1967 S. 48.

530 *LAG Hamm*, 1.12.1994, LAGE BGB § 630 Nr. 25.

531 *BAG*, 21.6.2005, BB 2005 S. 2530 = DB 2005 S. 2360 = NZA 2006 S. 104 = AP BGB § 630 Nr. 31.

532 *BAG*, 16.11.1995 (8 AZR 983/94), AuR 1996 S. 195 (Ls).

627 *Austausch Zug-um-Zug*

Das geänderte Zeugnis erfolgt Zug-um-Zug gegen *Rückgabe* des beanstandeten Zeugnisses, da nur Anspruch auf ein einziges Dokument besteht[533] (Grundsatz der Einheitlichkeit, siehe Rn. 255).

628 Dieser Austausch ist allerdings nur durchführbar, wenn die neue Anschrift des Zeugnisempfängers bzw. die Anschrift des neuen Arbeitgebers bekannt ist.

533 *LAG München*, 11.11.2008 – 8 Sa 298/08; *LAG Hamm*, 17.12.1998, DB 1999 S. 1610 = NZA-RR 1999 S. 455 = LAGE BGB § 630 Nr. 31.

XII. Durchsetzung des Zeugnisanspruchs

1. Klageweg

Das Recht auf Erteilung bzw. auf „Berichtigung“ eines bereits erteilten Zeugnisses kann (sofern es nicht erloschen ist) im Klagewege durchgesetzt werden, und zwar:[534] **629**

- vor dem *Arbeitsgericht*:
  - für Arbeitnehmer (§ 2 Abs. 1 Nr. 3e ArbGG); als „Arbeitnehmer“ gelten hierbei auch (siehe § 5 ArbGG): Auszubildende, arbeitnehmerähnliche Personen, Heimarbeiter und der „kleine“ Handelsvertreter,
  - für Entwicklungshelfer (§ 2 Abs. 1 Nr. 7 ArbGG),
- vor dem *ordentlichen* Gericht (Landgericht, Kammer für Handelssachen): für abhängig beschäftigte GmbH-Geschäftsführer,
- vor dem *Verwaltungsgericht*: für Beamte und Soldaten (nach vorausgegangenem Vorverfahren).

Übrigens: In jedem Mitgliedstaat der EU muss es Klagemöglichkeiten geben, falls der bisherige Arbeitgeber sich weigert, Arbeitszeugnisse auszustellen.[535] **630**

Angesichts der schwierigen Materie und weit reichenden Folgen empfiehlt es sich, bei einem Rechtsstreit einen auf dem Zeugnisrecht besonders Fachkundigen einzuschalten (z. B. Fachanwalt für Arbeitsrecht), allerdings muss beim Arbeitsgericht (also in der ersten Instanz) jede Partei selbst im Falle des Obsiegens ihre Kosten selbst tragen (§ 12a ArbGG). **631**

a) Einstweilige Verfügung?

Es ist mangels Verfügungsgrund (Eilbedürftigkeit) in der Regel unzulässig, den Zeugnisanspruch im Wege einer einstweiligen Verfügung (§ 62 Abs. 2 ArbGG, §§ 935, 940 ZPO) geltend zu machen, da die Verfügung praktisch das Ergebnis der Hauptsache vorwegnehmen würde (aus der Sicherungsverfügung würde eine Leistungsverfügung).[536] **632**

---

534 Sofern nicht *Kirchengerichte* zuständig sind (siehe Rn. 110); zu *Schiedsgerichten* für Bühnenkünstler, Filmschaffende und Artisten siehe § 101 Abs. 2 ArbGG.

535 *Europäischer Gerichtshof*, 22.9.1998, NZA 1998 S. 1223 = AP BGB § 630 Nr. 24 (Ls).

536 Tschöpe *(Wessel)*, Rn. 59.

633 Die Zulässigkeit wird jedoch bejaht,[537] falls der Arbeitnehmer glaubhaft machen kann, dass er auf die sofortige Erfüllung dringend angewiesen ist, falls also ohne ein ordnungsgemäßes Zeugnis bzw. mit einem völlig unbrauchbaren Zeugnis eine erfolgreiche Bewerbung von vornherein ausgeschlossen ist (und dem Arbeitnehmer nicht zugemutet werden kann, bis zum Abschluss des Hauptsacheverfahrens von Bewerbungen Abstand zu nehmen) und zwar

- wenn die äußerste Frist von 3 Wochen (siehe Rn. 145) erheblich überschritten ist und *kein* Zeugnis erteilt wurde, oder
- wenn das Zeugnis zwar erteilt wurde, aber schon nach der äußeren Form nicht den Anforderungen entspricht, es unvollständig ist oder unsachliche Aussagen enthält, die eine erfolgreiche Bewerbung von vornherein als ausgeschlossen erscheinen lassen.[538]

634 Entspricht das Zeugnis hingegen den formellen und inhaltlichen Anforderungen und ist für eine erfolgreiche Bewerbung durchaus geeignet, so entfällt die einstweilige Verfügung (der Arbeitnehmer kann auch nicht im Wege der einstweiligen Verfügung eine bessere Beurteilung erreichen).

b) Prozesskostenhilfe?

635 Wer ein qualifizierte Zeugnis (welcher Art auch immer) begehrt, muss es beantragen (siehe Rn. 135). Die Klage auf ein solches Zeugnis setzt also die vorherige (vor Klageerhebung) erfolgte außergerichtliche Geltendmachung des Anspruch und Ablauf der gesetzten Frist zur Erteilung voraus.

Eine Klage, die *vor* der außergerichtlichen Geltendmachung erhoben wurde, ist ohne Weiteres mutwillig im Sinne von § 114 Abs. 2 ZPO und schließt eine Prozesskostenhilfe aus.[539]

Ebenso, wenn die Klage auf Zeugniserteilung mit einer Kündigungsschutzklage verbunden und der Zeugnisanspruch nicht zuvor außergerichtlich geltend gemacht wurde.[540]

c) Beiordnung

636 Für den Antrag auf Erteilung eines qualifizierten Zeugnisses ist die *Beiordnung* eines Rechtsanwalts gemäß § 121 Abs. 2 ZPO *nicht* erforderlich, wenn der Klä-

537 *LAG Köln*, 5.5.2003 – 12 Ta 133/02; AR-K *(Gäntgen)*, Rn. 51; *Korinth*, „Prozessuale Stolpersteine auf dem Weg zum Arbeitszeugnis", ArbRB 2004 S. 321.
538 *LAG Frankfurt*, 17.2.2014 – 16 SaGa 61/14.
539 *LAG Hamm*, 9.9.2015 – 5 Ta 477/15.
540 *LAG Berlin-Brandenburg*, 31.10.2014 – 17 Ta 1507/14.

ger das Klagebegehren ohne Weiteres mit Hilfe der Rechtsantragsstelle des Arbeitsgerichts verfolgen kann und es zumutbar ist, den Verlauf des arbeitsgerichtlichen Gütetermins abzuwarten.[541]

Anders, wenn es Streit um die Formulierung eines qualifizierten Zeugnisses geht.[542]

2. Klagegegner

Klagegegner ist der zur Zeugniserteilung verpflichtete Arbeitgeber (bzw. bei Arbeitnehmern von Stationierungsstreitkräften: die Bundesrepublik[543]). Der Arbeitgeber kann sich zur Erfüllung seiner Pflicht zwar eines angestellten Vertreters bedienen, er bleibt aber auch nach Delegation der Zeugniserteilung der Anspruchsverpflichtete und daher Klagegegner. **637**

a) Bei Insolvenz[544]

Wer Klagegegner ist, hängt davon ab, wer die Arbeitgeberstellung im Zeitpunkt der Beendigung des Arbeitsverhältnisses hat (wobei die rechtliche, nicht die tatsächliche Beendigung des Arbeitsverhältnisses entscheidend ist): **638**

- Der *bisherige Arbeitgeber* (= Schuldner) bleibt zur Zeugniserteilung verpflichtet, **639**
  - wenn das Arbeitsverhältnis noch *vor* Eröffnung des Insolvenzverfahrens beendet worden ist. Denn der Zeugnisanspruch ist keine Insolvenzforderung, er ist als unvertretbare Handlung nicht auf eine aus dem Vermögen beitreibbare Leistung gerichtet, tangiert die Insolvenzmasse nicht und wird nicht vom Vollstreckungsverbot des § 89 InsO erfasst,[545] so dass der bisherige Arbeitgeber in der Pflicht bleibt. Bei Klageerhebung muss der Arbeitnehmer den Rechtsstreit gegen ihn fortsetzen; die dem Arbeitgeber obliegende Verpflichtung zur Zeugniserteilung wird also durch die Eröffnung eines Insolvenzverfahrens nicht unterbrochen;[546]

---

541 *LAG Mainz*, 5.11.2012 – 3 Ta 193/12.

542 AR-K *(Gäntgen)*, Rn. 58.

543 *BAG*, 29.1.1986 (4 AZR 479/84), DB 1986 S. 1340 = NZA 1987 S. 384 (Ls) = AP BGB § 630 Nr. 15 (Ls).

544 *BAG*, 23.6.2004, BB 2004 S. 2526 = DB 2004 S. 2428 = NZA 2004 S. 1392 = AP BGB § 630 Nr. 29; *Stiller*, „Der Zeugnisanspruch in der Insolvenz des Arbeitgebers", NZA 2005 S. 330.

545 *LAG Hamm*, 7.3.2012 – 1 Ta 75/12; *LAG Düsseldorf*, 7.11.2003 – 16 Ta 571/03.

546 *LAG Nürnberg*, 5.12.2002, NZA-RR 2003 S. 463 = LAGE BGB § 630 Nr. 39 (Ls).

- wenn das Arbeitsverhältnis zwar zu einem Zeitpunkt endete, als die *vorläufige* Insolvenzverwaltung angeordnet war, aber der vorläufige Insolvenzverwalter noch nicht die volle Verfügungsbefugnis gemäß § 22 InsO über die Arbeitsverhältnisse erlangt hatte, er also noch nicht in die Arbeitgeberstellung eingerückt war, oder
- wenn die Eigenverwaltung nach § 270 InsO zugelassen wurde, dann bleibt der bisherige Arbeitgeber in der bisherigen Funktion.

640 Fehlt es am bisherigen Arbeitgeber (etwa bei „Insolvenzstraftaten", Flucht des Organvertreters), so muss, um erhebliche Nachteile für den Arbeitnehmer zu vermeiden, die Zuständigkeit des Insolvenzverwalters „manipuliert" werden.

641 • Der *Insolvenzverwalter* ist zur Zeugnisausstellung verpflichtet, wenn das Arbeitsverhältnis beendet wurde

- erst *nach* der Insolvenzeröffnung,[547] bzw.
- nachdem der vorläufige Insolvenzverwalter die volle Verfügungsbefugnis über die Arbeitsverhältnisse erlangt hat;

denn nunmehr nimmt der Insolvenzverwalter die abgeleiteten Arbeitgeberfunktionen wahr.

Dabei spielt es keine Rolle, ob der Arbeitnehmer danach überhaupt noch oder gegebenenfalls wie lange er gearbeitet hatte; auf die Dauer und Intensität der tatsächlichen Beschäftigung nach Insolvenzeröffnung kommt es im Interesse der Vermeidung von Abgrenzungsschwierigkeiten nicht an.[548]

642 Der Insolvenzverwalter hat auch die Zeit des Arbeitsverhältnisses *vor* der Insolvenzeröffnung zu berücksichtigen und hierzu Auskünfte von dem bisherigen Arbeitgeber einzuholen, zu denen dieser gemäß § 97 InsO verpflichtet ist. Es kann für den Insolvenzverwalter (soweit sich dies aus den übrigen Daten des Zeugnisses nicht ohnehin ergibt) erforderlich werden, bei der Fassung des Zeugnisses darauf hinzuweisen, dass er die Beurteilung nicht aus eigener Sachkunde abgibt, sondern sie hinsichtlich des Zeitraums vor Insolvenzeröffnung auf den Angaben des bisherigen Arbeitgebers beruht.

Im Übrigen verfügt aber der Insolvenzverwalter über eine intakte Personalverwaltung samt Personalakte, so dass die Zeugnisausstellung wohl keine größeren Probleme aufwirft. Kann sich der Insolvenzverwalter jedoch keine Kenntnisse verschaffen, so entfällt der Zeugnisanspruch.[549]

---

547 *LAG Köln*, 30.7.2001, DB 2002 S. 433 (Ls) = NZA-RR 2002 S. 181 = LAGE BGB § 630 Nr. 37 (Ls).

548 *LAG Frankfurt*, 28.3.2003 – 12 SaGa 1744/02.

549 ErfK *(Müller-Glöge)*, Rn. 4.

- Nebenbei: 643

  Der Arbeitnehmer behält seinen Anspruch auf Zeugniserteilung auch bei seiner *Verbraucherinsolvenz*, er geht nicht auf den Treuhänder über.[550]

b) Beim Betriebsübergang

Beim Betriebsübergang nach § 613a BGB und dem damit verbundenen Vertragspartnerwechsel auf der Arbeitgeberseite richtet sich der Zeugnisanspruch gegen den Erwerber, sofern das Arbeitsverhältnis fortbesteht (unabhängig davon, wie lange das Arbeitsverhältnis nach dem Betriebsübergang fortgesetzt wurde).[551] Da der Betriebsübergang den Bestand des Arbeitsverhältnisses unberührt ließ, ist das Zeugnis über die Gesamtdauer des Arbeitsverhältnisses zu erteilen, also auch über die Zeit vor dem Betriebsübergang. 644

Verlangt der Arbeitnehmer ein *qualifiziertes* Zeugnis, so kann der Erwerber, der zur Zeugnisausstellung verpflichtet ist, aus eigener Kenntnis kein Urteil über Leistung und Verhalten über die Zeit *vor* Betriebsübergang abgeben; er ist auf die Mitwirkung des Veräußerers angewiesen, die notwendigen Informationen muss er sich beschaffen.[552] 645

Ist aber der Veräußerer zu entsprechenden Auskünften verpflichtet? 646

§ 613a BGB sieht (anders als etwa § 97 InsO) keinen spezialgesetzlichen Auskunftsanspruch des Erwerbers gegen den Veräußerer vor.

Aber:

Außerhalb der gesetzlich oder vertraglich geregelten Auskunftsansprüche wird ein Auskunftsrecht nach Treu und Glauben dann anerkannt, wenn die Rechtsbeziehungen der Parteien es mit sich bringen, dass die eine Partei zu Leistungen (hier: zur Zeugnisausstellung) verpflichtet ist, dazu aber Angaben der anderen Partei benötigt, die diese unschwer machen kann – dieser Rechtsgrundsatz gilt inzwischen als Gewohnheitsrecht.[553] Auf der Basis der Rechtsgeschäfte, die den Betriebsübergang herbeiführten, besteht zwischen Veräußerer und Erwerber eine Sonderverbindung, die eine Auskunftspflicht des Veräußerers rechtfertigt.[554]

---

550 *LAG Berlin-Brandenburg*, 10.1.2014 – 21 Ta 1794/13; AR-K *(Gäntgen)*, Rn. 15.

551 *BAG*, 16.10.2007, BB 2008 S. 507 = DB 2008 S. 245 = NZA 2008 S. 298 = AP BGB § 630 Nr. 33; Baumbach/Hopt (*Roth*), Rn. 7.

552 *LAG Mainz*, 1.11.2012 – 10 Ta 199/12.

553 *BAG*, 7.9.1995, BB 1996 S. 749 = NZA 1996 S. 637.

554 *BAG*, 16.10.2007, BB 2008 S. 507 = DB 2008 S. 245 = NZA 2008 S. 298 = AP BGB § 630 Nr. 33.

c) Beim Einsatz bei anderen Arbeitgebern

647 Fraglich ist, gegen wen der Zeugnisanspruch geltend zu machen ist, wenn der Arbeitnehmer von seinem Arbeitgeber bei einem anderen zur Arbeitsleistung eingesetzt wird.

aa) Leiharbeitsverhältnis

648 Der Leiharbeitnehmer steht zu dem Entleiher-Arbeitgeber in keinem Arbeitsverhältnis, auch wenn er in dessen Betrieb weitgehend integriert ist; er bleiben Angehörige des Verleiher-Betriebes (§ 14 AÜG)[555] und hat daher gegen seinen Verleiher-Arbeitgeber den Zeugnisanspruch (der Entleiher gilt dann aber als Arbeitgeber, falls der Vertrag zwischen dem Verleiher und dem Arbeitnehmer unwirksam ist, siehe § 10 AÜG).

Verlangt der Arbeitnehmer ein *qualifiziertes* Zeugnis, so ergeben sich ähnliche Situationen wie beim Betriebsübergang (siehe Rn. 644 ff.):

649 • Der Verleiher kann die Beurteilung nicht abgeben, der Entleiher ist zur Mitwirkung verpflichtet und hat die zur Beurteilung notwendigen Angaben zu machen – und zwar als Nebenpflicht aus dem Überlassungsvertrag, wobei aber dem Verleiher anzuraten ist, diese Mitwirkungspflicht des Entleihers im Überlassungsvertrag sicherzustellen (um Diskussionen über das Bestehen der Nebenpflicht zu vermeiden).

650 • Wird die Mitwirkung vom Entleiher verweigert und ist daher die Ausstellung des Zeugnisses (jedenfalls ein qualifiziertes) unmöglich, so kann ein Schadensersatzanspruch des Arbeitnehmers begründet sein und zwar (nur) gegenüber seinem Arbeitgeber = Verleiher.

651 • Der Entleiher ist jedoch zur Zeugnisausstellung verpflichtet, falls der Verleiher nicht mehr erreichbar ist (und hierbei muss im Interesse der Förderung des Arbeitnehmers die Arbeitgeberfunktion manipuliert werden), nicht aber, wenn der Verleiher sich pflichtwidrig weigert, ein Zeugnis zu erteilen.

652 Auch bei Abordnungen des Arbeitnehmers in *Arbeitsgemeinschaften* (so etwa beim Einsatz im Baugewerbe, bei Forschungsvorhaben, Computer-Software-Entwicklungen) hat der Leiter der Arbeitsgemeinschaft bei der Beurteilung aus den gleichen, oben bei der Leiharbeit genannten Gründen mitzuwirken.

---

555 *BAG*, 10.3.2004, BB 2004 S. 2753 = NZA 2004 S. 1340.

bb) Im Konzernverbund

Wird ein Mitarbeiter von dem Arbeitgeber, mit dem er den Arbeitsvertrag geschlossen hat, bei anderen Gesellschaften innerhalb eines Konzernverbundes eingesetzt und dort seine Weisungen erhält, so kann sogar ein doppeltes Arbeitsverhältnis vorliegen – welches Unternehmen das Zeugnis auszustellen hat, lässt sich ohne vertragliche Klarstellungen nur allgemein dahin gehend beantworten, dass die Zeugniserteilung an die personale Verantwortung innerhalb des Verbundes gekoppelt ist, welche Gesellschaft also z. B. für Abmahnungen oder Kündigungen zuständig ist. Sofern die weisungsgebende Gesellschaft nicht für personelle Maßnahmen zuständig ist, so hat sie bei der Zeugnisausfertigung aus den oben bei der Leiharbeit genannten Gründen mitzuwirken. **653**

d) Beim mittelbaren Arbeitsverhältnis

Klagegegner ist stets der unmittelbare Arbeitgeber, mit dem der Arbeitsvertrag geschlossen wurde – das gilt auch im Falle eines (besonders bei Künstlern anzutreffenden) mittelbaren Arbeitsverhältnisses, wenn der Arbeitnehmer im Rahmen eines Arbeitsverhältnisses von einem Mittelsmann beschäftigt wird, der selbst seinerseits wieder Arbeitnehmer eines Dritten ist, wobei die Arbeit mit Wissen des Dritten für diesen geleistet wird. Da das unmittelbare Arbeitsverhältnis (nur) zum Mittelsmann besteht, hat der Mittelsmann auch das Zeugnis zu erteilen. **654**

e) Bei Liquidation bzw. Geschäftsauflösung

Die Liquidation einer Gesellschaft und deren Löschung im Handelsregister hindern nicht, den Anspruch auf Erteilung eines Arbeitszeugnisses (oder „Berichtigung") noch durchzusetzen. **655**

Die (Nachtrags-)Liquidatoren haben als gesetzliches Vertretungsorgan den Zeugnisanspruch zu erfüllen;[556] die dazu nötigen Kenntnisse haben sie sich notfalls durch Einholung von Auskünften bei den Verantwortlichen zu verschaffen.

Wer im Falle einer *Geschäftsauflösung* aber zu spät kommt, riskiert, dass keine Personalunterlagen und ehemalige Vorgesetzte mehr greifbar sind, so dass der Zeugnisanspruch „ins Leere" geht, d. h. die Erteilung unmöglich wird – es sei denn, der Zeugnisinhalt ist bereits tituliert und genau vorformuliert, so dass keine Rückfragen mehr erforderlich sind.[557]

---

556 *BAG*, 9.7.1981 (7 AZR 329/79), DB 1982 S. 182 = NJW 1982 S. 1831 = AP ZPO § 50 Nr. 4; *Kammergericht*, 13.2.2007, DB 2007 S. 851; AR-K *(Gäntgen)*, Rn. 11.

557 *Kammergericht*, 9.1.2001, BB 2001 S. 324 = DB 2001 S. 643.

f) Beim Tod des Arbeitgebers

656 Beim Tod des Arbeitgebers geht die Pflicht zur Zeugniserteilung trotz ihres persönlichen Charakters auf den Erben als Nachlassverbindlichkeit über.[558] Der Erbe hat sich anhand der für ihn erreichbaren Erkenntnisquellen eigenes Wissen zu verschaffen und solches, notfalls mit Unterstützung durch Hilfspersonen, zu vervollständigen. Hat der zur Zeugniserteilung verpflichtete Erbe allerdings keine eigenen Kenntnisse und kann er sich solche auch nicht auf zumutbare Weise verschaffen, dann genügt er seiner Pflicht bereits mit der Darlegung dieses Sachverhalts; der Zeugnisanspruch entfällt.[559]

3. Klageantrag

657 Klageanträge müssen gemäß § 46 Abs. 2 ArbGG in Verbindung mit § 253 Abs. 2 Nr. 2 ZPO „*bestimmt*" sein, also so klar und präzis formuliert werden, so dass später die eventuelle Vollstreckung ohne Weiteres und ohne weitere Erkenntnismittel durchführbar ist.

a) Antrag auf Erteilung des Zeugnisses

658 Wird das Zeugnis nur auf Antrag erteilt (also nicht automatisch), so ist eine Klage auf Erteilung *unzulässig*, falls außergerichtlich zuvor noch kein Antrag gestellt wurde.[560]

659 • Ist der Antrag gestellt und wird nach Ablauf der üblichen Bearbeitungszeit (siehe Rn. 145) kein Zeugnis ausgestellt, so kann der Arbeitnehmer *Leistungsklage* erheben mit dem Antrag, die von ihm gewünschte Zeugnisart (einfaches oder qualifiziertes Zeugnis) zu erteilen;[561] eine zusätzliche Anmahnung ist nicht nötig für die Zulässigkeit der Klage. Der Hinweis, dass es „wohlwollend" sein soll, ist überflüssig,[562] da das Wohlwollensgebot dem qualifizierten Zeugnis immanent ist.

660 • Unbegründet ist die Klage, falls der Arbeitnehmer ein komplettes, selbst formuliertes Zeugnis einklagen will – er kann nur auf Erteilung des Zeugnisses

---

558 *ArbG Münster*, 10.4.1990, BB 1990 S. 2266 (Ls).

559 *BAG*, 30.1.1991, BB 1991 S. 1199 (Ls) = DB 1991 S. 1626 = NZA 1991 S. 599 = AP BGB § 630 Nr. 18.

560 *LAG Berlin-Brandenburg*, 7.6.2017 – 2 Ta 655/17; *LAG Köln*, 16.5.2013, NZA-RR 2013 S. 493.

561 *Howald*, „Die Durchsetzung von Zeugnisansprüchen", FA 2012 S. 197; *Korinth*, „Die Durchsetzung des Zeugnisanspruchs in der Praxis", ArbRB 2010 S. 318.

562 A. A. *ArbG Frankfurt a. M.*, 21.5.2002 – 4 Ca 7902/01 (dort heißt es im Tenor: Verurteilung zu einem „*wohlwollenden*" Zeugnis).

durch den Arbeitgeber (oder auf Schadensersatz) klagen.[563] Er kann also nicht einen bestimmten Zeugnisinhalt einklagen, sondern muss abwarten, bis der Arbeitgeber das Zeugnis formuliert hat; denn der Arbeitgeber hat das „Erstformulierungsrecht“.

- Der Klageantrag muss dem Bestimmtheitsgebot des § 253 ZPO entsprechen. **661** Und das bedeutet, dass der Tenor vollstreckbar sein muss, um zu vermeiden, dass der Streit sich unzulässiger Weise vom Erkenntnis- in das Vollstreckungsverfahren verlagert.[564] Der Arbeitnehmer kann nicht ein Zeugnis mit allgemein gehaltenen Umschreibungen beantragen, oder mit Wünschen, welcher Inhalt und welche Formulierungen im Zeugnis vorzusehen seien – das ist alles nicht vollstreckbar, siehe hierzu vor allem bei Rn. 691.

Bestandsschutzklage und Zeugnis **662**

Wenn der Arbeitnehmer zugleich mit der Erhebung der Bestandsschutzklage den Arbeitgeber zur Zeugniserteilung auffordert (was zweckmäßig und nicht widersprüchlich ist, siehe Rn. 202), so kann er in der Regel nicht absehen, ob der Arbeitgeber während der 3-wöchigen Klagefrist das beantragte Zeugnis ausfertigt, zumal die Bearbeitungszeit für ein qualifiziertes Zeugnis ebenfalls durchweg 3 Wochen betragen kann (siehe Rn. 145). Wird das Zeugnis nicht innerhalb der 3-Wochen-Frist erteilt, so hat der Arbeitnehmer die Wahl, entweder einen separaten Zeugnisprozess zu führen, oder sich an die Bestandschutzklage anzuhängen und die Klage mit Hilfsanträgen zu erweitern – mit Hilfsanträgen zu operieren, ist sinnvoll, um diesen Streitfall vor derselben Kammer des Gerichts insgesamt abzuhandeln.[565]

Der Arbeitnehmer kann den Zeugnisanspruch mit einem Hilfsantrag für den Fall geltend machen, dass im Kündigungsschutzprozess die Beendigung des Arbeitsverhältnisses festgestellt werden sollte, mit folgendem Antrag:

> „*Für den Fall der Abweisung des Kündigungsschutzantrags wird beantragt, den Beklagten zu verurteilen, ein qualifiziertes endgültiges Zeugnis zu erteilen.*“

Der Arbeitnehmer kann aber nicht mit einem (unechten) Hilfsantrag zusätzlich **663** beantragen, dass für den Fall des *Obsiegens* ein qualifiziertes *Zwischenzeugnis*

---

563 *BAG*, 29.7.1971, BB 1971 S. 1280 = DB 1971 S. 1923 = AP BGB § 630 Nr. 6; Küttner *(Poeche)*, Rn. 40. Umstritten: anders wohl *BAG*, 14.3.2000 (9 AZR 246/99), FA 2000 S. 286 = AuR 2000 S. 360 (Ls), und *Kolbe*, „Zeugnisberichtigung und Beweislast“, NZA 2015 S. 582 (586).

564 *BAG*, 14.3.2000 (9 AZR 246/99), FA 2000 S. 286 = AuR 2000 S. 360 (Ls).

565 *Korinth*, „Prozessuale Stolpersteine auf dem Weg zum Arbeitszeugnis“, ArbRB 2004 S. 321.

zu erteilen sei;[566] denn ein triftiger Grund für ein Zwischenzeugnis liegt nicht vor (siehe zum triftigen Grund: Rn. 583 ff.), er behält ja seinen Arbeitsplatz, es verändert sich nichts – und außerdem:

falls dennoch ein Zeugnis erteilt würde, könnte die Beurteilung durch seinen gewonnenen Prozess „eingetrübt" sein; wer findet schon lobende Worte über jemanden, von dem man sich trennen wollte, aber den Prozess verloren hat?

b) Antrag auf Änderung des Zeugnisses

664 Will sich der Arbeitnehmer gegen den Inhalt eines bereits *erteilten* Zeugnisses wendet, so muss er (wegen der Bestimmtheit des Klageantrags) genau den Wortlaut der prozessual angestrebten Passagen angeben;[567] sonst wäre die Klage wegen mangelnder Bestimmtheit unzulässig.[568] Geht der Streit aber im Extremfall so weit, dass praktisch der gesamte Zeugnisinhalt beanstandet wird, so hat der Arbeitnehmer den gewünschten Zeugnisinhalt voll in den Klageantrag aufzunehmen.[569]

665 Das *BAG* meint, der Arbeitnehmer könne, müsse es aber nicht, den gewünschten Inhalt des *gesamten* Zeugnisses in den Klageantrag auf Änderung aufnehmen und es unterliege sodann dem Gericht, dieses Begehren zu überprüfen und unter Umständen das Zeugnis im Ganzen oder in einzelnen Punkten selbst zu formulieren.[570]

666 Zwar liegt die Formulierung im Ermessen des Arbeitgebers und es seine Sache ist, welchen Wortlaut und welche Gestaltung des Zeugnisses er wählt. Es wird aber angenommen, dass die Formulierung nicht dem Gericht überlassen werden kann; das Gericht kann den Arbeitgeber nicht zu einer bestimmten Formulierung verurteilen, lediglich dazu, bestimmte Passagen zu korrigieren oder bestimmte Fakten mit aufzunehmen.[571] Andererseits kann es prozessökonomisch sinnvoll und zulässig sein, da ein weiterer Prozess wegen Berichtigung vermieden werden könnte.[572]

---

566 A. A. *Horcher*, „Prozessuale Fragen zum Zeugnisanspruch", ArbRB 2016 S. 317.

567 *LAG Düsseldorf*, 26.2.1985, DB 1985 S. 2692 = NZA 1985 S. 503 (Ls); ErfK *(Müller-Glöge)*, Rn. 74.

568 ErfK *(Müller-Glöge)*, Rn. 74.

569 *LAG Hamm*, 17.12.1998, BB 2000 S. 1090 = LAGE BGB § 630 Nr. 32.

570 *BAG*, 8.2.1984 – 5 AZR 58/82.

571 *ArbG Neubrandenburg*, 12.2.2003, NZA-RR 2003 S. 465; ErfK *(Müller-Glöge)*, Rn. 75.

572 Staudinger *(Preis)*, Rn. 69.

4. Beweislast

Der Arbeitnehmer hat zunächst die Tatsachen vorzutragen, aus denen sich der Zeugnisanspruch ergibt (Bestehen eines Arbeitsverhältnisses, dessen Beendigung und das entsprechende Verlangen). Dem Arbeitgeber obliegt es, die Tatsachen darzulegen, aus denen sich das Nichtbestehen des Zeugnisanspruchs ergibt (vor allem: der Anspruch sei erfüllt), er ist beweispflichtig dafür, dass das von ihm erteilte Zeugnis vollständig und richtig ist.[573] **667**

a) Beweislastverteilung

Bei der Beurteilung (dem bewertenden Teil des Zeugnisses) hängt die Beweislast ab von der erstrebten Gesamtbewertung.[574] Da arbeitsvertraglich nur eine durchschnittliche = befriedigende Leistung geschuldet wird (§ 243 BGB), obliegt bei Abweichungen die Darlegungs- und Beweislast **668**

- dem Arbeitnehmer, wenn er eine *über*durchschnittliche Bewertung begehrt,[575]
- dem Arbeitgeber, wenn er eine *unter*durchschnittliche Bewertung attestiert.[576]

Der Arbeitnehmer ist nur gehalten, eine „befriedigende" Leistung zu erbringen; bei Abweichungen von der Note 3 trägt der Arbeitnehmer die Beweislast, wenn er meint, eine überobligationsmäßige Leistung erbracht zu haben – der Arbeitgeber ist beweispflichtig, wenn er geltend macht, der Arbeitnehmer habe schlechtere Dienste als solche mittlerer Art und Güte geleistet. **669**

Aus dieser eher praktischen Gesichtspunkten entsprechenden[577] differenzierenden Beweislastverteilung folgt zugleich, dass bei mangelndem Vortrag oder fehlender Beweisfälligkeit beider Parteien im Prozess ein Zeugnis mit durchschnittlicher, „befriedigender" Bewertung erteilt werden muss.[578]

Es ist nicht immer einfach, dieser Beweislastverteilung gerecht zu werden:

---

573 *BAG*, 8.2.1984 – 5 AZR 58/82; *LAG Mainz*, 15.2.2013 – 6 Sa 468/12.

574 *BAG*, 14.10.2003, BB 2004 S. 1500 = DB 2004 S. 1270 = NZA 2004 S. 842 = AP BGB § 630 Nr. 28 (mit Anm. von *Schleßmann*); ErfK *(Müller-Glöge)*, Rn. 86/87; Schaub *(Linck)*, Rn. 31.

575 *BAG*, 18.11.2014, BB 2015 S. 1216 = DB 2015 S. 868 = NZA 2015 S. 435 = AP GewO § 109 Nr. 5.

576 *LAG Köln*, 25.8.2011 – 7 Sa 447/11.

577 Staudinger *(Preis)*, Rn. 71.

578 *LAG Köln*, 30.6.1999, LAGE BGB § 630 Nr. 34; ErfK *(Müller-Glöge)*, Rn. 86; Staudinger *(Preis)*, Rn. 71.

670 • Der Arbeitgeber kann seine *unter*durchschnittliche Bewertung rechtfertigen z. B. mit

- zwischenzeitlich erteilten Zeugnissen (Zwischenzeugnisse),
- Beurteilungen im Rahmen des Mitarbeiter-Beurteilungs-Verfahrens,
- schriftlichen Abmahnungen (die sich in der ihm noch zur Verfügung stehenden Personalakte befinden) bzw.
- Bekundungen von Fachvorgesetzten mit deren Darstellung der Leistungen und des Verhaltens, auch unter Berücksichtigung von mündlichen Ermahnungen.

671 • Der inzwischen aus dem Betrieb ausgeschiedene Arbeitnehmer hat durchweg größere Probleme, seine angeblich *über*durchschnittlichen Leistungen darzulegen.

Hierzu genügt es nicht vorzutragen, seine Arbeitsleistung sei vom Arbeitgeber *nicht beanstandet*, er sei nicht kritisiert worden, er habe sich nichts zuschulden kommen lassen, und habe keine deutlichen Schwächen gezeigt.

Denn:

Keine Kritik ist noch kein Lob! Ein Arbeitgeber kann, wenn er einen Arbeitnehmer im Durchschnitt aller Beschäftigten liegen sieht, keine Veranlassung sehen, bei ihm Fehler zu bemängeln oder ihn zu einer besseren Leistung anzuhalten.[579]

672 Eine *Abweichung* von der im Zeugnis attestierten Beurteilung ist für den Arbeitnehmer schwierig darzulegen, die Beweismittel sind oft ungeeignet und überzeugen das Arbeitsgericht nicht.

> „*Entweder laufen sie auf eine unzulässige Erhebung von Ausforschungsbeweisen hinaus oder verhalten sich zu Einzelereignissen, ohne dass diese für das Arbeitsverhältnis charakteristisch sein müssen.*“[580]

Die Beweislage ist für den Arbeitnehmer wesentlich besser, wenn über die nicht beanstandete Leistung hinaus für ihn besonders auszeichnende Umstände vorliegen (siehe die Beispiele bei Rn. 360).

673 Der Arbeitgeber ist beweispflichtig für die ordnungsgemäße Bereitstellung[581] bzw. Übersendung des Zeugnisses (also dafür, dass das Zeugnis beim Arbeitnehmer angekommen ist).[582]

---

579 *LAG Frankfurt*, 6.9.1991, LAGE BGB § 630 Nr. 14.
580 *LAG Düsseldorf*, 11.6.2003 – 12 Sa 354/03.
581 *LAG Mainz*, 15.3.2011 – 10 Ta 45/11.
582 *LAG Köln*, 4.12.2012 – 11 Ta 281/12.

b) Verschiebung der Beweislast?

Arbeitszeugnis-Studien kommen übereinstimmend zum Ergebnis, dass sich die Beurteilung im Durchschnitt erheblich zu den guten Noten verschoben hat (siehe die Studien in Rn. 837) – je nach Studie enthalten zwischen 80 % und 88 % der Arbeitszeugnisse inflationär die guten Schul-Noten 1,0 bis 2,5. **674**

Das führte zu Überlegungen, die Trenngrenze der Darlegungs- und Beweislast von der *befriedigenden* Leistung auf eine *gute* Leistung zu verschieben; denn es sei gerechtfertigt, dem *Arbeitgeber* die Beweislast aufzuladen, wenn das Zeugnis (nur) die Note „befriedigend" enthalte, denn diese Bewertung sei nicht mehr durchschnittlich, sondern inzwischen unterdurchschnittlich geworden.[583]

Das *BAG* lehnte diese Verschiebung zu Recht ab;[584] denn welche Schulnoten in den Zeugnissen einer Branche am häufigsten vergeben werden, ist ohne unmittelbaren Einfluss auf die Darlegungs- und Beweislast. Ansatzpunkt ist vielmehr die Note „befriedigend" als mittlere Note der Zufriedenheitsskala im Rahmen des allgemein üblichen Begriffsverständnisses, zumal auch Gefälligkeitszeugnisse offenbar eine Rolle spielen, die wegen Verstoßes gegen das Wahrheitsgebot unbeachtlich sind.

Im Übrigen wäre sonst die Beweislastverteilung abhängig jeweils von Ergebnissen neuer Zeugnisstudien (wobei sich die Fragen stellen würden: von wieviel untersuchten Zeugnissen muss ausgegangen werden, von wem ist die Untersuchung durchzuführen und welcher Zeitraum ist maßgebend) = eine fremdartige Vorstellung.

c) Beweislastumkehr

Hat jedoch der Arbeitnehmer das Zeugnis als Erfüllung angenommen, und zwar in konkludenter Weise durch sein tatsächliches Verhalten, dann hat er zu beweisen, dass der Zeugnisinhalt keine Erfüllung der Zeugnispflicht des Arbeitgebers darstellt (vgl. § 363 BGB – Beweislastumkehr[585]). Ein solches Verhalten liegt vor, wenn er gegen das Zeugnis zunächst nichts unternimmt, sondern erst später Einwendungen erhebt, nachdem er das Zeugnis bei Bewerbungen getestet hat und der erhoffte Erfolg auf dem Arbeitsmarkt ausblieb.[586] **675**

---

583 *Düwell/Dahl*, „Die Leistungs- und Verhaltensbeurteilung im Arbeitszeugnis", NZA 2011 S. 958.

584 *BAG*, 18.11.2014, BB 2015 S. 1216 = DB 2015 S. 868 = NZA 2015 S. 435 = AP GewO § 109 Nr. 5 (mit Anm. von *Weuster/Weber*).

585 ErfK *(Müller-Glöge)*, Rn. 86.

586 A. A. wohl *ArbG Münster*, 10.4.1990, BB 1990 S. 2266 (Ls) = AuR 1991 S. 92 (Ls).

5. Streitwert

676 Da der Zeugnisanspruch nicht auf eine Geldleistung gerichtet ist, ist die Höhe des Streitwertes vom Gericht zu schätzen; maßgeblich ist das wirtschaftliche Interesse des Arbeitnehmers, das darin besteht, ein ordnungsgemäßes, komplettes Zeugnis zu erhalten.

677 Da die Arbeitsgerichte den Streitwert sehr unterschiedlich ansetzten, hatten die Präsidenten der *LAG* eine Kommission initiiert zur Vereinheitlichung der Streitwerte (nicht nur beim Zeugnis) und dieser Streitwertkatalog[587] ist wohltuend einfach, zwar rechtlich nicht verbindlich, sollte aber im Interesse einheitlicher Handhabung bundeseinheitlich angewendet werden;[588] die das Zeugnis betreffenden Streitwerte lauten in Ziffer 25:

25.1	Erteilung und Berichtigung eines *einfachen* Zeugnisses: 10 % einer Monatsvergütung
25.2	Erteilung und Berichtigung eines *qualifizierten* Zeugnisses: 1 Monatsvergütung, und zwar unabhängig von Art und Inhalt eines Berichtigungsverlangens, auch bei kurzem Arbeitsverhältnis
25.3	Zwischenzeugnis: Bewertung wie Nr. 25.2.[589] Wird ein Zwischen- und eine Endzeugnis (kumulativ oder hilfsweise) im Verfahren verlangt: insgesamt 1 Monatsvergütung

678 Weitere Differenzierungen des Streitwerts etwa dahingehend, ob es nur um einzelne Änderungspunkte, um weniger bedeutsame Aussagen, um bloße Festlegung der Benotung, um die äußere Form oder über die Verwendung der Schlussformel geht, sind nicht mehr notwendig – das Ausmaß der Beanstandungen ist für die Höhe des Streitwertes gleichgültig.

Das *BAG* ist (im Fall der jetzigen Ziffer 25.2) auch davon ausgegangen, dass der Anspruch auf „Berichtigung/Änderung" eines Zeugnisses, unabhängig vom Umfang der verlangten Änderungen mit 1 Monatslohn zu bewerten sei und führte aus:[590]

---

587 „Streitwertkatalog für die Arbeitsgerichtsbarkeit", abgedruckt in NZA 2016 S. 926.

588 *LAG Köln*, 30.12.2015 – 12 Ta 358/15, ArbRAktuell 2016 S. 127; *LAG Nürnberg*, 30.7.2014 – 4 Ta 83/14; *LAG Chemnitz*, 28.10.2013 – 4 Ta 172/13(2); *LAG Frankfurt*, 5.8.2013 – 1 Ta 251/13.

589 Da das Zwischenzeugnis für den Arbeitnehmer nur von vorübergehender Bedeutung ist, wurde bislang nur $^1/_2$ Monatsvergütung zugrunde gelegt, so z. B. *LAG Köln*, 23.11.2011 – 11 Ta 265/11.

590 *BAG*, 20.2.2001, BB 2001 S. 1957 = DB 2001 S. 1674 = NZA 2001 S. 843 = AP BGB § 630 Nr. 26.

„Gegenstand des Rechtsstreits ist, ob der Arbeitgeber den Zeugnisanspruch ordnungsgemäß erfüllt hat. Erst mit der ordnungsgemäßen Erfüllung erlischt der Anspruch des Arbeitnehmers. Der Streitwert verändert sich auch dann nicht, wenn der Arbeitgeber das Urteil des Arbeitsgerichts nur teilweise angreift und es im Übrigen rechtskräftig werden lässt.

Das Ausmaß der vom Arbeitnehmer verlangten Änderungen hat bei teilweisen Obsiegen und Unterliegen der Parteien allein für die Kostenentscheidung nach § 92 ZPO Bedeutung."

6. Zwangsvollstreckung

a) Allgemeines

Die Vollstreckung erfolgt gemäß § 62 ArbGG in Verbindung mit der ZPO. **679**

Die Zeugniserteilung ist eine unvertretbare Handlung im Sinne von § 888 ZPO,[591] sie ist keine Willens-, sondern eine Wissenserklärung, die unmittelbar nur vom Arbeitgeber, nicht von einem Dritten abgegeben werden kann (das gilt auch beim *einfachen* Zeugnis, das ja ebenfalls nur vom Arbeitgeber auszufertigen ist).

Die etwa notwendige Zwangsvollstreckung erfolgt durch Zwangsgeld bis maxi- **680**
mal 25.000 €, wobei sich die Höhe im Einzelfall nach dem Interesse an der Zeugniserteilung und nach der Hartnäckigkeit des Arbeitgebers richtet, mit der er die Erfüllung verweigert (falls das Zwangsgeld nicht beigetrieben werden kann, kommt Zwangshaft in Betracht). Eine *wiederholte* Zwangsgeldfestsetzung ist nur zulässig, wenn der Gläubiger die Zwangsvollstreckung aus einem vorangegangenen Zwangsmittelbeschluss voll durchgeführt hat.[592]

Wenn der Arbeitnehmer den Anspruch auf Erteilung eines Arbeitszeugnisses **681**
rechtskräftig erstritten hat, und der Arbeitgeber es trotz Aufforderung bislang nicht ausfertigte, dann könnte der entsprechende Antrag (gerichtet an das Prozessgericht, vor dem das Urteil erstritten wurde) lauten:

„Dem Schuldner (Beklagten) Zwangsgeld, und für den Fall einer nicht möglichen Beitreibung des Zwangsgeldes Zwangshaft aufzuerlegen mit der Aufforderung, die ihm durch Urteil vom … auferlegte Verpflichtung zur Erstellung eines qualifizierten Arbeitszeugnisses für die Gläubigerin (Klägerin) bis zum … zu erfüllen."

---

591 *BAG*, 9.9.2011 – 3 AZB 35/11, DB 2011 S. 2444 (Ls) = NZA 2012 S. 1244 = ArbRB 2011 S. 362 = MDR 2012 S. 165.

592 *LAG Kiel*, 19.4.2006 – 2 Ta 57/06.

682 Staatliche Zwangsmittel setzen voraus, dass ein eindeutiger, unmissverständlicher Titel vorliegt, bei dem das Vollstreckungsgericht klar ablesen und beurteilen kann, ob die titulierte Pflicht erfüllt wurde, ohne weitere Erhebungen vornehmen zu dürfen.

Ein Rückgriff auf den Inhalt der Prozessakten, etwa gestellte Anträge und insoweit gegebene Begründungen kommt nicht in Betracht, allein ausschlaggebend ist der Titel bzw. protokollierte Inhalt eines Vergleichs.

Um nicht das Erkenntnis- mit dem streng formalisierten Vollstreckungsverfahren zu vermengen und um den Streit der Parteien nicht in die Vollstreckung zu verlagern,[593] ist zu beachten:

683 • Im Vollstreckungsverfahren können nicht der *Inhalt* eines Zeugnisses oder bestimmte inhaltliche Formulierungen erzwungen werden[594] (auch nicht ein Zeugnis mit anderem Inhalt). Eine Überprüfung auf inhaltliche Richtigkeit des Zeugnisses unternimmt das Vollstreckungsgericht nicht. Verlangt der Gläubiger (= Arbeitnehmer) inhaltliche Änderungen/Ergänzungen des Zeugnisses, dann geht das nicht im Vollstreckungsverfahren, sondern er muss hierzu (erneut) Klage erheben.

Unklarheiten über den Inhalt der Verpflichtung dürfen nicht aus dem Erkenntnisverfahren in das Vollstreckungsverfahren verlagert werden.

> „*Aufgabe des Vollstreckungsverfahrens ist die Klärung der Frage, ob der Schuldner einer titulierten Verpflichtung nachgekommen ist, nicht aber die Frage, worin diese Verpflichtung besteht.*“[595]

684 • Dagegen sind dem Zwangsvollstreckungsverfahren die Einwendungen (nur) hinsichtlich der *äußeren Form* zugänglich, wenn es nicht den *Mindestanforderungen* an ein Zeugnis entspricht,[596] wenn das Zeugnis also nicht alle formalen Bestandteile und Vorgaben des § 109 GewO enthält[597] (z. B. keine Unterschrift oder nur eine Paraphe oder offensichtliche Fehler bei der Tätigkeitsbeschreibung). In diesen Fällen wäre sogar ein entsprechender Antrag im Erkenntnisverfahren unzulässig, da die formale Änderung des Zeugnisses durch Neuausstellung im Vollstreckungsverfahren durchgesetzt werden kann.[598]

593 *LAG Düsseldorf*, 10.6.2011 – 13 Ta 203/11.
594 *LAG Hamm*, 4.8.2010 – 1 Ta 270/10.
595 *BAG*, 14.2.2017 (9 AZB 49/16), ArbRAktuell 2017 S. 169.
596 *LAG Hamburg*, 7.9.1993, NZA 1994 S. 890.
597 *LAG Chemnitz*, 6.8.2012, NZA-RR 2013 S. 215.
598 *LAG Hamm*, 28.3.2000, NZA 2001 S. 576 (Ls) = MDR 2000 S. 1198 (Ls).

- Falls der Schuldner (= Arbeitgeber) im Vollstreckungsverfahren einwendet, er habe das Zeugnis bereits ausgefertigt und übergeben, jedenfalls nicht mehr in seinem Besitz, dann führt dieser *Erfüllungseinwand* sogleich zur Beendigung der Vollstreckung, *sofern* die entsprechenden Tatsachen unstreitig sind, also unstreitig ist, dass ein Schriftstück übergeben wurde, das nach Form und Inhalt die Merkmale eines Zeugnisses erfüllt,[599] also den Mindestanforderungen an ein Arbeitszeugnis entspricht (siehe oben). **685**

  Der Erfüllungseinwand ist aber *unbeachtlich*, wenn zwar ein Zeugnis erteilt wurde, jedoch mit polemischem, grob unsachlichem und ironischem Inhalt, das den Arbeitnehmer der Lächerlichkeit preisgibt z. B. mit folgendem Text für eine Gebäudereinigungskraft:[600]

  > „*Geschlechterbezogen war Frau X sehr beliebt. Die Aufgaben hat Frau X nach Anweisungen sehr bemüht erledigt. Die Anstrengungen ihrer Tätigkeit hat Frau X regelmäßig mit Schöpferpausen bedacht und ihre Arbeitszeiten nach ihren Anforderungen ausgeführt.*“

b) Handlungs- und Herausgabevollstreckung

Nun hat ja der Arbeitgeber nicht nur die Pflicht **686**

- zur *Ausfertigung* des Zeugnisses
  (Handlungsvollstreckung nach § 888 ZPO mit Zwangsgeld/Zwangshaft),
- sondern auch zur *Herausgabe* an den Arbeitnehmer
  (Herausgabevollstreckung nach § 883 ZPO mit Wegnahme durch Gerichtsvollzieher und Übergabe an den Arbeitnehmer).

Im Interesse einer effektiven Vollstreckung muss in diesen Fällen praxisnah angenommen werden, nicht beide Vollstreckungsformen nach- oder nebeneinander laufen zu lassen, vielmehr erfolgt die Zwangsvollstreckung ausschließlich nach § 888 ZPO, egal, ob der titulierte Anspruch nur die Erteilung des Zeugnisses oder auch zusätzlich die Herausgabe umfasst. **687**

Denn das Zeugnis wird nicht um seiner selbst willen ausgefertigt, es dient keinem anderen Zweck, als es anschließend und ausschließlich dem Arbeitnehmer zur Verfügung zu stellen; Ausfertigung und Übergabe gehören bestimmungsgemäß zusammen und bilden hierbei eine inhaltliche, prozessuale Einheit. Das Schwergewicht liegt zwar in der Ausfertigung des Zeugnisses, dessen Übergabe ist aber als eine *Nebenverpflichtung* oder Nebenfolge der Zeugnisfertigung an-

---

599 *LAG Frankfurt*, 17.3.2003 – 16 Ta 82/03.
600 *LAG Köln*, 14.2.2017, BB 2017 S. 1011 (Ls) = ArbRAktuell 2017 S. 202.

zusehen, und daher erfolgt die Vollstreckung einheitlich und insgesamt nach § 888 ZPO.[601]

688 Hat der Arbeitgeber das Zeugnis zwar ausgefertigt, weigert sich aber, es herauszugeben (weil er etwa unberechtigte Gegenansprüche stellt – siehe zum Zurückbehaltungsrecht Rn. 211), und lautet daher der titulierte Anspruch lediglich auf Herausgabe des Zeugnisses, dann erfolgt die Vollstreckung nach § 883 ZPO.

c) Vollstreckung aus Vergleichen

689 Streitig sind oft die Fälle, in denen das Zeugnis gefertigt werden soll anhand von Angaben, die in einem Vergleich formuliert sind (siehe Rn. 455 ff.) und es nunmehr um dessen Vollstreckung geht[602] – für die Zwangsvollstreckung aus einem Vergleich ist erforderlich, dass sich die zu vollstreckende Handlung ausschließlich aus dem protokollierten Inhalt des Vergleichs entnehmen lässt, ein Rückgriff auf den Inhalt der Prozessakten kommt nicht in Betracht, auch etwaige Unklarheiten über den Inhalt der Verpflichtung gehören nicht in das Vollstreckungsverfahren; aus dem zu vollstreckenden Titel muss eindeutig ablesbar sein, was zu vollstrecken ist, ohne dass es weiterer Nachforschungen bedarf.

690 Um solche Streitfälle zu vermeiden, ist zu empfehlen, das Zeugnis komplett zu entwerfen und diesen Entwurf in den Vergleich aufzunehmen oder als Anlage beizufügen.[603]

---

601 *LAG Frankfurt*, 19.6.2017 – 10 Ta 172/17; *LAG Hamm*, 27.7.2016 – 4 Ta 118/16, ArbRB 2016 S. 363; *LAG Kiel*, 19.7.2001 – 4 Ta 98/01; *LAG Erfurt*, 23.12.2000, BB 2001 S. 943 (Ls).

602 *Ostermaier*, „Das Arbeitszeugnis in der Zwangsvollstreckung“, FA 2009 S. 297.

603 *Merten*, „BAG: Vollstreckbarkeit eines Vergleichs über ein Arbeitszeugnis“, ArbRAktuell 2011 S. 586.

Zu einigen Passagen und ihre Vollstreckbarkeit: 691

Im Vergleich wird der Arbeitgeber verpflichtet zu einem …	**Bedeutung im Vollstreckungsverfahren?**
wohlwollenden Zeugnis	**Nicht vollstreckungsfähig** Im Vollstreckungsverfahren kann nicht eingewendet werden, das erteilte Zeugnis sei nicht wohlwollend – dies betrifft den Inhalt des Zeugnisses und ist in einem Verfahren auf Zeugnisberichtigung zu verfolgen.[604] Das „Wohlwollen" als solches ist mangels hinreichender Bestimmtheit nicht vollstreckungsfähig.[605]
Zeugnis, „*dass dem beruflichen Fortkommen bzw. seiner weiteren beruflichen Entwicklung dienlich ist.*"[606]	**Nicht vollstreckungsfähig** Zu unbestimmt; hält der Arbeitnehmer das vorgelegte Zeugnis nicht für vorteilhaft, so muss es einem neuen Erkenntnisverfahren überlassen bleiben.
Zeugnis „*auf der Grundlage* oder *auf der Basis des erteilten Zwischenzeugnisses.*"	**Nicht vollstreckungsfähig** Der Inhalt des Vergleichs ist nicht bestimmt genug, um hieraus die Zwangsvollstreckung hinsichtlich eines konkreten Zeugnisinhalts zu ermöglichen.[607] Der Text des Zwischenzeugnisses hätte im Vergleichstext wiedergegeben oder dem Protokoll nach § 160 Abs. 5 ZPO beigefügt werden müssen (siehe auch Rn. 605).
Zeugnis „*entsprechend der Schulnote „gut" auf der Basis des im Antrag der Klageschrift bezeichneten Zeugnisses.*"[608]	**Nicht vollstreckungsfähig** Ein Rückgriff auf den Inhalt der Prozessakten, etwa auf gestellte Anträge und insoweit gegebene Begründungen kommt nicht in Betracht, allein ausschlaggebend ist der protokollierte Inhalt des Vergleichs.
Zeugnis, „*aus dem sich ergibt, dass sie stets zur vollsten Zufriedenheit der Beklagten tätig war und dass ihr Verhalten jederzeit und in jeder Hinsicht einwandfrei war.*"	**Nicht vollstreckungsfähig** Es ist nicht Aufgabe des Vollstreckungsgerichts festzustellen, ob dies durch die später im Zeugnis gewählten Formulierungen abgedeckt ist.

604 *LAG Hamm*, 4.8.2010 – 1 Ta 310/10; *LAG Mainz*, 6.7.2006, MDR 2007 S. 284.
605 *LAG Chemnitz*, 6.8.2012, NZA-RR 2013 S. 215; *ArbG Saarlouis*, 15.2.2005 – 1 Ca 1355/04.
606 *LAG Hamm*, 4.8.2010 – 1 Ta 196/10.
607 *LAG Frankfurt*, 17.3.2003, NZA-RR 2004 S. 382.
608 *LAG Köln*, 4.7.2013 – 4 Ta 155/13.

Zeugnis „*mit einer guten Leistungs- und Gesamtbeurteilung*“	**Zum Teil vollstreckungsfähig** Vollstreckungsfähig nur hinsichtlich der *Erteilung* des Zeugnisses, nicht aber hinsichtlich der guten Bewertung.[609]
Zeugnis entsprechend einem vom „*Arbeitnehmer noch vorzulegenden Entwurf*“	**Vollstreckungsfähig!** Diese Formulierung hat einen vollstreckbaren Inhalt, wobei im Vollstreckungsverfahren (nur) zu prüfen ist, ob das Zeugnis dem vorgelegten Entwurf entspricht – der Arbeitgeber (der seine „Formulierungshoheit“ auf den Arbeitnehmer übertragen hat) muss dabei nicht Wort für Wort des Entwurfs übernehmen (z. B. auch keine Grammatik-, Rechtschreib- oder Zeichensetzungsfehler). Aber: *Keine* Übereinstimmung liegt vor, wenn das Zeugnis vom Entwurf durch extreme Steigerungen nach „oben“ abweicht, ein spöttisch ironischer Gesamteindruck entsteht und den Zeugnistext dadurch ins Lächerliche zieht.[610] *Trotz* Übereinstimmung darf das Zeugnis nicht gegen den Grundsatz der Zeugniswahrheit verstoßen; ob der Grundsatz verletzt wurde, ist in einem Erkenntnisverfahren zu prüfen.[611]

Zur Notenstufe?

692 Die in Vergleichen vereinbarte Formulierung, dem auszustellenden Zeugnis einer bestimmten *Notenstufe* zuzuordnen, ist mangels Bestimmtheit einer Zwangsvollstreckung nicht zugänglich, denn das *BAG*[612] meint,

> „*die Vereinbarung einer bestimmten Notenstufe* (lässt) *dem Arbeitgeber einen derart weiten Gestaltungsspielraum hinsichtlich der Auswahl und Gewichtung einzelner Gesichtspunkte, des Umfangs des Zeugnistextes sowie der Formulierung der Leistungs- und Führungsbeurteilung, dass von einem konkreten Leistungsbefehl, der die Grundlage einer mit staatlichen Zwangsmitteln zu vollziehenden Vollstreckung bildet, nicht die Rede sein kann.*“

Und das *LAG Frankfurt*[613] führt hierzu aus:

> „*Der Beurteilung „gut“ können verschiedene Formulierungen gerecht werden. Eine bestimmte Formulierung ist jedoch nicht in den Vergleichstext aufgenommen worden. Ein Zeugnis kann sich auf verschiedene Weise in einer Gesamtschau als „gut“ herausstellen. So ist denkbar, dass Defizite im Füh-*

609 *LAG Nürnberg*, 3.5.2016 – 2 Sa 50/16, BB 2016 S. 1908 (Ls).
610 *LAG Hamm*, 14.11.2016 – 12 Ta 475/16, ArbRAktuell 2016 S. 608.
611 *BAG*, 9.9.2011 – 3 AZB 35/11, DB 2011 S. 2444 = NZA 2012 S. 1244 = ArbRB 2011 S. 362.
612 *BAG*, 14.2.2017 – 9 AZB 49/16.
613 *LAG Frankfurt*, 17.11.2016 – 8 Ta 456/16.

rungsbereich durch herausragende Leistungen ausgeglichen werden können,. Ebenso kann dies umgekehrt der Fall sein. Auch können innerhalb verschiedener Aufgaben Leistungen von unterschiedlicher Qualität erbracht werden, deren Gewichtung in der Addition zur Annahme einer guten Gesamtleistung führt."

Es fehlt also an der für eine Zwangsvollstreckung notwendigen Bestimmtheit der vorzunehmenden Handlung.

Ist im Vergleich formuliert, dass **693**

1. ein qualifiziertes Zeugnis
2. unter einem bestimmten Ausstellungsdatum und
3. mit einer bestimmten Notenstufe

zu erteilen ist, so können in der Zwangsvollstreckung nur die Ziffern 1. und 2. durchgesetzt werden, nicht aber die Notenstufe.

7. Entschädigung nach § 61 Abs. 2 ArbGG

Der Arbeitnehmer hat die Wahl: **694**

- entweder er will das Zeugnis (notfalls erzwungen mit Zwangsgeld, das in die Staatskasse fließt),
- oder er will eine finanzielle Entschädigung für den Fall, dass das Zeugnis nicht erteilt wird, und „verzichtet" dann auf das Zeugnis (hierfür ist § 61 Abs. 2 ArbGG die Grundlage).

Wird der Arbeitgeber gemäß § 61 Abs. 2 ArbGG zu einer Entschädigung verurteilt, so ist die Vollstreckung nach § 888 ZPO ausgeschlossen, d. h. das Zeugnis kann nicht mehr verlangt werden. **695**

Will der Arbeitnehmer vor allem den Schaden ersetzt haben, den er durch die Verweigerung des Zeugnisses erlitten hat (weil er z. B. mangels Zeugnis keinen neuen Arbeitsplatz gefunden hat), so kann er gemäß § 61 Abs. 2 ArbGG beantragen, dass das Arbeitsgericht den Arbeitgeber zur Zeugniserteilung und für den Fall, dass die Ausstellung nicht binnen einer bestimmten Frist vorgenommen wird, zur Zahlung einer Entschädigung verurteilt wird (hierdurch wird das arbeitsgerichtliche Verfahren beschleunigt und Druck ausgeübt auf den Zeugnisaussteller) – der Entschädigungsantrag wird als „uneigentlicher" Hilfsantrag[614] gestellt für den Fall, dass der Hauptantrag (nicht abgewiesen, sondern) erfolgreich ist. **696**

---

614 *BAG*, 8.4.1988, BB 1988 S. 1468 (Ls) = DB 1988 S. 1660 (Ls) = NZA 1988 S. 741.

697 Der Antrag könnte lauten:[615]

„*1.) Der Beklagte wird verurteilt, dem Kläger ein qualifiziertes Zeugnis auszustellen.*

2.) Für den Fall, dass die Verpflichtung zur Zeugniserteilung innerhalb einer Frist von vier Wochen nach Urteilszustellung nicht erfüllt wird, ist dem Kläger eine Entschädigung in Höhe von … € zu zahlen.“

698 Die zu bestimmende Frist kann in das Ermessen des Gerichts gestellt werden. Der Entschädigungsantrag ist zu beziffern – oder auch dem Gericht zu überlassen, sofern der Kläger Fakten vorträgt, die als Grundlage für die gerichtliche Schätzung der Schadenshöhe dienlich sind, wobei es in diesem Fall empfehlenswert ist, eine Untergrenze der begehrten Entschädigung zu benennen, um dem Gericht Anhaltspunkte für die Schätzung zu geben und die Rechtsmittelbeschwer bestimmen zu können.[616]

699 Daher könnte Ziffer 2.) bei Rn. 697 auch wie folgt lauten:

„*Für den Fall, dass die Verpflichtung zur Zeugniserteilung nicht innerhalb der vom Gericht zu bemessenen Frist erfolgt, an den Kläger eine Entschädigung zu zahlen, deren Höhe in das Ermessen des Gerichts gestellt wird und die einen Betrag in Höhe von … € nicht unterschreiten sollte.*“

700 Wird das Zeugnis nicht innerhalb der im Urteil bestimmten Frist erteilt, so ist der Arbeitnehmer auf die Vollstreckung der zugesprochenen Entschädigungsleistung beschränkt – vollstreckt durch den Gerichtsvollzieher oder durch Pfändungs- und Überweisungsbeschluss.

701 Neben dieser Entschädigung gibt es keine sonstigen Ersatzansprüche, die im Zusammenhang mit der Nichterfüllung stehen,[617] der Entschädigungsbetrag ist der Schadensbetrag und tritt quasi an die Stelle des Zeugnisses. Das muss sich der Arbeitnehmer genau überlegen,[618] denn er bleibt auf Dauer ohne Zeugnis!

---

615 *Ganz*, „§ 62 II ArbGG – zu Unrecht ein Mauerblümchen?“, ArbRAktuell 2014 S. 352.

616 *Laber*, „Effiziente Durchsetzung von Ansprüchen zur Vornahme einer Handlung gem. § 61 Abs. 2 ArbGG“, ArbRB 2004 S. 290.

617 *BAG*, 20.2.1997, BB 1997 S. 1696 (Ls) = DB 1997 S. 1779 = NZA 1997 S. 880.

618 ErfK *(Müller-Glöge)*, Rn. 78.

XIII. Haftung des Ausstellers

Der Zeugnisaussteller übernimmt wegen des Vertrauen erweckenden Charakters des Zeugnisses eine Mindestgewähr für dessen Richtigkeit und entsprechende Einstandspflicht gegenüber dem Arbeitnehmer wie auch gegenüber dem neuen Arbeitgeber. **702**

1. Gegenüber dem Arbeitnehmer

Vorweg: **703**

Der Schadensersatzanspruch steht im Zusammenhang mit dem noch bestehenden Zeugnisanspruch; ist der Zeugnisanspruch *erloschen*, etwa wegen Ablaufs der Ausschlussfrist oder wegen Verwirkung, so entfällt auch ein Anspruch auf Schadensersatz.[619] Wer die Möglichkeit versäumt hat, ein Zeugnis bzw. ein inhaltlich anderes Zeugnis zu fordern, wer also die eigentliche Leistung schuldhaft nicht mehr verlangen kann, der muss sich mit der gegebenen Zeugnissituation abfinden und kann nicht mehr als Ersatz (stattdessen) Schadensersatz erhalten.

a) Haftung aus Vertrag

Abgesehen von der Möglichkeit, anstatt des Zeugnisses eine Entschädigung gemäß § 61 Abs. 2 ArbGG zu erhalten (siehe Rn. 694) kann der Arbeitnehmer *neben* dem Zeugnis Schadensersatz verlangen, und zwar wegen verspäteter Erteilung (§§ 280 Abs. 2, 286, 288 Abs. 4 BGB), aber auch wegen Schlechterfüllung gemäß § 280 Abs. 1 BGB – da es im Zeugnisrecht keine Regelung über Gewährleistungen gibt, liegt ein mangelfreies Zeugnis vor, wenn es formell einwandfrei, inhaltlich vollständig und in der Bewertung von mittlerer Art und Güte ist;[620] erfüllt das Zeugnis diese Kriterien nicht, so kommt Schadensersatz in Betracht. **704**

b) Haftung aus unerlaubter Handlung

Schadensersatz kann nicht auf § 823 Abs. 1 BGB, jedoch auf § 823 Abs. 2 BGB in Verbindung mit den Zeugnisvorschriften gestützt werden, die Schutzcharakter zugunsten des Arbeitnehmers haben; denn der Zeugnisanspruch dient ausschließlich und allein dem Schutz des Mitarbeiters, um für ihn eine Grundlage für Bewerbungen zu schaffen.[621] **705**

---

619 Zweifelnd: Staudinger *(Preis)*, Rn. 80.
620 ErfK *(Müller-Glöge)*, Rn. 65.
621 *LAG Hamburg*, 25.1.1994 – 2 Sa 98/93 (= für das Ausbildungszeugnis).

706 Ein Anspruch auf *Schmerzensgeld* kommt wohl kaum in Betracht; denn das fehlerhafte Zeugnis müsste die Arbeitslosigkeit und dadurch eine Krankheit ausgelöst haben, die ein Schmerzensgeld rechtfertigt.[622]

c) Mahnung

707 Der Arbeitnehmer muss die Zeugniserteilung *anmahnen*; ohne Anmahnung tendiert der Schadensersatz gegen Null.[623]

708 • Wird das Zeugnis *nicht rechtzeitig* erteilt, so hat der Arbeitgeber den Verspätungsschaden zu ersetzen, aber erst ab dem Zeitpunkt einer Mahnung. Der Antrag auf Ausstellung eines Zeugnisses stellt noch keine „Mahnung" dar,[624] sondern erst, wenn nach Ablauf der üblichen Bearbeitungszeit (siehe Rn. 145) die Forderung nachdrücklich wiederholt wird. Ist das Zeugnis automatisch zu erteilen, so muss die Erteilung vom Arbeitnehmer angemahnt werden.

709 • Wird das Zeugnis zwar rechtzeitig erteilt, aber entspricht es *inhaltlich nicht* den Anforderungen der Zeugnisvorschriften (z. B. unvollständige Tätigkeitsbeschreibung, Beurteilungsfehler), so besteht ein Schadensersatzanspruch; allerdings wird auch hierbei vorausgesetzt, dass der Arbeitnehmer seine Einwände zunächst dem Arbeitgeber mitteilt, um ihm die Möglichkeit der Korrektur zu geben,[625] denn den Arbeitnehmer würde ein beachtliches Mitverschulden gemäß § 254 BGB treffen,

> „*wenn er trotz erkennbarer Gefährdung seines beruflichen Fortkommens schuldhaft die Berichtigung des mangelhaften Zeugnisses entweder nicht verlangt oder dies verspätet oder auf ungenügende Weise tut.*"[626]

710 • Eine Anmahnung ist auch notwendig, wenn die Anspruchsgrundlage aus § 823 Abs. 2 BGB entnommen wird, es muss erwartet werden, dass sich der Arbeitnehmer rechtzeitig meldet, denn er allein hat ein Interesse am Zeugnis und eine Fürsorgepflicht „sich selbst" gegenüber.

---

622 *BAG*, 12.8.1976, BB 1976 S. 1516 (Ls) = DB 1976 S. 2211 = AP BGB § 630 Nr. 11 (mit Anm. von *Karl Schleßmann*); Staudinger *(Preis)*, Rn. 78.

623 *LAG Kiel*, 1.4.2009 – 1 Sa 370/08; Landmann/Rohmer *(Neumann)*, Rn. 34.

624 ErfK *(Müller-Glöge)*, Rn. 63; Staudinger *(Preis)*, Rn. 76.

625 Staudinger *(Preis)*, Rn. 77.

626 *LAG Düsseldorf*, 23.7.2003 – 12 Sa 232/03.

d) *Ursächlichkeit*[627]

Der Arbeitnehmer hat darzulegen und zu beweisen, **711**

- dass überhaupt ein Schaden vorliegt und wie hoch er ist, der wegen nicht rechtzeitiger oder inhaltlich nicht ordnungsgemäßer Zeugniserteilung entstanden ist, wenn deswegen kein neuer bzw. adäquater Arbeitsplatz oder erst verspätet gefunden wurde, und
- dass die Nichterteilung oder verspätete Erteilung bzw. eine festgestellte Unrichtigkeit oder Unvollständigkeit eines Zeugnisses ursächlich dafür gewesen sind, einen schlechter dotierten oder gar keinen neuen Arbeitsplatz erhalten zu haben.

Es ist für den Arbeitnehmer im Einzelfall schwierig, die maßgeblichen Kausalzusammenhänge zu belegen. **712**

- Es besteht keine *Vermutung*, dass das Fehlen eines ordnungsgemäßen Zeugnisses ursächlich für den Misserfolg einer Bewerbung war; einen Rechtssatz, der eine derartige Vermutung enthielte, gibt es nicht.[628]

  Die Grundsätze des *Anscheinsbeweises* scheiden aus. Es müsste nämlich einen allgemeinen Erfahrungssatz geben, der die Grundlage auch nur für eine tatsächliche Vermutung in der Richtung bieten könnte, dass die Erfolglosigkeit einer Bewerbung oder auch einer Vielzahl von Bewerbungen auf das Fehlen eines Arbeitszeugnisses oder dessen verspäteter Erteilung beruhen müsste.

  Das *BAG* meint, ein solcher Erfahrungssatz gelte nur für typische Geschehnisabläufe und würde enden bei der Wertung individueller Ereignisse, die erfahrungsgemäß von jedem Menschen nach verschiedenen Gesichtspunkten und Motiven bewältigt würden; die Einstellung von Mitarbeitern sei eine solche individuelle Handlung des Arbeitgebers, so dass kein Anscheinsbeweis möglich sei, auch bei *leitenden Angestellten* bestehe kein allgemeiner Erfahrungssatz, dass allein das Fehlen eines Zeugnisses ursächlich für erfolglose Bewerbungen gewesen sei[629] – anders könnte es zu beurteilen sein, wenn es sich um eine besondere *Vertrauensstellung* handelt.[630]

---

627 Siehe vor allem: *BAG*, 16.11.1995 – 8 AZR 983/94, AuR 1996 S. 195 (Ls); *Anton-Dyck/Böhm*, „Kostspieliges Arbeitszeugnis – Drohende Schadensersatzansprüche bei verspäteter Ausstellung“, ArbRB 2013 S. 344.

628 *BAG*, 25.10.1967, BB 1968 S. 545 = DB 1968 S. 1183 = AP HGB § 73 Nr. 6.

629 *BAG*, 16.11.1995 – 8 AZR 983/94, AuR 1996 S. 195 (Ls), sowie 26.2.1976, BB 1976 S. 841 (Ls) = DB 1976 S. 1239 = AP BGB § 252 Nr. 3.

630 *Monjau*, „Das Zeugnis im Arbeitsrecht“, DB 1966 S. 340.

713 • Der Arbeitnehmer wird aber nicht unzumutbar belastet, denn ihm kommt die *Beweiserleichterung* des § 252 Satz 2 BGB und § 287 ZPO zugute:[631] Diese Beweiserleichterungen entbinden aber nicht von der Darlegungs- und Beweispflicht, der Arbeitnehmer muss zunächst die tatsächlichen Grundlagen für die zu treffende Beurteilung oder Schätzung liefern.

Danach muss

> „*der von ihm zu erbringende Nachweis nicht so vollständig geführt werden, dass selbst letzte Zweifel ausgeschlossen werden können. Ausreichend, aber auch notwendig ist vielmehr eine gewisse Wahrscheinlichkeit des Ursachenzusammenhangs. Sie ist zu bejahen, wenn sich ein Unternehmer ernsthaft für die Einstellung des Arbeitsnehmers interessiert und das fehlende Zeugnis zur Sprache gebracht wurde oder wenn es gerade wegen des fehlenden Zeugnisses nicht zu einer Einstellung gekommen ist.*“[632]

Notfalls muss der Arbeitnehmer den neuen Arbeitgeber bzw. dessen Vertreter als Zeugen im Prozess benennen.[633]

714 Zu beachten ist: Es muss stets ein Kontakt zu einem Arbeitgeber bestanden haben, es kann nicht schlicht der Misserfolg behauptet werden, wenn der Kontakt überhaupt nicht versucht wurde.

Beim Vertragsbruch

715 Eine besonders sorgfältige Prüfung des Kausalzusammenhangs zwischen dem säumigen Verhalten des Arbeitgebers und der entgangenen Chance ist dann geboten, wenn der Arbeitnehmer zur Unzeit gekündigt hat oder unter Vertragsbruch ausgeschieden ist, wenn ihm aus Gründen, die in seinem Verhalten lagen, gekündigt oder er aus einem wichtigen Grund fristlos entlassen wurde. Solche Momente bleiben anderen Arbeitgebern nicht verborgen, so dass in solchen Fällen die Ursache der Arbeitslosigkeit weniger auf das Zurückhalten des Zeugnisses als auf das Sozialverhalten des Arbeitnehmers zurückzuführen ist.

e) Zur Höhe des Schadensersatzes

716 Die Schadenshöhe berechnet sich wie folgt:

- Fehlt das Zeugnis bei der Bewerbung und erhält der Arbeitnehmer deshalb einen geringer dotierten Arbeitsplatz, so besteht der Schaden in dem Diffe-

---

631 *BAG*, 16.11.1995 – 8 AZR 983/94, AuR 1996 S. 195 (Ls).

632 *LAG Frankfurt*, 31.3.2009 – 13 Sa 1267/08.

633 *Kölsch*, „Die Haftung des Arbeitgebers bei nicht ordnungsgemäßer Zeugniserteilung“, NZA 1985 S. 382.

renzbetrag zu der Lohnhöhe, die er bei Vorlage eines ordnungsgemäßen Zeugnisses hätte erreichen können.[634]

- Erhält er keine neue Arbeitsstelle, so ist der entgangene Lohnanspruch (Bruttolohn, abzüglich Steuer, Sozialversicherungen und Leistungen Dritter wie z. B. Arbeitslosengeld) der Schadensbetrag, hierzu zählen auch die von ihm zutragenden Bewerbungskosten.

Über welchen *Zeitraum* kann der Minderverdienst bzw. Verdienstausfall geltend gemacht werden? Zu dem vom Gericht gemäß § 287 ZPO zu schätzenden Schadensumfang lässt sich Folgendes festhalten: **717**

- Geht es um einen *befristet* vorgesehenen Vertrag = grundsätzlich auf die Zeit der Befristung.[635]
- Geht es um einen *unbefristet* vorgesehenen Vertrag = auf die Dauer der üblichen *Probezeit*, denn nach dem gewöhnlichen Lauf der Dinge wäre mit Wahrscheinlichkeit erwartet worden, dass jedenfalls die Probezeit absolviert worden wäre.

  Wenn es allerdings nur auf die Dauer von 6 Wochen beantragt wurde, so erhält er auch den Schadensersatz nur für diese Zeit (da anzunehmen sei, dass bei einer Einstellung das Arbeitsverhältnis mindestens 6 Wochen bestehen bliebe).[636]
- Beantragt der Arbeitnehmer dagegen Schadensersatz über die Dauer der üblichen Probezeit *hinaus*, dann wird er den Nachweis schwerlich führen können, denn es müsste die Annahme wahrscheinlich sein, dass mit dem neuen Arbeitgeber über die Probezeit hinaus und unabhängig vom Ergebnis der Probezeit ein ungekündigtes Arbeitsverhältnis bestanden hätte.

Zwar werden häufig Schadensersatzklagen vor dem Arbeitsgericht erhoben, die aber durchweg nicht erfolgreich sind, weil der Arbeitnehmer die Ursachenzusammenhänge nicht belegen kann.[637]

Falls jedoch der Nachweis gelingt, kann es für den Arbeitgeber teuer werden – z. B. hatte der Zeugnisaussteller 6.000 € zu zahlen, weil das erteilte Zeugnis inhaltlich nicht dem abgeschlossenen Vergleich entsprach;[638] wegen verspäteter **718**

---

634 *BAG*, 26.2.1976, BB 1976 S. 841 (Ls) = DB 1976 S. 1239 = AP BGB § 252 Nr. 3.

635 *v. Hoyningen-Huene/Boemke*, „Beweisfragen bei Berufsfortkommensschäden“, NJW 1994 S. 1757.

636 *ArbG Bremen-Bremerhaven*, 6.10.2011 – 1 Ca 1309/10.

637 Siehe z. B. *BAG*, 16.11.1995 – 8 AZR 983/94, AuR 1996 S. 195 (Ls), und *LAG Kiel*, 1.4.2009 – 1 Sa 370/08.

638 *LAG Frankfurt*, 31.3.2009 – 13 Sa 1267/08.

Ausstellung eines Ausbildungszeugnisses musste ein Arbeitgeber fast 16.000 DM zahlen.[639]

2. Gegenüber dem neuen Arbeitgeber

a) Haftung aus Vertrag

719 Der *BGH* hat die Haftung gegenüber dem neuen Arbeitgeber nach vertraglichen bzw. vertragsähnlichen Grundsätzen anerkannt[640] und ausgeführt:

> „*Kennzeichnend für das Dienstzeugnis ist sein vertrauenerheischender Bescheinigungscharakter; dessen Anerkennung im Verkehr macht erst den Wert des Zeugnisses für den ausscheidenden Dienstverpflichteten aus.*
>
> *Man wird diesem Wesen des Zeugnisses nur gerecht, wenn man ihm immerhin eine rechtsgeschäftliche Komponente zuerkennt. Sie besteht in der von der Funktion des Zeugnisses verlangten und daher mit seiner Ausstellung erklärten Bereitschaft des Ausstellers gegenüber demjenigen, den das Zeugnis später angeht, weil er es als künftiger Arbeitgeber in seinen Einstellungsentschluss einbezieht, wenigstens eine nach Treu und Glauben unerlässliche, weil ohne weiteres zumutbare Mindestgewähr für die Richtigkeit zu übernehmen …*
>
> *Der Adressat des Zeugnisses hat aus der im Zeugnis enthaltenen Verpflichtung zu einer Mindestgewähr Anspruch auf Schadloshaltung …*“

und zwar in folgendem Fall:

> „*… wenn nämlich*
>
> *1. die grobe objektive Unrichtigkeit eines zunächst in gutem Glauben ausgestellten Zeugnisses dem Aussteller nachträglich bewusst geworden ist,*
>
> *2. dem Aussteller ferner bekannt ist, dass ein bestimmter Dritter auf das Zeugnis vertraut hat und dadurch schweren Schaden zu nehmen droht, und*
>
> *3. keinerlei tatsächliche Schwierigkeiten oder billigenswerte Rücksichten einer umgehenden Warnung des Dritten entgegenstehen.*“

720 Die in dem Urteil hervorgehobene „*Haftung aus Bescheinigungen*“ eröffnet eine schuldrechtliche Haftung außerhalb des Deliktsrechts, die sehr beachtlich ist. Denn der frühere Arbeitgeber kann sich für fehlerhaftes Verhalten eines mit der Ausstellung von Zeugnissen Beauftragten nicht nach § 831 BGB entlasten (sondern haftet wie für eigenes Verschulden nach § 278 BGB), es wird auch der

---

639 *LAG Hamburg*, 25.1.1994 – 2 Sa 98/93.

640 *BGH*, 15.5.1979, BB 1980 S. 779 = DB 1979 S. 2378 = NJW 1979 S. 1882 = AP BGB § 630 Nr. 13.

reine Vermögensschaden erfasst, und vor allem ist eine Haftung aus bestimmten *fahrlässigen* Versäumnissen zu begründen.

Um aber nicht eine uneingeschränkte Garantiehaftung mit kaum überschaubaren Haftungsrisiken anzunehmen, hat der *BGH* einschränkend für diese Vertragshaftung Vorsatzelemente zugrunde gelegt, und zwar: **721**

- Der Zeugnisaussteller muss zumindest die Unrichtigkeit des Zeugnisses und die Gefährdung des Dritten klar *erkannt* haben (er haftet, auch wenn die Benachrichtigung nicht in Schädigungsvorsatz, sondern aus Nachlässigkeit oder Vergesslichkeit versäumt wurde) – ist ihm hingegen die Unrichtigkeit des Zeugnisses bei der Ausstellung durch bloße Nachlässigkeit *nicht bewusst* und von ihm auch nicht nachträglich erkannt worden, entfällt die Haftung.
- Schließlich muss sich, um eine Haftung zu begründen, die Wahrheits- und Berichtigungspflicht auf Punkte beziehen, die die Verlässlichkeit des Zeugnisses in ihrem *Kern* berühren; ein Zeugnis, das „*einen sechsstelliger Unterschleife schuldigen Buchhalter als zuverlässig erscheinen lässt, ist absolut irreführend.*"

Diese Vertragshaftung wird durchweg abgelehnt;[641] das *BGH*-Urteil lässt sich wohl nur aus der besonderen Situation der Fallgestaltung erklären: **722**

Ein Arbeitgeber (der Kläger) hatte einen Buchhalter auf Grund des guten Zeugnisses des früheren Arbeitgebers (des Beklagten) eingestellt. Einige Zeit später entdeckte der frühere Arbeitgeber Unterschlagungen des Buchhalters. Er überließ die Berichtigung des Zeugnisses und die Unterrichtung des neuen Arbeitgebers seinem Rechtsanwalt, der den neuen Arbeitgeber aber erst so spät (zu spät) benachrichtigte, als der Buchhalter dort bereits neue Unterschlagungen begangen hatte; hinzu kam, dass der frühere Arbeitgeber (Beklagte) sich vom Buchhalter zur Wiedergutmachung Gelder übertragen ließ, die aus Unterschlagungen beim neuen Arbeitgeber (Kläger) stammten!

Dieser ungewöhnliche Sachverhalt ließ sich mit dem Deliktsrecht nicht befriedigend lösen (der frühere Arbeitgeber handelte korrekt, für das Verschulden seines Anwalts hat er mangels Auswahlverschuldens gemäß § 831 BGB *nicht* einzustehen; der Buchhalter war inzwischen vermögenslos) – das nicht akzeptable „Haftungsdefizit"[642] führte zur Vertragshaftung, wonach der frühere Arbeitgeber gemäß § 278 BGB für den Anwalt zu haften hat. **723**

---

641 ErfK *(MüllerGlöge)*, Rn. 72; Schaub *(Linck)*, Rn. 41.

642 *Loewenheim*, „Schadenshaftung unter Arbeitgebern wegen unrichtiger Arbeitszeugnisse", Juristenzeitung, 1980 S. 469.

724 Der *BGH* führt des Weiteren aus, die rechtsgeschäftliche Komponente bei der „*Haftung aus Bescheinigungen*" bedeute nicht, dass der Dritte (= der neue Arbeitgeber) unmittelbar begünstigt werde (vgl. § 328 BGB), er erhalte keinen eigenen Anspruch auf ein richtiges Zeugnis (er kann es auch nicht beantragen, siehe Rn. 136).

725 Hinsichtlich des Zeugnisses liegt schließlich kein *Vertrag mit Schutzwirkung* zugunsten Dritter vor.[643] Es mangelt an der Schutzpflicht des Arbeitnehmers gegenüber dem neuen Arbeitgeber; der Zeugnisempfänger verfolgt nicht Interessen des neuen Arbeitgebers, sondern ausschließlich eigene und hat durchaus auch Interesse an einem Zeugnis mit unrichtigem Inhalt (wenn es zu seinen Gunsten ausfällt). Die nötige Vertrags-, Leistungs- und Gläubigernähe fehlt, um Ansprüche des neuen Arbeitgebers gegen den Zeugnisaussteller aus diesem Vertragstyp zu begründen.

b) Haftung aus unerlaubter Handlung

aa) Haftung aus § 823 BGB

726 Schadensersatz kann nicht auf § 823 Abs. 2 BGB gestützt werden, da die Zeugnisvorschriften keinen Schutzgesetzcharakter zu Gunsten des neuen Arbeitgebers genießen (anders: gegenüber dem Arbeitnehmer, siehe Rn. 705), denn:

> „*Das Zeugnis soll das Fortkommen ermöglichen, nicht aber den neuen Arbeitgeber vor Schaden bewahren. Die Schadenersatzverpflichtung kann nicht weiter gehen als das Zweckstreben der Zeugnisvorschriften.*"[644]

bb) Haftung aus § 826 BGB

727 Die Haftung aus einem den Tatsachen nicht entsprechenden Zeugnis Dritten gegenüber ist eindeutig, wenn *vorsätzlich* in einer *gegen die guten Sitten* verstoßenden Weise einem anderen Schaden zugefügt wird. Es muss also die Absicht bestehen, einen anderen Arbeitgeber durch ein frisiertes Zeugnis zur Einstellung eines mit erheblichen Fehlern (Mangel an fachlichen Fähigkeiten, schweren charakterlichen Untugenden und verbrecherischen Neigungen) behafteten Bewerbers zu veranlassen, um ihn zu schädigen.

728 Eine objektiv falsche Leistungsbeurteilung als solche reicht noch nicht aus, um das Zeugnis als sittenwidrig zu bewerten.[645]

---

643 A. A. *OLG München*, 30.3.2000 – 1 U 6245/99, allerdings *ohne* eine Begründung zu geben.

644 *Weimar*, „Die Verpflichtung zur Schadensersatzleistung bei Fortloben von Angestellten", Juristische Rundschau, 1969 S. 257.

645 *LAG Nürnberg*, 16.6.2009, AuR 2009 S. 370 (Ls).

Ein Vorsatz wäre dann nicht zu begründen, wenn der Arbeitgeber keinen an sich schwerwiegenden Vorbehalt hinsichtlich Leistungen oder Führung macht, weil der ausscheidende Arbeitnehmer glaubhaft versichert, dass er sich bessern werde, und wenn nach den ganzen Umständen des Falles angenommen werden kann, dass der Arbeitgeber solchen Versicherungen Glauben schenken darf. *Fahrlässiges* Handeln genügt nicht, um die Folgen des § 826 BGB auszulösen. **729**

Allerdings genügt bedingter Vorsatz, der Arbeitgeber muss also damit rechnen können, dass bei einem anderen Arbeitgeber durch die günstige Färbung des Zeugnisses oder durch Weglassen wesentlicher Merkmale, vor allem durch Betonung gegenteiliger Qualifikationen (fachliche Fähigkeiten, die der Arbeitnehmer nicht oder höchst unzureichend besitzt) oder Veranlagung (zu Diebstahl, Unterschlagung, unsittlichen Handlungen, Neigung zu Brutalität), ein Schaden eintritt. **730**

Der Schädigungsvorsatz muss sich nicht gegen eine bestimmte Person richten; die Delikthaftung ist auch dann begründet, wenn der Dritte (= der neue Arbeitgeber) dem Zeugnisaussteller zunächst nicht bekannt ist. Um aber eine Haftung zu begründen, muss § 826 BGB schon sehr (wie es der *BGH* ausdrückt[646]) „strapaziert" werden, denn das erforderliche *vorsätzliche* Handeln des Zeugnisausstellers muss im Einzelfall bewiesen werden. **731**

Der *BGH*[647] hat bei einem Verschweigen strafbarer Handlungen gegen den Arbeitgeber (Urkundenfälschung, Untreue, Unterschlagung) und der darauf gestützten fristlosen Entlassung eine Schadenshaftung bejaht: **732**

> „... *zu berücksichtigen ist ein berechtigtes und verständliches Interesse des künftigen Arbeitgebers, welches für die Kenntnis von strafbaren Handlungen des Arbeitnehmers, jedenfalls solchen erheblichen Umfangs, die mit dem Arbeitsverhältnis in einem unmittelbaren Zusammenhang stehen, zu bejahen ist.*
>
> *Eine durch das Verschweigen derartiger strafbarer Handlungen zum Ausdruck kommende wohlwollende Gesinnung zugunsten des Arbeitnehmers auf Kosten anderer Arbeitgeber steht der Annahme sittenwidrigen Handelns im Sinne des § 826 BGB nicht entgegen.*
>
> *Bei der Beantwortung der Frage nach der Sittenwidrigkeit kann auch nicht außer Betracht bleiben, dass eine zu großzügige Handhabung nachteiliger Gesichtspunkte schließlich zu einer Entwertung der Zeugnisse im allgemeinen und damit zu einer nicht gerechtfertigten Benachteiligung der günstig zu*

646 *BGH*, 15.5.1979, BB 1980 S. 779 = DB 1979 S. 2378 = NJW 1979 S. 1882 = AP BGB § 630 Nr. 13.

647 *BGH*, 22.9.1970, BB 1970 S. 1395 = DB 1970 S. 2224 = NJW 1970 S. 2291 = AP BGB § 826 Nr. 16.

bewertenden Arbeitnehmer führen würde, weil sich niemand mehr auf die Richtigkeit eines Zeugnisses verlassen könnte.“

733 Je gravierender die Unrichtigkeit des Zeugnisses zu Gunsten des Arbeitnehmers und zu Lasten des Verkehrsschutzes ist, desto näher muss für den Zeugnisaussteller die Erkenntnis liegen, dass andere durch das Zeugnis getäuscht würden.[648]

c) Zur Höhe des Schadensersatzes

734 Erhält ein Arbeitnehmer, der Vermögensdelikte (z.B. Unterschlagungen) zum Nachteil seines Arbeitgebers begangen hat, dennoch ein positives Zeugnis (die Delikte sind dem Arbeitgeber bekannt, er verschweigt sie aber) bzw. werden ausgerechnet solche Eigenschaften im Zeugnis positiv herausgehoben, die Gegenstand strafrechtlicher Verfahren sind, und wird er beim neuen Arbeitgeber aufgrund dieses Zeugnisses eingestellt und begeht nun auch bei ihm Unterschlagungen, so hat der Zeugnisaussteller dem neuen Arbeitgeber Schadensersatz in Höhe der unterschlagenen Geldbeträge zu leisten.

735 Diese Schadensersatzpflicht besteht auch, wenn nachträglich, also erst nach Erteilung eines positiven Zeugnisses Vermögensdelikte (Unterschlagungen) festgestellt werden und der neue Arbeitgeber nicht rechtzeitig hierüber informiert wird (obwohl dies möglich gewesen wäre), bei rechtzeitiger Information aber die beim neuen Arbeitgeber begangenen Unterschlagungen hätten verhindert werden können – das beim neuen Arbeitgeber unterschlagene Geld ist der Schadensbetrag.

736 Die Schadensbeträge können recht ansehnlich sein, wie die nachfolgenden Urteile (noch aus DM-Zeiten stammend) zeigen:

- Ein Fürsorger hatte 18.000 DM unterschlagen, und im Zeugnis hieß es: „*Er war uns eine wertvolle Stütze bei unseren Aufgaben*“. Beim neuen Arbeitgeber hatte er über 30.000 DM unterschlagen.[649]
- Ein Handlungsbevollmächtigter hatte über 20.000 DM unterschlagen, und im Zeugnis hieß es: „*Er hatte die ihm übertragenen Aufgaben zu unserer Zufriedenheit erledigt.*“ Beim neuen Arbeitgeber hatte er 140.000 DM unterschlagen.[650]

---

648 *OLG Frankfurt*, 24.11.1982 – 9 U 87/80.

649 *BGH*, 26.11.1963 – VI ZR 221/62, DB 1964 S. 517 = AP BGB § 826 Nr. 10.

650 *BGH*, 22.9.1970 BB 1970 S. 1395 = DB 1970 S. 2224 = NJW 1970 S. 2291 = AP BGB § 826 Nr. 16.

- Eine Buchhalterin hatte 65.000 DM veruntreut, und im Zeugnis hieß es: *„Sie konnte alle anfallenden Arbeiten rasch und zuverlässig erledigen“* und der Zeugnisaussteller wünschte *„ihr für ihren weiteren Berufsweg alles Gute“*. Beim neuen Arbeitgeber hatte sie 177.000 DM veruntreut; der Zeugnisaussteller hatte 114.000 DM zu ersetzen unter Berücksichtigung des Mitverschuldens gemäß § 254 BGB wegen mangelnder Überwachung.[651]
- Eine Verkäuferin unterschlug rund 70.000 DM, und im Zeugnis hieß es: *„Bei mir hatte sie eine Vertrauensstellung, die sie treu erfüllte. Große Geldsummen kann sie gut verwalten“*.

  Beim neuen Arbeitgeber hatte sie wiederum Geld entwendet. Der Zeugnisaussteller hatte dem neuen Arbeitgeber fast 22.000 DM zu zahlen (das entwendete Geld plus Detektivkosten).[652]
- Ein Buchhalter wurde im Zeugnis als *„zuverlässiger und verantwortungsbewusster Mitarbeiter“* beschrieben, nachträglich wurden aber Unterschlagungen in Höhe von etwa $^1/_2$ Mio. DM festgestellt, ohne dass der neue Arbeitgeber rechtzeitig informiert wurde, der seinerseits wiederum durch Unterschlagungen in Höhe von 140.000 DM geschädigt wurde.[653]

Grundsätzlich ist auch an ein mögliches *Mitverschulden* des Geschädigten zu denken, wenn er sich Informationen über Vorstrafen oder laufende Ermittlungsverfahren selbst hätte beschaffen können. **737**

Für den Schadensersatzprozess des neuen Arbeitgebers gegen den Zeugnisaussteller ist das ordentliche Gericht zuständig (bei einem Streitwert über 5.000 € das Landgericht). **738**

3. Für Beauftragte

Im Schadensfall haftet der Arbeitgeber für die mit der Erteilung von Zeugnissen beauftragten Personen **739**

- gemäß § 278 BGB wie für eigenes Verschulden, sofern die Haftung aus Vertrag in Betracht kommt,
- gemäß § 831 BGB, sofern nach Deliktsrecht gehaftet wird; der bisherige Arbeitgeber kann sich aber eventuell entlasten, wobei allerdings an die Auswahl des Beauftragten hohe Anforderungen zu stellen sind und Sorge zu tragen ist, dass der Beauftragte sich stets „auf der Höhe der Zeit“ des Zeugnisrechts befindet, da sonst die Entlastung des Arbeitgebers misslingt.

---

651 *OLG Frankfurt*, 24.11.1982 – 9 U 87/80.

652 *OLG München*, 30.3.2000 – 1 U 6245/99.

653 *BGH*, 15.5.1979, BB 1980 S. 779 = DB 1979 S. 2378 = NJW 1979 S. 1882 = AP BGB § 630 Nr. 13.

Teil 2

Die Zeugnissprache

I. Vorbemerkung

1. Allgemeines

Beurteilungen in einem Arbeitszeugnis sind streitanfällig. Auseinandersetzungen gibt es **740**

- hauptsächlich mit dem ausscheidenden/ausgeschiedenen Mitarbeiter (weil dieser meint, der Zeugnisinhalt entspreche nicht der Wahrheit, die Beurteilung sei ungerechtfertigt zu schlecht),
- aber auch manchmal mit dem neuen Arbeitgeber (der den Mitarbeiter aufgrund des Zeugnisses eingestellt hat und meint, dessen Schwachpunkte seien im Zeugnis nicht erwähnt worden, die Beurteilung sei also ungerechtfertigt zu gut).

Der Arbeitgeber hat bei der Zeugniserteilung vordringlich das Interesse, (auch gerichtliche) Auseinandersetzungen zu vermeiden; **741**

- ihm geht es *nicht* darum, das Zeugnis so abzufassen, dass der Mitarbeiter noch Chancen auf dem Arbeitsmarkt hat – das Zeugnis ist zwar wohlwollend abzufassen, aber es ist realitätsfern anzunehmen, der Arbeitgeber mache sich persönlich besondere, berufliche Sorgen um Ausgeschiedene (warum hat er ihm dann gekündigt?);
- es geht ihm auch nicht darum, andere (ihm in der Regel unbekannte) Arbeitgeber über die Qualität des Arbeitnehmers zu informieren und ihm entsprechende *Signale* zu senden (solidarische Überlegungen innerhalb der Arbeitgeberschaft sind hierbei nicht dominierend).

Es geht dem Zeugnisaussteller allein darum, *Streit* zu vermeiden, der mit Kosten, Zeit und Mühen verbunden ist.

Deshalb steckt der Zeugnisaussteller in dem Dilemma, ein Zeugnis so zu formulieren und auszufertigen, dass es den Mitarbeiter zufriedenstellt und zugleich ein wahres Bild des Arbeitnehmers entsprechend dem Wahrheitsgebot vermittelt. **742**

Und dieses Dilemma besteht weniger bei herausragenden Mitarbeitern (lobende Worte fließen leicht aus der Feder), vielmehr bei durchschnittlichen/mittelmäßigen bis schwachen Mitarbeitern, bei denen die Abfassung des Zeugnisses immer wieder ein größeres Problem darstellt.

743 Um bei schwächeren Mitarbeitern keinen Ansatz für Beanstandungen zu geben, muss im Zeugnis nach Formulierungen gesucht werden, die die wahrheitsgemäße Charakterisierung zwar zum Ausdruck bringen und bringen müssen (um Schadensersatzansprüche zu vermeiden), aber etwas kaschieren, die den Mitarbeiter gewissermaßen einnebeln – dazu wird gern auf Standardsätze zurückgegriffen, die häufig verwendet werden, die sich als Formulierungshilfe und auch als „*Nebelkerzen*" bewährt haben.

744 Es geht aber nicht allein um Formulierungen, die der jeweilige Schulnote zugeordnet sind, sondern das Zeugnis muss gewisse Standards einhalten, Aufbau und Gliederung müssen dem Üblichen entsprechen – diese Zeugnisinhalte haben sich (von den Arbeitsgerichten bestätigt bzw. mitgeformt) entwickelt, und es hat sich im Arbeitsleben eine bestimmte Form sowie ein bestimmter Sprachgebrauch herausgebildet, der durch Publikationen aller Art und auf entsprechenden Seminaren verbreitet wurde und wird. Das gesamte, vernebelnde Konglomerat gehört zum Thema „Zeugnissprache".

745 Es kommt vor, dass der Zeugnisschreiber unbedarft, ohne genügende Kenntnis der Zeugnissprache formuliert, der nächste Arbeitgeber diese Formulierungen zu Unrecht interpretiert, oder der Zeugnisleser erkennt nicht den der Zeugnissprache entsprechenden Inhalt und kann ihn nicht „übersetzen".

746 Der zweifellos unterschiedliche Kenntnisstand über die Zeugnissprache innerhalb der Arbeitgeberschaft deutet die Problematik dieser Sprache an, verbunden mit der Tatsache, dass es keine vollkommen einheitliche Zeugnissprache gibt, und dass Formulierungen sogar von Zeugnisanalysten durchaus unterschiedlich „gelesen" und gedeutet werden.

747 Diese Zeugnissprache stellt vor allem ein Problem für den Arbeitnehmer dar, der oft diese Sprache nicht beherrscht und glaubt, er habe ein gutes Zeugnis erhalten, aber bei seinen Bewerbungen immer wieder feststellen muss, dass er nicht berücksichtigt wird; er kann sein eigenes Zeugnis nicht „deuten" und wird zum Überbringer einer Nachricht degradiert, die er oft nicht verstehen kann. Je geringer sein Vorwissen ist, desto eher wird er harmlos klingenden Formulierungen aufsitzen.

748 Die „Nebelkerzen" haben im Zeugnisrecht ein beachtliches Ausmaß angenommen, sie sind oft nicht leicht zu verstehen und zu deuten, sehr subtil, die übliche Praxis wird als bedenklich angesehen.[1] Solange bei der Beurteilung von Leis-

---

1 MünchArbR *(Wank)*, Rn. 20.

tung und Verhalten nicht mit klaren Schulnoten, sondern mit Umschreibungen hantiert wird, bleibt die „Zeugnissprache" ein Thema.

2. Vernebelungs-Techniken

Die deutsche Sprache bietet eine Vielfalt von Nuancen und sprachlichen Finessen, die auch negativ ausgelegt werden können. Worte sind auslegungsfähig und können bei bestimmter Verwendung eine ganz bestimmte Bedeutung erhalten; es geht ja immer darum, Schwachpunkte des Betroffenen zu vernebeln. **749**

- So können *negative* Beurteilungen getarnt werden **750**
  - mit vordergründig positiven Formulierungen (die also wohlwollender klingen, als sie gemeint sind) oder
  - verdeckt sein durch indifferente Passagen, die aber negativ verstanden werden.
- Im schlichten Weglassen von Angaben, die üblicherweise im Zeugnis erwartet werden, bzw. wenn statt negativer Aussagen gar keine Aussagen gemacht werden, kann ein „beredtes Schweigen" liegen. **751**
- Der Gebrauch bestimmter Ausdrücke kann neben ihrer natürlichen oder herkömmlichen Bedeutung noch eine andere Bedeutung haben. Es kommt auf die jeweilige Tätigkeit an, wie die Wortwahl ausgelegt wird z. B.: **752**
  - *„Er bewies Einfühlungsvermögen"* = Sucht sexuellen Kontakt!
Anders aber:
Hohe berufsspezifische Aussagekraft im Kranken- und Pflegebereich.
  - *„Sie war beliebt bei Handwerkern vor Ort"*[2] = anrüchig!
Anders aber:
„Sie war beliebt und angesehen bei Kunden/Patienten wegen ihrer freundlichen Art" = wichtiges Beurteilungsmerkmal bei Personen, bei denen der Kontakt zu anderen zu den wesentlichen Aufgabe gehört.

Das „zwischen den Zeilen" Lesen bedeutet allerdings, dass man mit einigen Besonderheiten und Techniken vertraut sein sollte, um das Zeugnis besser verstehen und bewerten zu können. **753**

---

2 *LAG Köln*, 30.6.1999, LAGE BGB § 630 Nr. 34.

Techniken

754 Es hat sich eine Reihe von Formulierungstechniken herausgebildet, die aber jede für sich bei ruhiger Lesart durchweg nachvollziehbar und hinreichend verständlich ist.

Weuster[3] bietet einen umfangreichen und immer noch aktuellen Einblick in die folgenden 8 Formulierungstechniken:

1. *Positiv-Skala*-Technik:
   Bei der Leistungsbeurteilung kommt es nicht nur darauf an, gelobt zu werden, sondern *in welchem Maße* gelobt wird (siehe die Tabelle auf Rn. 788).
2. *Leerstellen*-Technik („beredtes Schweigen"):
   Statt negativer Aussage wird keine Aussage gemacht
   (z. B.: das Führungsverhalten wird nicht erwähnt, siehe Rn. 817).
   Auslassungen sind sehr häufig anzutreffen, wobei nicht immer eindeutig ist, ob der Zeugnisaussteller wesentliche Angaben bewusst weggelassen oder schlicht vergessen hat bzw. nicht wusste, dass sie Bestandteile des Zeugnisses sind.
3. *Reihenfolge*-Technik:
   Weniger wichtige Aussagen werden *vor* wichtige gesetzt
   (z. B. „*Er war für den Einkauf von Büromaterial und Investitionsgüter zuständig*").
4. *Ausweich*-Technik:
   Unwichtiges wird *anstelle* von Wichtigem hervorgehoben
   (z. B. „*Er trat als Außendienstmitarbeiter stets sehr gepflegt auf,*" die Umsatzerfolge werden aber nicht oder nur am Rande erwähnt).
5. *Einschränkungs*-Technik:
   Inhaltliche Begrenzung von Aussagen z. B.
   „*Die Aufgabe, die er bearbeitete* (sonst keine?) *erledigte er …*"
   (siehe Rn. 839).
6. *Andeutungs*-Technik:
   Dem Leser werden negative Schlüsse nahegelegt durch Verwendung mehrdeutiger Begriffe z. B.
   > „*Er hat seine Aufgaben mit der ihm eigenen Sorgfalt bearbeitet*" (siehe Rn. 839).

   Dazu gehört etwa die Aussage
   > „*Er hat sich bemüht…*"

3 *Weuster*, „Zeugnisgestaltung und Zeugnissprache zwischen Informationsfunktion und Werbefunktion", BB 1992 S. 58.

die eine mangelhafte Leistungsbeurteilung andeutet;[4] denn wer sich nur bemüht, ohne zum Ziel zu gelangen, wer nur den guten Willen zeigt ohne Ergebnis = das ist keine Leistung, bezahlt wird der Mitarbeiter nicht für Bemühungen, sondern dafür, dass die Mühen auch zu gewissen Erfolgen führen – außer vielleicht im *Forschungsbereich*, in dem auch erfolglose Bemühungen wissenschaftlich wertvoll sein können (siehe Rn. 363).

7. *Widerspruchs*-Technik:
   Z. B. bei *guter* Beurteilung lautet die Schlussformel: „*Wir wünschen ihm für die Zukunft viel Glück*“, also mit Glück, nicht mit Leistung schafft er es = Widerspruch zur guten Beurteilung (siehe Rn. 401).
8. *Knappheits*-Technik:
   Abwertung durch betont kurzes Zeugnis oder lakonische Aussagen; die Beurteilung wird kurz und bündig „abgefertigt“.

3. Fachsprache/Geheimcode?

a) Fachsprache

Die Zeugnissprache hat *nicht* den Charakter einer „*Fachsprache des Zeugnisses*“[5] angenommen, denn die Fachsprache ist gekennzeichnet durch *Fachausdrücke* wie z. B. in der Bergmanns- oder Jägersprache, siehe auch das medizinische Vokabular der Ärzte – die Fachsprache dient dazu, besser/leichter mit Fachbegriffen unter Fachleuten kommunizieren zu können, bzw. der Abgrenzung von anderen oder der Stärkung der Zusammengehörigkeit untereinander. **755**

Diese und ähnliche Zielsetzungen hat die „Zeugnissprache“ nicht. Hier wird ohne Fachbegriffe gearbeitet, die Gemein- oder Alltagssprache wird als solche nicht verändert.

b) Geheimcode

Begriffe und Wendungen der Alltagssprache werden allerdings einer besonderen Auslegung und Bedeutung zugeführt; dies mag als Code zu bezeichnen sein („Codierungen“ finden sich auch in der Katalogsprache der Reiseveranstalter oder Immobilienmakler[6]). **756**

Aber mit *Geheimcode* hat dies nichts zu tun – bei einem Geheimcode handelt es sich „*um eine dem Gebot der Zeugnisklarheit widersprechende verschlüsselte* **757**

---

4 *BAG*, 24.3.1977, BB 1977 S. 997 (Ls) = DB 1977 S. 1369 = AP BGB § 630 Nr. 12.

5 A. A. *LAG Frankfurt*, 14.10.2002 – 16 Sa 824/02.

6 Nachzulesen unter <www.reise-shopping.eu/reisesprache.html> bzw. google unter <Die Sprache der Makler>.

Formulierung,"[7] eine geheim gehaltene, nicht allgemein zugängliche, sprachliche Wendung, die ausschließlich einem bestimmten Personenkreis bekannt ist.

758 Geheim gehalten ist nichts, der Schlüssel zur Aufklärung ist allgemein zugänglich, die Begriffe und Texte sind nicht konspirativ, etwa durch Vereinbarungen über Geheimlisten entwickelt worden, vielmehr allgemein ablesbar; wenn sich manche Zeugnisleser in dieser Sprache nicht auskennen, so wird dadurch noch nichts zu einem Geheimcode.[8]

Die Floskeln sind zwar nicht immer aus sich heraus, sofort und ohne Weiteres verständlich, aber die Formen der Verschlüsselung sind bei entsprechender Information für jedermann erkenn- und erklärbar – wenn auch nicht immer zum gleichen Ergebnis führend, was ja zugleich gegen die Annahme eines Geheimcodes spricht, da es eine allgemein gültige Entschlüsselung für die „Geheimnisträger" = Arbeitgeber nicht gibt, eine entsprechende Verständigung unter Arbeitgebern wäre schon in den Anfängen erkennbar und publik, der Kreis der Arbeitgeber ist auch viel zu groß und zu inhomogen.[9]

759 Schon 1976 hat das *BAG* ausgeführt:[10]

> *„Richtig ist allerdings, dass im Arbeitsleben gelegentlich verschlüsselte Zeugnisformulierungen verwendet werden. Es handelt sich um ständig wiederkehrende floskelhafte Sätze, die wohlwollender klingen, als sie gemeint sind. Die Abweichungen vom allgemeinen Sprachgebrauch sind aber nicht so groß."*

760 Wird der Zeugnistext nicht schnell und hastig „überflogen", nicht „quer gelesen", sondern unbefangen und in Ruhe gelesen, können die Worte durchweg im Rahmen des allgemeinen Sprachempfindens „übersetzt" werden, von „Geheimniskrämerei" keine Rede.

Verdacht auf Geheimcodes?

761 Allerdings bestand schon im 19. Jahrhundert der Verdacht, es würden *insgeheime* Merkmale und *Absprachen* unter Arbeitgebern geben, um Signale an Arbeitgeber zu senden und Arbeitnehmer zu täuschen. Solche Verdachtsmomente gab es z. B. 1892, als das Verbot betreffend Merkmale aus der GewO in das Preußi-

---

7 *BAG*, 15.11.2011, BB 2011 S. 2932 (Ls) = DB 2012 S. 636 = NZA 2012 S. 448 = AP GewO § 109 Nr. 3.

8 *Gäntgen*, „Zeugnis – Geheimcode – Zeugnisklarheit", RdA 2012 S. 371.

9 *Karl Schleßmann*, „Geheimzeichen und Merkmale bei Arbeitszeugnissen", BB 1975 S. 329.

10 *BAG*, 12.8.1976, BB 1976 S. 1516 (Ls) = DB 1976 S. 2211 = AP BGB § 630 Nr. 11 (mit Anm. von *Karl Schleßmann*).

sche Berggesetz übernommen wurde (Auszug aus der amtlichen Begründung[11]):

> „*Eines weiteren Zusatzes bedarf § 84 aus dem Grunde, weil öfters die Vermutung laut geworden ist, dass die Abkehrscheine dazu benutzt würden, durch unauffällige Zeichen missliebig gewordene Bergleute von der Wiederannahme zur Arbeit allgemein auszuschließen.*
>
> *Wenn auch weder bei der im Jahre 1889 stattgefundenen Untersuchung der Arbeitsverhältnisse in den Steinkohlenbezirken noch sonst tatsächliche Grundlagen für diese Annahme sich ergeben haben, so empfiehlt es sich doch, durch das im Abs. 4 des § 84 aufgenommene Verbot, die Abkehrscheine und sonstigen Zeugnisse mit solchen Merkmalen zu versehen und durch die Androhung einer erheblichen auf das Zuwiderhandeln gesetzten Strafe dem öfters bemerkten Mißtrauen entgegenzutreten.*
>
> *Der Abs. 4 des § 84 entspricht dem Abs. 3 des § 113 der Gewerbeordnung, welcher von der Reichstagskommission aufgrund ähnlicher, die Arbeitszeugnisse betreffender Erwägungen eingeschaltet ist.*“

Es gab also Vermutungen, ein allgemeines Misstrauen gegenüber angeblichen Merkmalen, aber keine Fakten.

Mag auch ein hoher Prozentsatz der Zeugnisempfänger glauben, dass „Geheimcodes“ verwendet werden, aber in den Zeugnissen gibt es keine Hinweise hierauf – das ergab auch die umfangreiche Untersuchung von *Huesmann* mit dem Ergebnis: 762

> „*Arbeitszeugnisse sind besser als ihr Ruf*“![12]

4. Transparenz (§ 109 Abs. 2 Satz 1 GewO)

Der Gesetzgeber will den Vernebelungs-Techniken entgegen treten und verlangt, dass das Zeugnis „*klar und verständlich*“ formuliert sein muss – es wird eine unmissverständliche, eindeutige Ausdrucksweise gefordert;[13] die Formulierungen müssen für jeden unbefangenen Zeugnisleser „*allgemein verständlich*“[14] sein (die Zeugnispraxis hat diese Forderung aber nicht komplett verinnerlicht). 763

---

11 Zitiert aus: *Klostermann/Thielmann*, „Kommentar zum Allgemeinen Berggesetz für die Preußischen Staaten“, (6. Auflage 1911, Berlin), S. 261.

12 *Huesmann*, „Arbeitszeugnisse aus personalpolitischer Perspektive“ (2008, Wiesbaden), S. 210.

13 Siehe auch *Abele*, „Die Rechtspflicht zur Lüge: das qualifizierte Arbeitszeugnis“, BB 2003 Heft 13 („Die erste Seite“).

14 *BAG*, 20.2.2001, BB 2001 S. 1957 = DB 2001 S. 1674 = NZA 2001 S. 843 = AP BGB § 630 Nr. 26.

764 Die aus dem Wortlaut ersichtliche Aussage ist maßgebend, diese Aussage darf nicht durch Formulierungen eine andere Bedeutung erhalten, es darf nicht ein Zeugnisinhalt signalisiert werden, der nicht mit der äußeren Form oder mit dem Wortlaut übereinstimmt, vielmehr ihn sinnentstellt und den Zeugnisempfänger anders als im Text kennzeichnet, der Wortsinn muss noch eingehalten werden,[15] das Zeugnis muss aus sich heraus verstehbar sein.[16]

765 Der Arbeitgeber ist zwar grundsätzlich frei in der Formulierung des Zeugnisses, solange das Zeugnis nichts Falsches enthält – falsch ist es dann, wenn aus Merkmalen oder Formulierungen entnommen werden muss, der Arbeitgeber distanziere sich vom buchstäblichen Wortlaut seiner Erklärung, der Arbeitnehmer werde in Wahrheit anders beurteilt, nämlich ungünstiger als im Zeugnis bescheinigt.[17]

766 Es dürfen nicht Ausdrücke oder Satzstellungen gewählt werden, die *„zu Irrtümern oder Mehrdeutigkeiten bei Dritten führen“*.[18]

767 Die Gepflogenheiten und der Zeugnisbrauch sind zu beachten, damit nicht bei Dritten unberechtigte und negative Schlüsse gezogen werden. Das Zeugnis muss den Anforderungen entsprechen, deren Einhaltung vom Leser als selbstverständlich erwartet wird,[19] zum geschuldeten Zeugnisinhalt gehört, dass die im Arbeitsleben üblichen Standards eingehalten werden – Abweichungen von Standardformulierungen erwecken zwangsläufig die Aufmerksamkeit des „kundigen“ Lesers.[20] Hierzu zählt, dass die *branchenüblichen* Begriffe und Kriterien beachtet werden.

Empfängerhorizont

768 Zeugnisse sind gemäß § 242 BGB nach Treu und Glauben unter Rücksicht auf die Verkehrssitte zu erstellen und danach kommt es nicht auf die innere Einstellung, auf die (subjektive) Hintergedanken, sondern gemäß dem Gebot der *Zeugnisklarheit* darauf an, was üblich ist und nicht zu irgendwelchen Deutungen Anlass bietet.

---

15 ErfK *(Müller-Glöge)*, Rn. 36.

16 *BAG*, 14.10.2003, BB 2004 S. 1500 = DB 2004 S. 1270 = NZA 2004 S. 842 = AP BGB § 630 Nr. 28.

17 *BAG*, 20.2.2001, BB 2001 S. 1957 = DB 2001 S. 1674 = NZA 2001 S. 843 = AP BGB § 630 Nr. 26.

18 *BAG*, 23.6.1960, BB 1960 S. 983 = DB 1960 S. 1042 = AP HGB § 73 Nr. 1.

19 *BAG*, 21.9.1999, BB 2000 S. 411 = DB 2000 S. 282 = NZA 2000 S. 257 = AP BGB § 630 Nr. 23.

20 *LAG Düsseldorf*, 21.5.2008, NZA-RR 2009 S. 177.

Die Vorstellungen, die der Zeugnisverfasser mit seiner Wortwahl verbindet,[21] sind unerheblich, sondern abzustellen ist auf den objektiven Empfängerhorizont, wie der Zeugnisleser die Formulierungen herkömmlich auffassen, deuten muss. 769

„*Adressat ist ein größerer Personenkreis, der nicht zwangsläufig über ein einheitliches Sprachverständnis verfügt. Dementsprechend ist als maßgeblicher objektiver Empfängerhorizont die Verständnismöglichkeit eines durchschnittlich Beteiligten oder Angehörigen des vom Zeugnis angesprochenen Personenkreises zugrunde zu legen.*

Zur Beurteilung ist die Sicht eines objektiven und damit unbefangenen Arbeitgebers mit Berufs- und Branchenkenntnissen abzustellen. Entscheidend ist, wie ein solcher Zeugnisleser das Zeugnis und die enthaltenen Formulierungen auffassen muss.“[22]

Ob Sprachwissenschaftler andere Deutungen herauslesen, mag dahinstehen, entscheidend ist das übliche Verständnis der am praktischen Geschehen Beteiligten.

5. Merkmale (§ 109 Abs. 2 Satz 2 GewO)

Es dürfen keine Merkmale verwendet werden, die dem anderen Arbeitgeber Signale geben sollen, die sich aus dem Wortlaut nicht ableiten lassen; unzulässig sind „*Kennzeichen, deren Bedeutung Uneingeweihten nicht ohne weiteres erkennbar*“ ist.[23] 770

So sind optische Hervorhebungen[24] unzulässig wie z. B. 771

- Unterstreichungen,
- Kursiv- oder Fettdruck einzelner Worte,
- der Gebrauch von Frage- und Ausrufungszeichen[25] oder
- Anführungszeichen (ist z. B. formuliert er war „*Abteilungsleiter*“, so wird wegen der Anführungszeichen herausgelesen, dass er nur dem Titel nach, aber nicht gemäß seiner Leistung diese Funktion innehatte).

---

21 *BAG*, 9.9.2011 – 3 AZB 35/11, DB 2011 S. 2444 = NZA 2012 S. 1244 = ArbRB 2011 S. 362.

22 *BAG*, 15.11.2011, BB 2011 S. 2932 (Ls) = DB 2012 S. 636 = NZA 2012 S. 448 = AP GewO § 109 Nr. 3, sowie 12.8.2008, BB 2008 S. 2514 (Ls) = DB 2008 S. 2546 = NZA 2008 S. 1349 = AP GewO § 109 Nr. 1.

23 So schon das *Reichsgericht*, 6.11.1891, Entscheidungen in Strafsachen, Band 22 S. 200.

24 ErfK *(Müller-Glöge)*, Rn. 39.

25 *ArbG Bochum*, 21.8.1969, DB 1970 S. 1085.

772 Unzulässig sind auch *Markierungen* aller Art wie z. B. „senkrechte Striche oder Doppelhäkchen", die angeblich in grauer Vorzeit praktiziert wurden, um andere Arbeitgeber zu warnen.

„Zweckgerichtete" Merkmale?

773 Unglücklich formuliert (bzw. schlicht übernommen aus der bisherigen Vorschrift) ist § 109 Abs. 2 GewO insofern, als Merkmale und Formulierungen nur dann verboten sind, wenn sie *„den Zweck haben"*, eine andere Aussage zu treffen, wenn also der Zeugnisschreiber entsprechende *Absichten* hegt – hierbei spielen *subjektive* Momente eine Rolle, nämlich etwas bewirken, erreichen wollen.

774 Korrekter wäre die Formulierung, wie es im Entwurf eines Arbeitsgesetzbuches aus dem Jahre 1976 heißt:[26]

> *„Es ist unzulässig, in Zeugnissen Merkmale oder Wendungen zu gebrauchen, welche geeignet sind, den Arbeitnehmer in einer aus dem Wortlaut des Zeugnisses nicht ersichtlichen Weise zu kennzeichnen."*

Denn bei *„geeigneten"* Merkmalen spielt die subjektive Seite keine Rolle, es kommt nur auf die objektive Bedeutung an.

Bei der Einführung des Verbots von Merkmalen in die GewO im Jahre 1891 wurde vom Reichstag die beantragte Einfügung *„oder geeignet sind"* abgelehnt;[27] diese Ablehnung lag damals jedoch nahe, weil der Verstoß gegen dieses Verbot strafbar war[28] und zur Strafbarkeit gehören subjektive Elemente – heute wäre es geboten, wieder auf die alte, objektivere Formulierung zurückzugreifen.

6. Grenzen der Zeugnissprache

775 Die Grenzen der „Zeugnissprache" sind überschritten,

- wenn der „Hintersinn" der Worte verbal nicht mehr erkennbar ist,
- wenn Informationen total verschleiert werden,
- wenn der Leser harmlos oder positiv klingenden Formulierungen aufsitzt,

26 Zitiert von *Schmid*, „Leistungsbeurteilungen in Arbeitszeugnissen und ihre rechtliche Problematik", DB 1982 S. 1111.

27 Landmann/Rohmer (*Neumann*), Rn. 32.

28 Die Strafvorschrift des § 146 Nr. 3 GewO (Vergehen) wurde erst mit Wirkung ab 1.1.1975 aufgehoben.

- wenn verschlüsselte, widersprüchliche bzw. „doppelbödige" Formulierungen gewählt werden,
- wenn nur Eingeweihte ersehen, dass das vorgelegte Zeugnis nicht allein maßgeblich sein soll für die Beurteilung, sondern dass hierzu noch *Auskünfte* eingeholt werden sollen (siehe Rn. 927 ff.).

Diese Worte sind dann wegen Verstoßes gegen das Kennzeichenverbot bzw. **776**
Transparenzgebot des § 109 Abs. 2 GewO unzulässig, sie können vom Gericht ersatzlos gestrichen oder durch offene Worte ersetzt werden – dies ist zu beachten angesichts der Suche nach immer neuen „Nebelkerzen".

Das *LAG Hamm*[29] hat „anstößige" Passagen ersatzlos aus dem Zeugnis gestri- **777**
chen – allerdings kann mit dem rigorosen Streichen der zu beanstandeten Passagen ein anderes Problem auftauchen:

Das Zeugnis dient auch der Information eines anderen Arbeitgebers, der die Einstellung des Zeugnisinhabers beabsichtigt; mit dem „gereinigten" Zeugnis kann ein wichtiger Teil der Beurteilung „weggeputzt" sein. Der Informationswert des Zeugnisses für den neuen Arbeitgeber kann darunter leiden. Sofern durch die Streichung das Zeugnis unvollständig wird und nicht mehr dem Wahrheitsgebot entspricht, müssen die verschlüsselten Formulierungen dann durch offene ersetzt werden.

Die lobenswerte, gesetzliche Forderung nach klarer Ausdrucksweise wird aller- **778**
dings wohl verstärkt dazu führen, dass die Gerichte Zeugnisformulierungen beanstanden, neu formulieren und damit (anstelle des Arbeitgebers) den Zeugnisinhalt bestimmen.[30]

---

29 *LAG Hamm*, 17.12.1998, BB 2000 S. 1090 (mit Anm. von *Schleßmann*) = MDR 1999 S. 1073 = LAGE BGB § 630 Nr. 32.

30 *Bauer/Opolony*, „Arbeitsrechtliche Änderungen in der Gewerbeordnung", BB 2002 S. 1590 (1594).

II. Zur Tätigkeitsbeschreibung

779 Dieser Teil des Zeugnisses ist kaum Gegenstand der Zeugnissprache; es ist nur auf Folgendes zu achten:

- Die Tätigkeitsbeschreibung ist nicht mit der Beurteilung zu vermischen, da hierdurch die Beurteilung durchweg entwertet wird.
- Die einzelnen Zeugnisabschnitte sind aufeinander abzustimmen; es darf keine Ungleichgewichtigkeit zwischen der Tätigkeitsbeschreibung und der Beurteilung bestehen (bei Führungskräften siehe aber Rn. 415).
- Eine umfangreiche Tätigkeitsbeschreibung, verbunden mit einer auffallend knapp gehaltenen Beurteilung stimmt schon äußerlich nicht überein, es besteht eine „Kopflastigkeit" und würde abqualifizieren.
- Wird die Tätigkeit während des Beschäftigungsverhältnisses *gewechselt*, so ist dies zeitgenau darzustellen; es wäre sogar *widersprüchlich*, im ersten Teil des Zeugnisses eine bis zum Ende des Arbeitsverhältnisses bestimmte, wahrgenommene Tätigkeit zu attestieren, und im weiteren Verlauf des Zeugnisses darauf hinzuweisen, dass ab einem bestimmten Zeitpunkt eine andere Tätigkeit wahrgenommen worden sei.[31]

780 • Die Tätigkeitsbeschreibung kann bereits Hinweise auf die mangelnde Qualifikation geben,

- wenn eine ausufernde Tätigkeitsbeschreibung mit völlig nebensächlichen Tätigkeitsmerkmalen verlangt wird;[32] denn Unwesentliches ist wegzulassen und würde das Zeugnis entwerten, wenn es mit Nebensächlichkeiten gefüllt ist;
- wenn *Facharbeiter*- und *einfache Tätigkeiten* nebeneinander gestellt sind, denn es wertet die qualifizierenden Facharbeitertätigkeiten ab, wenn sie im Kontext mit schlichten Tätigkeiten stehen;[33]
- wenn zuerst die weniger bedeutende Tätigkeit genannt wird (= falsche Reihenfolge), z. B.

  „Er war zuständig für die Beschaffung von Büromaterial sowie für den Einsatz unseres Fuhrparks."
- wenn nur der Beginn seiner Tätigkeit, aber nicht das Ergebnis, der Erfolg erwähnt ist:

---

31 *LAG Baden-Württemberg*, 9.2.2012, NZA-RR 2012 S. 238.

32 *ArbG Frankfurt a. M.*, 8.8.2001, NZA-RR 2002 S. 182.

33 *LAG Mainz*, 15.2.2013 – 6 Sa 468/12.

„Er hat vor einem Jahr mit dem Aufbau unserer Zweigstelle begonnen.“

– wenn in einem Ausbildungszeugnis die Angabe über das Bestehen der *Abschlussprüfung fehlt*, so wird das Nichtbestehen der Prüfung vermutet (siehe Rn. 422 ff.).

- Die Beschreibung in der *Passivform* 781

  „Ihm wurden folgende Aufgaben übertragen ...“
  statt der Aktivform *„Er übernahm folgende Aufgaben ...“*

  soll angeblich mangelnde Eigeninitiative oder fehlende Antriebskraft signalisieren;[34] diese Deutung ist aber zu spitzfindig, von kaum einem Zeugnisleser erkennbar und mit dem Transparenzgebot unvereinbar.

Im Übrigen ist die Tätigkeitsbeschreibung der objektivste Teil des Zeugnisses 782 und daher von besonderem Informationswert für den neuen Arbeitgeber. Sie ist (abgesehen von den oben genannten Fällen) nicht mit der Zeugnissprache „belastet“, und je mehr die Beurteilung im qualifizierten Zeugnis schablonenhaft degeneriert, je stärker steigt das Informationsinteresse daran, in welchem Arbeitsgebiet der Arbeitnehmer bisher und wie lange tätig war, welche Qualifikation und Berufserfahrung er mitbringt.

34 AR-K *(Gäntgen)*, Rn. 30.

III. Gesamturteil über Leistung und Führung

1. Vorbemerkung

783 Bevor sich der Arbeitgeber Gedanken über Einzelkriterien macht und eine Detailbeurteilung vornimmt, beginnt seine Beurteilung regelmäßig damit, dass er sich zunächst ein Gesamtbild des Mitarbeiters macht, ihn klassifiziert und nach der üblichen Schulnotenskala einstuft = ist er ein hervorragender, guter, mittelmäßiger oder schwacher Mitarbeiter?

Und es ist eine aus der Praxis herausgebildete Besonderheit, dass dieses *Gesamturteil* im Arbeitszeugnis vermerkt wird, obwohl es sich nicht aus den Zeugnisvorschriften ergibt.

Zwar sind die *Detailbeurteilungen* von hohem Informationswert, weil sie dem anderen Arbeitgeber eine genauere Analyse erlauben, und er je nach den Anforderungen an den zu besetzenden Dienstposten eine andere Gewichtung vornimmt als der Zeugnisaussteller.

784 Aber das *BAG*[35] hat die Wichtigkeit des Gesamturteils bei der Personalauswahl hervorgehoben, da nämlich bei der Vielzahl von Bewerbungen die eingereichten Zeugnisse

> „*vielfach nur diagonal überflogen und das Augenmerk auf die Schlussnote gerichtet (werden). Deren Formulierung kann den Ausschlag geben, ob der Bewerber zum Vorstellungsgespräch gebeten wird und sich damit seine Chancen auf eine Einstellung erhöhen.*“

Das Gesamturteil über Leistung und ein solches über Führung haben also einen hohen Stellenwert, fassen die Einzelbeurteilung verbal zusammen und stellen die Quintessenz der Gesamtbeurteilung in der Kurzform dar, die standardisiert und ablesbar ist aus den unter Rn. 788, 793 und 795 aufgeführten Tabellen

Die „Beurteilung“ umfasst also nicht nur die einzelnen Kriterien für Leistung (siehe Rn. 805 ff.) und Führung (siehe Rn. 840 ff.), sondern auch dieses abschließende Gesamturteil – beide Beurteilungsformen gehören in das Zeugnis.

785 Ein Zeugnis ohne Gesamturteil für Leistung und Führung ist selbst bei ausführlicher Detailbeurteilung nicht vollständig und ergänzungsbedürftig, stellt jedenfalls ein problematisches Zeugnis dar.

35 *BAG*, 14.10.2003, BB 2004 S. 1500 = DB 2004 S. 1270 = NZA 2004 S. 842 = AP BGB § 630 Nr. 28.

Und die Einzelbeurteilungen müssen sich an der notenmäßige Einordnung des Gesamturteils orientieren, denn sonst wäre das Zeugnis widersprüchlich (siehe Rn. 803).

Üblicherweise wird das Gesamturteil erst nach der Darstellung der Einzelkriterien als Abschluss der Bewertung formuliert, es kann aber auch zu Beginn der Beurteilung vorweg angeführt werden.

2. Tabellen zur Leistungsbeurteilung

Um die Formulierung für das Gesamturteil zu finden, die der vom Arbeitgeber **786** vorgesehenen Note entspricht, wird auf notenmäßig abgestufte Standardsätze zurückgegriffen, die in den folgenden beiden Tabellen zusammengestellt sind; es ist recht schwierig, an diesen Standardsätzen vorbei andere Formulierungen zu finden, vor allem solche, die vom Zeugnisleser nicht falsch interpretiert werden.

Die Notenskalen sind im Wesentlichen abgeschlossen, Nuancen gibt es zum Teil bei den Zwischennoten (die ohnehin sprachlich kaum zu fassen sind).

Dem Arbeitgeber steht es frei, welches Beurteilungssystem er heranzieht,[36] wel- **787** che Tabelle er benutzt. Der Zufriedenheits-Katalog[37] (Tabelle I) ist der gebräuchlichste, im Arbeitsleben üblich,[38] er hat sich eingebürgert und wird weitgehend verwendet,[39] und es sollte hieran festgehalten werden,[40] zumal diese Skala vom normalen Sprachgebrauch nicht entscheidend abweicht.

Tabelle I

Die notenmäßige Abstufung richtet sich nach dem Grad der Zufriedenheit und **788** dem Zeitmoment – hier kommt es nicht nur darauf an, dass der Arbeitnehmer gelobt wird, sondern *in welchem Maße* das Lob formuliert wird:

36 *BAG*, 14.10.2003, BB 2004 S. 1500 = DB 2004 S. 1270 = NZA 2004 S. 842 = AP BGB § 630 Nr. 28.

37 *LAG Hamm*, 13.2.1992, LAGE BGB § 630 Nr. 16; *Schmid*, „Leistungsbeurteilungen in Arbeitszeugnissen und ihre rechtliche Problematik", DB 1982 S. 1111.

38 *BAG*, 14.10.2003, BB 2004 S. 1500 = DB 2004 S. 1270 = NZA 2004 S. 842 = AP BGB § 630 Nr. 28; AR-K *(Gäntgen)*, Rn. 32.

39 Siehe *LAG Hamm*, 27.4.2000, BB 2000 S. 1786 (Ls) = NZA 2002 S. 624 (Ls).

40 Staudinger *(Preis)*, Rn. 51.

		„Er hat die ihm übertragenen Aufgaben … erledigt.“
Note 1	Superlativ plus Zeitfaktor	*stets zur vollsten Zufriedenheit*[41] oder *in jeder Hinsicht und außerordentlich zufrieden stellend*[42]
Note 1,5	Superlativ ohne Zeitfaktor	*zur vollsten Zufriedenheit*[43] (siehe Rn. 789)
Note 2	Prädikat plus Zeitfaktor	*stets zur vollen Zufriedenheit*[44] oder *voll und ganz zufrieden stellend*
Note 2,5	Prädikat ohne Zeitfaktor	*zur vollen Zufriedenheit*[45] (siehe Rn. 790)
Note 3	Zeitfaktor ohne Prädikat	*stets zur Zufriedenheit*[46]
Note 4	ohne Zeitfaktor und ohne Prädikat	*zur Zufriedenheit*[47]
Note 5	wie bei Note 4 plus abqualifizierendes Beiwort	*im Allgemeinen zufrieden stellend*[48]

(Die Tabelle wird im Anhang – Rn. 986 – wiederholt.)

Die „vollste“ Zufriedenheit

789 Sprachlicher Unfug wie das Wort „vollsten“ wird dabei in Kauf genommen.[49] Es wird aber auch die Meinung vertreten, das Adjektiv „vollsten“ sei gerichtlich nicht durchsetzbar, weil es sprachlich unmöglich sei[50] bzw. der Eindruck erweckt werde, der Arbeitgeber beherrsche die deutsche Sprache nur unvollkom-

41 *BAG*, 23.9.1992 (5 AZR 573/91), AuR 1993 S. 780; *Kammergericht*, 6.11.1978, BB 1979 S. 988 (insoweit nicht abgedruckt).

42 *ArbG Frankfurt a. M.*, 25.8.1999 – 2 Ca 2584/99.

43 *LAG Hamm*, 20.6.2006 – 19 Sa 135/06.

44 *BAG*, 15.11.2011, BB 2011 S. 2932 (Ls) = DB 2012 S. 636 = NZA 2012 S. 448 = AP GewO § 109 Nr. 3, sowie 23.9.1992 – 5 AZR 573/91, AuR 1993 S. 780.

45 *LAG Düsseldorf*, 11.6.2003, LAGE GewO § 109 Nr. 1; *LAG Hamm*, 22.5.2002, NZA-RR 2003 S. 71.

46 *BAG*, 14.10.2003, BB 2004 S. 1500 = DB 2004 S. 1270 = NZA 2004 S. 842 = AP BGB § 630 Nr. 28, sowie 12.8.1976, BB 1976 S. 1516 (Ls) = DB 1976 S. 2211 = AP BGB § 630 Nr. 11.

47 *LAG Köln*, 5.2.2015 – 7 Sa 884/14.

48 *LAG Hamm*, 28.3.2000, MDR 2000 S. 1198 (Ls).

49 *Weuster*, „Praxis vor Logik: Die unvermeidliche ‚vollste Zufriedenheit‘“, BB 1992 S. 638.

50 *LAG Düsseldorf*, 11.11.1994, DB 1995 S. 1135.

men.[51] Das *BAG*[52] stört sich aber zu Recht an solchen Worten nicht – es sollte nicht an einzelnen, in der Praxis „eingefahrenen" Worten herumgedoktert werden, die Zeugnissprache eignet sich nicht für semantische Übungen, und dem Arbeitnehmer wird damit kein Gefallen getan.

Es sollte aber auch nicht übertrieben und *„eine – gegen jedes Sprachempfinden verstoßende – weitere Steigerung der ‚vollsten' Zufriedenheit durch eine ‚allervollste' Zufriedenheit*" eingeführt werden.[53]

Aber auch die „vollste" Zufriedenheit wird problematisch, wenn es heißt:

> *„Er erledigte alle Aufgaben zur vollsten Zufriedenheit seines Vorgesetzten*"

da ist die Eingrenzung auf den Vorgesetzten so ungewöhnlich (da das Zeugnis dem Arbeitgeber, nicht dem Vorgesetzten zuzuordnen ist), dass es Zweifel nährt, ob die Wortwahl im übrigen Zeugnisinhalt zutreffend ist.

Zwischennoten **790**

Im Zeugnisrecht sind nur die Zwischennoten 1,5 und 2,5 (also ohne Zeitfaktor) bekannt, sie sind wegen ihrer feinen graduellen Unterschiede sprachlich schwer zu fassen und werden in der Zeugnispraxis nicht immer einheitlich verwendet.

- Die Umschreibung der Note 1,5 mit *„zur vollsten Zufriedenheit*" scheint bislang unbestritten zu sein.
- Die Umschreibung *„zur vollen Zufriedenheit*" wird unterschiedlich bewertet, teils der Schulnote 2,5 zugeordnet
  (als Zwischennote „voll befriedigend" oder „gutes befriedigend" bzw. „gehobenes befriedigend"[54]),
  teils der Note 3.
  Das *BAG*[55] ordnet die Umschreibung *„zur vollen Zufriedenheit*" – wie auch *„stets zur Zufriedenheit*" – der Note 3 zu *als „Bescheinigung einer durchschnittlichen Leistung entsprechend der mittleren Note in der Zufriedenheitsskala*".
  Aber umgangssprachlich klingt das Prädikat „voll" etwas eindrucksvoller als das Zeitmoment „stets", so dass die *„volle Zufriedenheit*" wohl eher als Zwischennote 2,5 in Betracht kommt.

---

51 *LAG Frankfurt*, 7.1.1992 – 7 Sa 671/91.

52 *BAG*, 23.9.1992 – 5 AZR 573/91, AuR 1993 S. 780.

53 *BAG*, 18.11.2014, BB 2015 S. 1216 = DB 2015 S. 868 = NZA 2015 S. 435 = AP GewO § 109 Nr. 5.

54 *LAG Düsseldorf*, 11.6.2003, LAGE GewO § 109 Nr. 1; *LAG Hamm*, 22.5.2002, NZA-RR 2003 S. 71.

55 *BAG*, 18.11.2014, BB 2015 S. 1216 = DB 2015 S. 868 = NZA 2015 S. 435 = AP GewO § 109 Nr. 5.

791 In der Tabelle I wird das „Strickmuster", das Grundschema der Zeugnissprache deutlich. Vor allem die Noten 3, 4 und 5 sind umschrieben mit Worten, die wohlwollender klingen, sie lassen vom allgemeinen Sprachgebrauch her gesehen eher eine bessere Benotung vermuten, als sie tatsächlich zugeordnet sind.

792 • Es können andere Umschreibungen verwendet werden:

- statt „stets" = „immer", „jederzeit", „durchgehend" oder „ausnahmslos",[56]
- statt „im Großen und Ganzen" = „zum großen Teil",
- statt „insgesamt" = „alles in allem" oder „zusammenfassend".
  Bei der Formulierung
  „*Mit seinen Leistungen waren wir insgesamt zufrieden*"
  soll das Wort „*insgesamt*" eine *Abwertung* umschreiben[57] und bedeuten, dass die Leistungen „*nicht immer*"[58] zufriedenstellend waren; aber diese Auslegung geht am allgemeinen Sprachgebrauch und -verständnis vorbei; diese Formulierung ist lediglich eine Zusammenfassung, das Ergebnis einer Abwägung und nicht in eingeschränktem Sinne zu verstehen.[59]

793 **Tabelle II**

Weniger gebräuchlich ist die Leistungsbeurteilung nach der folgenden, aber mit dem Zufriedenheitskatalog gleichwertigen Tabelle:

	„Er hat unseren Erwartungen … entsprochen"
Note 1	*in jeder Hinsicht und in allerbester Weise*
Note 1,5	*in allerbester Weise*
Note 2	*in jeder Hinsicht und in bester Weise*
Note 2,5	*in bester Weise*
Note 3	*in jeder Hinsicht*
Note 4	*Er hat unseren Erwartungen entsprochen*

56 *BAG*, 21.6.2005, BB 2005 S. 2530 = DB 2005 S. 2360 = NZA 2006 S. 104 = AP BGB § 630 Nr. 31.

57 *LAG Köln*, 30.6.1999, LAGE BGB § 630 Nr. 34.

58 So *Weuster/Weber*, Anm. zu *BAG*, 18.11.2014, AP GewO § 109 Nr. 5.

59 *BVerwG*, 27.2.2003, NJW 2004 S. 382 (Ls) = ZBR 2003 S. 420.

Note 5	*im Großen und Ganzen* oder *zum großen Teil*[60]

(Die Tabelle wird im Anhang – Rn. 986 – wiederholt.)

Der Elativ „allerbester" wird (wie das Wort „vollster" in der Tabelle I) dabei in Kauf genommen.

3. Tabelle zur Führungsbeurteilung

Auch für die Führungsbeurteilung ist ein Gesamturteil zu formulieren, und hierzu ist die nachfolgende Tabelle III gebräuchlich. 794

Es reicht oft aus, die Standardsätze in der *linken* Spalte der Tabelle für das Gesamturteil zu übernehmen, ohne weitere Details anzufügen. Bei Mitarbeitern mit Kontakt zu Kunden, Publikum oder Patienten (z. B. bei Personal in einer Arztpraxis, im Krankenhaus oder Pflegedienst) wird das Führungsverhalten ergänzt mit entsprechenden Hinweisen aus der *rechten* Spalte der Tabelle.

Tabelle III 795

	„Das Verhalten gegenüber Vorgesetzten und Mitarbeitern war …"	„Ihr Verhalten gegenüber a) Kunden/Publikum …" b) Patienten …"
Note 1	– *stets vorbildlich* – *stets sehr gut, Benehmen und Haltung waren hervorragend* – *lobenswert, sein Auftreten war geprägt von höchster persönlicher Integrität, vorbildlichem Einsatz und herausragendem Führungsvermögen*	*a) war immer äußerst sicher und zuvorkommend, sehr beliebt und angesehen bei Kunden wegen ihrer freundlichen Art* b) *war immer hervorragend; sie war stets äußerst hilfsbereit und bei den Patienten sehr beliebt*
Note 1,5	*vorbildlich*	–
Note 2	– *stets gut* – *stets höflich und korrekt*[61]	*a) war stets sehr sicher und taktvoll, beliebt und angesehen bei den Kunden wegen ihrer freundlichen Art* *b) war immer gut; sie war stets sehr hilfsbereit und bei den Patienten sehr beliebt*

60 *LAG Köln*, 18.5.1995, NZA-RR 1996 S. 41 = LAGE BGB § 630 Nr. 23.

61 Nach *LAG Köln* (6.12.2012 – 7 Sa 583/12, ArbRAktuell 2013 S. 633) ist dies eine *überdurchschnittliche* Beurteilung; nach *LAG Hamm* (1.12.1994, LAGE BGB § 630 Nr. 28) eine „*voll befriedigende*" Beurteilung, also Note 2,5.

Note 2,5	*jederzeit einwandfrei*[62]	–
Note 3	– *gut* – *höflich und korrekt*[63] – *einwandfrei*	*a) war stets sicher und freundlich* *b) war immer einwandfrei, hilfsbereit und bei den Patienten gern gesehen*
Note 4	– *zufrieden stellend* – *reibungslos und ungetrübt* – *gab keinen Anlass zu Beanstandungen*[64] – *tadellos*[65]	*a) war hinreichend freundlich* *b) gab keinen Anlass zu Beanstandungen*
Note 5	– *im Großen und Ganzen zufriedenstellend* – *im Wesentlichen einwandfrei* – *in der Regel angemessen*[66] – *gelegentlich schwierig*	*a) war um Freundlichkeit bemüht* *b) war im Allgemeinen einwandfrei*

(Die Tabelle wird im Anhang – Rn. 987 – wiederholt.)

796 Für die *Zwischennoten* 1,5 und 2,5 in der *rechten* Spalte gibt es keine abgestimmten Formulierungen.

797 Die in dieser Tabelle aufgeführten Standardsätze dürfen nicht gewissermaßen blindlings in eine Beurteilung übernommen werden, sondern stets sind die besonderen Umstände des Einzelfalls zu beachten.

So ist es z. B. unzulässig, beim Verhalten gegenüber Vorgesetzten zu schreiben „*ist gelegentlich schwierig*" (siehe bei Note 5 der Tabelle III), wenn folgender Sachverhalt zugrunde liegt:[67]

> Eine Angestellte war in der Zeit vom 2.11.1981 bis 31.12.1986 als Schmuckverkäuferin beschäftigt; Anfang September 1986 wurde ein Aufhebungsvertrag zur Beendigung des Arbeitsverhältnisses zum 31.12.1986 geschlossen, und sie erhielt am 2.9.1986 ein ausgezeichnetes Zwischenzeugnis. Nach Erteilung dieses Zwischenzeugnisses kamen Brillanten im Wert von 30.000,– DM abhanden; auf Weisung der Arbeitgeberin durchsuchte die Angestellte den Laden und das Lager nach dem verschwundenen Schmuck. Nach erfolgloser Suche wurde sie nochmals hierzu angewiesen, wobei die Angestellte

---

62 *BAG*, 21.6.2005, BB 2005 S. 2530 = DB 2005 S. 2360 = NZA 2006 S. 104 = AP BGB § 630 Nr. 31 (= wird als *überdurchschnittliche Note eingestuft*).

63 *LAG Hamm*, 1.12.1994, LAGE BGB § 630 Nr. 28.

64 *ArbG Frankfurt a. M.*, 2.5.2001, NZA-RR 2002 S. 182.

65 Besser als „*ohne Tadel*" = so *LAG Hamm*, 12.7.1994, LAGE BGB § 630 Nr. 27.

66 *LAG Köln*, 6.12.2012 – 7 Sa 583/12, ArbRAktuell 2013 S. 633.

67 *ArbG München*, 24.6.1987 – 22 Ca 2035/87, bestätigt vom *LAG München*, 13.1.1988 – 7 Sa 832/87.

sich nunmehr weigerte mit dem Hinweis, dass es bereits kurz vor 18 Uhr (= „Feierabend“) sei.

Dieser einmalige Vorfall wurde zum Anlass genommen, im Schlusszeugnis vom 31.12.1986 zu formulieren, sie sei im Verhältnis zum Vorgesetzten „*gelegentlich schwierig*“; ein solcher einmaliger Vorfall während dieser langen Beschäftigungszeit, der noch nicht einmal eine Pflichtverletzung darstellt, rechtfertigt niemals eine derart negative Formulierung.

4. Verhältnis von Einzelbeurteilung zur Gesamtbeurteilung

Die notenmäßige Zuordnung von Gesamtnote zu den Einzelnoten muss übereinstimmen, die Noten müssen abgestimmt sein. **798**

Sende ermittelte,[68] dass das Gesamturteil in erheblichem Maße positiver ausfällt als der Mittelwert der Noten der Leistungsbeurteilung – die Zufriedenheits-Formeln des Gesamturteils korrespondieren nicht immer mit den Bewertungen der Einzelleistung. Dies führt zu widersprüchlichen Auslegungen in der Regel zum Nachteil des Arbeitnehmers. **799**

Beispiele:

- Sind die Einzelbeurteilungen ausnahmslos als „sehr gut“ bewertet, dann muss auch die Gesamtbeurteilung der Note 1 entsprechen – so hat das *BAG*[69] entschieden und ausgeführt, es sei zwar Sache des Arbeitgebers, ein Zeugnis im Einzelnen zu formulieren, er sei in seiner Entscheidung darüber frei, welche positiven oder negativen Leistungen und Eigenschaften er mehr hervorheben wolle als andere; aber gehe es um die Gesamtbeurteilung, so habe der Arbeitnehmer Anspruch darauf, dass die den unstreitigen Einzelbeurteilungen entsprechende Gesamtnote vermerkt werde (nämlich im Anhalt an die übliche Zeugnissprache nach einer der oben aufgeführten Tabelle). **800**
- In einem z. B. mit der Gesamtnote „gut“ abschließenden Zeugnis muss nicht jede Einzelnote auch haargenau der Note „gut“ zuzuordnen sein;[70] hier ist ein Spielraum möglich, wenn nur die Gesamtheit der Einzelkriterien die Gesamtnote rechtfertigen. **801**
- „*Aus einer Hervorhebung eines positiv zu bewertenden Aspekts innerhalb des Zeugnisses kann angesichts der Vielzahl der von der Gesamtbeurteilung* **802**

68 Dipl.-Psychologin *Cynthia Sende*, „Arbeitszeugnisse aus eignungsdiagnostischer Perspektive“, Dissertation 2016, Lehrstuhl für Wirtschafts- und Sozialpsychologie der Friedrich-Alexander Universität Erlangen/Nürnberg.

69 *BAG*, 23.9.1992 – 5 AZR 573/91, AuR 1993 S. 780; *LAG Mainz*, 21.8.2012 – 3 Sa 234/12.

70 *LAG Mainz*, 26.3.2013 – 10 Sa 546/12.

umfassten Faktoren kein Anspruch darauf resultieren, dass der Arbeitgeber die Gesamtbeurteilung an den einzelnen positiv hervorgehobenen Gesichtspunkt anpasst.“[71]

Eine Einzelnote allein kann also nicht die Gesamtnote prägen, wenn nicht die Gesamtschau der anderen Einzelnoten es ebenfalls rechtfertigt.

803 • Heißt es

„*Er zeigte großes Interesse an der Arbeit. Seine Leistungen waren stets zufrieden stellend.*“

dann wird eine mangelhafte Einzelbewertung („*er zeigte großes Interesse*“) kombiniert mit einer durchschnittlichen Gesamtnote; dies ist widersprüchlich und ergibt dann nur eine „ausreichende“ Beurteilung.[72]

804 • Heißt es,

„*Er war stets bestrebt, die gesetzten Ziele zu übertreffen. Wir können daher insgesamt bestätigen, dass er alle seine Aufgabe stets zu unserer vollsten Zufriedenheit erledigt hat.*“[73]

dann entspricht das Gesamturteil nach dem Zufriedenheitskatalog der Note 1, aber: das Wort „*bestätigen*“ deutet an, dass es eine Forderung des Arbeitnehmers war (der Arbeitgeber wollte wohl eine schlechtere Note geben); die Worte „*war stets bestrebt*“ deutet die Erfolglosigkeit der Bestrebungen an (wie auch „*war stets bemüht*“), und wer bestrebt war, die gesetzten Ziele auch noch zu „*übertreffen*“, der ist wohl eher der Note 4 einzuordnen, jedenfalls ein übereifriger und dabei erfolgloser Mitarbeiter, auf den man eigentlich verzichten könnte!

Auch hier stimmt also die Einzelbenotung mit dem Gesamturteil nicht überein.

---

71 *LAG Köln*, 16.12.2016 – 4 Sa 353/16.

72 *BAG*, 16.11.1995 – 8 AZR 983/94, AuR 1996 S. 195 (Ls).

73 Beispiel und Erläuterung: *Weuster/Weber*, Anm. zu *BAG*, 18.11.2014, AP GewO § 109 Nr. 5.

IV. Zur Einzelbeurteilung der Leistung

1. Allgemeines

Für die Beurteilung können die „Bausteine“ hilfreich sein (Rn. 845 ff.), um die treffenden Passagen für die entsprechende Benotung zu finden. Zu den Leistungskriterien siehe Rn. 357 ff. **805**

- Die *Leistungs*beurteilung wird zuerst aufgeführt *vor* der *Führungs*beurteilung; eine textliche Vermischung der beiden Beurteilungsteile ist zu vermeiden, weil dies stets zu Lasten eines der beiden Beurteilungsteile geht. **806**

- Die Beurteilung soll im Vergleich zur Tätigkeitsbeschreibung umfangmäßig nicht aus dem Rahmen fallen, sondern ausgewogen sein; weder Tätigkeitsbeschreibung noch Beurteilung sollen das Zeugnis „erdrücken“. **807**

- Zu achten ist auf die jeweiligen *Anforderungsprofile*, die bei unterschiedlichen Berufsgruppen und Arbeitsplätzen verschieden sind. In Formulierung und Darstellung der Leistungskriterien muss sich angepasst werden an das „Niveau“ des Zeugnisempfängers; so sind Formulierungen wie **808**

  „Sie war stets ehrlich, pünktlich, gewissenhaft und zuverlässig.“[74]
  oder
  „Sie war stets gründlich, hilfsbereit und loyal.“

  für eine Einzelhandelsverkäuferin eine positive Beurteilung, für eine Mitarbeiterin im gehobenen Management dagegen eine schlechte.

- Bei *Lobeshymnen* ist Vorsicht geboten, wenn der Arbeitgeber hierbei offensichtlich maßlos übertreibt und dadurch unglaubwürdig wirkt. Außerdem ist zu fragen, warum er einem solchen Mitarbeiter überhaupt gekündigt hat. **809**

  Umgekehrt kann eine *„auffällig dürftige, blasse oder unbeholfene Ausdrucksweise den Eindruck vermitteln, dass die vom Arbeitnehmer gezeigten Leistungen es nicht verdienen, auf sie näher einzugehen“*.[75]

- Auch eine falsche „Betonung“ kann abqualifizieren; durch die Einleitung **810**

  „Besonders hervorzuheben ist, dass ...“

  werden hohe Erwartungen geweckt, die aber etwa durch die Erwähnung von Banalitäten und Unwesentlichem enttäuscht werden können. Dann wird die vermeintliche Verstärkung zur erheblichen Schwächung des Aussagewertes,

---

74 *Ehlers/Berscheid* in „*Berscheid/Kunz/Brand/Nebeling*, Praxis des Arbeitsrechts“ (§ 32 ‚D. Zeugnis‘, 4. Auflage 2013, Bonn), Rn. 210/211.
75 *LAG Düsseldorf*, 11.6.2003, LAGE GewO § 109 Nr. 1.

wenn sich die Hervorhebung als nicht gerechtfertigt erweist oder Selbstverständlichkeiten enthalten wie z. B.

„*Besonders hervorzuheben ist, dass er als Vorgesetzter klare Anweisungen gab.*“

811 • Heißt es

„*Gerne stehen wir jedem zukünftigen Arbeitgeber hinsichtlich Nachfragen über die Qualität der geleisteten Arbeit zur Verfügung.*“

dann wird gegen das Transparenzgebot verstoßen; denn solche Angebote („Ruf-mich-an“) erwecken den Eindruck, die Leistungsbeurteilung entspreche nicht den wirklichen Leistungen[76] (zur Auskunftserteilung siehe Rn. 927 ff.).

812 • Sogar *wahre* Tatsachen dürfen im Zeugnis nicht dazu verwandt werden, den Arbeitnehmer negativ darzustellen. Wer z. B. die Erlaubnisurkunde zum Führen der Berufsbezeichnung (hier: Ergotherapeuten) nicht wegen mangelnder Qualifikation, sondern aus rein formalen Gründen nicht besitzt (weil er sie zunächst nicht beantragte), sie aber am Ende des Arbeitsverhältnisses aber doch erhalten hat, so kann nicht im Zeugnis stehen:

„*Er führte die Befundung der ihm zugewiesenen Patienten als Ergotherapeut ohne Erlaubnisurkunde durch.*“

denn diese Formulierung suggeriert zu Unrecht die mangelnde Qualifikation.[77]

2. Textliche Auslassungen

813 Auslassungen sind eine verbreitete Methode, um Aussagen zu verschleiern; allerdings bleibt oft unklar, ob der Zeugnisaussteller dies bewusst vorgenommen, vergessen oder um deren Bedeutung keine Kenntnis hat.

a) Auslassen berufsspezifischer Merkmale (beredtes Schweigen)

814 Soweit

- Merkmale im Einzelfall besonders gefordert und in gesteigerten Maße gefragt sind,

---

76 *ArbG Herford*, 1.4.2009, ArbRB 2009 S. 258.
77 *ArbG Kiel*, 18.4.2013 – 5 Ca 80b/13.

- ein allgemeiner *Brauch* besteht, in einer Branche oder Berufsgruppe üblicherweise bestimmte positive Eigenschaften oder Leistungen hervorzuheben, und
- es der Verkehrssitte entspricht,[78] das Prädikat im Zeugnis zu erwähnen,

kann die Nichterwähnung ein erkennbarer Hinweis für den Zeugnisleser sein (beredtes Schweigen),[79] dass nämlich der Beurteilte für diesen Beruf kaum qualifiziert ist.[80]

Der *Zeugnisbrauch* (das berufliche Spezifikum) kann festgestellt werden, sofern man nicht über eigene, ausreichende Sachkunde und Lebenserfahrung verfügt:[81] **815**

- mithilfe von Sachverständigen,
- Nachfragen bei (Berufs- und Fach-)Verbänden oder bei den Handwerks- bzw. Industrie- und Handelskammern,
- nachzulesen bei den „Steckbriefen“, die die Bundesagentur für Arbeit für wichtige Berufe erstellt = <www.berufenet.arbeitsagentur.de>[82] bzw. auch bei <www.berufskunde.com>
- Umfragen in der betreffenden Branche im regionalen Bereich.

Im Folgenden einige Beispiele der im Zeugnis zu vermerkenden Merkmale – da es 327 anerkannte (Ausbildungs-)Berufe[83] gibt, können die aufgeführten Beispiele nur einen kleinen Ausschnitt aus der Vielzahl der Berufe bieten: **816**

Beruf	**Berufsspezifische Merkmale**
Arzt in der Notaufnahme	*Belastbarkeit in Stresssituationen* (*Anmerkung*: Zum ärztlichen Beruf gehört diese Eigenschaft wohl allgemein nicht, anders aber sicherlich bei der Tätigkeit in die Notaufnahme, also dort im Zeugnis hervorzuheben wegen des besonderen ärztlichen Einsatzes).
Außendienstmitarbeiter	*Umsatzerfolge*

78 *BAG*, 23.6.1960, BB 1960 S. 983 (Ls) = DB 1960 S. 1042 = AP HGB § 73 Nr. 1.

79 *BAG*, 12.8.2008, BB 2008 S. 2514 (Ls) = DB 2008 S. 2546 = NZA 2008 S. 1349 = AP GewO § 109 Nr. 1; *BGH*, 22.9.1970, BB 1970 S. 1395 = DB 1970 S. 2224 = NJW 1970 S. 2291 = AP BGB § 826 Nr. 16.

80 *LAG Hamm*, 20.6.2006 – 19 Sa 135/06.

81 *BAG*, 12.8.2008, BB 2008 S. 2514 (Ls) = DB 2008 S. 2546 = NZA 2008 S. 1349 = AP GewO § 109 Nr. 1

82 Hinweis von *Gäntgen*, „Die Leistungsbeurteilung im Arbeitszeugnis“, NZA 2016 S. 147.

83 Bekanntmachung des Bundesinstituts für Berufsbildung für das Jahr 2016.

Berufskraftfahrer (auch Lok- und Straßenbahnfahrer oder Fördermaschinisten)	*Zuverlässigkeit, Unfallfreiheit*
Chefsekretärin	*Selbständigkeit, Vertrauen, Diskretion, Umgangsformen*
Direktionssekretärin	*Zuverlässigkeit, Vertrauen, Diskretion, Umgangsformen*
Handwerker	*handwerkliche Geschicklichkeit, Sorgfalt, Zuverlässigkeit*
Journalist	*Sorgfalt des Recherchierens und Fähigkeit zum Redigieren* plus eventueller Hinweis: *„Herr ... führte seine Aufgaben – auch unter Zeitdruck – stets selbständig und zuverlässig aus.“*[84] (siehe auch das Beurteilungsmuster Rn. 924)
Kolonnenführer[85]	*Selbständigkeit*
Konstrukteur, Forscher	*Spezialgebiete, schöpferische Begabung, Innovationsvermögen, Kreativität*
leitender Angestellter	*Führungsstil und -leistung (Mitarbeiterführung, Motivationsfähigkeit), Führungserfolg, Vertrauen, das er im Unternehmen genossen hat*
Lohn- oder Finanzbuchhalter,[86] Personalsachbearbeiter	*Zuverlässigkeit, Vertraulichkeit, Sorgfalt*
Personal im Krankenhaus und Pflegedienst, allgemein: Mitarbeiter, bei denen der Kontakt zu anderen Personen zu den wesentlichen Aufgaben gehört	*Freundlichkeit, Ansehen, Beliebtheit, Einfühlungsvermögen* (siehe auch Rn. 752)
Werbefachmann	*Kreativität*

84 Ein *Tageszeitungsjournalist* wollte im Zeugnis *„die Belastbarkeit in Stresssituationen“* gesondert erwähnt haben – das *BAG* (12.8.2008, BB 2008 S. 2514 (Ls) = DB 2008 S. 2546 = NZA 2008 S. 1349 = AP GewO § 109 Nr. 1 mit Anm. von *Schleßmann*) hat zurückverwiesen an das *LAG Chemnitz* zur Prüfung, ob hierzu ein allgemeiner Brauch besteht, diese Eigenschaft zu erwähnen; das *LAG* (9.4.2009 – 6 Sa 688/08) hat sodann umformuliert in *„Herr ... führte seine Aufgaben – auch unter Zeitdruck – stets selbständig und zuverlässig aus.“*

85 *LAG Hamm*, 20.6.2006 – 19 Sa 135/06.

86 *LAG Hamm*, 20.6.2006 – 19 Sa 135/06.

b) Offensichtliche Auslassungen

Qualifizierter Mitarbeiter legt nur ein einfaches Zeugnis vor	Verdacht auf Verfehlungen, Unzufriedenheit, Trennung im Streit oder Vertragsbruch	817
Es wird nur die Leistung, aber nicht die Führung beurteilt	Verdacht auf Führungsmängel[87]	
Es wird nur die Führung, aber nicht die Leistung beurteilt	Verdacht auf Leistungsmängel – jedenfalls ist das Zeugnis nicht vollständig[88]	
Im Ausbildungszeugnis fehlt der Hinweis auf die bestandene Prüfung	Das Nichtbestehen wird angenommen	

c) Umgekehrt: empfehlenswerte Auslassungen (bei Selbstverständlichkeiten)

Das Weglassen bestimmter Prädikate oder berufsspezifischer Merkmale ist **818**
aber bei einer sonst positiven Beurteilung noch kein Hinweis auf deren Fehlen, *sofern* sie zu den Selbstverständlichkeiten des Berufskreises des Arbeitnehmers gehören, die zwar generell Grundlage und Voraussetzung für die Ausübung des Berufes sind, aber von jedem Arbeitnehmer im betreffenden Beruf als selbstverständlich erwartet werden und daher als besondere Qualifikation herausfallen.

Ohne sie würde die Eignung zwar von vorneherein fehlen und die Berufsaus- **819**
übung nicht ordnungsgemäß möglich sein, aber dennoch werden sie im Zeugnis nicht erwähnt, da sie als wesentliche Teile der beruflichen Tätigkeit „auf der Hand“ liegen – die Betonung und Heraushebung von Selbstverständlichkeiten führen generell zur Abwertung, so z. B.:

- Einem Piloten wird die Eigenschaft zugeschrieben:

  „*Er ist in Stresssituationen belastbar.*“

  Ohne diese Eigenschaft wäre die Berufsausübung vor allem für die Fluggäste lebensgefährlich(!), das ist aber so selbstverständlich, dass diese Belastbarkeit zwar in internen Unterlagen erwähnenswert sein mag, nicht aber als besonderes Merkmal im Zeugnis aufzunehmen ist.

---

87 *BAG*, 29.1.1986 – 4 AZR 479/84, DB 1986 S. 1340 = NZA 1987 S. 384 (Ls) = NJW 1986 S. 2209 (Ls) = AP BGB § 630 Nr. 15 (Ls).

88 *LAG Köln*, 17.6.2010 – 7 Ta 352/09.

- Einer *Bürokauffrau im Notariat wird attestiert:*

  „*Sie beherrscht die Textverarbeitung Microsoft Word vollumfänglich.*“[89]

  Für eine Bürokauffrau wirkt dieser Hinweis eher amüsant.

820 Abwertende Hinweise sind:[90]

- *Pünktlichkeit bei einer Führungskraft,*
- *die Kenntnis der Krankenhygiene bei einer Krankenschwester,*
- *die Kenntnis der einschlägigen Richtlinien einer Sicherheitskraft,*
- *das pädagogische Geschick einer Kindergärtnerin im Umgang mit Kindern*

  (allerdings wäre das „pädagogische Geschick“ wohl einer Erwähnung wert, da es schon eine gewichtige Eigenschaft ist, die mit unterschiedlicher Qualität angeboten wird).

821 Weitere abwertende Hinweise:

- bei einem *Konstrukteur:* der Hinweis, dass er am Reißbrett sauber arbeiten kann – gefragt ist die Kreativität;
- bei einem *Finanzbuchhalter:* der Hinweis, dass er sich in den einschlägigen Steuersachen auskennt – gefragt sind die Zuverlässigkeit, Vertraulichkeit und Sorgfalt;
- bei einer *Chefsekretärin: der Hinweis auf* die Beherrschung der Schreibprogramme am PC – gefragt sind das Vertrauen und die Selbständigkeit;
- bei einem *Berufskraftfahrer:* der Hinweis, dass er eine Fahrerlaubnis besitzt – gefragt ist die Unfallfreiheit.

3. Stichworte

Hier werden Themen zusammengefasst, die immer wieder Gegenstand von Auseinandersetzungen sind.

---

89 *LAG Köln*, 26.1.2011 – 9 Ta 325/10.

90 *Ehlers/Berscheid* in „*Berscheid/Kunz/Brand/Nebeling*, Praxis des Arbeitsrechts“, (§ 32 ‚D. Zeugnis‘, 4. Auflage 2013, Bonn), Rn. 217.

a) Stichwort: Textlicher Zusammenhang

Die Textpassagen im Zeugnis dürfen nicht in einzelne Sätze zerlegt und hieraus Einschränkungen herausgelesen werden; es ist stets der textliche Zusammenhang wichtig.[91] **822**

Das *BAG* formulierte schon 1960:[92]

> *„Das Zeugnis kann nur im Zusammenhang seines gesamten Inhalt verstanden werden; die einzelnen, vom Arbeitgeber zu beurteilenden Qualifikationen des Arbeitnehmers sind so eng miteinander verflochten, dass die eine nicht ohne die Beziehung oder den Zusammenhang zur anderen betrachtet werden kann.*
>
> *Das Zeugnis ist ein einheitliches Ganzes. Es darf daher, wenn es seine Funktion erhalten soll, nicht ohne die Gefahr seiner Sinnentstellung auseinander gerissen werden. Die einzelnen Bewertungsfaktoren stehen in so enger Wechselbeziehung zueinander, dass ihre Trennung den inneren verständigen Zusammenhang und den Gesamtcharakter des Zeugnisses möglicherweise zerstören würde.“*

Dies gilt uneingeschränkt auch heute:[93]

> *„Ein Zeugnis und dessen Formulierungen können regelmäßig nur im Zusammenhang des gesamten Inhalts ausgelegt werden. Das Zeugnis ist ein einheitliches Ganzes; seine Teile können nicht ohne die Gefahr der Sinnentstellung auseinandergerissen werden.*
>
> *Eine Formulierung erhält erst aus dem Zusammenhang, in dem sie verwendet wird, ihren Sinn.“*

In einer insgesamt positiven Beurteilung können also Begriffe verwendet sein, **823** die isoliert für sich betrachtet einen negativen Einschlag haben; wenn sie aber in einem positiven Rahmen „eingebettet“ sind, ist eine abwertende Betrachtung nicht richtig (siehe auch das Stichwort „Pünktlichkeit“, Rn. 831).

Es führt auch nicht weiter, wenn einzelne Begriffe in sogenannten Übersetzungslisten als Beispiele für „Geheimcodes“ genannt werden, denn solche Beispiele werden in der Regel völlig isoliert und zusammenhangslos wiedergegeben.

---

91 *Bauer*, „BAG: Verschlüsselte Zeugnis-Formulierung“, ArbRAktuell, 2011 S. 663.

92 *BAG*, 23.6.1960, BB 1960 S. 983 (Ls) = DB 1960 S. 1042 = AP HGB § 73 Nr. 1.

93 *BAG*, 15.11.2011, BB 2011 S. 2932 (Ls) = DB 2012 S. 636 = NZA 2012 S. 448 = AP GewO § 109 Nr. 3.

„Deshalb kann allein aus der Aufnahme einer Formulierung in eine solche Aufzählung nicht abgeleitet werden, die dort angeführte Formulierung sei losgelöst vom restlichen Zeugnisinhalt stets im negativen Sinne zu verstehen.“[94]

b) Stichwort: Doppeltes Negativ

824 Keine positiven Wertungen werden erreicht durch ein doppeltes Negativ wie z.B.

> *„Er hatte nicht unwesentliche… nicht unbedeutende… nicht unerhebliche Erfolge“* –

umgangssprachlich, im allgemeinen Sprachverständnis und aus der Sicht des unbefangenen Lesers bedeuten solche Formulierungen: *„Naja, die Erfolge hielten sich wohl in Grenzen“*, also keine sonderlichen Erfolge; hier handelt es sich aber nicht um *„verschlüsselte Aussagen, sondern (um) reguläre Ausdrucksmöglichkeiten der deutschen Sprache.“*[95]

c) Stichwort: Negativ besetzte Begriffe

825 Werden Begriffe, die in der Umgangssprache negativ besetzt sind (wie z.B. Klage, Beanstandung, Tadel, Nachteil), verbunden mit deren Verneinung, so liegen diese Passagen an der unteren Grenze der Benotung wie z.B.

> *„Seine Leistungen gaben keinen Anlass*
> *… zu Klagen … zu Beanstandungen.“*[96]
> oder
> *„Seine Leistungen waren ohne Tadel.“*
> (nicht so krass klingt das Prädikat „tadellos“ statt „ohne Tadel“[97]).

826 *Ausnahmen:*

- Die Formulierung *„einwandfrei“* ist trotz Verwendung des negativ besetzten Wortes „Einwand“ (und dessen Verneinung) umgangssprachlich eine durchaus positive Bewertung.

---

94 *BAG*, 15.11.2011, BB 2011 S. 2932 (Ls) = DB 2012 S. 636 = NZA 2012 S. 448 = AP GewO § 109 Nr. 3.
95 ErfK *(Müller-Glöge)*, Rn. 38.
96 *ArbG Frankfurt a. M.*, 2.5.2001, NZA-RR 2002 S. 182.
97 *LAG Hamm*, 12.7.1994, LAGE BGB § 630 Nr. 27.

Das *BAG* führte hierzu noch aus,[98] „*stets einwandfrei*“ sei kein Pleonasmus (überflüssige Häufung sinngleicher Ausdrücke, wie „weißer Schimmel“) bzw. keine Tautologie (doppelte Wiedergabe, wie „voll und ganz“), „*... vielmehr gebräuchliche rhetorische Mittel, um die gebotene abgestufte Beurteilungsskala in Worte umzusetzen.*“

- In der Formulierung

  „*Er hatte stets zu unserer uneingeschränkten Zufriedenheit gearbeitet.*“

  schlummert in dem Begriff „*uneingeschränkt*“ zwar die Verneinung der Eingeschränktheit, jedoch entspricht dies umgangssprachlich der Umschreibung „voll“ – deutlicher in der Aussage: „Wer *uneingeschränkt* zustimmt“ = stimmt *voll* zu (ohne jegliche gedankliche Einschränkung).

Man darf also nicht ein sprachliches Prinzip auf sämtliche Fälle übertragen, sondern muss immer fragen, was es umgangssprachlich bedeutet und wie es vom „*durchschnittlich Beteiligten*“[99] verstanden wird.

d) Stichwort: „Kennen gelernt“

Die Formulierung 827

> „*Wir haben sie als ehrliche, zuverlässige und pünktliche Mitarbeiterin kennen gelernt.*“

führte zu unterschiedlichen Deutungen:

Das *LAG Hamm* meinte, es bedeute Desinteresse und fehlende Motivation[100] (eine sicherlich nicht herleitbare, falsche Deutung), das *BAG* führte hierzu aus:[101]

> „*Im allgemeinen Sprachgebrauch drückt „kennen gelernt“ aus, dass jemand selbst etwas erlebt, erfahren, festgestellt oder entdeckt hat. Es wird mit dieser Wortwahl in der Alltagssprache lediglich betont, dass das Geschilderte auf einem eigenen Eindruck beruht. Eine Mehrdeutigkeit kommt der Formulierung nicht zu. Die Formulierung ist im Wortsinn gemeint.*“

Richtig ist, dass es auf *eigenem Eindruck* beruht, aber zu welchem Zeitpunkt? 828

---

98 *BAG*, 21.6.2005, BB 2005 S. 2530 = DB 2005 S. 2360 = NZA 2006 S. 104 = AP BGB § 630 Nr. 31.

99 *BAG*, 15.11.2011, BB 2011 S. 2932 (Ls) = DB 2012 S. 636 = NZA 2012 S. 448 = AP GewO § 109 Nr. 3.

100 *LAG Hamm*, 27.4.2000, BB 2000 S. 1786 (Ls) = NZA 2002 S. 624 (Ls).

101 *BAG*, 15.11.2011, BB 2011 S. 2932 (Ls) = DB 2012 S. 636 = NZA 2012 S. 448 = AP GewO § 109 Nr. 3 (mit Anm. von *Schulz*).

Die Worte „kennen gelernt“ umschreiben im allgemeinen Sprachgebrauch nur den ersten Eindruck, die Anfangsphase, den Beginn der Beschäftigung – wenn man jemanden mit zunächst festgestellten Qualifikationen „kennenlernt“, besagt es nichts darüber, ob sie auch in weiteren Verlauf der „Bekanntschaft“ vorliegen, und man fragt sich zugleich: „*Hat sich dieser Eindruck denn im Laufe der weiteren Tätigkeit bestätigt*?“ Fehlen hierzu weitere Angaben im Zeugnis, so ist nicht die gesamte Dauer der Tätigkeit beurteilt, somit ist das Zeugnis unvollständig (oder es wurde bewusst ausgelassen, um die Leistung negativ darzustellen).[102]

829 Es sollte unmissverständlicher und klarer heißen: „*Wir haben sie als … schätzen gelernt,* “[103] sofern das Wort „gelernt“ überhaupt verwendet werden soll, anstatt schlicht und einfach zu schreiben:

„*Sie war eine ehrliche, zuverlässige und pünktliche Mitarbeiterin.*“

830 Heißt es

„*In der Finanzbuchhaltung hatte Frau X Gelegenheit, verschiedene Abschlussarbeiten für die Bilanz kennen zu lernen.*“

so liegt eine negative Beurteilung vor, aber nicht wegen der Worte „*kennen gelernt*“, sondern weil unklar bleibt, ob sie die *Gelegenheit* auch wirklich *genutzt* hat;[104] es bringt ja nichts, wenn der Mitarbeiterin die Chance zum Kennenlernen geboten wird, sie aber nicht davon Gebrauch macht.

e) Stichwort: Pünktlichkeit

831 Pünktlich zu sein, ist ein bare Selbstverständlichkeit und keine zeugnisrelevante Verhaltensweise. Die Erwähnung der *Pünktlichkeit* (also nur der Hinweis auf die zeitliche Zuverlässigkeit, nicht hinsichtlich der Aufgabenerledigung) führt generell zu einer mangelhaften Beurteilung, *falls* sonst nichts zur Leistung gesagt wird:

---

102 So zu Recht: *Schulz* in seiner Anm. zu *BAG*, 15.11.2011, AP GewO § 109 Nr. 3; siehe auch ErfK *(Müller-Glöge)*, Rn. 36.

103 *Weuster*, „BB-Kommentar“, BB 2001 S. 629.

104 *Weuster*, „BB-Kommentar“, BB 2001 S. 629.

Zeugnistext	Erläuterung
„Wegen seiner Pünktlichkeit war er stets ein gutes Beispiel.“ oder *„Er zeichnete sich durch Pünktlichkeit und Korrektheit aus.“*	Bloßer Hinweis auf Pünktlichkeit ist zu wenig.[105]
„Er war stets pünktlich und nutzte die Arbeitszeit korrekt aus.“	Er hat stets pünktlich seine Tätigkeit eingestellt hat, damit wird ihm mangelndes Interesse an seiner Arbeit bescheinigt.[106]
„Sie ist eine ehrliche, zuverlässige und pünktliche Mitarbeiterin. Sie bewies im Umgang mit Kunden Verhandlungsgeschick und gute Umgangsformen. Die ihr übertragenen Aufgaben führte sie zu unserer vollen Zufriedenheit aus.“	Im vorliegenden Zeugnistext kann jedoch der Hinweis auf die Pünktlichkeit nicht als „überpünktlich“ und damit negativ ausgelegt werden; es kann auch nicht verlangt werden, dass das Wort „pünktlich“ gestrichen wird. Denn entscheidend ist der textliche Zusammenhang, in dem die Passage steht – die „Pünktlichkeit“ ist hier unschädlich, da sie sich im Reigen mehrerer positiver Eigenschaften befindet (siehe das Stichwort: *„Textlicher Zusammenhang“*, Rn. 822).

Die „Pünktlichkeit“ sollte überhaupt nicht mehr im Zeugnis auftauchen, da sie als Qualifikationsmerkmal fast lächerlich ist.[107] **832**

Wenn aber ein Mitarbeiter ständig *un*pünktlich seinen Dienst antritt/beendet, dann kann dies (ohne die Unpünktlichkeit zu erwähnen) zu der Formulierung führen: **833**

„Er hat unseren Erwartungen im Großen und Ganzen entsprochen.“

f) Stichwort: Ehrlichkeit

Wer regelmäßig mit Geld oder anderen Vermögenswerten umgeht und somit eine entsprechende Vertrauensstellung bekleidet, hat einen Anspruch darauf, dass ihm die Ehrlichkeit attestiert wird; diese Bescheinigung wird erwartet und es besteht ein allgemeiner Brauch, diese Qualifikation zu erfahren – das gilt z. B. **834**

105 *ArbG Nürnberg*, 2.5.2001, LAGE BGB § 630 Nr. 36.
106 *ArbG Neubrandenburg*, 12.2.2003, NZA-RR 2003 S. 465.
107 *ArbG Bayreuth*, 26.11.1991, NZA 1992 S. 799.

- für Arbeitnehmer im Kassenwesen[108] oder in Geldinstituten,[109]
- bei Verkaufsfahrern mit Inkassovollmacht,
- bei Außendienstmitarbeitern (wegen Spesenabrechnungen),
- bei Arbeitnehmern, die Zugang zu wertvolleren Gegenständen haben (z. B. Angestellte in Schmuck-, Juweliergeschäften, Antiquariaten), oder
- bei Hotelpersonal und Hausangestellten.[110]

835 Ist die Ehrlichkeit bescheinigt, wird damit zum Ausdruck gebracht, dass dem Arbeitnehmer kein untreues Verhalten irgendwelcher Art vorgeworfen wird.[111] Hat der Arbeitgeber (nur) Zweifel an der Ehrlichkeit, ist ein dringender Verdacht nicht feststellbar und liegen keine belastbaren Fakten vor, so muss die „Ehrlichkeit" bescheinigt werden.[112]

Die *gesamte* Dauer der Beschäftigung muss „astrein" sein – selbst wenn lange zurückliegend nur eine kleine begangene Unredlichkeit zur Last gelegt werden kann (bei einer Hausangestellten), sollte das Prädikat „ehrlich" vermieden werden.[113]

836 Ein Gewohnheitsrecht auf Bescheinigung der Ehrlichkeit im *Tankstellendienst* wurde mit Recht abgelehnt.[114] Im *Ausbildungszeugnis* sollte man großzügig sein und (falls keine Bedenken bestehen) die Ehrlichkeit auf Wunsch bescheinigen.

---

108 *LAG Köln*, 30.7.1999, NZA-RR 2000 S. 189; *ArbG Berlin*, 14.12.2012 – 28 Ca 16143/12.

109 *BAG*, 29.7.1971, BB 1971 S. 1280 (nur im Leitsatz erwähnt) = DB 1971 S. 1923 = NJW 1971 S. 2325 (Ls) = AP BGB § 630 Nr. 6; *LAG Kiel*, 5.6.1991 – 3 Sa 71/91.

110 *LAG Mainz*, 2.7.2012 – 5 Sa 186/12; *LAG Hamm*, 29.7.2005 – 4 Ta 594/04.

111 *BAG*, 8.2.1972, BB 1972 S. 618 = DB 1972 S. 931 = AP BGB § 630 Nr. 7.

112 *ArbG Berlin*, 14.12.2012 – 28 Ca 16143/12.

113 *BGH*, 15.5.1979, BB 1980 S. 779 = DB 1979 S. 2378 = NJW 1979 S. 1882 = AP BGB § 630 Nr. 13.

114 *LAG Frankfurt*, 21.5.1962, DB 1962 S. 1215.

4. Die Leistungsnoten in der Statistik

Mit der Verteilung der Noten befassen sich einige Arbeitszeugnis-Studien:[115] 837

Note	Studie 1994[116] in %	Studie 2010[117] in %	Studie 2011[118] in %
1,0 – 1,5	9,9	42,0	39
2,0 – 2,5	47,1	36,9	49
3,0 – 3,5	33,8	17,6	12
4,0	9,2	3,3	1
5,0	–	0,2	1

Bei den Untersuchungen der Jahre 2010/2011 gab es im Vergleich zu 1994 prozentual erhebliche Verschiebungen: etwa 4 × so viel „sehr gute" Noten und nur noch etwa ein Drittel „befriedigende" Noten, „ausreichende" Noten sind drastisch zurückgegangen. Die Skala der guten Noten (1,0 bis 2,5) war zwar schon 1994 mit 57 % dominierend, aber nunmehr mit fast 79 bzw. 88 % erdrückend.

Auch beim Vergleich der beiden Studien von 2010 und 2011 untereinander sind im Detail doch einige unterschiedliche Prozentsätze auffallend, wobei die Ergebnisse vielleicht abhängen von der Branche und Hierarchie-Ebene, deren Zeugnisses untersucht wurden.

Aber eindeutig ist: 838

In diesen Studien ist eine Verschiebung zu den guten Noten offensichtlich; der Notendurchschnitt lag 1994 bei 2,42 und verbesserte sich 2011 auf 1,8 – eine beachtliche Steigerung der Qualität; aber es ist nicht zu belegen, dass die Leistungsfähigkeit der Arbeitnehmer in diesem Zeitraum tatsächlich gestiegen ist! Zur Erklärung für diese inflationären Noten meint das *BAG*:[119]

115 Siehe auch den Überblick von *Weuster/Weber* in der Anm. zu *BAG* vom 18.11.2014, AP GewO § 109 Nr. 5.

116 *Weuster*, „Personalauswahl und Personalbeurteilung mit Arbeitszeugnissen", (1994, Göttingen), S. 248 – ausgewertet wurden 881 Zeugnisse.

117 *Münch*, „Notenvergabe in qualifizierten Arbeitszeugnissen" (Studie der *Personalmanagement Service GmbH*, 2010, Berlin = „www.arbeitszeugnis.de" unter „Studien") – ausgewertet wurden 963 Zeugnisse.

118 Arbeitszeugnis-Studie des Lehrstuhls für Wirtschafts- und Sozialpsychologie der Friedrich-Alexander Universität Erlangen/Nürnberg (2011) – ausgewertet wurden 683 Zeugnisse. Siehe auch die Autoren dieser Studie: *Sende/Galais/Dahl*, „Zwischen Wahrheit und Wohlwollen", Zeitschrift „Personalwirtschaft", 2011, Heft 7 S. 35; schließlich *Düwell/Dahl*, „Die Leistungs- und Verhaltensbeurteilung im Arbeitszeugnis", NZA 2011 S. 958.

119 *BAG*, 18.11.2014, BB 2015 S. 1216 (Ls) = DB 2015 S. 868 = NZA 2015 S. 435 = AP GewO § 109 Nr. 5.

> Es kann „*nicht ausgeschlossen werden, dass auch Gefälligkeitszeugnisse in die Untersuchungen eingegangen sind, die dem Wahrheitsgebot des Zeugnisrechts nicht entsprechen. … Zeugnisse, die den Leistungen des Arbeitnehmers nicht entsprechen, sind unwahr und damit gesetzwidrig.*“

Gefälligkeitszeugnisse sind nicht von der Hand zu weisen, sie ersparen dem Zeugnisaussteller auch Streit, Kosten und Zeit, statt sich mit ehrlichem Zeugnisinhalt abzumühen! Solange sich neue Arbeitgeber nicht vermehrt wehren gegen solche Zeugnisse (weil sie Personen aufgrund dieser geschönten Zeugnis eingestellt haben, die aber die attestierten Leistungen nicht erbringen), solange lässt sich diese Praxis wohl nicht auflösen!

Zur Frage, ob die überwiegend guten Noten auch zu einer Verschiebung der Darlegungs- und Beweislast führen, siehe Rn. 674.

5. Zu zweifelhaften Formulierungen und ihre Bedeutung

839

Zeugnistext	**Bedeutung**
„*Er war stets* *… bemüht* *… willens,* *… bestrebt,* *seinen Aufgabe gerecht zu werden.*“ oder „*Die Aufgaben hat Frau X nach Anweisungen sehr bemüht erledigt.*“	mangelhafte Leistungsbeurteilung (zum „Bemühen“ siehe auch Rn. 754)
„*Er entsprach den fachlichen Anforderungen.*“	Es gab aber Defizite im *außerfachlichen* Bereich, also in menschlicher und persönlicher Hinsicht.[120]
– „*Er war gründlich, fleißig und gewissenhaft.*“ – „*Er war zuverlässig und gewissenhaft.*“	aber kaum brauchbar (sofern zur Leistung sonst nichts erwähnt ist)
„*Die Aufgaben,* *…. die ihm übertragen wurden,* *…. die er bearbeitete,* *erledigte er zur Zufriedenheit.*“	sonst erledigte er aber keine Aufgaben
„*Er erledigte die Aufgaben* *… in der ihm eigenen Art* *… in der ihm eigenen Sorgfalt* *… immer ordnungsgemäß* *… stets ordentlich.*“	Uneffektiv, bürokratisch

120 *LAG Mainz*, 18.12.2003 – 6 Sa 954/03.

Zeugnistext	**Bedeutung**
„Er widmete sich seinen Aufgaben mit besonderer Neigung.“	Er verzettelt sich und wird mit seiner Arbeit nicht fertig
„Er hat seine Aufgaben in der heutzutage üblichen Art und Weise erledigt.“	Geringe Arbeitsmoral und fehlte häufig wegen Krankheit
„Er begreift das Wesentliche.“	darüber hinaus aber hat er nichts oder nicht viel begriffen[121]
„Er arbeitete sehr genau und erledigte seine Aufgaben ordnungsgemäß.“	arbeitet langsam, Arbeitstempo unterdurchschnittlich
„Er hatte Gelegenheit, die ihm übertragenen Aufgaben zu erledigen.“	negative Beurteilung, weil unklar bleibt, ob die Gelegenheit auch genutzt wurde
– *„Er war mit Interesse bei der Sache.“* – *„Er zeigte reges Interesse an seiner Arbeit.“*	ohne erfolgreich zu sein, ohne zufrieden stellende Leistung
„Er war tüchtig und wusste sich gut zu verkaufen.“	Wichtigtuer[122]
„Seine Auffassungen wusste er intensiv zu vertreten.“	übersteigertes Selbstbewusstsein
„Er verfügt über Fachwissen und hat ein gesundes Selbstvertrauen.“	klopft große Sprüche, um fehlendes Fachwissen zu überspielen[123]
„Er arbeitete sehr nach eigener Planung.“	aber nicht nach der Planung des Arbeitgebers
„Er führte die ihm übertragenen Aufgaben mit großem Fleiß und Interesse durch.“	mangelhafte Leistungsbeurteilung, d. h. er hat im Ergebnis nichts oder nur schlechte Leistungen erbracht[124]

121 *LAG Düsseldorf*, 11.6.2003, LAGE GewO § 109 Nr. 1.

122 *LAG Hamm*, 17.12.1998, BB 2000 S. 1090 (insoweit nicht abgedruckt) mit Anm. von *Schleßmann* = MDR 1999 S. 1073 = LAGE BGB § 630 Nr. 32.

123 *LAG Hamm*, 17.12.1998, BB 2000 S. 1090 (insoweit nicht abgedruckt) mit Anm. von *Schleßmann* = MDR 1999 S. 1073 = LAGE BGB § 630 Nr. 32.

124 *BAG*, 24.3.1977, BB 1977 S. 997 (Ls) = DB 1977 S. 1369 = AP BGB § 630 Nr. 12.

Zeugnistext	**Bedeutung**
– *„Er hat gearbeitet …* *… im Rahmen seiner Fähigkeit.* *… mit viel Verständnis.“* – *„Er hat die ihm gemäßen Arbeiten erledigt.“* – *„Er war den Anforderungen gewachsen.“* – *„Er tat sein Bestes, um einen reibungslosen Arbeitsablauf zu gewährleisten.“* – *„Das Produktionsniveau konnte durch seine Arbeitsleistung gehalten werden.“* – *„Er arbeitete in ausgeglichenem Arbeitstempo, erfüllte bereitwillig die an ihn gestellten Anforderungen und seine Belastung war normal. “*[125]	mangelhafte Leistungsbeurteilung
– *„Die Führung der Kassengeschäfte sollte mit äußerster Sorgfalt erfolgen.“* – *„Die Position erforderte hohe Einsatzbereitschaft.“* – *„Er kannte die Anforderungen an seinen Arbeitsplatz.“*	mangelhafte Leistung, da nur die Anforderungen als solche an den Arbeitsplatz und nicht die Erfüllung der Anforderungen erwähnt sind
Zu Fortbildung und Verbesserungsvorschlägen:	
„Ihm wurden Gelegenheiten zu Fortbildungsmaßnahmen geboten.“	ohne Hinweis, dass sie genutzt worden und für die Praxis fruchtbar gewesen seien = eine negative Bewertung wird induziert[126]
„Er war Neuem gegenüber aufgeschlossen.“	aber nicht, um es zu verarbeiten
„Er machte viele Verbesserungsvorschläge.“	aber sie wurden nicht übernommen
„Er gab viele Anregungen, die geprüft wurden.“	aber keine verwertbaren Vorschläge
„Er hatte auch brauchbare Vorschläge gemacht.“	aber keine nennenswerten

125 *LAG Frankfurt*, 13.12.1989 – 10 Sa 182/89.
126 *LAG Köln*, 26.4.1996, NZA-RR 1997 S. 84.

V. Zur Einzelbeurteilung der Führung

1. Allgemeines

Bei der Führungsbeurteilung ist das Verhalten innerhalb der Betriebsgemeinschaft[127] darzustellen, also das Sozialverhalten gegenüber Vorgesetzten und Mitarbeitern/Kollegen bzw. Kunden/Patienten.[128] Es sind dabei weit weniger Einzelkriterien zu beachten als bei der Leistungsbeurteilung. **840**

Zur Führungsbeurteilung bei homeoffice siehe Rn. 335.

- Ein *Weglassen* des Vorgesetzten bzw. Kollegen wird negativ gewertet (wie sonst auch: das Auslassen eines Teils des geschuldeten Zeugnisinhalts wird als nicht vorhanden und damit nachteilig ausgelegt): **841**
  - Fehlen Angaben zum Verhältnis gegenüber Vorgesetzten = Verdacht auf Verfehlungen, Unzufriedenheit, Trennung im Streit oder Vertragsbruch.[129]
  - Fehlen Angaben zum Verhältnis gegenüber Mitarbeitern = Lässt Rückschlüsse zu auf Verhaltens-, Anpassungs- oder Kontaktschwierigkeiten.[130]
- Umstritten ist, ob die *Reihenfolge* Aussagen zulässt, ob nämlich zuerst das Verhalten gegenüber dem Vorgesetzten dazustellen ist, oder ob es gleichgültig ist, wer zuerst genannt wird (Vorgesetzten oder Mitarbeiter/Kollegen). **842**
  - Die Reihenfolge wird für unerheblich, rechtlich belanglos gehalten.[131]

    Auch in der amtlichen Begründung zur Neufassung des § 109 GewO heißt es:[132]

    „*Bei den Angaben über das Verhalten von Beschäftigten ist insbesondere ihr Verhältnis gegenüber Mitarbeitern und Vorgesetzten sowie ihr Einfügen in den betrieblichen Arbeitsablauf zu beurteilen.*" – also zuerst die „Mitarbeiter" genannt.

---

127 Zum Begriff „Betriebsgemeinschaft" siehe Rn. 344.

128 *Schmid*, „Aussagen über Führungsbeurteilungen in Arbeitszeugnissen und ihre rechtliche Problematik", DB 1986 S. 1334.

129 *LAG Hamm*, 24.9.1985, NZA 1986 S. 99 (Ls) = LAGE BGB § 630 Nr. 1.

130 *LAG Hamm*, 12.7.1994, LAGE BGB § 630 Nr. 27.

131 *LAG Kiel*, 11.12.2013 – 1 Ta 207/13; *LAG Köln*, 30.8.2007 – 10 Sa 482/07; ErfK *(Müller-Glöge)*, Rn. 44.

132 BT-Drs. 14/8796 vom 17.4.2002, S. 25.

Ebenso ist im Urteil des *BAG*[133] unbeanstandet die Reihenfolge im Zeugnis verdreht, d. h. mit den „Kollegen“ wird begonnen.

- Nach *LAG Köln*[134] ist die Reihenfolge ebenfalls belanglos, jedoch könnte es Sinn machen, zuerst mit den Mitarbeitern dann zu beginnen, wenn er selbst Vorgesetzter zahlreicher Mitarbeiter ist und es darum geht, zunächst seine eigene Vorgesetztenfunktion darzustellen.
- Recht eigenwillig erscheint hierbei das *ArbG Saarbrücken*:
  Die eine Kammer[135] meinte, „*Schlussfolgerungen aus der Reihenfolge sind nicht zwingend und erscheinen gekünstelt*“, während eine andere Kammer[136] nur wenige Monate später die Reihenfolge „Vorgesetzte – Kollegen – Geschäftspartner“ als *Standard* ansieht.

843 Der neue Arbeitgeber wird aber in der Regel das Verhältnis zu Vorgesetzten für besonders wichtig halten, daher sollte mit dem „Vorgesetzten“ begonnen werden[137] (das Wichtigste wird stets zuerst genannt vor dem weniger Wichtigem), um nicht den Verdacht aufkommen zu lassen, dass es Probleme mit ihm gab. Aus der Arbeitszeugnis-Studie von *Sende* ergibt sich auch, dass in fast 94 % aller Zeugnisse der Vorgesetzte zuerst genannt wird.[138]

2. Zu zweifelhaften Formulierungen und ihre Bedeutung

844

Zeugnistext	**Bedeutung**
„Sie war beliebt.“	Das Wort „beliebt“ ist ambivalent, es kommt auf die Tätigkeit an – mal wichtiges Merkmal, mal anrüchig (Rn. 752)
„Bei Kunden war er schnell beliebt.“	Er machte zu viele Zugeständnisse
„Er bewies Einfühlungsvermögen.“	Sucht sexuellen Kontakt – andere Bedeutung aber im Kranken- und Pflegebereich (Rn. 752)

133 *BAG*, 21.6.2005, BB 2005 S. 2530 = DB 2005 S. 2360 = NZA 2006 S. 104 = AP BGB § 630 Nr. 31.

134 *LAG Köln*, 24.9.2007 – 14 Sa 539/07.

135 *ArbG Saarbrücken*, 12.4.2001 – 6a Ca 47/01, AiB 2001 S. 615.

136 *ArbG Saarbrücken*, 2.11.2001 – 6c Ca 38/01, AiB 2002 S. 444.

137 *Schulz*, „Der arbeitsrechtliche Zeugnisanspruch“, (2006, Hamburg), S. 186.

138 Dipl.-Psychologin *Cynthia Sende*, „Arbeitszeugnisse aus eignungsdiagnostischer Perspektive“, Dissertation 2016, Lehrstuhl für Wirtschafts- und Sozialpsychologie der Friedrich-Alexander Universität Erlangen/Nürnberg.

Zeugnistext	**Bedeutung**
„Geschlechter bezogen war Frau X sehr beliebt."	Sucht sexuellen Kontakt
„Er war … gesellig … tolerant … unbeschwert."	Die Aufnahme *doppeldeutiger* (in der Regel sogar *beurteilungsfremder*) Umschreibungen führt zur Abwertung[139]
„Ihre Standpunkte trägt sie in selbstbewusster Art vor."	Ebenfalls *doppeldeutig* – hier wird nur die *negative* Deutung herausgelesen = arrogant, anmaßend. Besser: *„Sie ist eine selbständige Persönlichkeit, die ihren Standpunkt vertritt, doch stets in angemessener Weise."*
„Er war ein umgänglicher Kollege."	Nach *LAG Hamm*[140] soll es bedeuten: *„Man sah ihn lieber von hinten als von vorne"* oder *„Viele sahen ihn lieber gehen als kommen"* – eine falsche Deutung: „Umgänglich" ist ein Synonym für *„verträglich, freundlich, konziliant"*; wenn auch die Verwendung dieses Wortes unüblich ist, so kann nicht eine derart entstellende, genau ins Gegenteil verkehrte Deutung herausgelesen werden, hier werden Wortbedeutungen schlicht verdreht und dadurch das Transparenzgebot verletzt (siehe Rn. 763).
„Über sein Verhalten ist nichts Nachteiliges bekannt geworden."	Es wird das negativ besetzte Wort „Nachteil" verwendet und es fehlt jede Andeutung einer positiven Wertung.[141] Diese Formulierung ist auch deshalb zu vermeiden, weil der Eindruck entsteht, hier würde in unzulässiger Weise auch das außerdienstliche Verhalten bewertet (anders bei Beamten).

139 *LAG Düsseldorf*, 11.6.2003, LAGE GewO § 109 Nr. 1.

140 *LAG Hamm*, 28.3.2000, BB 2000 S. 2578.

141 *LAG Hamm*, 8.7.1993 – 4 Sa 171/93.

Zeugnistext	**Bedeutung**
„Er ist ein anspruchsvoller und kritischer Mitarbeiter.“	Ist missverständlich. Es kann ausgelegt werden, dass er eigensüchtig ist, auf sein Recht pocht und gerne nörgelt,[142] oder aber als sehr positives Verhalten, wobei es auf den Kontext ankommt, in dem dieser Satz steht.
„Er führt ziel-, leistungs- und terminorientiert und ist als Vorgesetzter anerkannt und beliebt, auch von unseren Geschäftspartnern wird er sehr geschätzt. Er ist ein anspruchsvoller und kritischer Mitarbeiter, sein Verhalten war stets einwandfrei.“	Aber: Hier ist die Einbeziehung dieses missverständlichen Satzes auf eine positive Beschreibung angelegt, nämlich: Er arbeitet von sich aus mit Engagement in seinem Arbeitsfeld an Verbesserungen und deren Durchsetzung.[143] Es ist also stets zu achten auf den textlichen Zusammenhang, in dem die Passagen stehen.
„Die Zusammenarbeit mit Vorgesetzten und Kollegen war einwandfrei. Ihr Umgang mit Mandaten war vorbildlich.“	Ein negativer Eindruck hinsichtlich der Teamfähigkeit wird erweckt,[144] weil der Umgang im Büro der Note 3, der Umgang mit Mandaten aber der Note 1,5 entspricht (siehe Rn. 795).
„Er ist mit seinen Vorgesetzten gut zu Recht gekommen.“	angepasster Mitläufer
„Er war tüchtig und in der Lage, seine eigene Meinung zu vertreten.“	Hat hohe Meinung von sich und vermag keine sachliche Kritik zu ertragen,[145] querulatorisch
„Im Kollegenkreis galt er als toleranter Mitarbeiter.“	Für Vorgesetzte aber ein harter Brocken[146]
„Im Umgang mit Kollegen und Vorgesetzten zeigte er eine erfrischende Offenheit.“	vorlaut mit Selbstbewusstsein, das seinen Leistungen nicht entspricht
„Er setzte sich für die … Interessen … Belange des Unternehmens ein.“	bare Selbstverständlichkeit

142 *LAG Hamm*, 17.12.1998, BB 2000 S. 1090 = MDR 1999 S. 1073 = LAGE BGB § 630 Nr. 32.

143 *LAG Düsseldorf*, 23.7.2003 – 12 Sa 232/03.

144 *LAG Köln*, 26.1.2011 – 9 Ta 325/10.

145 *LAG Hamm*, 17.12.1998, BB 2000 S. 1090 = MDR 1999 S. 1073 = LAGE BGB § 630 Nr. 32.

146 *LAG Hamm*, 17.12.1998, BB 2000 S. 1090 = MDR 1999 S. 1073 = LAGE BGB § 630 Nr. 32.

Zeugnistext	**Bedeutung**
– *„Er setzte sich engagiert innerhalb und außerhalb unseres Unternehmens für die Interessen der Arbeitnehmer ein.“* – *„Er war für alle Vorgesetzten ein geschätzter Verhandlungspartner.“*	unzulässiger Hinweis auf eine Funktion als Arbeitnehmervertreter
„Vorgesetzten und Mitarbeitern gegenüber war er durch seine aufrichtige und anständige Gesinnung ein angenehmer Mitarbeiter.“	Er zeichnete sich aber nicht durch Fleiß aus (sofern zur Leistung sonst nichts erwähnt ist)
„Er war kontaktbereit.“	aber nicht kontaktfähig
„Er war stets gründlich, hilfsbereit und loyal.“	Negativ ist die Beurteilung, weil sie sich erschöpft in der Betonung von Selbstverständlichkeiten.
„Sein Verhalten …ist ohne Beanstandung …ist ohne Tadel …gibt zu Klagen keinen Anlass.“	Durch die Verbindung von Worten, die in der Umgangssprache negativ besetzt sind (Klage, Tadel), mit deren Verneinung sind diese Passagen an der unteren Grenze des Umgangs[147] (siehe auch Rn. 825).
Zum Führungsstil:	
„Er verstand es, hervorragend zu delegieren.“	Ohne selbst allzu viel zu arbeiten
– *„Er war ein verständnisvoller und toleranter Vorgesetzter.“* – *„Er praktizierte einen kooperativen Führungsstil und war deshalb von seinen Mitarbeitern sehr geschätzt.“*	Ohne Durchsetzungsvermögen
„Er führte … mit fester Hand … konsequent … straff demokratisch.“	Autoritärer Führungsstil
„In seiner Abteilung war ein bemerkenswert gutes Betriebsklima.“	Leicht ironischer Unterton
„Seine Mitarbeiter schätzten ihn als angenehmen Vorgesetzten.“	Achtete aber zu wenig auf die Leistung der Mitarbeiter

147 *ArbG Frankfurt a. M.*, 2.5.2001, NZA-RR 2002 S. 182.

Zeugnistext	**Bedeutung**
Aus der Klamottenkiste der Zeugnissprache:	
– *„Durch seine gesellige Art trug er zur Verbesserung des Arbeitsklimas bei.“* – *„Aufgrund seiner anpassungsfähigen und freundlichen Art war er im Betrieb sehr geschätzt.“* – *„Er war ein geselliger Mitarbeiter.“* – *„Er stand stets voll hinter uns.“*	Er trank Alkohol im Dienst/Hinweise auf Trunksucht Es sollte formuliert werden: *„Sein Verhalten gab Anlass zu Beanstandungen.“*
„Er war ehrlich bis auf die Knochen.“	Ein Metzger, der Knochen gestohlen hatte![148]

148 *LAG Hamm*, 13.2.1992, LAGE BGB § 630 Nr. 16.

VI. Bausteine der Einzelbeurteilung

Vorbemerkung

Zusätzlich zum Gesamturteil (siehe Rn. 783 ff.) ist auf Einzelmerkmale der Beurteilung einzugehen. Es besteht die verständliche Neigung, auf bereits vorformulierte Satzteile zurückzugreifen, die sich allmählich im Arbeitsleben als Standardsätze herausgebildet haben – diese Formulierungen sind austauschbar und für nahezu jeden Beruf verwendbar. **845**

- Für eine detaillierte Beurteilung sind hierzu 5 Kriterien aufgeführt: Arbeitsweise – Arbeitsbereitschaft – Arbeitsbefähigung – Arbeitserfolg – Führungsqualifikation.
- Der Arbeitgeber entscheidet nach seinem Ermessen, welche Kriterien er im Zeugnis für erwähnenswert hält; nicht fehlen dürfen jedenfalls Angaben zur Arbeitsweise und bei leitenden Angestellten zur Führungsqualifikation.
- Die vorformulierten, in 5 Noten abgestuften Satzteile werden als Anregung gegeben, wobei die einzelnen Tabellenblöcke als Bausteine für das Zeugnis verwendet werden können. Dank der vom Wohlwollen zu tragenden Beurteilung darf der jeweils letzte = mangelhafte Satzteil nur bei völligem Versagen des Arbeitnehmers im Zeugnis aufgenommen werden.
- Innerhalb einer Notenstufe werden mehrere Formulierungsvorschläge angeboten, die textlich miteinander verbunden werden können, es können also mehrere der einzelnen Satzteile aneinandergereiht werden.
- *Zwischennoten* sind nur beim Gesamturteil angebracht, bei den folgenden Einzelmerkmalen sind sie nicht gebräuchlich und kaum verständlich formulierbar.

In den nachfolgenden Tabellen wird auch wieder das „Strickmuster", das Grundschema der Zeugnissprache deutlich z. B. in der Tabelle „*Arbeitsweise*": **846**

- die „sehr guten" bzw. „guten" Beurteilungen enthalten zusätzlich das Zeitmoment (z. B. „stets", „jederzeit" oder „immer"),
- bei der Note 3 heißt es = „guter" Arbeitsstil, aber es fehlt das Zeitmoment,
- bei der Note 4 ist es „zufriedenstellend", aber ohne sonstige Qualifizierung, und
- bei der Note 5 wird die „zufriedenstellende" Arbeitsweise abqualifiziert durch das Beiwort „im Großen und Ganzen" oder „zum großen Teil".
- Bei den Noten 3, 4 und 5 ist die Formulierung gewählt, die hierzu eigentlich gar nicht passt, vielmehr der vorhergehenden Note entspricht. Die Formulierungen lassen vom allgemeinen Sprachgebrauch her gesehen eher eine bessere Benotung vermuten, als sie tatsächlich zugeordnet wurde; sie klingen wohlwollender.

1. Arbeitsweise

847 – Der „Stil“, also *wie* die Arbeit erledigt wurde: Sorgfalt, Arbeitsgüte/-tempo, Zuverlässigkeit, Selbständigkeit, Verhandlungsgeschick –

Note 1	– stets sehr guter Arbeitsstil – arbeitete immer äußerst gründlich und genau, mit größter Sorgfalt, äußerst zuverlässig und gewissenhaft, außerdem außergewöhnlich zügig – arbeitete stets sehr zielstrebig und rationell, organisiert sehr geschickt und vorausschauend – arbeitete stets absolut sicher und vollkommen selbstständig – immer äußerst pflichtbewusst zuverlässig und verschwiegen, konzentriert zielgerichtet und äußerst verantwortungsbewusst – jederzeit sehr guter und effizienter Arbeitsstil – arbeitete stets sehr planvoll, methodisch und äußerst gründlich – versierter und überzeugender Verhandlungspartner, der auch sich klar, treffend und überzeugend ausdrückt
Note 2	– stets guter Arbeitsstil – arbeitete stets sehr gründlich, mit großer Sorgfalt; sehr zuverlässig, gewissenhaft und zügig – jederzeit in hohem Maße geprägt durch Zuverlässigkeit, Systematik und Verantwortungsbewusstsein – stets selbstständig mit großer Sorgfalt und Genauigkeit – stets sicher und vollkommen selbstständig – erledigte die Aufgabe jederzeit zuverlässig und exakt – arbeitete auch unter Zeitdruck jederzeit sehr zuverlässig, reagiert auch in kritischen Situationen schnell und sicher – gewandter Verhandlungspartner, der sich klar und gewandt ausdrückt
Note 3	– zeigte einen guten Arbeitsstil – arbeitete sehr routiniert, effizient und zügig – arbeitete stets zweckmäßig und zuverlässig – arbeitete stets mit Sorgfalt – jederzeit sicher und selbstständig – mit der Arbeitsweise immer zufrieden – stets selbstständig arbeitend, der seine Aufgabe systematisch erarbeitet und erledigt – recht geschickt im Verhandeln, formuliert sehr prägnant

Note 4	– zufriedenstellender Arbeitsstil – arbeitete gründlich und zügig – bearbeitete alle Vorgänge sehr korrekt, beständig und zufriedenstellend – die Aufgaben erledigt er mit Sorgfalt – arbeitete ausreichend sorgfältig – übersieht nichts Wesentliches, sorgfältige Bearbeitung – durchaus geschickt im Verhandeln
Note 5	– im Großen und Ganzen zufrieden stellende Arbeitsweise – im Allgemeinen gründlich und zügig – erledigte mit Unterstützung, unter Anleitung selbstständig – arbeitete mit der ihm eigenen Sorgfalt – in der Regel zuverlässig – arbeitete etwas schematisch, hat ausreichenden Überblick – im Allgemeinen geschickt im Verhandeln

2. Arbeitsbereitschaft

– Das „Wollen“: Fleiß, Engagement, Motivation, Initiative – **848**

Note 1	– stets sehr gute Arbeitsbereitschaft – stets außergewöhnlich aktiv, mit großem Fleiß, Einsatzfreude, entwickelt jederzeit Eigeninitiative – jederzeit mit äußerst beachtlichem Engagement, großer Energie und immer hochmotiviert – stets ausgezeichnete Arbeitsmoral, sehr große Einsatzfreude auch über die übliche Arbeitszeit hinaus, ausgeprägtes berufliches Engagement – erfüllte ihre Aufgaben immer mit größtem Engagement – immer mit sehr hohem Maß an Leistungsbereitschaft und Eigeninitiative
Note 2	– stets gute Arbeitsbereitschaft – zeigte stets Fleiß, Eifer und Initiative – immer gut motiviert und engagiert – stets gute Arbeitsmoral und Motivation – alle Aufgaben immer mit großem Elan und Pflichtbewusstsein ausgeführt

Note 3	– gute Arbeitsbereitschaft – zeigt Fleiß, Eifer und Initiative – gute Arbeitsmoral und Motivation – gute Dienstauffassung – alle Aufgaben mit Elan und Pflichtbewusstsein ausgeführt
Note 4	– zufriedenstellende Arbeitsbereitschaft – ausreichende Arbeitsmoral und Motivation – zufriedenstellende Dienstauffassung – erfüllte seine Aufgaben mit der nötigen Arbeitsbereitschaft
Note 5	– im Großen und Ganzen zufriedenstellende Arbeitsbereitschaft – willig, pünktlich und grundsätzlich bereit, Mehrarbeit zu übernehmen – im Allgemeinen motiviert, erfüllt die Aufgaben entsprechend den Erwartungen – zum großen Teil bereit, die Aufgaben zu erfüllen

3. Arbeitsbefähigung

849 – Das „Können“: Fachkenntnisse, Berufserfahrung, Belastbarkeit, Auffassungsgabe, Ideenreichtum, Weiterbildung –

Note 1	– umfassende, fundierte und vielseitige Fachkenntnisse, die er auch bei schwierigen Aufgaben sehr sicher einsetzte – beherrscht sein Aufgabengebiet jederzeit perfekt, äußerst kreativer Gestalter – außerordentlich belastbar, auch stärkstem Arbeitsanfall jederzeit gewachsen – immer größtes Interesse an Weiterbildung gezeigt und mit Erfolg wahrgenommen – überragendes Organisationstalent, bewundernswerte Energie
Note 2	– gründliche, abgesicherte Fachkenntnisse, die er auch bei schwierigen Aufgabensicher einsetzte – stets mit guter Arbeitsbefähigung – ausdauernd gute Belastung, stets den Anforderungen gewachsen auch bei starkem Arbeitsanfall – erweitert laufend und erfolgreich das Fachwissen – ideenreich gepaart mit großer Berufserfahrung, sehr fähiger Mitarbeiter, rasche Auffassungsgabe, schnell Sachverhalte erfassen, analysieren und praktikable Problemlösungen finden

Note 3	– den Anforderungen stets entsprechende Fachkenntnisse, die er erfolgreich einsetzte – verfügt über gute Arbeitsbefähigung – beherrscht sein Arbeitsgebiet – stets belastbar und den Anforderungen gewachsen – nahm wiederholt Gelegenheiten wahr, sich fachlich fortzubilden – hat sich in das weit gefächerte Gebiet gut eingearbeitet und war den Anforderungen stets gewachsen
Note 4	– verfügte über die erforderlichen Fachkenntnisse – die Arbeitsbefähigung entsprach den Anforderungen – kam mit den Anforderungen zurecht und war den Belastungen gewachsen – nahm gelegentlich an angebotenen, beruflichen Fortbildungsmaßnahmen teil
Note 5	– hinreichende Fachkenntnisse, im Großen und Ganzen verfügt er über die Arbeitsbefähigung – hat sich ideenreich und fachkundig gegeben – war bemüht, das Fachwissen zu erweitern – im Wesentlichen in der Lage, den Arbeitsanfall zu bewältigen, Erledigung der Aufgabe bereiten kaum Probleme

4. Arbeitserfolg

850 – Arbeitsergebnisse, Verwertbarkeit, Umsatz –

Note 1	– erzielte stets herausragende Erfolge/Ergebnisse – stets optimale Lösungen – Erfolg bewies sein unternehmerisches Format – optimal und maßgeblich beigetragen zum Gesamterfolg des Projekts – weit über dem Branchendurchschnitt nachhaltig wirtschaftliche Erfolge erzielt – Arbeitsergebnisse stets von sehr hoher Qualität auch bei wechselnden Anforderungen und in sehr schwierigen Fällen – stets weit überdurchschnittliche Verkaufserfolge
Note 2	– stets gute Erfolge/Ergebnisse – Arbeitsergebnis war jederzeit gut, übertraf deutlich die gestellten Anforderungen – die erzielten Lösungen waren immer gut – Arbeitsergebnisse stets von hoher Qualität auch bei wechselnden Anforderungen und in sehr schwierigen Fällen – nachweislich überdurchschnittliche Verkaufserfolge
Note 3	– erzielte gute Lösungen/Ergebnisse – führte zu einem für uns vorteilhaften Ergebnis – die erzielten Lösungen waren gut – erzielte wiederholt überdurchschnittliche Verkaufserfolge
Note 4	– Ergebnisse waren zufriedenstellend – Arbeitsergebnisse erfüllten unsere Ansprüche – Erfolge blieben nicht aus, er erzielte nicht unbedeutende Umsätze
Note 5	– Ergebnisse waren in der Regel zufriedenstellend – strebte gute Lösungen an – erfüllte im Allgemeinen unsere Ansprüche – suchte stets nach sinnvollen und praktikablen Lösungen – erzielte im Großen und Ganzen akzeptable Umsätze

5. Führungsqualifikation

– Führungsstil, Gruppenverhalten, Durchsetzungsvermögen, Vertrauen, Verantwortungsbereitschaft, wirtschaftliches Handeln – 851

Note 1	– er motivierte seine Mitarbeiter durch seine fach- und personenbezogene Führung zu vollem Einsatz und stets zu sehr guten Leistungen – er verstand es, Mitarbeiter hervorragend zu motivieren und zu überzeugen, er förderte aktiv ihre Zusammenarbeit – er verhielt sich den Mitarbeitern gegenüber stets aufgeschlossen und kooperativ, verstand es, sich auch in schwierigen Situationen durchzusetzen und die Mitarbeiter zu optimalen Arbeitseinsätzen zu führen – er setzte immer klare Ziele, leitete zu selbständigem Handeln an, durch sein vorbildliches Engagement schaffte er ein konstruktives Arbeitsklima, das zu sehr guten Ergebnissen führte – er dachte und arbeitete außergewöhnlich kostenbewusst und wirtschaftlich, war im besonderen Maße verantwortungsbereit und genoss absolutes Vertrauen
Note 2	– er motivierte seine Mitarbeiter stets zu guten Leistungen – er verstand es, Mitarbeiter nachhaltig zu motivieren, er wird als Vorgesetzter anerkannt und geschätzt, er ist in der Lage, sie gut einzusetzen und zu guten Leistungen zu führen – er motivierte immer sein Team durch fach- und personenbezogene Führung zu hoher Leistung – er war immer ein angenehmer und fairer Vorgesetzter mit einem sehr effizienten und kooperativen Führungs- und Arbeitsstil – er dachte und arbeitete stets sehr kostenbewusst und wirtschaftlich, das Unternehmen profitierte davon, er war jederzeit verantwortungsbereit und immer sehr vertrauenswürdig
Note 3	– er motivierte durch eine fach- und personenbezogene Führung zu guten Leistungen – er war anerkannt und beliebt, verstand es, seine Mitarbeiter zu erfolgreichem Arbeitseinsatz zu bewegen – er führte seine Mitarbeiter zielbewusst und konsequent zu voll zufrieden stellenden Leistungen – er wirkte integrierend, formte ein gutes Team und erzeugte ein gutes Arbeitsklima – er dachte und arbeitete kostenbewusst und wirtschaftlich, er ist verantwortungsbereit und vertrauenswürdig

Note 4	– er motivierte seine Mitarbeiter zu zufrieden stellenden Leistungen – er besaß die Fähigkeit, Mitarbeiter zielgerichtet anzuleiten und zu führen – verstand es, mit seinen Verkäufern nicht unbedeutende Verkaufserfolge zu erzielen – er arbeitete durchaus kostenbewusst und wirtschaftlich
Note 5	– verstand es, durch ausreichende Motivation der Mitarbeiter die gesteckten Ziele im Wesentlichen zu erreichen – er motivierte im Großen und Ganzen zu zufrieden stellenden Leistungen – er interessierte sich für die Probleme der Mitarbeiter und delegierte gelegentlich Aufgaben – im Allgemeinen verantwortungsbereit, arbeitete überwiegend wirtschaftlich

(Beurteilungsmuster anhand dieser Bausteine, siehe Rn. 900 und 926).

VII. Widersprüche

Nach Fertigung des Zeugnisses ist abschließend zu prüfen, ob das Zeugnis in sich widerspruchsfrei ist. 852

- Die einzelnen Zeugnisabschnitte sind aufeinander abzustimmen; eine umfangreiche Tätigkeitsbeschreibung verbunden mit einer knapp gehaltenen Beurteilung stimmt nicht überein; es besteht eine „Kopflastigkeit“ (siehe das Zeugnismuster „Oberarzt“, Rn. 919).
- Die Beurteilungen der einzelnen Tätigkeiten müssen mit der Gesamtnote übereinstimmen.
- Widersprüchlichkeiten können auch auftreten durch einzelne Worte oder Satzteile, die zusammengefügt sind, aber inhaltlich nicht zusammen passen; solche Passagen sind aus dem Zeugnis zu streichen und durch Eindeutigkeiten zu ersetzen, sofern bei bloßer Streichung sonst das Zeugnis unvollständig bliebe.

Beispiele für widersprüchliche Zeugnisformulierungen: 853

Zeugnistext	**Anmerkung**
„*Sie ist im Umgang mit anderen Menschen eher etwas zurückhaltend und befangen.*“ und einige Sätze später heißt es: „*Sie neigt dazu, sich zu überschätzen, sich aufzudrängen.*“	Hier werden Begriffe verwendet (Zurückhaltung und Aufdringlichkeit), die genau entgegen gesetzte Eigenschaften beschreiben, deren gleichzeitige Verwendung widersprüchlich ist.[149]
„*Er zeigte großes Interesse an der Arbeit. Seine Leistungen waren stets zufrieden stellend.*“	Eine mangelhafte Bewertung wird kombiniert mit einem befriedigenden Gesamturteil = widersprüchlich und stellt eine nur „ausreichende“ Leistungsbewertung dar (so das *BAG*[150]).

149 *LAG Düsseldorf*, 10.1.1991 – 5 Sa 1026/90.
150 *BAG*, 16.11.1995 – 8 AZR 983/94, AuR 1996 S. 195 (Ls).

Zeugnistext	Anmerkung
„Die ihr übertragenen Aufgaben erfüllte sie zur vollen Zufriedenheit. Sowohl Vorgesetzte als auch Kollegen schätzten ihre sachliche Art der Zusammenarbeit. Sie war sehr tüchtig und in der Lage, ihre eigene Meinung zu vertreten.“	Das ist in doppelter Hinsicht widersprüchlich: Die Leistungsbeurteilung („*zur vollen Zufriedenheit*“ und „*tüchtig*“) ist recht gut – sie wird aber aufgeteilt und der zweite Teil („*tüchtig*“) verbunden mit der Umschreibung des nahezu querulatorischen Charakters („*... in der Lage, ihre eigene Meinung zu vertreten*“, vgl. Rn. 844), also eine „doppelbödige“ Formulierung.[151] Eine Leistungsbeurteilung wird durch Wiederholungen nicht besser, sondern in ihr Gegenteil verkehrt, wenn die Wiederholung im falschen Kontext steht; somit ist die Leistungsbeurteilung widersprüchlich, im ersten Teil ordentlich, im zweiten Teil miserabel infolge der Verbindung mit dem Querulantentum. Auch die Führungsbeurteilung ist zwiespältig: Querulatorisches Verhalten wird nie als „*sachliche Art der Zusammenarbeit*“ von Kollegen geschätzt.
„Sie beherrscht als Bürokauffrau im Notariat die Textverarbeitung Microsoft Word vollumfänglich; sie setzte ihre fundierten und umfassenden Fachkenntnisse erfolgreich ein.“[152]	Die „Fachkenntnisse“ stehen im Widerspruch zu der schlichten Selbstverständlichkeit, das Programm Word zu beherrschen.

Zu möglichen Widersprüchen bei Verwendung der Schlussformel siehe Rn. 401.

Zu *widersprüchlichen Zeugnissen* siehe Rn. 909 und 915.

151 *LAG Hamm*, 17.12.1998, BB 2000 S. 1090 (mit Anm. von *Schleßmann*) = MDR 1999 S. 1073 = LAGE BGB § 630 Nr. 32.

152 *LAG Köln*, 26.1.2011 – 9 Ta 325/10.

VIII. Neue Zeugnisformen?

Bekanntlich verstummt die Kritik am qualifizierten Zeugnis, insbesondere wegen der Zeugnissprache nicht und kehrt schubartig in zeitlichen Abständen immer wieder. Da gesetzlich und tarifvertraglich nicht geregelt ist, in welcher Form die Beurteilung von Leistung und Verhalten vorzunehmen ist, sind andere Darstellungsweisen zulässig, die die Zeugnissprache z. B. offenlegen oder auf sie verzichten. **854**

Aber Arbeitgeber halten sich eher an die „eingefahrenen" Formulierungen, als zu versuchen, *einen allmählichen Einstellungswandel in der Formulierungspraxis zu erreichen,*[153] ein Abweichen von der bisherigen Norm wird mit Vorbehalten gesehen oder gar nicht erst versucht – dennoch sollen im Folgenden zwei Formen als Anregung kurz dargestellt werden, um die Diskussion aufrechtzuerhalten:

1. Beurteilungsbogen

Der Arbeitgeber könnte zusammen mit dem Betriebsrat (vgl. § 94 Abs. 2 BetrVG) Beurteilungskriterien und -formulierungen entwickeln, die in *Beurteilungsbogen* eingefügt und zur Grundlage von Zeugnisausstellungen gemacht werden; diese Abstimmung mit dem Betriebsrat kann dann auch Inhalt einer *Betriebsvereinbarung* sein, in der darüber hinaus sämtliche zeugnisrelevanten Maßnahmen festgehalten werden – diese Bogen sollten vorformulierte, notenmäßig abgestufte Satzteile enthalten. Die Beurteilung erfolgt dann durch Ankreuzen der zutreffenden Aussage und diese angekreuzten Satzteile werden sodann in das Zeugnis übernommen. **855**

In solcherart konzipierten Arbeitszeugnissen finden sich zwar in der Regel keine zusammenhängenden Sätze mehr, aber wenn die äußere Form gewahrt wird, so bestehen hiergegen keine rechtlichen Bedenken. Andere für den Empfänger wichtige Zeugnisse (wie Schulzeugnisse, Diplome, Erfolgsurkunden) sind ebenfalls mehr oder weniger schablonenhaft gefertigt.

Diese „Zeugnisform"[154] besitzt folgende Vorteile: **856**

- Sie ist mit dem Betriebsrat abgestimmt und somit innerhalb des Internehmens transparent;
- die Beurteilung ist für jeden Arbeitnehmer nach vollziehbar und klar erkennbar;

153 *Weuster*, „Zeugnisgestaltung und Zeugnissprache zwischen Informationsfunktion und Werbefunktion", BB 1992 S. 58.

154 Siehe auch MünchHdB *(Wank)*, Rn. 33.

- sie beugt einer unterschiedlichen Ausdruckweise der Beurteiler vor und garantiert für die gesamten Betriebsgemeinschaft eine einheitliche Sprachregelung;
- sie erlaubt eine rationelle Zeugnisausstellung, die Arbeit in den Personalabteilungen wird nicht unerheblich vereinfacht, wenn die Beurteilungs-Bausteine gespeichert werden, um sie dann abzurufen.

857 Um den neuen Arbeitgeber mitzuteilen, welcher Notenziffer die Satzteile zuzuordnen sind, kann der Arbeitnehmer dem neuen Arbeitgeber auch einen Vordruck dieses Beurteilungsbogen mit den dort ersichtlichen notenmäßigen Umschreibungen vorlegen. Das Verfahren mit solchen Bogen vermeidet, dass „Dekodierungshilfen“ benötigt werden und trägt dazu bei, die Zeugnissprache von dem Verdacht der Geheimniskrämerei zu befreien.

2. Klartext

858 Eine andere Lösung wäre sofort zu erreichen und viel praktikabler:

Statt die Beurteilung verbal zu umschreiben, werden im Zeugnis klare *Notenziffern* erteilt, wobei mit halben oder gar Viertels-Noten viel feiner differenziert werden kann, als es mit Worten möglich ist.

Die Notenvergabe mit Ziffern würde auch jegliche Formen der Zeugnissprache beerdigen – wie bei den Schul- und Hochschulzeugnissen aller Art, bei denen die Benotung mit klaren Ziffern erfolgt.

Gewöhnungsbedürftig wäre sicherlich folgender Zeugnistext:

> *„Arbeitsbereitschaft: 2,5 – Arbeitsbefähigung: 2,75 – Arbeitsweise: 3,0 – Sozialverhalten: 2,0.“*

So wie sich die Zeugnissprache allmählich entwickelt hat, könnte auf sie allmählich verzichtet werden; *Klartext* im Arbeitszeugnis wäre eine sinnvolle Alternative. Allerdings fand der Klartext bisher keine Resonanz!

Teil 3

Aufbau und Gliederung des Zeugnisses

Vorbemerkung

Die Zeugnisvorschriften stimmen inhaltlich überein; stets sind Art und Dauer der Beschäftigung sowie auf Verlangen zusätzlich Leistung und Führung/Verhalten zu bescheinigen. Diese wiederkehrenden Elemente ermöglichen eine Art Baukastensystem. **859**

Da weder durch Gesetz noch durch Tarifvertrag festgeschrieben ist, aus welchen Bestandteilen ein Zeugnis darüber hinaus besteht und in welcher Weise es formal zu gliedern ist, hat sich in der Zeugnispraxis eine gefestigte Übung des Arbeitslebens gebildet, und zwar ein für jede Zeugnisart entsprechendes Muster mit einem Gliederungsschema, das weitgehend standardisiert ist.

Abweichungen von diesem formalen Standard, insbesondere Auslassungen, stellen, abgesehen vom Verstoß gegen das Vollständigkeitsgebot, negative, abqualifizierende Signale dar, die Misstrauen erregen und die Aufmerksamkeit des „kundigen" Lesers erwecken.[1] Daher hat der Arbeitnehmer einen Rechtsanspruch darauf, dass die nachfolgenden Grundelemente im Zeugnis enthalten sind:[2] **860**

Teil 1 – Eingangsformalie

Firmenbogen
Überschrift
Eingangsformel (Eintritt, Dauer der Beschäftigung)

Teil 2 – Tätigkeitsbeschreibung

Art der Beschäftigung
Unterbrechungen
Fortbildung
Spezialkenntnisse

Teil 3 – Beurteilung von Leistung und Führung/Verhalten[3]

---

1 *LAG Düsseldorf*, 21.5.2008 – 12 Sa 505/08.

2 *LAG Hamm*, 27.4.2000, BB 2000 S. 1786 (Ls), sowie 17.12.1998, BB 2000 S. 1090 (mit Anm. von *Schleßmann*) = MDR 1999 S. 1073 = LAGE BGB § 630 Nr. 32.

3 Teil 3 nur auf Verlangen: Mit Teil 3 handelt es sich um ein qualifiziertes, ohne Teil 3 um ein einfaches Zeugnis.

Teil 3: Aufbau und Gliederung des Zeugnisses

Teil 4 – Beendigungsformel
Austrittsdatum
Eventuell: Austrittsgrund
Eventuell: Schlussformel

Teil 5 – Abschiedsformalie
Ort
Datum
Unterschrift

861 Ein schematisierter Aufbau und ein klares Gliederungsschema bieten auch folgende Vorteile:

- Der Zeugnisaussteller wird nicht nur zur gedanklichen Gliederung gezwungen, sondern es hilft ihm, der ohnehin oft Schwierigkeiten mit der Formulierung hat, nichts zu übersehen und keine wichtigen Zeugnisbestandteile zu vergessen.
- Durch einen schematischen Zeugnisaufbau sind die wesentlichen Daten schneller zu überblicken, und die Zeugnisse können leichter miteinander (auch) inhaltlich verglichen werden.
- Ein gut gegliedertes Zeugnis, zusammen mit sprachlich aussagekräftiger Formulierung, kann eine Visitenkarte der Firma darstellen.

Das formal vereinheitlichte Bild nimmt dem Zeugnis nicht seinen individuellen, persönlichen Charakter, denn er wird allein vom Inhalt geprägt.

862 **Tabelle 1**

Gliederung für ein qualifiziertes (End-)Zeugnis mit stichwortartigen Hinweisen

(1) Firmenbogen	DIN-A4-Briefbogen mit Name und Anschrift des Arbeitgebers (Rn. 520) – ohne Namen des Bearbeiters, ohne Telefon-Nr. oder Aktenzeichen. – Anschriftenfeld bleibt leer. – Schreiben ohne Fehler, Streichungen, Anführungs-, Frage- oder Ausrufungszeichen, ohne Fett- oder Kursivdruck.
(2) Überschrift	„*Zeugnis*“(Rn. 519)

(3) Eingangsformel	Titel, Vorname, Nachname, Geburtsdatum – Datum des Eintritts in die Firma mit eventuellen Unterbrechungen (Rn. 307). Es empfiehlt sich, nach den Personalien sogleich die *Gesamtdauer* der Beschäftigung (Eintritt in die Firma und Ende des Beschäftigungsverhältnisses) mit den Funktionen (bei mehreren Funktionen die letzte) zu erwähnen, um dem Zeugnisempfänger gewissermaßen auf den ersten Blick einleitend eine wichtige Information zu geben – z. B.: *„Herr Diplom-Ingenieur Karl Maier, geb. am …, war vom … bis … bei uns, zuletzt als … beschäftigt.“*
(4) Tätigkeitsbeschreibung	– Die Tätigkeitsbeschreibung muss so vollständig und genau sein, dass sich ein anderer Arbeitgeber ein klares Bild machen kann = die wesentlichen Arbeitsgebiete und Schwerpunkte (eventuell mit jeweiliger Dauer), nicht jeder „Handgriff“, Unwesentliches weglassen. – Reine Aufgabenbeschreibung ohne Bewertung – Vom Wichtigen zum weniger Bedeutenden. – Umfang der Beschreibung nicht außer Verhältnis zur Beurteilung. – Unterbrechungen? Die Beschreibung umfasst vor allem 3 Blöcke: 1. die Stellung innerhalb der betrieblichen Hierarchie (Unter-, Überstellung, Vertretung) 2. die berufliche Entwicklung mit Aufgabenschwerpunkten (Sonderaufgaben, Aufgabenwechsel) 3. Vollmachten, Prokura
(5) Gegebenenfalls: **Fortbildungsmaßnahmen**	Wann, jeweils wie lange, bei welchem Fortbildungsträger? Gegebenenfalls Hinweis auf Fortbildungsnachweise (Rn. 282).
Vorbemerkung zur Beurteilung von Leistung (6) und Führung (7)	– Beurteilung umfasst sämtliche Tätigkeiten und die gesamte Dauer der Beschäftigung, nicht Teile davon. – Beurteilung von Leistung plus Führung (= in dieser Reihenfolge). – Grundsatz: Wahrheit vor Wohlwollen. – Weder überbewerten, noch unterbewerten, objektiv unter Anwendung der allgemein üblichen Bewertungsmaßstäbe.

(6) Leistungsbeurteilung[4]	Zu den Einzelkriterien: – Arbeitsweise („Stil“) – Rn. 847 – Arbeitsbereitschaft („Wollen“) – Rn. 848 – Arbeitsbefähigung („Können“) – Rn. 849 – Arbeitserfolg – Rn. 850 Berufsspezifische Merkmale und das *Gesamt*urteil nicht vergessen.
(7) Führung im Dienst[5]	– Nur innerbetriebliches/dienstliches Verhalten (nicht außerdienstliches). – Beurteilung des Verhaltens gegenüber Vorgesetzten plus Mitarbeiter. Das *Gesamt*urteil zum Sozialverhalten nicht vergessen. Zur Führungsqualifikation – Rn. 851
(8) Austritt aus der Firma	*„Das Arbeitsverhältnis endete am …“* (Rn. 303)
(9) Eventuell: **Gründe für das Ausscheiden**	Wenn der Arbeitnehmer diese Angabe wünscht bzw. bei betriebsbedingter Kündigung (Rn. 384)
(10) Schlussformel	Komplett: – Bedauern über Ausscheiden – Dank für geleistete Arbeit – Wünsche für die Zukunft. In der Regel werden nur die Zukunftswünsche vermerkt. Einklagbar ist die Schlussformel nach *BAG* nicht (Rn. 395)
(11) Ort, Datum	Rn. 520/532
(12) Unterschrift	Rn. 552 – Unterschrift mit Titel und Funktion – Beim Versand mit gesondertem Begleitschreiben schicken – Kein Zurückbehaltungsrecht am Zeugnis

4 Diese Angaben entfallen beim einfachen Zeugnis.
5 Diese Angaben entfallen beim einfachen Zeugnis.

Tabelle 2 863

Gliederung für ein vorläufiges Zeugnis und für ein Zwischenzeugnis
– im Vergleich zur Tabelle 1 (Rn. 862) –

	Gliederung für ein vor**läufiges** Zeugnis:	Gliederung für ein **Zwischen**zeugnis:
(1) Firmenbogen	wie Tabelle 1	wie Tabelle 1
(2) Überschrift	„*Vorläufiges Zeugnis*“	„*Zwischenzeugnis*“
(3) Eingangsformel	wie Tabelle 1	wie Tabelle 1
(4) Tätigkeitsbeschreibung	wie Tabelle 1	wie Tabelle 1
(5) Gegebenenfalls: **Fortbildungsmaßnahmen**	wie Tabelle 1	wie Tabelle 1
(6) Leistungsbeurteilung	wie Tabelle 1	wie Tabelle 1
(7) Führung im Dienst	wie Tabelle 1	wie Tabelle 1
(8) Austritt aus der Firma	„*Das Arbeitsverhältnis wird am … enden.*“	keine Angaben – da die Beendigung nicht bevorsteht
(9) Eventuell: **Gründe für das Ausscheiden**	wie Tabelle 1	keine Angaben – stattdessen kann der Grund für die Erteilung des Zwischenzeugnisses erwähnt werden oder: „*Dieses Zeugnis wird auf Wunsch von Herrn … erteilt.*“
(10) Schlussformel	keine Angaben – dies erfolgt erst im (End-)Zeugnis	keine Angaben – da die Beendigung nicht bevorsteht
(11) Ort, Datum	wie Tabelle 1	wie Tabelle 1
(12) Unterschrift	wie Tabelle 1	wie Tabelle 1

864 **Tabelle 3**

Gliederung für ein Ausbildungszeugnis:

– im Vergleich zur Tabelle 1 (Rn. 862) –

(1) Firmenbogen	wie Tabelle 1	
(2) Überschrift	*„Ausbildungszeugnis"*	
(3) Eingangsformel	wie Tabelle 1	
(4) Tätigkeits-beschreibung	Art, Dauer, Ziel der Ausbildung und die Ausbildungs-stationen – plus Angaben über die erworbenen beruflichen Fertigkeiten, Kenntnisse und Fähigkeiten – plus Hinweis auf die bestandene Abschlussprüfung	
(5) Gegebenenfalls: **Fortbildungs-maßnahmen**	wie Tabelle 1	
(6) Leistungs-beurteilung[6]	wie Tabelle 1	
(7) Führung im Dienst[7]	wie Tabelle 1	
(8) Austritt aus der Firma	Hinweis auf Übernahme als Angestellter in der XY-Abteilung	Falls keine Übernahme = *„Das Ausbildungsverhältnis endete mit Bestehen der Prüfung."*
(9) Eventuell: **Gründe für das Ausscheiden**	Entfällt im Falle der Übernahme	Falls keine Übernahme = wie Tabelle 1
(10) Schlussformel	Entfällt im Falle der Übernahme	Falls keine Übernahme = wie Tabelle 1
(11) Ort, Datum	wie Tabelle 1	
(12) Unterschrift	wie Tabelle 1 – plus Unterschrift des Ausbilders, falls er die Berufsausbildung nicht selbst durchgeführt hat.	

6 Diese Angaben sind nur zulässig, falls der Auszubildende es verlangt.

7 Diese Angaben sind nur zulässig, falls der Auszubildende es verlangt.

Teil 4

Zeugnis- und Beurteilungs-Muster

Vorbemerkung und Übersicht

Zeugnismuster können in der Regel nur einen Anhalt geben. Angesichts der Unmenge von Berufen (es gibt allein 327 anerkannte Ausbildungsberufe[1]), der Vielfalt von Tätigkeiten und der Vielgestaltigkeit der einzelnen Leistungen kann man dem Zeugnis mit Formulierungsschablonen nicht immer gerecht werden, sie passen nicht immer wortgetreu für den konkreten Einzelfall; es sind daher bei der Zeugnisabfassung stets die Besonderheiten des Einzelfalls zu berücksichtigen. **865**

Das Problem bei der Abfassung des Zeugnisses ist nicht so sehr die *Tätigkeitsbeschreibung*; sie kann aus der Personalakte im Wesentlichen abgeschrieben werden. Auch die Überlegungen, ob es sich um einen guten, durchschnittlichen oder schwachen Mitarbeiter handelt, führen in der Regel schnell zum Ergebnis. Schwierigkeiten bestehen, wenn die getroffene *Bewertung* zu formulieren, also die Wortwahl zu finden ist, die der vorgesehenen Beurteilungsnote zugeordnet wird.

Daher sollen neben kompletten Zeugnismustern auch bloße *Beurteilungsmuster* (mit Gesamturteil und Schlussfloskel) ohne die übrigen Teile des Zeugnisses gewissermaßen als „abgespeckte" Zeugnisse einen Einblick geben, wie Zeugnisaussteller, teilweise korrigiert durch die Arbeitsgerichte, die Worte wählen.

Sofern die Muster ganz oder teilweise Gerichtsentscheidungen oder anderen Quellen entnommen sind, ist die jeweilige Fundstelle in der Fußnote genannt (die Personaldaten wurden geändert).

Die insgesamt 60 Muster sind notenmäßig unterteilt und (vor allem bei mittelmäßigen und schwachen/problematischen Beurteilungen) mit *Anmerkungen* versehen.

In der nachfolgenden Übersicht sind 2 Muster für das *einfache* Zeugnis *nicht* aufgeführt (siehe Rn. 319), da diese Zeugnisart keine Beurteilung enthält.

1 Bekanntmachung des Bundesinstituts für Berufsbildung für das Jahr 2016.

866 Übersicht

(verwiesen wird jeweils auf die Rn.)

I. ***Sehr gute*** Zeugnisse/Beurteilungen

1.	Assistent der Geschäftsführung	867	6.	Rechtsanwalt	872
2.	Ausbilderin	868	7.	Schlosser	873
3.	Bergmann	869	8.	Service-Manager	874
4.	Chefsekretärin	870	9.	Telefonistin	875
5.	Mathematiker	871			

II. ***Gute*** Zeugnisse/Beurteilungen

1.	Arzthelferin	876	14.	Key Account Manager	889
2.	Bankangestellter	877	15.	Kraftfahrer	890
3.	Bezirksleiter im Vertrieb	878	16.	Krankengymnastin	891
4.	Buchhalterin	879	17.	Krankenschwester	892
5.	Bürokauffrau – *Ausbildungszeugnis* –	880	18.	Leiter Gesamtinkasso	893
6.	Direktionsassistentin	881	19.	Maurer	894
7.	Drucker	882	20.	Mitarbeiterin im Service-Center	895
8.	Empfangsmitarbeiterin	883	21.	Praktikant	896
9.	Feinmechaniker – *Zwischenzeugnis* –	884	22.	Projektberater	897
10.	Handelsassistentin	885	23.	Rechtsanwalt	898
11.	Hebamme	886	24.	Rechtsanwältin	899
12.	Kauffrau – *Zwischenbeurteilung* –	887	25.	Mithilfe der Bausteine (Rn. 845 ff.)	900
13.	Kaufmännische Angestellte	888			

III. ***Befriedigende*** Zeugnisse/Beurteilungen

1.	Altenpflegerin *– Zwischenzeugnis –*	901	5.	Ergotherapeut	905
2.	Arbeiter in der Stanzerei *– bei Vertragsbruch –*	902	6.	Formenbauer *– vorläufiges Zeugnis –*	906
3.	Buchhalter *– nach Probezeit –*	903	7.	Krankenschwester *– Zwischenbeurteilung –*	907
4.	Bürokauffrau im Notariat	904	8.	Sekretärin	908

IV. ***Schwache*** und ***problematische*** Zeugnisse / Beurteilungen

1.	Angestellter	909	10.	Konstrukteur	918
2.	Angestellte im Verkauf	910	11.	Oberarzt	919
3.	Außendienstmitarbeiter *– nach Probezeit –*	911	12.	Produktmanager	920
4.	Buchhalterin	912	13.	Sachbearbeiterin	921
5.	Büroleiter	913	14.	Software-Entwickler	922
6.	Channel Manager	914	15.	Steuerfachgehilfin	923
7.	Industriekaufmann	915	16.	Tageszeitungsredakteur	924
8.	Ingenieur *– Krankheit –*	916	17.	Technischer Angestellter	925
9.	Konstrukteur	917	18.	Mithilfe der Bausteine (Rn. 845 ff.)	926

I. Sehr gute Zeugnisse/Beurteilungen

Sehr gute Beurteilung für einen *Assistenten der Geschäftsführung*[2] **867**

Herr X. setzte seine Fachkenntnisse jederzeit sicher und zielgerichtet ein. Er ging dabei mit hohem Engagement und steter Konzentration vor. Er war sehr motiviert und belastbar, behielt auch in schwierigen Situationen und unter Zeitdruck stets die Übersicht und setzt sich selbstverständlich auch außerhalb der normalen Arbeitszeit für unser Institut ein. Herr X. erfüllte seine Aufgaben vollkommen selbstständig und stets zu unserer vollsten Zufriedenheit. Seine umfangreichen betriebswirtschaftlichen Kenntnisse waren dabei sehr von Nut-

2 Siehe *ArbG Berlin*, 2.4.2008 – 29 Ca 13850/07.

zen. Dadurch leistete Herr X. einen wertvollen Beitrag insbesondere zur strategischen Neuausrichtung des Instituts.

Auch hat er die von dem Unternehmen gebotenen Möglichkeiten der beruflichen Weiterbildung stets zu unserem Vorteil genutzt.

Sein Verhalten gegenüber Vorgesetzten, Kollegen und externen Gremienmitglieder war vorbildlich. Aufgrund seines freundlichen Wesens, seiner Sachlichkeit und Höflichkeit war er für uns sowie auch für unsere Geschäftspartner ein geschätzter Kollege.

Herr X. verlässt uns auf eigenem Wunsch. Wir bedauern sein Ausscheiden und wir wünschen Herrn X. für seinen weiteren Berufs- und Lebensweg alles Gute.

Anmerkung:
Mit einem Dank für die geleistete Arbeit wäre die Beurteilung perfekt.

868 Sehr gutes Zeugnis für eine *Ausbilderin*

Zeugnis

Frau Irma Klein, geb. am …, ist am … als technische Zeichnerin für unsere Konstruktionsabteilung Wecker-Uhren zu uns gekommen.

Schon im Jahre … konnte sie als Teilkonstrukteurin, ab … als Konstrukteurin für Uhrenfedern eingesetzt werden. Bald zeigte sich, dass sie ein besonderes Geschick bei der Anleitung von Nachwuchskräften besaß. Zuerst war sie mit den in den Konstruktionsabteilungen eingesetzten Auszubildenden für technisches Zeichnen beschäftigt, bis sich die Technische Abteilung dazu entschloss, eine eigene Abteilung zur gründlichen Ausbildung der künftigen technischen Zeichner einzurichten und Frau Klein ab … hauptamtlich mit der Leitung zu beauftragen.

Frau Klein ist eine selbstständige Persönlichkeit, die ihren Standpunkt auch gegenüber Vorgesetzten vertrat, doch stets in angemessener Weise; ihr Verhältnis zu Vorgesetzten war stets korrekt und loyal. Sie ist charakterlich vorbildlich, in der Betriebsgemeinschaft wohl angesehen und eine vortreffliche Ausbilderin, was auch in den guten Noten, die ihre Auszubildenden in der Abschlussprüfung erhalten haben, zum Ausdruck kommt. Dank ihrer reichen Erfahrung und fachlichen Qualifikation, verbunden mit einem hohen Grad an Gerechtigkeitssinn sowie pädagogischem Geschick, war sie für die jüngere Generation eine ideale Vorgesetzte.

Frau Klein teilte uns mit, dass sie Ende März … ausscheiden möchte, um sich ganz ihrer Familie widmen zu können.

Wir bedauern diesen Entschluss, haben aber hierfür Verständnis; wir danken ihr für die geleistete Arbeit und wünschen ihr für die Zukunft alles Gute.

Falls es später ihre Familienverhältnisse erlauben, sind wir gerne bereit, mit ihr über ihre bisherige Tätigkeit (vielleicht als Teilzeitbeschäftigte) eine neue Vereinbarung zu treffen.

Furtwangen (Schwarzwald), den … (Unterschrift)

Sehr gute Beurteilung für einen *Bergmann* **869**

Wir bestätigen ihm gerne, dass er ein Bergmann von altem Schrot und Korn war. Mit allen bergmännischen Arbeiten vertraut, hat er stets sehr gute Leistungen vollbracht. Wohin er auch immer gestellt war, konnte man sich auf ihn verlassen.

Sein ruhiges Wesen sicherte ihm ein immer gutes Verhältnis zu Vorgesetzten und Mitarbeitern. Seinen jüngeren Kameraden war er stets ein gutes Vorbild, vor allem auch als Mitglied des Grubenrettungsdienstes, der Freiwilligen Grubenfeuerwehr und des Roten Kreuzes.

Wir danken für seine treuen Dienste, die er für uns geleistet hat, bedauern sein Ausscheiden und wünschen ihm, dass er noch lange seinen wohlverdienten Lebensabend genießen kann.

Anmerkung:
kurz und prägnant.

Sehr gutes Zeugnis für eine *Chefsekretärin*[3] **870**

Zeugnis

Frau Anni Huber, geb. am …, war seit … bei uns, zuletzt als Sekretärin unseres für den Vertrieb zuständigen Mitglieds des Vorstandes tätig.

Nach ihrem Eintritt in unser Unternehmen wurde Frau Huber zunächst als Sekretärin in der PR-Abteilung, am … als Sekretärin des Abteilungsleiters im Bereich Vertrieb eingesetzt. Da sich Frau Huber in beiden Bereichen sehr bewährt hat, wurde sie ab … in das Vorstandsbüro versetzt.

Frau Huber erledigte im Rahmen dieses umfangreichen und verantwortungsvollen Aufgabengebietes sämtliche im Sekretariat des Vorstandsmitglieds anfallenden Aufgaben. Im Einzelnen oblag ihr die Erledigung des Postein- und -ausgangs, die Führung der Korrespondenz in deutscher und englischer, fallweise auch in spanischer Sprache nach Diktat und die selbstständige Abfassung sämtlicher Schriftsätze, die Terminabsprache und Terminverfolgung, die Vorbereitung von Besprechungen, Sitzungen und Geschäftsreisen, der Empfang

3 Siehe *Runggaldier/Eichinger*, „Arbeitszeugnis", (1989, Wien), Muster Nr. 14.

und die Anmeldung von Besuchern, die Aufnahme und Ausfertigung von Protokollen, die Verwaltung vertraulicher Akten sowie die selbstständige Erledigung von Telefonaten und Abrechnungen in ihrem Aufgabenbereich.

Frau Huber nahm regelmäßig an unternehmensinternen Weiterbildungsmaßnahmen im Bereich des EDV-Wesens teil und perfektionierte ihre englischen und spanischen Sprachkenntnisse durch den laufenden Besuch von Fremdsprachenkursen für Fortgeschrittene.

Aufgrund ihres fundierten Fachwissens, namentlich ihrer hervorragenden Fremdsprachen- und EDV-Kenntnisse hat sich Frau Huber auch in dieser Vertrauensposition stets bestens bewährt. Ihre hohe Konzentrationsfähigkeit und Belastbarkeit befähigte sie auch unter Termindruck zur korrekten und pünktlichen Erledigung schwieriger Aufgaben.

Wir bescheinigen Frau Huber gerne ein sicheres und gewandtes Auftreten und ausgezeichnete Umgangsformen. Während ihrer gesamten Tätigkeit hat sie sich stets als äußerst zuverlässige Mitarbeiterin mit hohem Pflichtbewusstsein und großer Einsatzbereitschaft erwiesen. Wegen ihrer Persönlichkeit, ihres gradlinigen, verbindlichen Wesens sowie ihres loyalen und integren Verhaltens wurde sie von ihren Vorgesetzten und Kollegen besonders geschätzt.

Frau Huber verlässt unser Unternehmen zum 30. April aus familiären Gründen; wir bedauern diesen Entschluss, haben aber hierfür Verständnis. Wir danken ihr für die geleistete Arbeit und wünschen ihr für die Zukunft alles Gute.

Falls es später ihre Familienverhältnisse erlauben, sind wir gerne bereit, mit ihr über ihre bisherige Tätigkeit (vielleicht als Teilzeitbeschäftigte) eine neue Vereinbarung zu treffen.

Hamburg, den … (Unterschrift)

871 Sehr gutes Zeugnis für einen *Mathematiker*

Zeugnis

Herr Dr. rer. nat. Klaus Maier, geb. am …, wurde zum … als Leiter der Gruppe Verfahrensplanung im Rahmen des Vertriebsbereichs „Mittlere Datentechnik" eingestellt.

Herr Dr. Maier ist ein hochbegabter Mathematiker. Er beherrscht die Grundlagen der Informatik und deren Umsetzung in die Praxis der sich in einem Computerwerk immer neu ergebenden Probleme für die vielfältigen Kundenwünsche. Dank seines analytischen Denkvermögens und seines erfinderischen Geistes konnte er neue Impulse für Computer-Programme geben. Als dynamischer Interpret für schwierige Kundenwünsche war er ein stetiger Initiator seiner Programmierer-Gruppe.

Er arbeitete energisch, gewissenhaft und erfolgreich. Dank seines Leistungsstrebens löste er alle Terminschwierigkeiten. Die Kraft seiner Ideen wirkte befruchtend auf die Mitarbeiter und ermöglichte so eine hohe Gesamtleistung der Gruppe.

Herr Dr. Maier verfügt über die Gabe, souveränes Fachwissen an seine Mitarbeiter weiterzugeben und sie mit Lösungshinweisen zu versorgen; dies geschieht in vorbildlicher Kollegialität. Er war ein angesehener und beliebter Vorgesetzter und genoss unser absolutes Vertrauen. Sein ausgeprägter Ordnungssinn sorgte für einen zügigen Ablauf aller Arbeiten.

Herr Dr. Maier bat um kurzfristige Aufhebung des Arbeitsverhältnisses auf Ende März dieses Jahres, um sich als Informatik-Berater in Karlsruhe selbstständig zu machen. Da wir uns seinen Plänen nicht entgegenstellen wollen und er mit uns in einem Beratungsverhältnis, das noch zu präzisieren sein wird, verbunden bleibt, sind wir mit der Beendigung des Vertragsverhältnisses einverstanden.

Wir danken für die geleistete Arbeit, bedauern sein Ausscheiden und wünschen ihm für die Zukunft alles Gute.

Karlsruhe, … (Unterschrift)

Sehr gutes Zeugnis für einen *Rechtsanwalt*[4] **872**

Zeugnis

Herr Dr. jur. Klaus Fischer, geb. am …, war in der Zeit vom … bis … in unserer Kanzlei als angestellter Rechtsanwalt tätig.

Neben dem allgemeinen Zivilrecht war Herr Dr. Fischer entsprechend der Ausrichtung unserer Kanzlei vorwiegend im Werkvertragsrecht und im privaten Baurecht tätig. Die von ihm betreuten mittleren und großen Baurechtsmandate umfassten die baubegleitende Rechtsberatung von Baukonzernen und mittelständischen Betrieben in allen Phasen der Abwicklung von Bauvorhaben. Dabei ist insbesondere seine erfolgreiche Tätigkeit bei der Durchsetzung und Abwehr von Nachtragsforderungen und Bauzeitverlängerungsansprüchen (Störungs- und Nachtragsmanagement) hervorzuheben. Die von Dr. Fischer betreuten Mandate erforderten z. T. die Auseinandersetzung mit äußerst umfangreichen und schwierigen Themen aus dem Bereich des privaten Baurechts sowie des Planungs- und Architektenrechts. Dabei sind insbesondere die Mandate im Zusammenhang mit den Großbauvorhaben am XY-Platz und den Verkehrsanlagen im zentralen Bereich Berlin hervorzuheben. Seine Tätigkeit erstreckte sich dabei auf die eigenverantwortliche Bearbeitung streitiger Mandate einschließlich der Vertretung von dem Landgericht Berlin und dem Kammergericht.

4 Siehe *ArbG Berlin*, 4.11.2003 – 84 Ca 17498/03, NZA-RR 2004 S. 297.

Herr Dr. Fischer hat die ihm übertragenen Aufgaben stets zu unserer vollsten Zufriedenheit erfüllt. Er verfügt über umfangreiche juristische Fachkenntnisse, die er erfolgreich eingesetzt hat. Er war in der Lage, auch sehr komplexe Sachverhalte schnell zu erfassen und die Mandate rechtlich wie wirtschaftlich im Sinne der Mandanten zum Erfolg zu führen. Dabei zeigte er sich imstande, in seinen Schriftsätzen äußerst komplexe Bauabläufe und schwierige technische Zusammenhänge präzise, gründlich und zielorientiert auch für technisch Fachunkundige nachvollziehbar darzustellen und so zivilrechtliche Ansprüche gerichtlich und außergerichtlich erfolgreich durchzusetzen. Dabei verstand er auch in bestimmten Prozesssituationen die Gelegenheit zum Abschluss von für die Mandanten wirtschaftlich attraktiven Vergleichen zu nutzen. Aufgrund seiner fachübergreifenden Kompetenz war er auch für Ingenieure in unserem Hause im Rahmen unseres integrierten juristischen Projektmanagements und für Sachverständige ein stets geschätzter Gesprächspartner. Er identifizierte sich stets mit seinen Aufgaben. Sein eigenverantwortlich geführtes Dezernat führte er äußerst gewissenhaft.

Sein Verhalten war immer einwandfrei. Herr Dr. Fischer war bei Vorgesetzten, Kollegen und Mitarbeitern nicht nur wegen seiner fachlichen Kompetenz, sondern auch wegen seiner offenen und freundlichen Art geschätzt. Sein Auftreten gegenüber Mandanten war stets zuvorkommend und sicher.

Herr Dr. Fischer verlässt uns auf eigenen Wunsch.

Wir danken ihm für in jeder Hinsicht erfolgreiche Mitarbeit, bedauern seinen Entschluss, uns zu verlassen, und wünschen ihm für seine weitere berufliche Zukunft alles Gute.

Berlin, den … (Unterschrift)

873 Sehr gute Beurteilung für einen *Schlosser*[5]

Herr X. verfügte über umfassende Fachkenntnisse. Er überblickte schwierige Zusammenhänge, erkannte das Wesentliche und war stets in der Lage, schnell Lösungen aufzuzeigen.

Seine Urteilsfähigkeit war geprägt durch seine klare und logische Gedankenführung, die ihn stets zu sicheren Urteilen befähigte.

Herr X. war ein sehr fleißiger Mitarbeiter, ergriff von sich aus die Initiative und setzte sich mit überdurchschnittlicher Einsatzbereitschaft für unser Unternehmen ein.

Er erledigte auch starken Arbeitsanfall in stets kurzer Zeit. Herr A. führte seine Aufgaben stets zuverlässig und gewissenhaft aus. Er beherrschte seinen Aufgabenbereich überaus zufriedenstellend, hatte oft neue Ideen und fand jederzeit optimale Lösungen.

5 Siehe *LAG Frankfurt*, 7.2.2011 – 16 Sa 1195/10.

Herr X. wurde von seinen Mitarbeitern anerkannt und geschätzt und war in der Lage, die Mitarbeiter entsprechend ihren Fähigkeiten einzusetzen und mit ihnen sehr gut Leistungen zu erzielen.

Herr X. hat die ihm übertragenen Aufgaben stets zu unserer vollsten Zufriedenheit erledigt.

Seine Führung und sein persönliches Verhalten gegenüber Vorgesetzten, Kollegen und Kunden waren stets einwandfrei und vorbildlich.

Wir bedauern, einen langjährigen Mitarbeiter zu verlieren, danken für seine Arbeit und wünschen ihm weiterhin viel Erfolg und alles Gute.

Anmerkung:
Etwas wuchtig für einen Schlosser.

Sehr gutes Zeugnis für einen *Service Manager*[6] **874**

Zeugnis

Herr Herbert Maier, geboren am ..., trat am ... als Servicetechniker zur Betreuung von Computersystemen (Reparatur, Installation und Wartung) in unser Unternehmen ein.

Nach dem ersten Jahr seiner Firmenzugehörigkeit wurde Herr Maier mit dem Aufbau eines Servicestützpunktes für Hessen in Frankfurt a. M. beauftragt. Aufgrund seiner sehr guten Leistungen konnten wir ihn mit Wirkung vom ... zum Kundendienstleiter dieses Distrikts ernennen. Die Schwerpunkte des Aufgabengebietes lagen in der Rekrutierung, Ausbildung und Führung von Servicemitarbeitern sowie in der verantwortlichen Leitung des technischen Bereichs, der Ersatzteilversorgung, Reparaturannahme, Einteilung der Mitarbeiter, Planung und Steuerung von Neuinstallationen und Wartungen in Bezug auf Kundenzufriedenheit und Profitabilität.

Aufgrund seiner vorbildlichen Arbeitsweise, seines Organisationstalentes und seiner Fähigkeit, Mitarbeiter anzuleiten und zu motivieren, konnten wir Herrn Maier mit Wirkung vom ... zum Distrikt Service Manager ernennen. Er war somit für die Bundesländer Hessen und Baden-Württemberg verantwortlich. In dieser verantwortungsvollen Position gelang es Herrn Maier trotz vielfacher schwierigen Umständen, seine Ziele zu erreichen und in einigen Punkten sogar zu überschreiten. Herr Maier war ein dynamischer und erfolgsorientierter Mitarbeiter, der es ausgezeichnet verstand, seine Mitarbeiter zu einem leistungsgerichteten Team zu entwickeln. Sein hohes Maß an Eigeninitiative, verbunden mit natürlicher Autorität und Einfühlungsvermögen, ließen in seinem Verantwortungsbereich ein sehr gutes Arbeitsklima entstehen.

---

6 Siehe *BAG*, 23.9.1992 – 5 AZR 573/91.

Als Distrikt Service Manager war es für Herrn Maier selbstverständlich, seinen Wissensstand ständig zu aktualisieren. So nahm er an verschiedenen Führungs- und betriebswirtschaftlichen Trainings im In- und Ausland (Brüssel, Boston) teil. Seine sehr guten Fachkenntnisse und seine Loyalität gegenüber dem Unternehmen machten ihn zu einem kompetenten Gesprächspartner für unsere Kunden und für die Geschäftsleitung. Herr Maier zeigte stets ein hohes Maß an Identifikation mit den ihm gestellten Aufgaben, die er mit Hilfe seines ausgeprägten Organisationstalents, seiner Kreativität und seines Verantwortungsbewusstseins immer zu unserer vollsten Zufriedenheit löste.

Herr Maier verlässt das Unternehmen Ende März auf eigenen Wunsch. Wir danken ihm und bedauern, mit ihm einen allseits geschätzten Mitarbeiter zu verlieren, und wünschen ihm für seine berufliche und persönliche Zukunft das Beste.

München, den … (Unterschrift)

875 Sehr gute Beurteilung für eine *Telefonistin* in der Hotline

Frau X. hat sich schnell in die verschiedenartigen Aufgabenbereiche eingearbeitet. Sie arbeitete stets selbstständig und gewissenhaft. Frau X. erfüllt die ihr übertragenen Aufgaben stets zur unserer vollsten Zufriedenheit. Ihr persönliches Verhalten gegenüber Kollegen und Vorgesetzten war stets einwandfrei.

Wir danken Frau X. für die in unserem Unternehmen geleistete Arbeit und wünschen ihr beruflich weiterhin viel Erfolg und persönlich alles Gute.

Anmerkung:
Allerdings etwas kurz geraten.

II. **Gute** Zeugnisse/Beurteilungen

876 Gutes Zeugnis für eine *Arzthelferin*[7]

Zeugnis

Frau X., geboren am …, trat am … in unsere Zahnarztpraxis ein und übte die Tätigkeit einer Rezeptionsmitarbeiterin/Bürofachkraft aus. Zu den von ihr erfüllten Aufgaben gehörten:

Praxisorganisation – Betreuung der Patienten – Telefonverwaltung und Terminvergabe – Anwesenheit bei Vorstellungsgesprächen – Erstellung der Dienst- und Urlaubspläne – Führung und Verwaltung der Patientenkarteien bzw. -daten – Ausfertigung von Rechnungen (Prophylaxe, PA-Vorverhandlungen) – Mithilfe bei der Erstellung des Praxisqualitätsmanagements.

---

7 Siehe *LAG Berlin-Brandenburg*, 21.3.2013 – 18 Sa 2133/12.

In der Zusammenarbeit erlebten wir Frau X. als engagierte Mitarbeiterin, die sich für die Belange unserer Praxis einsetzte und die ihr übertragenen Aufgaben stets zu unserer Zufriedenheit ausführte.

Durch ihr freundliches und verbindliches Wesen war sie sowohl bei Patienten und Vorgesetzten, als auch bei Kollegen gleichermaßen geschätzt und beliebt.

Frau X. verlässt unsere Praxis zum … auf eigenen Wunsch. Wir danken ihr für ihre Arbeit und wünschen ihr für die Zukunft alles Gute.

Karlsruhe, den … (Unterschrift)

Gute Beurteilung für einen *Bankangestellten* **877**

Die ihm übertragenden Aufgaben nahm Herr X. jederzeit pünktlich, vollständig und gewissenhaft wahr. Dabei bewies er überdurchschnittliches Fachkönnen, Urteilsvermögen und Entscheidungsfreudigkeit. Er ist einsatzbereit, arbeitet selbstständig sowie gewissenhaft und ist absolut vertrauenswürdig. Herr X. kann gewandt und sicher verhandeln. Bei unseren Kunden war er durch seine aufgeschlossenen Wesensart sowie seine sachliche und umfassende Beratung beliebt. Dabei behielt er stets die Interessen unseres Hauses im Auge. Auch gegenüber Vorgesetzten und im Kollegenkreis verhielt er sich immer entgegenkommend, höflich und korrekt.

Herr X scheidet auf eigenem Wunsch zu unserem Bedauern aus unserem Unternehmen aus. Wir danken ihm für die jederzeit erfolgreiche Mitarbeit und wünschen ihm auf seinem weiteren Berufs- und Lebensweg alles Gute.

Anmerkung:
Leistung zwar ohne Gesamturteil, aber im Einzelnen gute Beurteilung.

Gute Beurteilung für einen *Bezirksleiter im Vertrieb*[8] **878**

Wir haben Herrn X. als einen sehr interessierten Mitarbeiter kennen gelernt, der mit sicherer und bedachter Entscheidungskraft sowie hohem persönlichem Einsatz seine Aufgaben erledigte. Er zeigte großes Engagement und ein hohes Maß an Eigeninitiative, um seine Aufgaben zu erfüllen und die Projekte voranzubringen.

Seine Arbeitsweise zeichnete sich immer durch seine hohe Flexibilität, großer Beharrlichkeit und Kreativität aus. Aufgrund seiner raschen Auffassungsgabe konnte er sich schnell und gründlich in neue Themen- und Aufgabenbereiche einarbeiten sowie komplexe Sachverhalte effektiv und schnell reflektieren und Probleme stets erfolgreich lösen.

---

8 Siehe *LAG Frankfurt*, 16.1.2013 – 18 Sa 602/12.

Durch seine sehr selbstständige, verlässliche, gründliche und systematische Arbeitsmethodik lieferte Herr X beständig, termingerecht hohe Qualität und erreichte ausgezeichnete Arbeitsergebnisse. Die vorgegebenen Ziele wurden von Herrn X. stets erfüllt.

Herr X. hat die in ihn gesetzten Erwartungen stets und in jeder Hinsicht zu unserer vollen Zufriedenheit erfüllt.

Sein Verhalten gegenüber Kunden, Mitarbeiten, Kollegen und Vorgesetzten war stets einwandfrei und von Hilfsbereitschaft, Wertschätzung, Vertrauen, Loyalität und Integrität geprägt. Er war wegen seines frischen, verbindlichen und kooperativen Auftretens als allseits sehr geschätzter Ansprechpartner.

Herr X. verlässt unser Unternehmen auf eigenen Wunsch. Wir bedauern sein Ausscheiden sehr und möchten uns bei Herrn X. für die erfolgreiche und gute Zusammenarbeit bedanken. Für seine weitere berufliche und private Zukunft wünschen wir ihm alles Gute und weiterhin viel Erfolg.

Anmerkung:
Eine wortreiche Beurteilung, die die Note „sehr gut" nahelegt, aber vom Arbeitgeber nur mit der Note „gut" bewertet wurde. Verhalten zu Vorgesetzten ist erst zuletzt zitiert!

879 Gutes Zeugnis für eine *Buchhalterin*[9]

Zeugnis

Frau Anita Maier, geb. am …, war vom … bis zum … in unserem Unternehmen als Bilanzbuchhalterin tätig.

Frau Maier erwies sich auf dem Gebiet des Finanz- und Steuerwesens als Anlaufstelle für sämtliche Fragen der Mitarbeiter in der Finanz- und Gehaltsbuchhaltung sowie in unseren angeschlossenen Firmen. Sie bereitete die Buchhaltungskonten des Geschäftsjahres für den Jahresabschluss vor und prüfte die bereits gebuchten Monate des neuen Geschäftsjahres. Sie führte auch Verhandlungen mit dem Steuerberater.

Frau Maier besaß jederzeit unser vollstes Vertrauen und hat immer mit regem Interesse, viel Einsatzfreude und absoluter Zuverlässigkeit gearbeitet. Ihr persönliches Verhalten gegenüber Vorgesetzten und Mitarbeitern war stets freundlich und zuvorkommend.

Leider konnten wir Frau Maier nicht dazu bewegen, ihre Pläne in Bezug auf berufliche Fortbildung aufzugeben und weiter in unserem Unternehmen tätig zu bleiben.

---

9 Siehe *BAG*, 8.2.1984 – 5 AZR 58/82.

Wir danken für die geleistete Arbeit und wünschen zu ihrem weiteren Berufsweg viel Erfolg.

Mannheim, den ... (Unterschrift)

Gutes Ausbildungszeugnis **880**

Ausbildungszeugnis

Frau Dorothea Lehmann, geb. am ..., kam am ... nach bestem Eignungstest zu uns, um als Auszubildende für das Berufsbild Bürokauffrau in unsere Dienste zu treten.

Frau Lehmann wurde im Zuge ihrer Berufsausbildung in verschiedenen Zweigen unseres Werkes, so in den Abteilungen Einkauf, Vertrieb, Lohnbuchhaltung, Versand, Export, Werbung und Kundendienst, mit Schreib- und Registraturarbeiten beschäftigt und eingehend unterwiesen.

Frau Lehmann hat von der ihr gebotenen Möglichkeit, sich mit allen Arbeiten vertraut zu machen, regen Gebrauch gemacht: sie konnte die erworbenen Kenntnisse und Fähigkeiten gut umsetzen. Sie hat eine rasche Auffassungsgabe, zeigte großes Interesse insbesondere an den ihr übertragenen, büromäßigen Aufgaben im kaufmännischen Bereich, die sie sorgfältig, zuverlässig, zügig und selbstständig erledigte. Sie ist für den erlernten Beruf einer Bürokauffrau sehr geeignet. Insgesamt erfüllte Frau Lehmann die Ausbildungsleistungen stets zu unserer vollen Zufriedenheit.

Am Berufsschulunterricht nahm sie als aufmerksame Schülerin regelmäßig teil. Ebenso beteiligte sie sich an allen betrieblichen Fortbildungsmaßnahmen mit bestem Erfolg.

Das Verhalten von Frau Lehmann war gegenüber Ausbildern, anderen Auszubildenden und Arbeitskollegen stets höflich und korrekt, gegenüber Kunden benahm sie sich immer zuvorkommend und freundlich.

Am 30. März dieses Jahres legte Frau Lehmann bei der Industrie- und Handelskammer Karlsruhe die Prüfung als Bürogehilfin mit der Gesamtnote „gut" ab; die Ausbildungszeit endete zum gleichen Zeitpunkt.

Sie wird mit Wirkung vom 1. April dieses Jahres in das Angestellten-Verhältnis übernommen, wobei sie ihrem Wunsche entsprechend zunächst in der Werbeabteilung eingesetzt wird.

Karlsruhe, den ... (Unterschrift)

Anmerkung:
Gute Beurteilung – daher wohl auch die Übernahme als Angestellte.

881 Gutes Zeugnis für eine *Direktionsassistentin*[10]

Zeugnis

Frau Gerda Hintze, geb. am …, war seit dem … in unserem Unternehmen als Direktionsassistentin tätig, nachdem sie zuvor vom … bis … die Ausbildung als Groß- und Außenhandelskauffrau absolviert hat.

Ihr Aufgabengebiet umfasste im Wesentlichen:

Verhandlungen mit Lieferanten und Kunden im In- und Ausland – Controlling im Bereich Wareneingangsrechnungen, Hausverwaltung, Anfragen und Verhandlungen mit Lieferanten – Vorbereitung von Besprechungen und Besuchsterminen – Personalwesen (Auswahl von Auszubildenden und Mitarbeitern, Teilnahme an Vorstellungsgesprächen sowie Nachbearbeitung) – Führung sämtlicher Direktionsakten sowie selbstständige Terminierung und Nachbereitung – während der Urlaubszeit Mithilfe bei Buchhaltungsaufgaben wie Zahlungsverkehr und Verbuchungen.

Das umfangreiche Aufgabengebiet bewältigte sie mit einem hohen Maß an Flexibilität und Selbstständigkeit. Sie erwies sich als vertrauenswürdige und leistungsfähige Mitarbeiterin. Ihre Arbeit zeichnet sich – auch unter wechselnden Belastungen – durch termingerechte Erledigung und gute Ergebnisse aus, ihre Leistungen stellten uns stets in vollem Umfang zufrieden.

Entsprechend war ihr Verhalten Vorgesetzten und Mitarbeitern gegenüber stets einwandfrei.

Frau Hintze verlässt uns auf eigenen Wunsch zum 30. Juni.

Wir danken ihr für die geleistete Arbeit und wünschen ihr für die Zukunft alles Gute.

Köln, den … (Unterschrift)

882 Gute Beurteilung für einen *Drucker*[11]

Herr X. verfügt als Drucker über ein solides Fachwissen, das er auch bei schwierigen Aufgaben effektiv einsetzte. Seine Urteilsfähigkeit ermöglichte es ihm, auch in schwierigen Situationen eigenständig zu richtigen Entscheidungen zu gelangen. Herr X. erfüllte seinen Aufgabenbereich mit viel Engagement und Leistungsbereitschaft. Auch bei anspruchsvollen Aufgaben unter schwierigen Bedingungen erzielte Herr X. Ergebnisse von solider Qualität und bewältigte seinen Aufgabenbereich stets zu unserer vollen Zufriedenheit.

Sein Verhalten gegenüber Vorgesetzten und Kollegen war stets gut.

Wir danken für die gute Arbeit und wünschen ihm für die Zukunft alles Gute.

10 Siehe *LAG Düsseldorf*, 23.5.1995 – 3 Sa 253/95.

11 Siehe *LAG Mainz*, 26.3.2013 – 10 Sa 546/12.

Gute Beurteilung für eine *Empfangsmitarbeiterin*[12] **883**

In der Zusammenarbeit erlebten wir Frau X. als engagierte Mitarbeiterin, die sich für die Belange unserer Praxis einsetzte und die ihr übertragenen Aufgaben stets zu unserer vollen Zufriedenheit ausführte. Durch ihr freundliches und verbindliches Wesen war sie sowohl bei Patienten und Vorgesetzten, als auch bei Kollegen gleichermaßen geschätzt und beliebt.

Frau X. verlässt uns auf eigenen Wunsch. Wir danken ihr für ihre Arbeit und wünschen ihr persönlich und beruflich für die Zukunft alles Gute und viel Erfolg.

Anmerkung:
Kurz und bündig, aber gut.

Gutes Zwischenzeugnis für einen *Feinmechaniker* **884**

Zwischenzeugnis

Herr Anton Riegler, geb. am … trat am … als Auszubildender für den Berufszweig Feinmechanik in unsere Dienste. Die Ausbildung wurde am … mit der Gesamtnote „sehr gut" beendet; hierüber wurde das Ausbildungszeugnis vom … erteilt, auf das Bezug genommen wird.

Herr Riegler kam sodann in unsere Betriebsabteilung Büromaschinen als Facharbeiter bei der Montage mechanischer Buchungsautomaten.

Im Herbst … wurde er zur Ableistung des Wehrdienstes zur Bundeswehr eingezogen. Nach seiner Rückkehr im Frühjahr … bat er darum, für kaufmännische Tätigkeiten umgeschult zu werden. Wir haben diesem Wunsch Rechnung getragen und ihn zur innerbetrieblichen Umschulung der Kundendienstabteilung Büromaschinen zur Ausbildung als Kundendienstmechaniker auf die Dauer von 6 Monaten zugewiesen.

In dieser Zeit wurde er mit den verschiedenartigen Büroarbeiten, die in einer Kundendienstabteilung anfallen, vertraut gemacht, insbesondere mit Fragen der Kundendienstberatung, der Einarbeitung an unseren Erzeugnissen, der Fakturierung bei Ersatzteilbeschaffung, Führung der Kundenkartei. Herr Riegler zeigte sich sehr aufgeschlossen und war bald eine zuverlässige Stütze der Gruppenleiter dieser wichtigen Abteilung.

Da er zugleich sprach- und schriftgewandt ist, konnte er schon während der Umschulungszeit im Außendienst mit eingesetzt werden. Die Umschulung konnte zum 31. März dieses Jahres als gelungen beendet werden.

Wunschgemäß bescheinigen wir, dass Herr Riegler sehr gründlich, genau, zuverlässig und zügig gearbeitet hat; er war ausgesprochen einsatzbereit. Seine

12 Siehe *ArbG Berlin*, 26.10.2012 – 28 Ca 18230/11.

Eignung in Verwaltungs- und kaufmännischen Fragen ist unverkennbar, wobei ihm seine Berufskenntnisse als Feinmechaniker sehr zustatten kamen.

Seine Führung im Betrieb und im Außendienst war stets korrekt, sein Verhältnis zu Vorgesetzten und Mitarbeitern einwandfrei. Den Kunden gegenüber trat er sehr sicher und zuvorkommend auf.

Mit dem 1. April dieses Jahres wurde er als Angestellter übernommen.

Dieses Zeugnis wird auf Wunsch von Herrn Riegler erteilt.

Karlsruhe, den … (Unterschrift)

Anmerkung:
gutes Zeugnis – daher wohl auch die Übernahme als Angestellter.

885 Gute Beurteilung für eine *Handelsassistentin im Modebereich*[13]

Besonders hervorzuheben ist, dass Frau A. sehr verantwortlich und selbstständig arbeitet. Sie verfügt über sehr fundiertes Fachwissen, sehr umfassende Erfahrung und versteht in jeder Lage, ihr Wissen zielorientiert in der Praxis umzusetzen.

Sie immer ehrlich, fleißig und pünktlich. Wir haben Frau A. als eine aufgeschlossene, loyale, flexible und zuverlässige Mitarbeiterin kennengelernt. Aufgrund ihrer freundlichen, höflichen und zuvorkommenden Art war sie bei Kunden und Kollegen immer sehr beliebt und sehr geschätzt. Ihr Verhalten gegenüber Vorgesetzten, Kunden und den Mitarbeitern war jederzeit einwandfrei.

Frau A. ist eine wertvolle Mitarbeiterin, deren Einsatz stets über das normale Maß hinausgeht. Das Arbeitsverhältnis endet zu unserem Bedauern auf eigenen Wunsch von Frau A. Wir wünschen Frau A. für ihre berufliche und private Zukunft alles erdenklich Gute.

Anmerkung:
Es fehlt das Gesamturteil zur Leistung, ihre Pünktlichkeit ist kein Qualitätsmerkmal, aber der letzte Absatz der Beurteilung führt zu einer guten Bewertung (wenn auch die *privaten* Wünsche – wie so oft in Zeugnissen – nicht hierher gehören).

886 Gute Beurteilung für eine *Hebamme*[14]

Die Betreuung der Schwangeren, der entbundenen Frauen mit ihren Kindern sowie der Patienten übernahm Frau X. korrekt und gewissenhaft. Sie ging auf die Wünsche der Patientinnen ein, beriet und unterstützte die jungen Eltern in

13 Siehe *LAG Hamm*, 14.1.2011 – 7 Sa 1615/10.

14 Siehe *LAG Baden-Württemberg*, 9.2.2012 – 11 Sa 43/11.

ihren neuen Aufgaben. Sie schulte die Eltern umfassend in der pflegerischen Versorgung des Neugeborenen.

Im Weitern übernahm Frau X. administrative Tätigkeiten wie Lagerbestellungen, PC-gestützte Leistungserfassungen und die Versorgung und Entsorgung von Material im Kreißsaal. Frau X. war in der Lage, die ihr zugeteilten Aufgaben den täglichen, sachlichen und räumlichen sowie inhaltlichen Erfordernissen anzupassen. Sie berücksichtigt gleichermaßen die Bedürfnisse aller Beteiligten. Sie bewies Flexibilität und Professionalität. Frau. X. zeigt sich als engagierte und verantwortungsvolle Mitarbeiterin. Die ihr als Hebamme übertragenen Aufgaben erledigte Frau X. stets zu unserer vollen Zufriedenheit. Die Tätigkeiten in den ihr übertragenen Aufgaben im administrativen Bereich erledigte Frau X. ebenfalls stets zu unserer vollen Zufriedenheit.

Ihr Umgang gegenüber Vorgesetzten, Patientinnen und deren Angehörigen war tadellos. Von Mitarbeitern wurde sie respektiert und geschätzt.

Wir danken für die von ihr geleitetet Arbeit und wünschen ihr alles Gute für die Zukunft.

Anmerkung:
Das Wort „tadellos“ (= Note 4) passt nicht zu den übrigen, guten Umschreibungen.

Gute Beurteilung zum Zwischenzeugnis für eine *Kauffrau* **887**

Frau X. verfügt über ein profundes Fachwissen, welches sie effektiv und erfolgreich in der Praxis einsetzt. Sie eine engagierte Mitarbeiterin, die ihre Aufgaben mit vollem Einsatz erfolgreich durchführt. Frau X. erledigte ihre Aufgaben sehr ordentlich, schnell und gewissenhaft. Wir schätzen sie stets als zuverlässige, pflichtbewusste und ehrliche Mitarbeiterin. Sie erfüllt die ihr übertragenen Aufgaben stets zu unserer vollen Zufriedenheit. Mit allen Ansprechpartnern kommt Frau X. gut recht und begegnet ihnen stets mit ihrer freundlichen, offenen und zuvorkommenden Art. Ihr Verhalten gegenüber Vorgesetzten, Kollegen und Kunden ist stets einwandfrei.

Dieses Zwischenzeugnis wird auf Wunsch von Frau X. ausgestellt. Wir möchten diese Gelegenheit nutzen, um ihr an dieser Stelle für die bisher geleistete gute Arbeit zu danken und wünschen ihr auch weiterhin viel Erfolg in unserem Unternehmen.

Anmerkung:
Es stört lediglich der Satz „*erledigte ihre Aufgaben sehr ordentlich*“.

888 Gute Beurteilung für eine *kaufmännische Angestellte*

> *Frau X. übernahm also eine Vielzahl neuer Aufgabenbereiche, in die sie sich innerhalb kürzester Zeit und mit Blick für das Wesentliche umfassend einarbeitete. Dabei arbeitete sie selbstständig nach klarer, durchdachter eigener Planung und stellte sich entscheidungsfreudig allen Aufgaben und Problemen.*
>
> *Mit wachsendem Erfolg der Firma konnten weitere Mitarbeiter eingestellt werden, und Frau X. übernahm die Leitung des Innendienstes, wobei sie Aufgaben und Verantwortung den Erfordernissen entsprechend an die Mitarbeiter delegierte.*
>
> *Alle ihr übertragenen Aufgaben erledigte sie sehr sogfältig, äußerst zuverlässig und zu unserer vollsten Zufriedenheit. Ihr Verhalten gegenüber Vorgesetzten und Kollegen war vorbildlich.*
>
> *Wir danken für die sehr erfolgreiche, langjährige, überaus gut Zusammenarbeit und wünschen ihr für ihre weitere persönliche und berufliche Zukunft alles Gute.*

Anmerkung:
Zwar eine „sehr gute“ Beurteilung, aber es fehlt die Bewertung ihres Verhaltens gegenüber den ihr unterstellten Mitarbeitern.

889 Gute Beurteilung für einen *Key Account Manager*

> *Herr X. war ein belastbarer, überaus interessierter, teamfähiger, zuverlässiger und flexibler Mitarbeiter. Seine rasche Auffassungsgabe und seine Kenntnisse des Telekommunikationsmarktes ermöglichten es ihm, sicher innerhalb kurzer Zeit in seinen Aufgabengebiet einzuarbeiten. Er war jederzeit hilfsbereit und behielt auch in hektischen und kritischen Situationen den Überblick. Er arbeitete exakt und war auch bereit, zusätzliche Aufgaben zu übernehmen. Die ihm übertragenen Aufgaben erlegte Herr X. gewissenhaft und zu unserer vollen Zufriedenheit. Sein Verhalten gegenüber seinen Vorgesetzen war stets korrekt und freundlich. Den Mitarbeitern war er ein zuverlässiger Ansprechpartner. Erwähnen möchten wir auch seine offene und kommunikative Art, die wir sehr geschätzt haben.*
>
> *Wir danken ihm für sein Engagement und wünschen ihm für seine berufliche und private Zukunft alles Gute.*

890 Gute Beurteilung für einen *Kraftfahrer*

> *Herr X. verfügte jederzeit über eine hohe Arbeitsbereitschaft und vorbildliche Pflichtauffassung. Er zeigte sehr großes Engagement und erfüllt seine Aufgaben stets zu unserer vollsten Zufriedenheit und war für uns ein wertvoller Mitarbeiter. Herr X. war stets freundlich, aufgeschlossen, hilfsbereit, zuverlässig,*

flexibel und trug in jeder Hinsicht zu einer sehr guten Teamarbeit bei. Sein Verhalten gegenüber Vorgesetzten, Kollegen und Kunden war stets einwandfrei.

Das Beschäftigungsverhältnis endet wegen Betriebsschließung. Wir bedauern dies, danken für die erfolgreiche Tätigkeit und wünschen ihm für die Zukunft beruflich und persönlich alles Gute und weiterhin viel Erfolg.

Anmerkung:
Es fehlt aber die Beurteilung speziell zu seiner Tätigkeit als Kraftfahrer.

Gutes Zeugnis für eine *Krankengymnastin*[15] **891**

Zeugnis

Frau Antje Krüger, geb. am ..., war vom ... bis ... als angestellte Krankengymnastin in meiner Praxis tätig.

Zu ihrem Aufgabengebiet gehörte die physiotherapeutische Betreuung meiner Patienten, Führung der Patientenkartei mit Befundaufnahme und Behandlungsverlauf und die Terminplanung. Wir arbeiten in meiner Praxis schwerpunktmäßig im Fachbereich Orthopädie/Chirurgie, aber auch in der Neurologie und Psychomotorik.

Frau Krüger ist von mir nach dem Analysenkonzept der Funktionellen Bewegungslehre geschult worden.

Als weitere Methoden nutzte Frau Krüger die Gelegenheit, das Bobath-Konzept für Erwachsene und die Cyriax-Methode kennen zu lernen. An innerbetrieblichen Fortbildungsmaßnahmen hat Frau Krüger regelmäßig und mit Erfolg teilgenommen. Darüber hinaus hat sie sich in externen Kursen weitere Kenntnisse erworben und erfolgreich in meiner Praxis umgesetzt.

Frau Krüger hat die ihr übertragenen Aufgaben stets zu meiner vollen Zufriedenheit erledigt. Sie arbeitete selbstständig und immer zuverlässig.

Ihr Verhalten mir und ihren Kolleginnen gegenüber war immer einwandfrei und stets hilfsbereit. Bei ihren Patienten war Frau Krüger sehr beliebt und angesehen.

Frau Krüger verlässt meine Praxis auf eigenen Wunsch zum 30. Juni.

Ich danke Frau Krüger für die geleistete Arbeit und wünsche ihr für die Zukunft alles Gute.

Köln, den ... (Unterschrift)

15 Siehe *LAG Köln*, 26.4.1996, NZA-RR 1997 S. 84.

892 Gute Beurteilung für eine *Kinder-Krankenschwester*

Frau X hat jederzeit die ihr übertragenen Aufgaben stets zu unserer vollen Zufriedenheit ausgeführt. Dank ihrer einfühlsamen, verständnisvollen Art war sie gut in der Lage, eine optimale Mutter/Kind-Betreuung zu gewährleisten. Sie verfügt über ein sehr gutes fachliches Wissen und war deshalb immer überall einsetzbar. Außerdem brachte sie stets Engagement für das Haus ein, was sich in ihrer Flexibilität und ihrer Bereitschaft kurzfristig einzuspringen, wenn Personal fehlte, äußerte. Dabei verfügt sie stets über die notwendige Ruhe und Gelassenheit und war auch in hektischen Notsituationen stets in der Lage, den Überblick zu behalten.

Das Verhalten zu Vorgesetzten und Kollegen war stets einwandfrei. Bei den Patienten war sie aufgrund ihrer Fürsorglichkeit beliebt.

Frau X. verlässt uns auf eigenen Wunsch. Wir bedanken uns für die gute Zusammenarbeit und wünschen für ihren weiteren Lebensweg alles Gute.

893 Gute Beurteilung für einen *Leiter Gesamtinkasso*[16]

Herr X. pflegte einen kooperativen, teamorientierten Führungsstil, der das notwendige Maß an Entscheidungs- und Durchsetzungsvermögen nicht vermissen lässt. Das von Herrn X. geführte Team umfasste im Kern 10 Mitarbeiter. Obwohl er direkt aus den Reihen seinen ehemaligen Kollegen heraus zu deren Vorgesetzten befördert wurde, meisterte er diese schwierige Führungsaufgabe mit psychologischem Geschick in vorbildlicher Weise.

Herr X. besitzt neben seinen ausgeprägten sozialen Komponenten fundierte juristische Kenntnisse und ein hervorragendes Fachwissen im IT-Bereich.

Er war eine Vertrauensperson und überzeugte durch seine außerordentliche Einsatzbereitschaft sowie sein überlegtes Handeln. Herr X. verfügt über ein ausgezeichnetes konzeptionelles und strategisches Denkvermögen, verbunden mit einem sicheren Sinn für das Machbare. Er denkt zugleich innovativ und rational.

Herr X. hat seine profunden Kenntnisse im Inkasso- und IT-Bereich in Eigeninitiative stets weiter entwickelt. Und setzte auf dieser Basis immer wieder neue Impulse, die zu Verbesserungen führte. Seine Arbeitsweise war durch eine differenzierte Betrachtungsweise geprägt. Bei seinen Vorschlägen bedachte er vorab mögliche Konsequenzen, so dass sich seine Lösungen in der Praxis stets sehr gut bewährten. Kennzeichnend sind darüber hinaus seine Fähigkeit, Kollegen und Mitarbeiter zu motivieren und seine Bereitschaft, sich jederzeit deutlich über das zu erwartende Maß hinaus loyal für das Unternehmen einzusetzen.

---

16 Siehe *LAG Frankfurt*, 22.1.2007 – 19/5 Sa 384/06.

> *Herr X. hat alle ihm übertragenen Aufgaben stets zu unserer außerordentlichen Zufriedenheit ausgeführt und war durch seine kooperative Wesensart bei Vorgesetzten, Kollegen und Mitarbeitern gleichermaßen anerkannt und geschätzt.*
>
> *Herr X. verlässt uns auf eigenen Wunsch, um eine neue Herausforderung anzunehmen. Wir wünschen ihm für seine berufliche und persönliche Zukunft alles Gute und weiterhin viel Erfolg.*

Anmerkung:
Fulminant, aber ohne Danksagung – konnte ihm der Chef keine neue Herausforderung anbieten?

Gute Beurteilung für einen *Maurer*[17] **894**

> *Herr X war ein fleißiger Mitarbeiter, der seine Aufgaben stets termingerecht erledigte. Er war an allen geschäftlichen Vorgängen interessiert und führte seine Aufgaben immer sorgfältig, zuverlässig, sehr selbstständig und rational aus. Herr X. erledigte die ihm übertragenen Aufgaben stets zu unserer vollen Zufriedenheit.*
>
> *Sein Verhalten gegenüber Vorgesetzen, Kollegen, Geschäftspartner und Kunden war stets einwandfrei.*

Anmerkung:
Bei *Handwerkern* sind „Sorgfalt“ und „Zuverlässigkeit“ wichtige Kriterien.

Gute Beurteilung für *Mitarbeiterin im Service-Center*[18] **895**

> *Frau X. erledigte alle ihr übertragenen Aufgaben völlig selbstständig zu unserer vollsten Zufriedenheit. Sie engagierte sich sehr für ihre Aufgaben und wies ein hohes Maß an Einsatzbereitschaft bei guter Qualität auf.*
>
> *Aufgrund ihrer aktiven und kooperativen Mitarbeit wurde Frau X. von Vorgesetzten und Kollegen geleichermaßen geschätzt und anerkannt. Hervorzuheben ist ihr freundlicher und angenehmer Umgang mit den Kunden, der ihr für die Akquise neuer Projekte und für die Festigung langfristiger Kundenbeziehungen sehr zum Vorteil gereichte.*
>
> *Nach ihrer dreijährigen Elternzeit scheidet Frau. X. aus unserem Unternehmen im beiderseitigen Einvernehmen aus. Wir danken Frau X. für ihre geleistete Arbeit und wünschen ihrer auf ihrem weiteren Berufsweg alles Gute und weiterhin viel Erfolg.*

---

17 Siehe *LAG Mainz*, 15.2.2013 – 6 Sa 468/12.
18 Siehe *LAG Düsseldorf*, 3.11.2010 – 12 Sa 974/10.

896 Gutes Zeugnis für *Praktikanten*

Zeugnis

Herr Karl Schwarz, geb. am …, war zur Ableistung eines Praktikums zum Studium der Betriebswirtschaft vom 1. April bis 28. September dieses Jahres bei uns beschäftigt.

Er war zunächst 2 Monate in der Lohnbuchhaltung, 2 Monate in unserer betriebswirtschaftlichen Abteilung und je einen Monat in der Finanz- bzw. Lagerbuchhaltung. Nach jeweils kurzer Information wurde er als Sachbearbeiter eingesetzt.

Er hatte sich sehr schnell eingearbeitet und brachte gute Leistungen. Arbeitseifer und Pünktlichkeit und seine vorbildliche Einfügung in die betriebliche Ordnung müssen besonders hervorgehoben werden.

Im Umgang mit Vorgesetzten und Mitarbeitern bewies er großes Taktgefühl.

Das Arbeitsverhältnis endet vereinbarungsgemäß am heutigen Tage.

Wir wünschen ihm für sein Studium viel Erfolg.

Karlsruhe, den … (Unterschrift)

897 Gutes Zeugnis für einen wissenschaftlichen *Projektberater*[19]

Zeugnis

Herr Dr. rer. nat. Fritz Michel, geb. am …, war in der Zeit vom … bis … in unserer Firma beschäftigt.

Herr Dr. Michel arbeitete im Rahmen einer Untersuchung über die Bildung, Freisetzung und Behandlung radioaktiver Schadstoffe im nuklearen Brennstoffkreislauf mit. Er war mit der Materialsammlung und -auswertung (Literaturrecherchen, Materialauswahl für Bibliographien) und mit Teilaspekten der Beschreibung des Standes von Wissenschaft und Technik möglicher Verfahren zur Tritiumanreicherung, -verfestigung und -lagerung auf der Grundlage vorliegender Informationen befasst.

Herr Michel hat die ihm übertragenen Aufgaben gewissenhaft und unter hohem Arbeitseinsatz unter Zurückstellung persönlicher Belange stets zu unserer vollen Zufriedenheit durchgeführt.

Besonders seine Bereitschaft, jederzeit Überstunden im Interesse der Fertigstellung der jeweiligen Studie zu leisten und seine konzentrierte Fortbildung in Fragen der Kerntechnik sind in seine Arbeiten eingeflossen und haben den guten Ruf unserer Firma weiter bekräftigt.

---

19 Siehe *BAG*, 17.2.1988 – 5 AZR 638/86.

Das Verhalten gegenüber Vorgesetzten und Mitarbeitern war immer einwandfrei.

Herr Michel verlässt uns zum 31. März dieses Jahres auf eigenen Wunsch, um seine Weiterbildung bei einer anderen Firma im Bereich der Kernforschung fortzusetzen. Wir danken ihm für die geleistete Arbeit und wünschen ihm auf seinem weiteren beruflichen Werdegang alles Gute.

Köln, den … (Unterschrift)

Gute Beurteilung für einen *Rechtsanwalt*[20] **898**

Herr Rechtsanwalt A. zeigte ein hohes Maß an Engagement und Eigeninitiative, sein persönlicher Einsatz ging auch über die normale Arbeitszeit hinaus. In ihm fernher liegende Rechtsgebiete arbeitete er sich systematisch ein und vermochte dank seines Urteilsvermögens pragmatische Lösungen zu entwickeln, die er dann auch überzeugend darstellen konnte.

Herr Rechtsanwalt A. führte Mandantengespräche und nahm Gerichtstermine wahr. Er bewies dabei Durchsetzungskraft sowie Verhandlungsgeschick und wusste die Problematik des Sachverhalts in Verbindung mit der Rechtslage seiner Mandantschaft sehr verständlich darzulegen. Bei Terminkollisionen hat er auch meine Gerichtstermine wahrgenommen und während meiner urlaubsbedingten Abwesenheit die Kanzlei geführt.

Vor allem im Jahre … besuchte Herr Rechtsanwalt A. sehr eifrig Fortbildungsveranstaltungen der Rechtsanwaltskammer in München und hielt sein Fachwissen stets aktuell.

Herr Rechtsanwalt A. zeichnete sich durch Zielstrebigkeit, Sorgfalt und Zuverlässigkeit aus. Nicht nur vor Gericht, sondern auch außergerichtlich erzielte er mit Durchsetzungskraft und Verhandlungsgeschick für seine Mandanten oft sehrt gute Ergebnisse. Dadurch erwarb er sich große Anerkennung bei seinen Mandanten und erweiterte den Mandantenbestand.

Zusammenfassend beurteile ich die Leistungen von Herrn Rechtsanwalt A. in jeder Hinsicht als voll zufriedenstellend. Sein Verhalten gegenüber Mandanten war stets zuvorkommend, er wird für seine Fachkompetenz und seine ausgeprägte Kommunikationsstärke sehr geschätzt. Bei Mitarbeiten war er wegen seines kooperativen Führungsstils sehr beliebt, sein Verhalten mir gegenüber war jederzeit anerkennenswert.

Ich danke ihm für die geleistete Arbeit und wünsche ihm für seine berufliche Zukunft weiterhin alles Gute.

20 Siehe *LAG München*, 31.7.2007 – 6 Sa 1238/05

Anmerkung:
Die Leistungen sind gut; allerdings wäre interessant, auf welchen Rechtsgebieten er vorwiegend tätig war? Bei der Führungsbeurteilung fällt auf, dass das Verhalten gegenüber dem Kanzleichef erst zuletzt und mit den Worten „anerkennenswert“(?) bewertet wird, also war es wohl nicht ganz „astrein“.

899 Gute Beurteilung für eine *Rechtsanwältin*[21]

Im Rahmen der Dezernatsverteilung bearbeitete Frau X eigenverantwortlich und mit viel Engagement die ihr zugewiesenen Mandate überwiegend aus den Bereichen

- *Allgemeines Zivilrecht*
- *privates und öffentliches Baurecht*
- *privates und gewerbliches Mietrecht*
- *Nachbarschaftsrecht*
- *Verwaltungsrecht*
- *Wohnungseigentumsrecht.*

Schon nach sehr kurzer Einarbeitungszeit bearbeitete sie die ihr übertragenen Akten selbstständig von Beginn des Mandats bis zu dessen Abschluss. Frau A. leitete für die Mandanten Schiedsverfahren ein und wohnte den Schiedsterminen bei. Sie nahm Gerichtstermine vor den Amts- und Landgerichten in erster Instanz wahr, als auch in der zweiten Instanz. Weiterhin vertrat Frau A. Mandanten vor den Widerspruchsbehörden wie auch den Verwaltungsgerichten.

Frau A. verfügt über ein gutes Grundlagenwissen und fundierte Fachkenntnisse, die sie erfolgreich anwandte. Die ihr übertragenen Aufgaben erledigte sie stets zu meiner vollen Zufriedenheit. Auffassungsgabe, Belastbarkeit, Vielseitigkeit und Initiative entsprachen den gestellten Anforderungen.

Sie nahm regelmäßig an Fortbildungsveranstaltungen teil.

Ihr Auftreten und ihr Verhalten gegenüber Vorgesetzten, Mitarbeitern und Mandanten waren stets einwandfrei.

Das Arbeitsverhältnis endete aufgrund der Kündigung durch Frau A.

Für ihren weiteren Lebens- und Berufsweg wünsche ihr alles Gute.

Anmerkung:
Das Gesamturteil zur Leistung entspricht der Note 2 – die Detailbewertungen „entsprachen den gestellten Anforderungen“ = das sagt wenig. Aber dennoch eine gute Beurteilung.

---

21 Siehe *LAG Frankfurt*, 20.3.2013 – 6 Sa 975/12.

Gute Beurteilung, zusammengesetzt aus den Bausteinen bei Rn. 845 ff. **900**

Er arbeitete immer äußerst gründlich und genau, mit größter Sorgfalt, äußerst zuverlässig und gewissenhaft, außerdem außergewöhnlich zügig. Er war immer gut motiviert und engagiert und den Aufgaben und Anforderungen stets gewachsen auch bei starkem Arbeitsanfall, er kann ausdauernd auch bei großer Belastung gut arbeiten. Alle Aufgaben wurden immer mit großem Elan und Pflichtbewusstsein ausgeführt. Die Arbeitsergebnisse waren stets von hoher Qualität auch bei wechselnden Anforderungen und in sehr schwierigen Fällen. Er erzielte nachweislich überdurchschnittliche Verkaufserfolge.

Er war immer ein sehr angenehmer und fairer Vorgesetzter, mit einem sehr effizienten und kooperativen Führungs- und Arbeitsstil, der es verstand, seine Mitarbeiter zu hohen Leistungen zu führen.

Zusammenfassend können wir daher gern feststellen, dass wir mit seinen Leistungen immer voll zufrieden waren und dass sein Verhalten gegenüber Vorgesetzten und Kollegen vorbildlich war.

Wir danken für die geleistete Arbeit, bedauern sein Ausscheiden und wünschen ihm für die Zukunft alles Gute.

III. **Befriedigende** Zeugnisse/Beurteilungen

Befriedigende Beurteilung für eine Altenpflegerin (Zwischenzeugnis)[22] **901**

Frau A. besitzt ein gutes Fachwissen und verfügt außerdem über gute praktische Fähigkeiten. Sie nimmt aus Eigeninitiative mit Interesse an Fort- und Weiterbildungen teil (wie zuletzt etwa zur Stationsleitung und zum Qualitätsmanagement). Frau A. arbeitet systematisch, erfasst relevante Situationen und Zusammenhänge und ist fähig, diese zu bewerten und sachgerecht zu bewältigen. Frau A. besitzt gute Organisationsfähigkeiten. Die Dokumentation führt sie sach- und fachgerecht durch.

Frau A. bewältigt in jeder Hinsicht die anfallende Arbeitsmenge. Sie führt ihre Tätigkeiten eigenständig aus und ist flexibel. Neue Mitarbeiter, Schüler und Praktikanten führt sie zu voll zufrieden stellenden Leistungen.

Frau A. erfüllt die ihr übertragenen Aufgaben stets zu unserer Zufriedenheit.

Frau A. ist den Bewohnern zugewandt und versteht es, Angehörige einzubeziehen. Von Vorgesetzten, Kollegen und Mitarbeitern wird Frau A. geschätzt. Ihr persönliches Verhalten ist einwandfrei.

Frau A. erhält dieses Zwischenzeugnis auf eigenen Wunsch.

22 Siehe *ArbG Koblenz*, 24.4.2014 – 2 Ca 3399/13.

Anmerkung:
Auffallend ist, dass diese mittelmäßige Beurteilung wenig konkrete Aussagen über ihren eigentlichen Pflegedienst enthält.

902 Befriedigendes Zeugnis für Arbeiter in der *Stanzerei* bei Vertragsbruch

> Zeugnis
>
> *Herr Hans Bauer, geb. am …, ist am … in unsere Dienste getreten. Er wurde in der Stanzerei eingesetzt. Nach kurzer Anlernzeit arbeitete er selbstständig.*
>
> *Herr Bauer war ein fleißiger und strebsamer Mensch, der sich schnell mit neuen Arbeitsmethoden zurechtfindet.*
>
> *Er fügte sich auch gut in die Betriebsgemeinschaft ein; sein Verhalten gegenüber den Arbeitskollegen war einwandfrei.*
>
> *Das Arbeitsverhältnis endet am 13. Februar.*
>
> *Karlsruhe, den … (Unterschrift)*

Anmerkung:
Der Vertragsbruch wird nicht nur durch das ungewöhnliche Beendigungsdatum deutlich, sondern auch dadurch, dass das Verhalten gegenüber Vorgesetzten unerwähnt blieb (siehe zu dieser textlichen Auslassung Rn. 841).

903 Befriedigendes Zeugnis für *Buchhalter* nach *Probezeit*

> Zeugnis
>
> *Herr Alfred Buch, geb. am …, wurde am … als Buchhalter in unserer Finanzabteilung eingestellt.*
>
> *Ihm wurde nach kurzer Einarbeitung das selbstständige Sachgebiet Kontokorrent-Buchhaltung übertragen.*
>
> *Herr Buch teilte uns mit, dass er mit Ablauf der vereinbarten Probezeit ausscheiden wolle, da ihm das Klima in unserer Höhenlage nicht zusage.*
>
> *Wir bestätigen ihm gerne, dass wir das Arbeitsverhältnis über die Probezeit hinaus fortgesetzt hätten, und wünschen ihm für die Zukunft alles Gute.*
>
> *Furtwangen (Schwarzwald), den … (Unterschrift)*

Anmerkung:
Sehr kurz gehalten, aber lässt die ordentliche Leistung erahnen.

Befriedigende Beurteilung für eine *Bürokauffrau im Notariat*[23] 904

Frau A. beherrschte die Anwendung des Notarprogramms ArnoTop in den für ihre Tätigkeit notwendigen Teilbereichen und die mit dem Notarprogramm verknüpfte Textverarbeitung Microsoft Wort vollumfänglich.

Die ihr übertragenen Aufgaben erledigte Frau A. zu meiner vollen Zufriedenheit. Sie arbeitete stets zuverlässig und gewissenhaft und konnte dadurch stets gute Arbeitsergebnisse erzielen. Frau A. zeigte einen guten Einsatzwillen und verfolgt die ihr gesetzten Ziele gewissenhaft. Dabei bewältigte sie ein überdurchschnittliches Arbeitspensum und meisterte auch höhere Arbeitsbelastungen.

Frau A. setzte ihre fundierten und umfassenden Fachkenntnisse erfolgreich um und fand sich auch nach kurzer Einarbeitungszeit mit notarfachspezifischen Grundtätigkeiten sehr gut zurecht.

Die Zusammenarbeit von Frau A. mit Kollegen und Vorgesetzen war einwandfrei. Ihr Umgang mit Mandanten vorbildlich – stets freundlich, hilfsbereit und zuvorkommend.

Das Arbeitsverhältnis mit Frau A. wurde von mir fristgerecht zum heuten Tag beendet. Ich danke Frau A. für ihre Mitarbeit und wünsche ihr für ihren zukünftigen Berufsweg alles Gute und viel Erfolg.

Anmerkung:
Das Beherrschen von Microsoft Word ist heute selbstverständlich und dessen Erwähnung abwertend, wo sind da die „fundierten Fachkenntnisse“? Die Zusammenarbeit ist sehr „durchwachsen“ = diese Differenzierungen (mit den einen vorbildlich, mit den Vorgesetzten nur „einwandfrei“) sind problematisch und führen hier wohl zu einer gerade noch befriedigenden Bewertung.

Befriedigende Beurteilung für einen *Ergotherapeuten*[24] 905

Für die Behandlung seiner Patienten entwickelte Herr A. selbstständig die Therapiepläne und vereinbarte die erforderlichen Behandlungstermine.

Herr A. verfügt über gute Fachkenntnisse und erfüllte seinen Aufgabenbereich selbstständig und zuverlässig. Er identifizierte sich mit seinen Aufgaben und arbeitete mit Engagement und Eigeninitiative. Auch in schwierigen Situationen behielt er den Überblick und war aufgrund seiner Auffassungsgabe in der Lage, die richtigen Behandlungen erfolgreich durchzuführen.

Herr A. hat die ihm übertragenen Aufgaben zu unserer vollen Zufriedenheit erledigt. Sein persönliches Verhalten gegenüber Vorgesetzten, Kollegen. Patien-

23 Siehe *LAG Köln*, 26.1.2011 – 9 Ta 325/10.
24 Siehe *ArbG Kiel*, 18.4.2013 – 5 Ca 80b/13.

ten und deren Angehörigen war stets einwandfrei. Aufgrund seiner freundlichen und zuvorkommenden Art sowie seiner Hilfsbereitschaft war er allseits anerkannt und geschätzt.

Herr A. scheidet zum 30. April aus meinem Unternehmen aus. Ich danke ihm für die von ihm erbrachte Arbeit.

Anmerkung:
Ohne Zukunftswünsche – ein gutes bis befriedigendes Urteil.

906 Befriedigendes, vorläufiges Zeugnis für *Formenbauer*

Zeugnis

Herr August Müller, geb. am …, ist am … als Formenbauer in unsere Dienste getreten und in unserer Druckgießerei beschäftigt.

Herr Müller ist ein zuverlässiger und geschickter Facharbeiter; er arbeitet sehr gründlich, genau und fehlerfrei.

Er passte sich gut in die Betriebsgemeinschaft ein und war ein allseits geschätzter Mitarbeiter.

Wegen Auftragsrückgangs und damit gebotener Rationalisierung musste auch das Arbeitsverhältnis des Herrn Müller fristgerecht zum 30. Juni dieses Jahres gekündigt werden. Da die Formerei geschlossen wird, ist für Herrn Müller ein anderweitiger Einsatz als Formenbauer in unserem Unternehmen leider nicht möglich.

Karlsruhe, den … (Unterschrift)

907 Befriedigende Beurteilung zum Zwischenzeugnis für eine *Krankenschwester*

Sie besitzt ein umfassendes Fachwissen, welches das eigene Fachgebiet überschreitet und verfügt außerdem über gute praktische Fähigkeiten, die bei der Ausführung sinnvoll die aktuelle Patienten und Pflegesituation berücksichtigt. Sie orientiert sich bei der Pflegeplanung an der aktuellen Situation des Patienten und bezieht ihn und seine Angehörigen bei der Zielsetzung mit ein. Anleitung, Beratung und Hilfestellung stimmt Frau X. auf die Ressourcen der Patienten ab. Vom Pflegeverständnis hat sie umfassende Kenntnisse und realisiert sie und individuell angepasst in Praxis. Gleiches gilt für den Umgang mit den Hygienevorschriften und dem MPG. Durch großes pädagogisches Geschick in ihrer individuell abgestimmten Anleitung und Überwachung erzielt sie gute Ergebnisse in der Wissensvermittlung. Sie nimmt mit großem Interesse an Fort- und Weiterbildung teil und setzt das Erlernte gut in der Praxis um.

Im Umgang mit Patienten und Angehörigen zeigt Frau X. Wertschätzung und Einfühlungsvermögen. Sie verfügt über ein der Situation angemessenes Kommunikationsverhalten und erlangte dadurch Akzeptanz und Verständnis.

In Ihrem Verhalten gegenüber Kollegen sowie Mitarbeitern anderer Berufsgruppen schafft sie durch ihre ehrliche, sachliche, offenen Art eine vertrauensvolle Atmosphäre in der sie Möglichkeiten zur konstruktiven Zusammenarbeit nutzt. Vorgesetzten gegenüber verhält sie sich in jeder Hinsicht korrekt und sachlich. Sie ist fähig, Kritik anzunehmen, zu bewerten und zu äußern.

Dieses Zwischenzeugnis stellen wir auf Wunsch von Frau X. aus. Wir bedanken uns für die bisherige gute Mitarbeit und hoffen auf eine ebensolche in der Zukunft.

Anmerkung:
Recht umfangreiche Darstellung, aber ohne Gesamturteil. Ihr Verhalten gegenüber Vorgesetzten ist wohl etwas unterkühlt.

Befriedigende Beurteilung für eine *Sekretärin*[25] **908**

Frau X. hat sich sehr schnell und selbstständig in die ihr übertragene Aufgaben eingearbeitet und hat die ihr übertragenen Aufgaben stets zu unserer vollen Zufriedenheit erledigt. Sie vereinfachte z. B. durch die in Eigeninitiative übernommene Erstellung von PC-Brief- und Telefaxvorlagen die Büroabläufe. Darüber hinaus veranlasste sie die Einrichtung der Outlook-Kontaktverwaltung und suchte stets nach Verbesserungen in der Büro- und EDV-Organisation. Ihr Verhalten gegenüber Vorgesetzten, Auftraggebern und Auftragnehmern war zu jeder Zeit eiwandfrei.

Wir danken für ihre Arbeit und wünschen ihr für die Zukunft viel Erfolg und persönlich alles Gute.

Anmerkung:
Verhalten gegenüber Kollegen nicht erwähnt (= vergessen?), sonst gut bis befriedigend.

IV. Schwache und problematische Zeugnisse/Beurteilungen

Widersprüchliches Zeugnis für kaufmännischen *Angestellten* **909**

Zeugnis

Herr Fritz Michel, geb. am …, war vom … bis … in unserer Firma beschäftigt. Zu seinen Aufgaben gehörten die selbständige Abwicklung des Einkaufs, der Exportbereich und der Verkauf von Ersatzteilen, die Ausbildung unserer kaufmännischen Auszubildenden sowie stetig anfallende organisatorische Tätigkeiten.

25 Siehe *ArbG Berlin*, 7.3.2003 – 88 Ca 604/03.

Die übertragenen Aufgaben erledigte er mit Umsicht, großem Eifer und vollem persönlichen Einsatz stets zu unserer Zufriedenheit. Er war für die ihm übertragenen Aufgabenbereiche die ideale Besetzung.

Er nutzte jede Chance, sein ohnedies hervorragendes Fachwissen weiterzuentwickeln. Er war stets bereit, auch zusätzliche Aufgaben innerhalb seiner eigenen Arbeitsgebiete zu übernehmen. Wir hatten in Herrn Michel einen Mitarbeiter, der stets gleich intensiv zum Wohle der Firma arbeitete. Sein Verhalten gegenüber den Vorgesetzten und Kollegen war jederzeit vorbildlich. Herr Michel war stets bereit, auch in schwierigen Situationen Verantwortung zu übernehmen, selbstständig Aufgaben zu planen und durchzuführen. Sein Verhalten bei der Führung seiner Mitarbeiter war stets korrekt; er versteht es, zu motivieren und Leistung zu erreichen.

Aufgrund einer Umstrukturierung des Einkaufswesens sahen wir uns leider gezwungen, das Arbeitsverhältnis mit Herrn Michel zum Jahresende aufzulösen.

Wir wünschen Herrn Michel alles Gute.

Aachen, den … (Unterschrift)

Anmerkung:
Dieses Zeugnis ist widersprüchlich.
- Einerseits die „ideale Besetzung“, andererseits „stets zu unserer Zufriedenheit“, also nur mit dem „befriedigenden“ Prädikat,
- einerseits die „Lobeshymne“, andererseits fällt er doch der Umstrukturierung zum Opfer. Das Zeugnis wirkt, als sei es aus Bausteinen zusammengesetzt, ohne dass auf die jeweilige Wertigkeit des Bausteins geachtet wurde, und es erweckt den Eindruck, dass Herr Michel weggelobt worden ist.

910 Schwache Beurteilung für eine *Angestellte im Verkauf*[26]

Frau A. zeigte nach einer Einarbeitungszeit Verantwortungsbereitschaft. Sie zeichnete sich durch Willensstärke und Verhandlungsgeschick im Umgang mit den Kunden aus. Die Möglichkeiten der Information über neue medizinische Entwicklungen wurden eigenständig genutzt. Sie hat die ihr übertragenden Aufgaben zu unserer Zufriedenheit erledigt. Die Kassenprüfung war stets korrekt.

Das Verhalten von Frau A. gegenüber Kunden war freundlich und aufgeschlossen, gegenüber Kolleginnen kooperativ und freundlich und gegenüber Vorgesetzten selbstbewusst und zielorientiert.

Aufgrund betriebsinterner Umstrukturierungen konnten wir Frau A. nicht weiter beschäftigen. Wir danken ihr für die Zusammenarbeit und wünschen ihr für ihren weiteren Lebens- und Berufsweg viel Erfolg.

---

26 Siehe *LAG Hamm*, 3.7.2002 – 3 Sa 248/02.

Anmerkung:
Mäßige Beurteilung. Das „selbstbewusste" Verhalten gegenüber Vorgesetzten war nicht förderlich, weshalb sie wohl Umstrukturierungen zum Opfer fiel.

Problematisches Zeugnis nach Probezeit für einen *Außendienstmitarbeiter*[27] **911**

Zeugnis

Herr A., geboren am … in …, wohnhaft in …, war seit 1. April bis Ende September dieses Jahres als Angestellter im Außendienst für uns tätig.

Herr A. wurde zunächst in einem Ausbildungslehrgang theoretisch und praktisch in den Versicherungsaußendienst eingewiesen. Danach absolvierte er den praktischen Teil unseres Außendienstlehrgangs in einer Ausbildungsgruppe. Während dieser Phase hatte er Gelegenheit, seine Fachkenntnisse zu vertiefen.

Herr A. bewältigte neue Arbeitssituationen gut und sicher. Er arbeitete stets hoch motiviert, mit großem Fleiß und vollkommen selbstständig. Er besitzt gute Fachkenntnisse in den Versicherungsbranchen und ist mit der Arbeit im Außendienst vertraut. Herr A. erledigte seine Aufgaben mit äußerster Sorgfalt und größter Genauigkeit.

Herr A. erledigte die ihm übertragenen Arbeiten zu unserer vollen Zufriedenheit. Kunden, Kollegen und Vorgesetzten gegenüber hat sich Herr A. stets höflich und korrekt verhalten.

Das Vertragsverhältnis endete mit Ablauf der Probezeit zum 30. September. Wir wünschen Herrn A. für seinen weiteren Berufsweg alles Gute und viel Erfolg.

Frankfurt am Main, den … (Unterschrift)

Anmerkungen:
Formal ist ungewöhnlich, dass sowohl der Geburts- wie auch der Wohnort genannt werden. Herr A. war 6 Monate in der Probezeit und gut beurteilt (wenn auch der Vorgesetzte erst zum Schluss erwähnt wurde), und dennoch muss er mit Ablauf der Probezeit ohne weitere Begründung gehen. Das passt nicht zusammen und ist widersprüchlich.

Schwaches Zeugnis für eine *Buchhalterin*[28] **912**

Zeugnis

Frau Anna Meissner, geb. am …, war ab … in unserem Unternehmen als Buchhalterin etwas länger als 1 Jahr beschäftigt.

---

27 Siehe *ArbG Frankfurt a. M.*, 8.8.2001, NZA-RR 2002 S. 182.

28 Siehe *ArbG Solingen*, 17.5.90 – 1 Ca 311/90.

Die Baumarkt-Systemzentrale führt eine Kette von Einzelhandelsunternehmen in Franchise-System. Die Buchhaltung wird über EDV als Online-Buchhaltung geführt.

Zu ihrem Aufgabengebiet gehörten folgende Tätigkeiten:

Tägliches kontieren und buchen von Bankauszügen, Neben- und Gesamtkassen und Kostenrechnungen, außerdem das Bearbeiten von Mahnungen, Skontoforderungen, Wareneingangsrechnungen (Kontrolle), Kontenpflege, Klärung von Umsatzdifferenzen, Ermittlung der Bankstände, Erstellung der Formblätter zum Geschäftsjahresende, Kontrolle der Buchhaltung und der Geldeingänge (täglich), Pflege der Lieferanten-Stammdaten sowie Schriftverkehr mit Märkten und Lieferanten.

Frau Meissner erledigte die ihr übertragenen Arbeiten stets zu unserer vollen Zufriedenheit.

Ihr Verhalten gegenüber Vorgesetzten und Mitarbeitern war höflich und korrekt.

Frau Meissner verlässt unser Unternehmen zum 31. März dieses Jahres.

Wir wünschen ihr für ihren beruflichen Lebensweg alles Gute.

Mannheim, den … (Unterschrift)

Anmerkung:
Bereits nach etwas über 1 Jahr verlässt sie die Firma nach Kündigung durch den Arbeitgeber, und es gab wohl Probleme in der Zusammenarbeit, da ihr Verhalten nur umschrieben wird mit „*höflich und korrekt*".

913 Problematische Beurteilung für einen *Büroleiter*[29]

Die ihm übertragenen Aufgaben erledigte Herr X. stets zu unserer vollsten Zufriedenheit. Auch bei hohem Arbeitsanfall behält er den Überblick. Er handelt selbstständig und verantwortungsbewusst, arbeitet ergebnisorientiert und denkt unternehmerisch. Als Vorgesetzter wurde er in jeder Beziehung anerkannt. Im Rahmen der Geschäftsausweitung und der damit einhergehenden positiven Entwicklung unseres Unternehmens hat er sich als verantwortungsvoller Mitarbeiter bewährt.

In beiderseitigem Einvernehmen endet das Arbeitsverhältnis zum 31. Mai.

Wir danken Herrn X. für die langjährige Zusammenarbeit.

Anmerkung:
Leistung „sehr gut", allerdings sehr kurz dargestellt – das Verhalten wurde nicht beurteilt, also höchst problematisch.

---

29 Siehe *LAG Hannover*, 13.3.2007 – 9 Sa 1835/06.

Problematische Beurteilung für einen *Channel Manager*[30] 914

Herr A. verfügte über ausgezeichnete Fachkenntnisse, die er erfolgreich anwendete. Er war jederzeit auch größtem Arbeitsanfall gewachsen. Er ist belastbar und lieferte auch unter Stress sehr gute Arbeitsergebnisse.

Wir haben Herrn A. als geschickten Verhandlungspartner kennengelernt. Er hat jederzeit die ihm anvertrauten Arbeiten mit großem Engagement und Kostenbewusstsein stets zu unserer vollsten Zufriedenheit ausgeführt.

Sein Verhalten gegenüber Vorgesetzten, Mitarbeitern, Kunden und Partnern war stets vorbildlich.

Herr A. scheidet zum 17. Oktober aus unserem Unternehmen aus. Wir wünschen ihm für seine private und berufliche Zukunft viel Erfolg und alles Gute.

Anmerkung:
Eine ungewöhnliche Beurteilung – Leistung und Führung sind Note 1 (wenn auch knapp formuliert), dann aber kein Bedauern und keinen Dank für die bisherige Arbeit und ein „krummes" Beendigungsdatum (17. Oktober).

Widersprüchliches Zeugnis für *Industriekaufmann* 915

Zeugnis

Herr Industriekaufmann Albert Müller, geb. am …, trat am … als Sachbearbeiter in der Organisationsabteilung, Sachgebiet Rationalisierung, in unser Unternehmen ein. Nach einjähriger Tätigkeit wurde er befördert und versetzt zur Personalabteilung als Abteilungsleiter für analytische Arbeitsplatzbewertung für Angestellte und Arbeiter.

Herr Müller arbeitet in den 15 Jahren der Betriebszugehörigkeit gründlich, genau, zügig, und er verfügt über umfassende, vielseitige Fachkenntnisse. Herr Müller ist ausgesprochen einsatzbereit, handelt auch ohne äußeren Anstoß. Er ist ein frischer und fröhlicher Mensch, der mit Elan und Optimismus auch schwierige Aufgaben angeht und diese je nach Problematik löst oder Lösungen vorschlägt. Wir waren mit ihm voll und ganz zufrieden.

Sein Verhalten gegenüber Vorgesetzten war stets korrekt und loyal, gegenüber Gleichgeordneten legte er auf gute Zusammenarbeit besonderen Wert, und er versteht es, Mitarbeiter zu überzeugen, er setzt sich vorbildlich durch und wird voll anerkannt.

Herr Müller scheidet am … aufgrund eigener fristgerechter Kündigung aus, um in einem anderen Unternehmen eine höher qualifizierte Tätigkeit zu übernehmen.

30 Siehe *LAG München*, 11.2.2008 – 6 Sa 539/07.

Wir bedauern sein Ausscheiden, danken für die geleistete Arbeit und wünschen ihm beruflich für die Zukunft alles Gute.

Karlsruhe, den … (Unterschrift)

Anmerkung:
Dieses Zeugnis ist widersprüchlich:
- Einerseits ist die Beurteilung durchweg gut und sogar mit kompletter Schlussformel, andererseits ist die Tätigkeitsbeschreibung zu knapp, denn wer 15 Jahre Abteilungsleiter ist, über dessen Tätigkeit muss mehr formuliert werden als lediglich die Tatsache, dass er Abteilungsleiter war,
- einerseits das Bedauern über sein Ausscheiden, andererseits kann man (oder will man) ihm keine höher qualifizierte Tätigkeit anbieten, wobei auffällt, dass er bereits nach einem Jahr befördert wurde und dann 15 Jahre lang nicht mehr.

916 Problematisches Zeugnis für Ingenieur wegen *Krankheit* (Epilepsie):

Zeugnis

Herr Maschinen-Ingenieur Volker Klein, geb. am …, war vom … bis … in unseren Diensten. Zunächst war er 3 Monate zur Einarbeitung in unserer Planungsabteilung für Karosseriebau tätig, um dann entsprechend der betriebsinternen Stellenausschreibung und seiner erfolgreichen Bewerbung in der Konstruktionsabteilung Omnibus-Karosserien als Konstrukteur für Neuentwicklungen eingesetzt zu werden.

Wir hätten gern das Arbeitsverhältnis fortgesetzt, zumal er kenntnisreich, fachkundig und fleißig die ihm übertragenen Aufgaben zu unserer vollen Zufriedenheit erledigt hatte; im Rahmen unserer Betriebsgemeinschaft war er ein angenehmer und beliebter Mitarbeiter.

Doch es stellten sich gesundheitliche Schwächen ein, die bei der Einstellungsuntersuchung nicht erkennbar waren. Da die schubartig auftretenden Anfälle (Epilepsie) mit einer Unfallgefahr für ihn selbst verbunden sind, gaben wir ihm den dringenden Rat, sich alsbald in spezialärztliche Behandlung zu begeben. Wir halten es zu unserem Bedauern nicht für vertretbar, das Arbeitsverhältnis mit Herrn Klein fortzusetzen.

Der Entschluss ist uns schwer gefallen, doch können wir die Verantwortung für seine Gesundheit und für mögliche Schädigungen anderer Betriebsangehöriger nicht länger tragen und haben das Arbeitsverhältnis unter sofortiger Beurlaubung fristgerecht zum Quartalsende gekündigt.

Wir danken ihm für seine geleisteten Dienste und wünschen ihm vor allem gesundheitlich für die Zukunft alles Gute.

Karlsruhe, den … (Unterschrift)

Anmerkung:
Versuch, die Krankheit so schonend wie möglich darzustellen.

Problematisches Zeugnis hinsichtlich der Leistung für *Konstrukteur* **917**

Zeugnis

Herr Maschinen-Ing. Volker Klein, geb. am …, war seit … in unseren Diensten. Zunächst war er drei Monate lang zur Einarbeitung in unserer Planungsabteilung für Karosseriebau tätig, um dann entsprechend der seinerzeitigen Stellenausschreibung und seiner Bewerbung in der Konstruktionsabteilung Omnibus-Karosserien als Konstrukteur für Neuentwicklungen eingesetzt zu werden.

Herr Klein bemühte sich, den gewiss hohen Anforderungen, die wir an ihn entsprechend seiner Vorbildung, Erfahrung und Eingruppierung (Tarifgruppe T 5) stellen zu können glaubten, gerecht zu werden. Er ist sicherlich gewissenhaft und von ehrlichem Bemühen erfüllt, die gestellten Aufgaben innerhalb der gebotenen Fristen zu erfüllen.

Sein Verhalten innerhalb der Betriebsgemeinschaft war vorbildlich. Er war wegen seines aufgeschlossenen Wesens, seiner steten Hilfsbereitschaft und seiner charakterlichen Integrität ein angesehener Mitarbeiter.

Da Herr Klein eine anderweitige Verwendung in vergleichbarer Stellung ablehnte, erklärten wir uns mit dem von ihm zum Monatsbeginn vorgebrachten Wunsch einverstanden, das Arbeitsverhältnis zum Monatsende zu lösen.

Karlsruhe, den … (Unterschrift)

Problematisches Zeugnis hinsichtlich des Verhaltens für *Konstrukteur* **918**

Zeugnis

Herr Maschinen-Ing. Volker Müller, geb. am …, war ab … als Konstrukteur in unseren Diensten. Zunächst war er 3 Monate lang zur Einarbeitung in unserer Planungsabteilung für Karosseriebau tätig, um dann entsprechend der seinerzeitigen Stellenausschreibung und seiner Bewerbung in der Konstruktionsabteilung Omnibus-Karosserien als Konstrukteur für Neuentwicklungen eingesetzt zu werden.

Herr Müller ist ein außerordentlich begabter Konstrukteur, der mit großem Fleiß die ihm gestellten Aufgaben zuverlässig, gewissenhaft, fehlerfrei und zügig löste. Seine Ideen sind konstruktiv und führen zu neuartigen Lösungen be-

merkenswerter Art.Sein Verhalten im Rahmen der betrieblichen Ordnung war ohne jede Beanstandung. Indes ist er im Umgang mit Vorgesetzten ein etwas schwieriger Mensch; sicherlich nur aus Besessenheit von seinen konstruktiven Vorstellungen sperrte er sich gegen die Arbeits- und Entwicklungsmethoden, die in unserem Hause üblich und erprobt sind. Dadurch war die erfolgversprechende Zusammenarbeit in seiner Konstruktionsabteilung nicht gesichert.

Herr Müller kündigte fristgerecht zum 31. März dieses Jahres.

Karlsruhe, den … (Unterschrift)

919 Schwaches Zeugnis für einen *Oberarzt*[31]

Zeugnis

Herr Dr. med. Anton Pfeifer, geb. am …, war in der Zeit vom … bis … als Oberarzt in der kollegial geleiteten Chirurgischen Abteilung des A-Krankenhauses in München tätig.

Die Abteilung umfasst 93 chirurgische Betten einschließlich 5 intensiv-medizinische Betten sowie eine große allgemeine und unfallchirurgische sowie durchgangsärztliche Ambulanz. Die Zulassung zum § 6-Verfahren ist gegeben.

Den fachlichen Schwerpunkten der beiden Chefärzte entsprechend bestehen die Arbeitsbereiche Allgemeinchirurgie einschließlich Thorax- und Gefäßchirurgie sowie Unfallchirurgie sowie Handchirurgie und rekonstruktiver Chirurgie des Stütz- und Bewegungsapparates. Aufgrund der speziellen Vorbildung und der Interessenlage war ein Oberarzt hauptsächlich im Bereich Unfallchirurgie tätig, während Herr Dr. Pfeifer vorwiegend in der Allgemeinchirurgie eingesetzt wurde.

Zum Aufgabengebiet von Herrn Dr. Pfeifer gehörte die fachärztliche Aufsicht über Assistenzärzte einer allgemein- und unfallchirurgischen aseptischen Station, die selbstständige Durchführung mittlerer und größerer allgemein-chirurgischer Operationen sowie Lehrassistenz für in der Ausbildung befindliche jüngere Ärzte bei kleinen und mittleren Operationen.

Im Rahmen des Rufbereitschaftsdienstes, der gemeinsam von den Chefärzten und Oberärzten geleistet wird, war Herr Dr. Pfeifer als Facharzt für die gesamte Chirurgische Abteilung zuständig.

Während der Abwesenheit des Chefarztes Dr. Michel betreute Herr Dr. Pfeifer verantwortlich die allgemeinchirurgischen Patienten. Zu seinen Aufgaben gehörte dabei, insbesondere die selbstständige Indikationsstellung, Vorbereitung und Durchführung der Operation sowie die Nachbehandlung bei mittleren und größeren Eingriffen.

---

31 Siehe *LAG Hamm*, 21.12.1993 – 4 Sa 880/93.

Die im beigefügten OP-Katalog aufgeführten Operationen bis hin zu Gallenwegseingriffen und Dickdarmresektionen sowie allgemeinchirurgische und abdominalchirurgische Notfalleingriffe wie z.B. Operationen bei Magenblutung oder Magenperforation wurden von Herrn Dr. Pfeifer durchgeführt.

Während des Bereitschaftsdienstes führte Herr Dr. Pfeifer auch die unfallchirurgischen Notfalleingriffe entsprechend den Richtlinien der Abteilung selbstständig durch.

Herr Dr. Pfeifer bewies gute Kenntnisse in der Indikationsstellung sowohl zu operativer als auch zu konservativer Behandlung.

In der Chirurgischen Ambulanz löste Herr Dr. Pfeifer die Probleme umsichtig, großes Geschick besitzt er in der Reposition von Frakturen und Luxationen. Er beherrscht das Kassenarzt- und das D-Arzt-Verfahren und besitzt Sicherheit in der fachchirurgischen Begutachtung.

Bei den täglichen Röntgenbesprechungen bewies Herr Dr. Pfeifer gute Kenntnisse in der Beurteilung der Röntgenaufnahmen sowie eine angemessene Berücksichtigung der Aspekte des Strahlenschutzes und der Wirtschaftlichkeit. Die Handhabung des chirurgischen Bildwandlers ist Herrn Dr. Pfeifer geläufig.

Im Umgang mit Vorgesetzten und auch nachgeordneten Mitarbeitern zeigte sich Herr Dr. Pfeifer jederzeit höflich und korrekt, gegenüber Patienten trat er freundlich und mit angemessener Distanz auf.

Das Arbeitsverhältnis endete am 30. Juni.

Für die Zukunft wünschen wir Herrn Dr. Pfeifer alles Gute.

München, den … (Unterschrift)

Anmerkung:
Die umfangreiche Beschreibung der Klinik als solche und der Tätigkeit des Oberarztes „erdrückt“ fast das Zeugnis, die Beurteilung ist sehr knapp, von einem Chirurg wird mehr erwartet als nur z.B. „Sicherheit in der … Begutachtung“ bzw. „Gute Kenntnisse in der Beurteilung von Röntgenaufnahmen“ – sein Verhalten mit „höflich und korrekt“ zu umschreiben, belegt, dass die weitere Zusammenarbeit abgelehnt wurde und daher auch die Kündigung seitens der Klinik (Hinweis auf diese Kündigung durch die Formulierung „Das Arbeitsverhältnis endete am …“).

920 Problematisches Zeugnis für einen *Produktmanager*[32]

Zeugnis

Herr Diplom-Volkswirt Fritz Michel, geb. am …, war in der Zeit vom … bis … Mitarbeiter unseres Unternehmens.

Herr Michel war Mitglied der Geschäftsleitung. Ihm oblag die Leitung des Geschäftsbereichs Marketing und Vertrieb von Arzneimitteln. Bereits nach kurzer Zeit erhielt er Prokura.

Zu seinem Aufgabengebiet gehörte neben der Führung des medizinisch-wissenschaftlichen Außendienstes die Leitung des Produktmanagements, der Marktforschung, des Arzneimittelvertriebes In- und Ausland.

Herr Michel hat sich schnell in sein Aufgabengebiet eingearbeitet und aufgrund einer Analyse unseres Arzneimittelprogramms Konzeptionen und Strategien für die Tätigkeit des Außendienstes entwickelt.

Für den ihm unterstellten medizinisch-wissenschaftlichen Außendienst erweiterte er die Ebene der Regionalleiter. Er sorgte für die Intensivierung der Ausbildung des Außendienstes und der Regionalleiter, die an mehreren firmenexternen Seminaren teilnahmen und hier mit modernen Führungsmethoden vertraut gemacht wurden.

In den Anfang seiner Tätigkeit fiel die erfolgreiche Einführung unseres Präparates „XX". Von dieser Basis ausgehend entwickelte Herr Michel in Zusammenarbeit mit Werbeagenturen Konzeptionen für unsere Präparate „YY". Neben dem Einsatz des Außendienstes hat Herr Michel sich verstärkt mit der Förderung von ärztlichen Fortbildungsveranstaltungen unserer Außendienstmitarbeiter befasst und hier Impulse für die Umsatzentwicklung unserer Präparate gegeben. In seinen Verantwortungsbereich fiel ein Umsatzvolumen von bis zu 25 Millionen Euro.

Herr Michel wurde von seinen Kollegen und Mitarbeitern wegen seiner menschlichen Eigenschaften geschätzt. Er verstand es, durch moderne Führungsmethoden seine Mitarbeiter auf gemeinsame Ziele auszurichten und sie entsprechend zu motivieren.

Seine fachliche Qualifikation steht aufgrund seiner langjährigen Erfahrung außer Zweifel. Hervorzuheben sind insbesondere sein analytisches Denkvermögen und das Umsetzen in strategische Maßnahmen.

---

32 Siehe *LAG Köln*, 29.11.1990 – 10 Sa 801/90.

Das Dienstverhältnis wurde auf Wunsch von Herrn Michel zum 30. Juni beendet.

Wir wünschen Herrn Michel für seinen weiteren Berufsweg alles Gute.

Koblenz, den … (Unterschrift)

Anmerkung:
Die Leistungsbeurteilung ist ausführlich und durchweg sehr gut – allerdings hat das angeführte Umsatzvolumen von 25 Millionen € wenig Aussagekraft, weil unklar bleibt, ob es in Anbetracht seiner Tätigkeiten groß ist oder nicht; aber: die Leistung korrespondiert nicht mit einer ebensolchen Führungsbeurteilung, denn sein Verhältnis zur Firmenspitze bleibt unerwähnt, was auf Differenzen hindeutet.

Problematisches Zeugnis für eine *Sachbearbeiterin*[33] **921**

Zeugnis

Frau Maria Heinrich, geb. am …, war in der Zeit vom … bis … in unserem Hause als Sachbearbeiterin in der Grundstücksabteilung tätig.

Zu ihren Hauptaufgaben gehörten
- *die Überwachung von Pachtverträgen und von Vertragsvereinbarungen*
- *Erstellung/Überprüfung von Pachtanpassungen*
- *termingerechte Anweisung und Überwachung der Pachtzahlungen und Pachtabrechnungen*
- *Erledigung des gesamten Schriftverkehrs*
- *Vergabe und Überprüfung von Reparaturaufträgen*
- *Zusammenarbeit mit dem Außendienst.*

Frau Heinrich hat die an sie gestellten Aufgaben zu unserer vollen Zufriedenheit erfüllt. Aufgrund einer innerbetrieblichen Umstrukturierung mussten wir uns zum 31. März von Frau Heinrich trennen.

Wir wünschen ihr für den weiteren Lebensweg alles Gute.

Köln, den … (Unterschrift)

Anmerkung:
Keine Aussagen zum Führungsverhalten – hier gab es wohl Probleme in der Zusammenarbeit.

33 Siehe *LAG Hamburg*, 7.9.1993 – 7 Ta 7/93.

922 Schwaches Zeugnis für einen *Software-Entwickler*[34]

Zeugnis

Herr Peter Arnold, geboren am …, trat am … als Softwareentwickler in unser Unternehmen ein.

B-GmbH, eine 100%ige Tochter der X-AG, ist ein bundesweit tätiges Unternehmen für Standardsoftware in der Branche der Steuerberater und Wirtschaftsprüfer sowie der Steuerfachabteilungen der Industrie und Großunternehmen mit über 5.000 installierten Softwaresystemen.

Herr Arnold war mit Aufgaben in der Softwareentwicklung unseres Standard-Produkts XY, eines Client-Server-Systems für Microsoft Windows-Betriebssysteme, betraut. Sein Tätigkeitsschwerpunkt lag in der Pflege und Weiterentwicklung der Module für die Körperschaftssteuer. Dabei handelte es sich um COM ActiveX DLLs in Visual Basic auf Basis der Microsoft Komponententechnik. Herr Arnold implementierte das Interface, über das die Kommunikation mit der übergeordneten Anwendung stattfindet. Er realisierte hierüber das Einlesen und die Speicherung der Daten sowie die Druckausgabe der Steuerformulare. Herr Arnold programmierte Zusatzmasken mit Berechnungsfunktionen in den Steuermodulen, die dem Benutzer des Programms als Eingabehilfe dienen. Außerdem erstellte er typsichere Objekt-Interface Module, über die von der Körperschaftssteuerapplikation sowohl MS Access als auch MS SQL-Server Datenbanken benutzt werden. Funktionen zur Rundung numerischer Werte entwickelte er als ActiveX DLLs mit MS Visual C++. Er führte Fehlerbehebungen an numerischen Eingabeelementen durch, die ebenfalls in MS Visual C++ geschrieben sind. Ferner steuerte er für die Erfassung von Daten zur Steuerberechnung und die Ausgabe der Berechnungsergebnisse MS Excel aus der Anwendung heraus an. Des Weiteren entwarf und implementierte Herr Arnold für die Körperschaftssteuer ein Modul zur Anzeige und Ausführung von Buchungsvorschlägen, das auch von anderen Steuerapplikationen verwendet wird.

Bei der Softwareentwicklung setzte Herr Arnold seine umfassenden Fachkenntnisse in diesen Techniken mit gutem Erfolg ein. Nach steuerfachlichen Vorgaben entwickelte er die benötigten Komponenten selbstständig. Herr Arnold hatte Interesse an der beruflichen Weiterbildung und hat an einem Seminar über die Microsoft Active Server Pages (ASDP) teilgenommen.

Dank seiner raschen Auffassungsgabe arbeitete sich Herr Arnold schnell und gut in die ihm übertragenden Aufgabengebiete ein. Er zeigte große Bereitschaft und das Interesse, sich weiterzubilden und Neues zu lernen und erweiterte ständig seine Kenntnisse. Er arbeitete sicher und selbstständig und fand gute Lösungen. Herr Arnold führte alle ihm übertragenen Aufgaben zu unserer vollen Zufriedenheit aus.

---

34 Siehe *BAG*, 14.10.2003 – 9 AZR 12/03.

Herr Arnold zeigte stets Initiative und große Einsatzbereitschaft und setzte sich loyal für die Belange des Unternehmens ein. Er fand schnell und leicht Kontakt, war hilfsbereit und bereit, sachliche Kritik zu üben und zu akzeptieren. Sein Verhalten gegenüber Vorgesetzten und Kollegen war stets einwandfrei.

Herr Arnold verlässt unser Haus zum 30.Juni, weil wir im Rahmen einer Neuordnung die Software-Entwicklung in eine andere Region verlegen. Wir wünschen Herrn Arnold für die Zukunft alles Gute.

Mannheim, den ... (Unterschrift)

Anmerkung:
Das *BAG* führt zu diesem Zeugnis aus:

„*Erkennbar schweigt das Zeugnis zu einigen Aspekten, die für die Beurteilung der Arbeit eines Softwareentwicklers wichtig sind. So enthält es keine Aussagen zur praktischen Verwertbarkeit der vom Kläger gefundenen Lösungen, insbesondere fehlen Angaben zur Fehlerfreiheit und Vollständigkeit der Aufgabenerfüllung.*“

Zu ergänzen ist:

Die bis ins Fach-Detail gehende Tätigkeitsbeschreibung erdrückt etwas das Zeugnis; mehrfach werden Interesse, Initiative und Bereitschaft erwähnt, aber der Erfolg seiner Bemühungen ist nicht deutlich, und eine bare Selbstverständlichkeit ist es, dass er sich für die Belange der Unternehmens einsetzte. Es ist viel Text verwendet worden, um die Mittelmäßigkeit vielleicht zu kaschieren? Auffallend ist, dass Herr Arnold bei der Neuordnung und Verlegung in eine andere Region offenbar kein Angebot der Firma erhielt.

Problematisches Zeugnis für eine *Steuerfachgehilfin* **923**

Zeugnis

Frau Maria Michel, geb. am ..., war ab ... in unserer Praxis insgesamt 10 Jahre als Steuerfachgehilfin tätig.

Ihre Tätigkeit erstreckte sich auf folgende Gebiete:

- *Führung von Mandantenbuchhaltungen und Lohn- und Gehaltskonten über EDV einschließlich der hiermit zusammenhängenden Arbeiten,*
- *Erstellen von Jahresabschlüssen und Steuererklärungen überwiegend über EDV,*
- *zu ihrer Tätigkeit gehörte auch der persönliche Kontakt mit den Mandanten.*

Frau Michel hat die ihr übertragenen Arbeiten selbstständig stets zu unserer vollen Zufriedenheit erledigt.

Frau Michel verlässt unsere Praxis auf eigenen Wunsch.

Wir wünschen ihr für die Zukunft alles Gute.

Berlin, den … (Unterschrift)

Anmerkung:
Für eine 10-jährige Betriebszugehörigkeit ist das Zeugnis zu kurz gefasst, lieblos formuliert; es enthält keine Aussagen zu ihrem Verhalten, es gab offenbar erhebliche Probleme in der Zusammenarbeit mit ihr.

924 Problematische Beurteilung für einen *Tageszeitungsredakteur*[35]

Herr A. arbeitete sich schnell in neue Fachgebiete ein und kann diese journalistisch verwerten. Er erschließt in kurzer Zeit Gesprächspartner und kann deren Informationen redaktionell umsetzen. Herr A. ist stilsicher, hat Sprachgefühl, beherrscht in Theorie und Praxis die journalistischen Genres, kann aus aktuellen Erfordernissen journalistische Themen ableiten, deren politische Bedeutung erfassen und redaktionell sowie medienspezifisch umsetzen. Sein Schreibstil ist sachlich, originell, verständlich und variabel.

Bei seiner journalistischen Tätigkeit für unser Haus zeichnete sich Herr A. durch gründliche Recherche sowie zielstrebige und gewissenhafte Arbeitsweise aus. Entwicklungen und Missstände bei von ihm bearbeiteten Themen verfolgte er hartnäckig und gründlich. Herr A. führte seine Aufgaben – auch unter Termindruck – stets selbstständig und zuverlässig aus. Er kann seine eigenen Leistungen und die seiner Kollegen sachlich kritisch werten und ist offen für neue journalistische Sichten und Anregungen. Wir bescheinigen Herrn A. gute Führung und gute Leistungen.

Das Arbeitsverhältnis mit Herrn A. endete am 31. März. Wir bedanken uns für die geleistete Arbeit.

Anmerkung:
Er bewertet auch die Arbeit der *Kollegen*?! Die „Führung" ist kurz geraten – keine Zukunftswünsche. Er war wohl ein schwieriger Mitarbeiter (siehe auch Rn. 816).

35 Siehe *BAG*, 12.8.2008 – 9 AZR 632/07, in Verbindung mit *LAG Chemnitz*, 9.4.2009 – 6 Sa 688/08.

Schwache Beurteilung für einen *Technischen Angestellten*[36] **925**

> *Die angegebenen Aufgaben wurden zum Teil von Herrn X. alleine erledigt (z.B. Pflege des Katalogs), als auch im Team (z.B. Neuteilbearbeitung oder Verfahrenstechnik). Die ihm übertragenen Aufgaben hat er stets zu unserer Zufriedenheit erlegt.*
>
> *Sein Verhalten gegenüber seinen Vorgesetzten, Kollegen und Kunden war einwandfrei.*
>
> *Wir wünschen ihm für die Zukunft alles Gute.*

Anmerkung:
Zwar befriedigend beurteilt, aber sehr kurz gehalten, es fehlt die Detailbeurteilung und die Bewertung seiner Arbeit im Team.

Schwache Beurteilung, zusammengesetzt aus den Bausteinen bei Rn. 845ff. **926**

> *Er bearbeitete alle Vorgänge sehr korrekt, beständig, mit Fleiß, zufriedenstellender Arbeitsbereitschaft, Eifer und Initiative; seine Arbeitsergebnisse erfüllten unsere Ansprüche. Er kam mit den Anforderungen zurecht und war den Belastungen gewachsen. Erfolge blieben nicht aus, er erzielte nicht unbedeutende Verkaufsumsätze und besitzt die Fähigkeit, Mitarbeiter zielgerichtet anzuleiten und zu führen.*
>
> *Zusammenfassend ist festzuhalten, dass er die ihm übertragenen Aufgaben zu unserer Zufriedenheit erledigt hat und dass sein Verhalten gegenüber Vorgesetzten und Kollegen zufrieden stellend war.*

36 Siehe *ArbG Hagen*, 5.7.2006 – 2 Ca 2440/05.

Teil 5

Auskünfte über Arbeitnehmer

I. Vorbemerkung

1. Allgemeines

Vor der Entscheidung über die Einstellung eines Bewerbers hat der Arbeitgeber ein Interesse, Informationen über dessen Person und Qualifikation unter anderem durch Rücksprache mit dem jetzigen/bisherigen Arbeitgeber zu erhalten, hauptsächlich wenn 927

- es um die Besetzung einer leitenden Position,[1] um Mitarbeiter in Vertrauensstellung geht bzw. bei Tendenzbetrieben mit vorwiegend ideeller Zwecksetzung,[2]

und

- das vorgelegte Arbeitszeugnis erläuterungs- oder ergänzungsbedürftig ist und zwar, wenn 928
  - die Formulierungen im qualifizierten Arbeitszeugnis unpräzise sind,
  - die Tätigkeitsbeschreibung zu unspezifisch ist, so dass der Arbeitgeber kein sicheres Bild über den Aufgabenbereich des Bewerbers erhält,
  - die Angaben des Bewerbers zu überprüfen und Lücken in den Bewerbungsunterlagen zu schließen sind,
  - es Anhaltspunkte für unrichtige Angaben des Bewerbers gibt,
  - das Zeugnis Aussagen nicht enthält, die für die Stellenbesetzung wichtig sind,
  - oder sogar nur ein einfaches Zeugnis vorgelegt wird.

Hinzu kommt die allgemein feststellbare Tendenz, dass negativen Aussagen im Zeugnis vorbehaltlos geglaubt, positiven Aussagen mit Misstrauen begegnet und nachgefragt wird.

Der *(neue) Arbeitgeber* hat ein Interesse an Auskünften wegen der Entscheidung über die Einstellung des Bewerbers; 929

1 *BAG*, 25.10.1967, BB 1968 S. 545 = DB 1968 S. 1183 = NJW 1968 S. 1350 = AP HGB § 73 Nr. 6.

2 *Runggaldier/Eichinger*, „Arbeitszeugnis“, (1989, Wien), S. 156.

der *Bewerber* hat ein Interesse, wenn er meint, der bisherige Arbeitgeber oder eine bestimmte Person, insbesondere der ehemalige Fachvorgesetzte könnten durch entsprechende Aussagen für ihn werben;

der *bisherige Arbeitgeber* ist derjenige, der durchweg das geringste Interesse hat, denn er hat zweifellos andere Probleme, als sich noch um seinen auf dem „Absprung“ stehenden oder gar ausgeschiedenen Mitarbeiter zu kümmern.

930 Die Auskunft ist zweischneidig:

- Ist sie ungerechtfertigt zu *negativ*, erhält der Arbeitnehmer keinen neuen oder einen geringer dotierten Arbeitsplatz und nimmt den Auskunftsgeber auf Schadenersatz in Anspruch,
- ist sie ungerechtfertigt zu *positiv*, erhält er zwar den Arbeitsplatz, aber der neue Arbeitgeber kann geschädigt werden und den Auskunftsgeber auf Schadenersatz in Anspruch nehmen.

931 Bei dieser Konstellation ist man geneigt zu empfehlen, keinerlei Auskünfte zu erteilen!

932 Auskünfte werden überwiegend telefonisch (oder mündlich) erbeten und erteilt, schriftliche Auskünfte sind selten.[3] Es gibt viele zwischenbetriebliche Beziehungen, auch unter Wettbewerbern, über die entsprechende Hinweise ausgetauscht werden, der Bewerber erfährt davon nichts,[4] für ihn sind Ersuchen und Erteilung der Auskunft sowie deren Inhalt in der Regel nicht kontrollier- und beweisbar –

das Auskunftsrecht lebt sehr im „Verborgenen“

und dringt nicht häufig ans Tageslicht. Abzuwarten ist, ob der neugefasste Datenschutz (siehe Rn. 935) mehr Licht in die Szenerie bringt, und ob alle (auch die nachfolgenden) datenschutzrechtlichen „Spielregeln“ über Voraussetzung, Inhalt und Grenzen der Auskunft Beachtung finden.

Ohne Zeugnis keine Auskunft

933 Da die Auskunft über einen Bewerber im Zusammenhang mit dem *erteilten* Arbeitszeugnis steht, entfällt folglich die Auskunft von vorneherein, falls kein aktuelles Zeugnis vorliegt, wenn

- das Zeugnis noch *nicht beantragt* wurde; wenn der Mitarbeiter selbst keinen Wert auf den gesetzlich vorgesehenen, schriftlichen Nachweis seiner beruflichen Vergangenheit legt, dann gibt es auch keine Auskunft;

---

3 *Schulz*, „Zur Auskunftserteilung unter Arbeitgebern über Arbeitnehmer“, NZA 1990 S. 717.
4 *Karl Schleßmann*, „Personalakten und Einsichtsrecht“, BB 1972 S. 579.

- das Zeugnis (zwar beantragt, aber) noch *nicht ausgefertigt* ist; hier muss zugewartet werden, um zu klären, ob überhaupt ein Anlass für Auskünfte besteht;
- der Zeugnisanspruch *erloschen* ist, z.B. im Falle der Verwirkung[5] (nach maximal 6 Monaten); wer mit dem Zeugnis-Antrag zu lange gewartet hatte, kann die Rechtsfolgen nicht dadurch umgehen, dass er nun Auskünfte einholt.

2. Rechtslage

Auskunftsersuchen und -erteilung stehen im Bewerbungsverfahren im Zusammenhang mit dem Arbeitszeugnis; aber die gesetzlichen und tariflichen Zeugnisvorschriften enthalten nichts zum Thema „Auskunft“. **934**

Da sämtliche Informationen, die zwischen Arbeitgebern über Arbeitnehmer ausgetauscht werden, *personenbezogene Daten* sind („*ausgenommen solche über das Wetter oder Fußball*“[6]), ist der Umgang mit diesen Daten ein datenschutzrechtliches Thema.

Das Erheben, Abfragen und Übermitteln solcher Daten sind nach Art. 4 Nr. 2 der EU-DSGVO[7] als Formen der „Verarbeitung“ rechtmäßig und damit zulässig, **935**

- wenn der Betroffene, und dazu zählt auch der Bewerber,[8] *eingewilligt* hat[9]

oder

- wenn die Verarbeitung für den geplanten Abschluss des Vertrages *erforderlich* ist.[10]

5 A.A. *Birk*, „Auskünfte über Arbeitnehmer“, 1985 (München), S. 40, der auf die *Verjährung* des Zeugnisanspruchs abhebt.

6 *Riesenhuber*, „Kein Fragerecht des Arbeitgebers“, NZA 2012 S. 771.

7 Ab 25. Mai 2018 anzuwenden, zeitgleich wird das *neue* BDSG in Kraft treten (beide Rechtsquellen werden hier schon vor diesem Termin zugrunde gelegt).

8 § 26 Abs. 8 Satz 2 BDSG.

9 Art. 6 Nr. 1a EU-DSGVO.

10 Art. 6 Nr. 1b EU-DSGVO, Art. 88 EU-DSGVO in Verbindung mit der Beschäftigtendaten- schutz-Vorschrift des § 26 BDSG.

II. Auskunft mit Einwilligung des Arbeitnehmers

936 Die „Einwilligung“ steht in der Reihenfolge der Bedingungen des Art. 6 Nr. 1 EU-DSGVO an erster Stelle, woraus ihre Bedeutung erkennbar werden kann. Obwohl in der Praxis angeblich die Einwilligung im Beschäftigungsverhältnis nur in Ausnahmenfällen eine Rolle spielt,[11] ist sie doch (wenn sie wirksam ist[12]) bei Bewerbungen im Zusammenhang mit dem Arbeitszeugnis die offene und transparenteste Informationsart, die dem Persönlichkeitsschutz des Bewerbers am ehesten dient.

Im Übrigen heißt „Einwilligung“, dass die Zustimmung *im Vorhinein* eingeholt werden muss (§ 183 BGB), die nachträgliche Zustimmung reicht nicht aus.

937 Im *öffentlichen* Dienstrecht des Bundes ist das Auskunftsrecht speziell geregelt und durchweg an die Einwilligung gekoppelt – so lautet z.B. § 111 Abs. 3 BBG:

> „*Auskünfte an Dritte dürfen nur mit Einwilligung der Beamtin oder des Beamten erteilt werden, es sei denn, dass die Abwehr einer erheblichen Beeinträchtigung des Gemeinwohls oder der Schutz berechtigter, höherrangiger Interessen der oder des Dritten die Auskunftserteilung zwingend erfordert. Die Auskunft ist auf den jeweils erforderlichen Umfang zu beschränken. Inhalt und Empfängerin oder Empfänger der Auskunft sind der Beamtin oder dem Beamten schriftlich mitzuteilen.*“

Diese Vorschrift hat Vorrang gegenüber dem BDSG (siehe § 1 Abs. 2 BDSG) und entspricht dem Grundtenor des *Landes*datenschutzes[13] und der Wissenschaft,[14] wonach Auskünfte stets der Einwilligung bedürfen.

1. Wünsche des Arbeitnehmers

Pflicht oder Recht zur Auskunft?

938 Wünscht der Arbeitnehmer die Auskunftserteilung (oder bietet er Referenzen an), so sah die Jahrzehnte zurückliegende Rechtsprechung des *BAG* und des *BGH* vor, dass der Arbeitgeber aufgrund nachwirkender Fürsorgepflicht *verpflichtet* sei, im Interesse des Arbeitnehmers Auskünfte über ihn gegenüber demjenigen zu erteilen, bei dem er sich um eine neue Anstellung bewerbe.[15]

---

11 *Gola*, „Der neue Beschäftigtendatenschutz nach § 26 BDSG n.F.“, BB 2017 S. 1462.

12 Siehe Art. 7 EU-DSGVO / § 51 BDSG.

13 Z.B. § 36 Abs. 3 des Datenschutzgesetzes von Baden-Württemberg.

14 § 143 Abs. 4 des Entwurfs eines <Arbeitsvertragsgesetzes> von *Henssler/Preis*.

15 *BAG*, 18.12.1984 – 3 AZR 389/83, DB 1985 S. 2307 = NZA 1985 S. 811; *BGH*, 10.7.1959, BB 1959 S. 919 = DB 1959 S. 979 = AP BGB § 630 Nr. 2; Baumbach/Hopt *(Roth)*, Rn. 18.

Zwar wird eine Auskunftspflicht aus Treu und Glauben (§ 242 BGB) anerkannt; sie setzt aber unter anderem voraus, dass zwischen dem ehemaligen und neuen Arbeitgeber eine rechtliche Sonderverbindung, eine Rechtsbeziehung besteht[16] – hier haben aber diese beiden Arbeitgeber rechtlich keinerlei zeugnisrelevante Beziehung, die eine Auskunftspflicht auslösen könnte. 939

Eine allgemeine, nicht aus besonderen Rechtsgründen abgeleitete Rechtspflicht zur Auskunftserteilung ist im Übrigen dem bürgerlichen Recht unbekannt; dies gilt nicht nur gegenüber Auskunft begehrende Personen selbst, sondern auch für eine Auskunftsteilung im Interesse einer Person an Dritte. Der Umstand allein, dass jemand Kenntnis von Tatsachen hat oder haben könnte, die für einen anderen von Bedeutung sein mögen, verpflichtet ihn nicht zur Auskunftserteilung.[17] 940

Lapidare Verweise auf die schon oft „strapazierte"[18] Fürsorgepflicht führen nicht weiter; eine Rechtspflicht besteht nur für die Zeugniserteilung. 941

In der Literatur wird heute in diesen Fällen überwiegend und zutreffend nur ein *Recht* zur Auskunft angenommen.[19]

Adressat der Auskunft

Sofern der Arbeitgeber geäußerte Wünsche erfüllen will, dürfen Auskünfte nicht an beliebige Außenstehende erteilt werden, sondern nur, wer ein berechtigtes Interesse hat – ein solches Interesse liegt bei Personen vor, die beabsichtigen, diesen Arbeitnehmer bei sich einzustellen, und die Auskunft mit zumutbarem Aufwand erteilt werden kann; bei telefonischer Abfrage lässt sich die Legitimation durch Rückruf oder Rücksprache mit dem Arbeitnehmer klären. 942

Ablehnung der Wünsche?

Da der Arbeitgeber zur Auskunftserteilung (nur) berechtigt ist, kann er auf dieses Recht auch verzichten und es grundsätzlich ablehnen, tätig zu werden. Das mag nicht der Interessenlage des Betroffenen entsprechen, aber da der Arbeitgeber nicht verpflichtet ist, hat er auch das Recht zu schweigen. 943

In jüngerer Zeit: *LAG Mainz*, 7.10.2014 – 8 Sa 361/14, ArbRAktuell 2015 S. 460; *LAG Hannover*, 29.5.2007 – 9 Sa 1641/06.

16 *BAG*, 16.10.2007, BB 2008 S. 507 = DB 2008 S. 245 = NZA 2008 S. 298 = AP BGB § 630 Nr. 33.

17 *BGH*, 20.1.2015, NJW 2015 S. 1525 = MDR 2015 S. 333 = AuA 2015 S. 178; *LAG Mainz*, 7.10.2014 – 8 Sa 361/14.

18 Auf die „*Strapazierung der Fürsorgepflicht*" hat schon vor Jahrzehnten der Große Senat des *BAG* (10.11.1961, BB 1962 S. 178 = DB 1962 S. 169) hingewiesen.

19 ErfK *(Müller-Glöge)*, Rn. 59; MünchArbR *(Wank)*, Rn. 37; Staudinger *(Preis)*, Rn. 83.

Der Ablehnungsgrund sollte jedoch besonders vermerkt werden, um zu vermeiden, dass der um Auskunft Ersuchende allein hieraus falsche Schlüsse zieht. Wird ein Zeugnis erteilt, aber nicht vorgelegt, sollte der andere Arbeitgeber auf das Zeugnis verwiesen werden – daher könnte das Antwortschreiben wie folgt formuliert werden:

> „*Wir erteilen generell keine Auskünfte über unsere Arbeitnehmer an andere Arbeitgeber. Auf das Ihnen sicherlich vorliegende Zeugnis vom … müssen wir daher verweisen. Wir bitten um Verständnis.*“

2. Inhalt der Auskunft

944 Die mit Einwilligung erteilte Auskunft betrifft alle Teile des Zeugnisses – es geht stets darum, weitere Details zum Inhalt des Zeugnisses zu erfahren, die für den neuen Arbeitgeber von Interesse sind, wobei der Zeugnisaussteller mit zusätzlichen Einzelheiten sein niedergeschriebenes Urteil untermauern kann.

945 Die Auskunft unterliegt den gleichen Beschränkungen, die für das *Fragerecht* des Arbeitgebers bestehen; dürfen dem Bewerber bestimmte Fragen aus Gründen des Persönlichkeitsschutzes nicht gestellt werden, so dürfen solche Informationen nicht mittels Auskunft eingeholt werden.

946 Der Inhalt der Auskunft regelt sich des Weiteren nach den gleichen Grundsätzen wie bei der *Zeugniserteilung*. Die Auskunft muss wahrheitsgemäß im Sinne einer gerechten und nach objektiven Grundsätzen getroffenen Beurteilung richtig, eindeutig und vollständig sein.[20] Es darf nur die Auskunft gegeben werden, die auch im Zeugnis hätte formuliert werden dürfen.

Inhaltlicher Unterschied zwischen Zeugnis und Auskunft?

947 Es wird aber angenommen, dass sich Zeugnis und Auskunft insoweit erheblich unterscheiden würden, als sich eine Auskunft inhaltlich umfassender und freier gestalten lasse als ein Zeugnis; angesichts des vertraulichen Charakters einer Auskunft könnten auch Umstände mitgeteilt werden, die im Zeugnis wegen der wohlwollenden Formulierung unterblieben bzw. dürften auch Merkmale enthalten, die für das Gesamtbild des Arbeitsnehmers *nicht* charakteristisch wären und daher nicht in das Zeugnis aufgenommen werden dürften. Die Auskunft dürfe ungünstige Bemerkungen über Leistung und Führung des Arbeitnehmers sowie Angaben über den Grund seines Ausscheidens enthalten; denn die Aus-

20 *BAG*, 15.12.2016 – 6 AZR 578/15, BB 2017 S. 692 (Ls).

kunft solle die nächstfolgenden Arbeitgeber, bei denen sich der Arbeitnehmer bewerbe, in ein genaueres Bild setzen, als es ein Zeugnis geben könne.[21]

Diese Differenzierungen zwischen Auskunft und Zeugnis sind *nicht* zu rechtfertigen, der gesetzlich überhaupt nicht geregelten Auskunft kann inhaltlich nicht ein größerer Spielraum eingeräumt werden als dem Zeugnis. Die auch durch Rechtsprechung geformten Regeln zum Zeugnisinhalt können nicht schlicht über Bord geworfen werden, wenn Arbeitgeber miteinander telefonieren! **948**

Hinweise, dass die Auskunft nur den Augenblick betreffe, während ein Zeugnis das Berufsleben nach außen lebenslang dokumentiere, und daher eine andere Betrachtung zu rechtfertigen sei, führen nicht weiter; denn besonders in Zeiten schlechterer Arbeitsmarktlage kann eine solche Auskunft geeignet sein, die einzige/letzte Berufschance zunichte zu machen, und somit über den Augenblick hinaus doch langzeitliche Bedeutung haben. **949**

Unzulässige Information

Der Inhalt der Auskunft orientiert sich am Zeugnisrecht und aus dieser Eingrenzung ergibt sich zugleich, dass weitergehende Informationen, wie **950**

- die Einsichtnahme in den Arbeitsvertrag oder in die Personalakte[22]

oder

- das Ausforschen des Umfelds des Bewerbers etwa bei früheren Kollegen oder gar des Privatlebens

vom Auskunftsrecht *nicht* gedeckt sind – trotz Einwilligung des Betroffenen sind diese Auskünfte unzulässig! Im Rahmen des Persönlichkeitsrechts sind zur Wahrung der Vertraulichkeit des Privatlebens (und eventuell der Personalakte) entsprechende Fragen von vorneherein zu unterbinden und dazu gehört auch, dass gar nicht erst versucht werden darf, hierzu die Einwilligung einzuholen, zumal Bewerber im Einstellungsverfahren sich in der schwächeren Position befinden und daher eher geneigt sind, solchen Machenschaften zuzustimmen.

3. Vereinbarungen

Der Bewerber kann mit seinem bisherigen Arbeitgeber vereinbaren, dass Auskünfte über ihn an den neuen Arbeitgeber erteilt werden, um für sich werben zu **951**

21 *LAG Hamburg*, 16.8.1984, BB 1985 S. 804 = DB 1985 S. 284; ErfK *(Müller-Glöge)*, Rn. 60; Schaub *(Linck)*, Rn. 48; Staudinger *(Preis)*, Rn. 85.

22 *BAG*, 18.12.1984 – 3 AZR 389/83, DB 1985 S. 2307 = NZA 1985 S. 811 = AP BGB § 611 (Persönlichkeitsrecht) Nr. 8.

können. In solchen Vereinbarungen (etwa auch in Aufhebungs- oder Abwicklungsverträgen) können Regelungen darüber getroffen werden, ob und durch wen und in welcher Form Auskünfte erteilt werden dürfen.[23]

952 Falls der bisherige Arbeitgeber einer Vereinbarung zustimmt, ist er hieran gebunden und darf keine Auskünfte erteilen, die dieser Vereinbarung widersprechen.Die Auskunft darf auch nicht zu bisherigen Festlegungen des Arbeitgebers im Widerspruch stehen. Ist daher der Zeugnisinhalt z.B. im erteilten Zeugnis, in Aufhebungs- oder Abwicklungsverträgen oder in Vergleichen festgehalten, so entfaltet er eine *Bindungswirkung*, und die Auskunft darf dem nicht widersprechen.[24]

953 Gegenstand solcher Vereinbarungen kann auch sein, dass *keine* Auskünfte erteilt werden dürfen. In der *öffentlichen* Verwaltung sollen Vereinbarungen über Auskunftsverbote aufgrund der Amtshilfepflicht (Art. 35 GG) nichtig sein, wie das *BAG* im Jahre 1960 entschied,[25] demnach müssten Auskünfte *stets* erteilt werden – dies ist heute überholt;[26] denn Auskünfte dürfen durchweg nur mit Einwilligung des Betroffenen erteilt werden (siehe Rn. 937), und die Amtshilfepflicht als solche rechtfertigt nicht die Preisgabe personenbezogener Daten.[27]

4. Mitbestimmung?

954 Die Beteiligungsrechte des Betriebsrats bleiben zwar unberührt (§ 26 Abs. 6 BDSG), aber der Datenaustausch mittels Auskunft bedarf nicht der Mitwirkung oder Zustimmung des Betriebsrats/Personalrats.

955 Falls jedoch Auskünfte Teil des Personalfragebogens sind bzw. routinemäßig, standardisiert Auskünfte erbeten und Bestandteil von Beurteilungs- oder Auswahlrichtlinien werden, ist die Beteiligung des Betriebsrats nach §§ 94, 95 BetrVG, des Personalrats nach §§ 75, 76 BPersVG bzw. die Unterrichtung des Sprecherausschusses nach § 30 SprAuG zu beachten.

956 Sind Auskünfte schriftlich erteilt, so gehören sie im Mitbestimmungsverfahren nach § 99 Abs. 1 BetrVG zu den notwendigen Bewerbungsunterlagen[28] und anschließend in die Personalakte des eingestellten Bewerbers.

---

23 *BAG*, 29.9.1994 – 8 AZR 570/93.

24 *LAG Frankfurt*, 11.12.1997 – 14 Sa 114/97; *LAG Hamburg*, 16.8.1984, BB 1985 S. 804 = DB 1985 S. 284; *Anton-Dyck/Böhm*, „Nachteilige Referenzauskünfte – Haftung des Ex-Arbeitgebers bei verweigerte bzw. falscher Auskunftserteilung“, ArbRB 2014 S. 55.

25 *BAG*, 15.7.1960, BB 1960 S. 983 = DB 1960 S. 878 = NJW 1960 S. 2118.

26 ErfK *(Müller-Glöge)*, Rn. 61; Schaub *(Linck)*, Rn. 44.

27 *BVerfG*, 15.12.1983 – 1 BvR 209/83, DB 1984 S. 36 = NJW 1984 S. 419.

28 *BAG*, 14.12.2004, BB 2006 S. 612 (Ls) = DB 2005 S. 1524 = NZA 2005 S. 827.

III. Auskunft *ohne* Einwilligung des Arbeitnehmers

Auch ohne Einwilligung kann die Datenverarbeitung im Beschäftigungskontext zulässig sein – § 26 Abs. 1 Satz 1 BDSG lautet (verkürzt): **957**

> „*Personenbezogene Daten von Beschäftigten dürfen für Zwecke des Beschäftigungsverhältnisses verarbeitet werden, wenn dies für die Entscheidung über die Begründung eines Beschäftigungsverhältnisses erforderlich ist.*“

1. Erforderlich?

Der Datenaustausch scheitert durchweg schon daran, dass die gewünschte Information vielleicht zweckmäßig, nützlich oder sinnvoll wäre, aber *nicht erforderlich* ist für den Vertragsabschluss, und ein Bedürfnis für zusätzliche, gesetzlich nicht berufsspezifisch geregelte Auskünfte nicht erkennbar ist – das *ArbG Stuttgart*[29] hat ein solches Bedürfnis generell verneint. **958**

Für den ehemaligen Arbeitgeber als Auskunftsgeber ist die Datenübermittlung, d. h. die Weitergabe von Daten, die er einst für sich erhoben hatte, schon deshalb problematisch, weil es nun nicht um die Entscheidung über ein Beschäftigungsverhältnis bei *ihm* geht, sondern beim Dritten, bei dem er auch nicht überblicken kann, ob die Informationen dort erforderlich sind.

2. Abwägung

Darüber hinaus sind **959**

> „*im Rahmen der Erforderlichkeitsprüfung die widerstreitenden Grundrechtspositionen zur Herstellung praktischer Konkordanz abzuwägen. Dabei sind die Interessen des Arbeitgebers an der Datenverarbeitung und das Persönlichkeitsrecht des Beschäftigten zu einem schonenden Ausgleich zu bringen, der beide Interessen möglichst weitgehend berücksichtigt.*“[30]

Es dürfen keine Anhaltspunkte dafür bestehen, dass *überwiegende schutzwürdige Interessen* des Bewerbers beeinträchtigt werden, dessen Position nicht unerheblich gestärkt ist durch die Rechtsprechung zum Persönlichkeitsschutz. Und daher ist bei der Auskunftserteilung zu berücksichtigen, dass der Einzelnen grundsätzlich selbst über die Preisgabe und Verwendung seiner ihn betreffen-

---

29 *ArbG Stuttgart*, 1.2.2001, NZA-RR 2002 S. 153.

30 Auszug aus der Gesetzes-Begründung zu § 26 Abs. 1 BDSG (BT-Drs. 18/11325 vom 24.2.2017, S. 97).

den Daten zu bestimmen und zu entscheiden hat, wann und innerhalb welcher Grenzen seine persönlichen Lebenssachverhalte offenbart werden.[31]

960 Auch das insoweit einheitliche Zeugnisrecht sieht vor, dass es die alleinige Entscheidung des Bewerbers ist, ob er Angaben zwecks Vorlage bei Dritten wünscht, ob er ein Zeugnis verlangt und es bei Bewerbungen vorlegt.

Unzulässiges Auskunftsersuchen

961 Wegen Beeinträchtigung der Interessen des Bewerbers ist bereits das Auskunftsersuchen *nicht zulässig*:[32]

- Falls der Bewerber das Einholen von Auskünften ausdrücklich *verbietet* (oder seine Bewerbung mit einem „Sperrvermerk" versieht), so ist der Arbeitgeber hieran gebunden.

  Aber der Bewerber kann erleben, dass sein Verbot zwar beachtet, seine Bewerbung jedoch aus diesem Grunde nicht berücksichtigt wird; denn wer aus seiner beruflichen Vergangenheit ein Geheimnis macht, hat keine großen Chancen (wer nimmt schon die „Katze im Sack"?).

  Das ist die Problematik, wenn der Arbeitnehmer nicht einwilligt oder sogar vorweg verbietet, dass Auskünfte eingeholt werden; es müsste eine stichhaltige *Begründung* geliefert werden, warum der bisherige Arbeitgeber nicht befragt werden soll – etwa: dass und warum ein Zerwürfnis mit ihm vorlag und daher die Befürchtung besteht, dass die Auskunft hierdurch unberechtigt negativ ausfallen würde.

962
- Das Auskunfts-Ersuchen ist des Weiteren nicht zulässig, wenn der Bewerber zu erkennen gab, dass er sich noch in einem *ungekündigten* Arbeitsverhältnis befindet (für den Arbeitgeber auch daran erkennbar, dass der Bewerber kein Zeugnis oder nur ein Zwischenzeugnis vorlegt). Denn sein hierdurch zum Ausdruck kommendes Interesse an Diskretion und am Schutz seines gegenwärtigen Arbeitsverhältnisses überwiegt das Auskunfts-Interesse; hier würden schutzwürdige Interessen des Arbeitnehmers *beeinträchtigt.*

Zulässiges Auskunftsersuchen?

963 Sofern der Arbeitnehmer jedoch in einem *gekündigten* Arbeitsverhältnis steht, sind Auskunfts-Ersuchen prinzipiell *zulässig*

---

31 *BVerfG*, 15.12.1983 – 1 BvR 209/83, DB 1984 S. 36 = NJW 1984 S. 419.

32 Zur folgenden Einteilung: *Schmid*, „Rechtsprobleme bei der Einholung von Auskünften über Bewerber", DB 1983 S. 769.

(das gilt auch, falls der Bewerber zurzeit in *keinem* Arbeitsverhältnis steht, wobei dann allerdings der Informationswert gering ist, wenn die Daten gemäß Art. 17 EU-DSGVO gelöscht sind).

Das *BAG* meinte vor Jahrzehnten, dass der Arbeitgeber ohne Zustimmung und selbst gegen den Willen des Arbeitnehmers zu Auskunftserteilungen *berechtigt* sei aus Gründen der Sozialpartnerschaft, die den Angehörigen sowohl der Arbeitgeberschaft wie der Arbeitnehmerschaft das Recht geben, andere Angehörige der gleichen Gruppe bei der Wahrung ihrer Belange zu unterstützen.[33] **964**

> „*Angesichts der zwischenzeitlichen Entwicklung des Datenschutzrechts und der Rechtsprechung zum Persönlichkeitsschutz kann dieser Aussage nicht mehr gefolgt werden.*“[34] **965**

Denn: **966**

> „*Greift eine Maßnahme in das allgemeine Persönlichkeitsrecht des Arbeitnehmers ein, muss der Eingriff einer Abwägung der beiderseitigen Interessen nach dem Grundsatz der Verhältnismäßigkeit standhalten. Dieser verlangt, dass der Eingriff geeignet, erforderlich und unter Berücksichtigung der gewährleisteten Freiheitsrechte angemessen ist, um den erstrebten Zweck zu erreichen.*
>
> *Es dürfen keine anderen, zur Zielerreichung gleich wirksamen und das Persönlichkeitsrecht der Arbeitnehmer weniger einschränkenden Mittel zur Verfügung stehen.*“[35]

Als „weniger einschränkendes“ Mittel steht die Einholung der Einwilligung des Bewerbers zur Verfügung. **967**

Des Weiteren ist bei der Abwägung der beiderseitigen Interessen nicht zu übersehen, dass das anzuerkennende Informationsinteresse des Arbeitgebers wegen ungeklärter Fragen *abgestuft* ist: höher einzuordnen bei Mitarbeitern, die er bereits beschäftigt – weniger bei einem Bewerber, den er mangels Informationen schlicht abweisen kann.

Im Bewerbungsverfahren hat der Arbeitgeber durchweg *kein überragendes* Informationsinteresse, das es rechtfertigen könnte, sich über das informationelle Selbstbestimmungsrecht des Bewerbers hinwegzusetzen, um (ohne ihn zu fragen) gewissermaßen „hinter seinem Rücken“ Auskünfte einzuholen; zumal es

33 *BAG*, 18.12.1984 – 3 AZR 389/83, DB 1985 S. 2307 = NZA 1985 S. 811, sowie 25.10.1957, BB 1958 S. 593 (Ls) = DB 1958 S. 659 = AP BGB § 630 Nr. 1.

34 ErfK *(Müller-Glöge)*, Rn. 61; Schaub *(Linck)*, Rn. 44/45.

35 *BAG*, 17.11.2016 – 2 AZR 730/15, BB 2017 S. 500 = NZA 2017 S. 394 = ArbRB 2017 S. 72.

ein Leichtes ist, sich um die Einwilligung zu bemühen – wird sie versagt, kann der Arbeitgeber auf weitere Personalmaßnahmen verzichten, und wer die ergänzungsbedürftigen Fragen ablehnt, dessen Bewerbung kann eben erfolglos sein!

Die einzige Konsequenz bei abgelehnter Zustimmung ist die Zurückweisung der Bewerbung – für den Arbeitgeber kein sonderliches Problem (er wird andere Bewerber finden), für den Bewerber ein selbstverschuldetes Problem. Diese Konstellation rechtfertigt nicht den Datenaustausch; die Abwägung führt im Rahmen der Erforderlichkeitsprüfung *nicht* zum Vorrang der Interessen des Arbeitgebers.

Ergebnis:

Im Bewerbungsverfahren sind Auskünfte im Zusammenhang mit dem Arbeitszeugnis nicht „erforderlich" im Sinne von § 26 BDSG. Mangels weiterer Vorschriften bedarf es hierfür stets der *Einwilligung* des Bewerbers!

3. Ausnahmen

968 Wenn erhebliche Nachteile oder Schädigungen Dritter zu befürchten sind, wenn der *„Schutz berechtigter, höherrangiger Interessen des Dritten die Auskunftserteilung zwingend erfordert"* (so § 111 Abs. 3 BBG, siehe auch Art. 6 Nr. 1d EU-DSGVO), dann sind die Belange des Bewerbers auch datenschutzrechtlich nicht mehr schutzwürdig und Auskünfte dürfen sogar ohne Zustimmung erteilt werden, um auch Schadensersatzansprüche des Arbeitgebers zu vermeiden.

969 In solchen Extremfällen kann sogar die *Pflicht* zur Auskunft begründet sein, z.B.:

- falls im erteilten qualifizierten Zeugnis schwerwiegende Vorwürfe gegenüber dem Arbeitnehmer (umfangreiche *Unterschlagungen eines Buchhalters*) eindeutig zum Ausdruck gebracht wurden, um nachfolgende Arbeitgeber zu warnen, der Arbeitnehmer dieses Zeugnis aber *nicht* vorgelegt hat[36] (in diesem Fall wäre es besser: der Arbeitnehmer soll angehalten werden, das Zeugnis vorzulegen),

oder

- wenn ein Arbeitgeber aus dem Baugewerbe seine Arbeitnehmer auch auf Gerüsten einsetzt und der einzustellende Mitarbeiter an *Epilepsie* leidet,[37] und die Krankheit im Zeugnis nicht erwähnt ist.

  Zum Zeugnismuster, in dem die Krankheit erwähnt ist, siehe Rn. 916.

---

36 *ArbG Darmstadt*, 1.7.1976, BB 1977 S. 797 (Ls).

37 *LAG Köln*, 27.6.1997, NZA-RR 1998 S. 533.

IV. Haftung

1. Ansprüche des Bewerbers

a) Ansprüche gegen den Auskunftsgeber

Der Bewerber kann den jetzigen/bisherigen Arbeitgeber auf Schadensersatz in Anspruch nehmen, wenn er Auskünfte ohne Einwilligung bzw. falsche Auskünfte erteilt bzw. Vereinbarungen missachtet und eine Vereinbarung über Auskunftsverbote nicht einhält,[38] und deshalb der Bewerber 970

- keine Einstellung oder
- nur einen minderbezahlten Arbeitsplatz erhält.

Anspruchsgrundlage ist Art. 82 EU-DSGVO, § 83 BDSG, aber auch § 280 BGB in Verbindung mit § 241 Abs. 2 BGB. Im Übrigen kann sich eine Haftung aus § 823 Abs. 2 BGB wegen unerlaubten Eingriffs in das allgemeine Persönlichkeitsrecht ergeben. 971

In solchen Fällen muss der Arbeitnehmer jedoch beweisen, dass der Arbeitgeber bereit gewesen wäre, ihn einzustellen (bzw. einen gleichwertigen Arbeitsplatz anzubieten) und sich dann aber wegen der Auskunft davon habe abhalten lassen.[39] Der Arbeitnehmer muss diesen Kausalzusammenhang darlegen und notfalls belegen, was für ihn schwierig ist: 972

- Es besteht keine *Vermutung*, dass etwa die falsche Auskunft ursächlich für den Misserfolg einer Bewerbung war. 973

  Der Arbeitnehmer kann nicht die Grundsätze des *Anscheinsbeweises* für sich in Anspruch nehmen; es müsste einen allgemeinen Erfahrungssatz geben, der die Grundlage auch nur für eine tatsächliche Vermutung in der Richtung bieten könnte, dass die Erfolglosigkeit einer Bewerbung oder auch einer Vielzahl von Bewerbungen um einen neuen Arbeitsplatz auf einer Auskunft beruhen müsste – einen solchen Erfahrungssatz gibt es nicht.[40] Eine unrichtige Auskunft ist bei Arbeitnehmern nicht typisch für den Misserfolg der Bewerbung, so dass der Anscheinsbeweis ausscheidet.

- Dem Arbeitnehmer kommen jedoch die *Beweiserleichterungen* des § 252 Satz 2 BGB, § 287 ZPO zugute[41] – diese Beweiserleichterungen entbinden aber nicht von der Darlegungs- und Beweispflicht, d.h. der Betreffende 974

38 *BAG*, 15.7.1960, BB 1960 S. 983 = DB 1960 S. 878; *LAG Hamburg*, 16.8.1984, BB 1985 S. 804 = DB 1985 S. 284; MünchArbR *(Wank)*, Rn. 37; Staudinger *(Preis)*, Rn. 85.

39 *LAG Frankfurt*, 20.12.1979, BB 1980 S. 1160 = DB 1980 S. 1224.

40 *LAG Hannover*, 29.5.2007 – 9 Sa 1641/06.

41 *LAG Berlin*, 8.5.1989, BB 1989 S. 1825 = NZA 1989 S. 965; *v. Hoyningen-Huene/Boemke*, „Beweisfragen bei Berufsfortkommensschäden“, NJW 1994 S. 1757.

muss zunächst die tatsächlichen Grundlagen für die zu treffende Beurteilung oder Schätzung liefern, also belegen, dass ein potenzieller Arbeitgeber wegen der Auskunft davon Abstand nahm, ihn einzustellen – es kann nicht der Misserfolg der Bewerbung ohne entsprechende Kontaktaufnahme behauptet werden, vielmehr muss die Bewerbung tatsächlich versucht werden.

975 Sofern es dem Arbeitnehmer gelingt, den Kausalzusammenhang zu belegen, kann es für den Arbeitgeber teuer werden;[42] denn der Schadensersatz bemisst sich nach der Höhe des beim neuen Arbeitgeber entgangenen Verdienstes.

Auf welche *Dauer* die entgangene Vergütung zu berechnen ist, richtet sich –wie beim Zeugnis (Rn. 717) – nach der Dauer der *Probezeit* dieses fiktiven Arbeitsplatzes.

976 Ein *Mitverschulden* des Arbeitnehmers kann den Schadensersatz gemäß § 83 Abs. 4 BDSG in Verbindung mit § 254 BGB mindern oder ausschließen, insbesondere falls er nachweislich einen gleichwertigen Arbeitsposten bei einem anderen Arbeitgeber abgelehnt hat, den er hätte erlangen können.[43]

977 *Schmerzensgeld* ist möglich (§ 83 Abs. 2 BDSG). Wenn die Personalakte (ohne Einwilligung) teilweise zugänglich gemacht wird, begründet dieses Verhalten nach *BAG*[44] aber kein Schmerzensgeld, wenn keine Rechtsnachteile verursacht wurden und es aus Sicht des Arbeitgebers den Interessen des Arbeitnehmers dienen sollte (Ziel war, dem Arbeitnehmer damit eine bessere Stelle zu vermitteln).

978 Zuständig für Rechtsstreitigkeiten zwischen dem Auskunftserteilenden und dem (bisherigen) Arbeitnehmer ist das Arbeitsgericht (§ 2 Abs. 1 Nr. 3 ArbGG).

979 Falls der Bewerber Auskünfte des *Vorgesetzten* beanstandet, so wäre eine Klage nicht gegenüber diesem Vorgesetzten, sondern nur gegenüber dem Arbeitgeber zulässig, mit dem der Arbeitsvertrag bestand.[45]

Im Übrigen kommt es auf die hierarchische Einordnung im Betrieb an, ob die Auskunft eines Mitarbeiters dem Arbeitgeber zurechenbar ist.

---

42 *LAG Frankfurt*, 11.12.1997 – 14 Sa 114/97 (= 40.000 DM); *LAG Hamburg*, 16.8.1984, BB 1985 S. 804 = DB 1985 S. 284 (= 22.500 DM).

43 *Anton-Dyck/Böhm*, „Nachteilige Referenzauskünfte – Haftung des Ex-Arbeitgebers bei verweigerte bzw. falscher Auskunftserteilung", ArbRB 2014 S. 55.

44 *BAG*, 18.12.1984 – 3 AZR 389/83, DB 1985 S. 2307 = NZA 1985 S 811 = AP BGB § 611 (Persönlichkeitsrecht) Nr. 8.

45 *LAG Mainz*, 7.10.2014 – 8 Sa 361/14.

b) Ansprüche gegen den Auskunftsersuchenden

Desgleichen kann der Bewerber den Arbeitgeber, bei dem er sich beworben hatte, auf Schadensersatz in Anspruch nehmen, wenn dieser in unzulässiger Weise um Auskunft nachsuchte (siehe Rn. 961), und der Arbeitnehmer dadurch einen Schaden erleidet, indem er z.B. den bisherigen Arbeitsplatz verliert und zugleich den neuen Arbeitsplatz wegen der Auskunft nicht erhält. 980

2. Anspruch des neuen Arbeitgebers gegen den Auskunftsgeber

Der Auskunftsgeber (= bisherige Arbeitgeber) kann nicht nur von seinem ehemaligen Mitarbeiter, sondern auch von dem neuen Arbeitgeber zum Schadensersatz herangezogen werden, falls er wegen unkorrekter Auskunft den Arbeitnehmer eingestellt und dadurch einen Schaden erlitten hat, weil er den im Zeugnis attestierten Qualifikation nicht entspricht – daraus wird zugleich deutlich, dass Auskünfte mit großer Vorsicht zu behandeln sind. 981

Mangels Rechtsbeziehungen zwischen den Arbeitgebern richtet sich die Haftung nach § 826 BGB (nicht nach § 823 BGB). Voraussetzung ist eine wahrheitswidrige, grob falsche Auskunft, die geeignet ist, den neuen Arbeitgeber zu täuschen und ihn zu veranlassen, den Bewerber einzustellen, der die attestierte Leistung nicht bringt bzw. sodann beim neuen Arbeitgeber z.B. wiederum Vermögensdelikte begeht, die bei richtiger Auskunft hätten vermieden werden können – stellt sich erst später heraus, dass die Auskunft falsch war, ist der Auskunftsgeber verpflichtet, seiner Auskunft eine unverzügliche Korrektur (Warnung) folgen zu lassen. 982

Auch hierbei ist der jeweilige Nachweis eine schwer zu überwindende Hürde; es muss nämlich belegt werden, dass der Arbeitnehmer aufgrund der falschen Auskunft (wegen zu positiver Auskunft) eingestellt wurde, sodann dort Schaden anrichtet bzw. die zugesagten Leistungen nicht erbringt. 983

Wenn Auskünfte (wie üblich) mündlich/fernmündlich erteilt werden, ist der Gesprächsinhalt später kaum mehr sicher zu rekonstruieren und zu belegen, es sei denn, das Telefongespräch wurde aufgezeichnet, sofern das Einverständnis dazu vorlag – ohne Einverständnis kann der Gesprächsinhalt nicht verwertet werden (siehe auch zur Strafbarkeit: § 201 StGB). 984

Zuständig für Rechtsstreitigkeiten ist das ordentliche Gericht. 985

Anhang

1. Tabelle zur Leistungs-Beurteilung 986

	„Er hat die ihm übertragenen Aufgaben … erledigt“	*„Er hat unseren Erwartungen … entsprochen …“*
Note 1	*– stets zur vollsten Zufriedenheit* *– in jeder Hinsicht und außerordentlich zufriedenstellend*	*in jeder Hinsicht und in allerbester Weise*
Note 1,5	*zur vollsten Zufriedenheit*	*in allerbester Weise*
Note 2	*– stets zur vollen Zufriedenheit* *– voll und ganz zufriedenstellend*	*in jeder Hinsicht und in bester Weise*
Note 2,5	*zur vollen Zufriedenheit*	*in bester Weise*
Note 3	*stets zur Zufriedenheit*	*in jeder Hinsicht*
Note 4	*zur Zufriedenheit*	*Er hat unseren Erwartungen entsprochen*
Note 5	*im Allgemeinen zufriedenstellend*	*– im Großen und Ganzen* *– zum großen Teil*

987 2. Tabelle zur Führungs-Beurteilung

	„Das Verhalten gegenüber Vorgesetzten und Mitarbeitern war …“	*„Ihr Verhalten gegenüber a) Kunden/Publikum … b) Patienten …“*
Note 1	*– stets vorbildlich – stets sehr gut, Benehmen und Haltung waren hervorragend – lobenswert, sein Auftreten war geprägt von höchster persönlicher Integrität, vorbildlichem Einsatz und herausragendem Führungsvermögen*	*a) war immer äußerst sicher und zuvorkommend, sehr beliebt und angesehen bei Kunden wegen ihrer freundlichen Art b) war immer hervorragend; sie war stets äußerst hilfsbereit und bei den Patienten sehr beliebt*
Note 1,5	*vorbildlich*	–
Note 2	*– stets gut – stets höflich und korrekt*	*a) war stets sehr sicher und taktvoll, beliebt und angesehen bei den Kunden wegen ihrer freundlichen Art b) war immer gut; sie war stets sehr hilfsbereit und bei den Patienten sehr beliebt*
Note 2,5	*jederzeit einwandfrei*	–
Note 3	*– gut – höflich und korrekt – einwandfrei*	*a) war stets sicher und freundlich b) war immer einwandfrei, hilfsbereit und bei den Patienten gern gesehen*
Note 4	*– zufriedenstellend – reibungslos und ungetrübt – gab keinen Anlass zu Beanstandungen – tadellos*	*a) war hinreichend freundlich b) gab keinen Anlass zu Beanstandungen*
Note 5	*– im Großen und Ganzen zufriedenstellend – im Wesentlichen einwandfrei – gelegentlich schwierig*	*a) war um Freundlichkeit bemüht b) war im Allgemeinen einwandfrei*

Sachregister

(Verwiesen wird jeweils auf die Randnummer)

Abfindung 277
Abhängigkeitsverhältnis 96
Abkürzungen 522, 524, 530
Abmahnung 331
Abrufarbeitsverhältnis 127
Abschlussprüfung 422
Abwicklungsvertrag 193
Aids 443
Alkohol 371, 440, 453
Altersteilzeit 598
Amnestiegedanke 356
Amtshilfe 952
Anerkennungsschreiben 360
Anfechtung 456, 611
Anführungszeichen 771
Angestellter 106
Anlernverhältnis 126
Anscheinsbeweis 712
Anschrift 520, 526
Anschriftenfeld 229, 494
Anspruch, verhaltener 142
Anspruchsberechtigte 68
Antidiskriminierungsstelle 55
Arbeitnehmer 71
Arbeitnehmerähnliche Person 87
Arbeitnehmerüberlassung 647, 648
Arbeitnehmervertreter 286
Arbeitsbefreiung 308
Arbeitsbeschaffungsmaßnahme 283
Arbeitsbescheinigung 13
Arbeits-
– ~befähigung 849
– ~bereitschaft 848
– ~erfolg 850
– ~ergebnis 850
– ~güte 847
– ~tempo 847
– ~weise 847
Arbeitsgemeinschaft 652
Arbeitsgericht 629, 978
Arbeitsplatzgefahr 609
Arbeitsunterbrechung 587
Arbeitsverhältnis
– Arten 115, 264
– auf Probe 124, 431
– befristetes 127
– dauerndes 120
– faktisches 129
– kurzfristiges 116
– mittelbares 654
– nichtiges 129
Art der Tätigkeit 264
Arzt 17, 99
Aufbewahrung 181
Aufbewahrungsfrist 185
Aufgabenschwerpunkte 274
Aufhebungsvertrag 192, 388, 391, 605
Aufsichtsrat 286
Ausbildungszeugnis 51, 418, 836, 880
Ausfallzeiten 54, 308
Ausgleichsklausel 161
Aushilfsarbeitsverhältnis 121, 134
Auskünfte über Arbeitnehmer 927
Auslassungen 813
Ausländer 69, 515
Ausschlussfrist 164, 623
Außerdienstliches Verhalten 101, 376
Äußere Form 487
Aussperrung 308
Ausstellungsdatum 532
Ausstellungsort 520
Auszubildende 80, 518

Bausteine 845
Beamte 100
Beantragung 133
Bearbeitungszeit 145
Beauftragte 739
Bedeutung 28
Beendigungs-
– ~datum 303
– ~formel 382
– ~grund 383
– ~modalität 386
Beförderung 360
Begründung 140
Begünstigungsverbot 291
Behinderung 441
Beiordnung 636
Beliebtheit 752
Bemühungen 754
Benachteiligungsverbot 288
Beredtes Schweigen 814
Berichtigung 146, 171
Berufsausbildung 80, 418
Berufsbezeichnung 276
Beschäftigte 107
Beschäftigungsart 115
Beschäftigungsdauer 119
Beschäftigungsverbote 309, 317
Beschäftigungsverhältnis
– dauerndes 120
– kurzfristiges 117
– öffentlicher-rechtlicher Natur 97
– schulischer Art 97
Beschäftigungszeit 116, 118
Betriebsgemeinschaft 344, 368, 840
Betriebsgruppe 128
Betriebsrat 214, 215, 286, 855, 954
Betriebsübergang 644
Betriebsvereinbarung 855
Betriebszugehörigkeit 266
Beurteilung 322
– dienstliche 464
Beurteilungs-
– ~bogen 855
– ~fehler 348
– ~gespräch 242
– ~grundsätze 217
– ~muster 865
– ~spielraum 326
– ~umfang 334
– ~zeitraum 341
Beweiserleichterungen 713
Beweislast 667
– ~umkehr 675
– ~verschiebung 674
– ~verteilung 668
Bewerbung
– anonyme 55
– online 43
Bewerbungsunterlagen 31, 958
Bindungswirkung 46, 51, 952
Blankounterschrift 564
Blattrand 503
Boni 360
Blocksatz 502
Briefform 512
Bringschuld 225
Büroheimarbeit 91, 335

Datendiskrepanz 537
Datenschutz 934
Datierung 534
Dauer der Tätigkeit 116, 297
DDR 114
Deliktshaftung 705, 726, 982
Dienstsiegel 563
Dienstzeugnis 1, 100
Diskriminierung 52, 55
Doktortitel 529
Doppeldeutigkeit 844
Doppeltes Negativ 824
Drogensucht 371, 440
Druckfehler 510
Druckkündigung 384

Duplikat 239, 329
Durchsetzung 629

Ehegatte 98
Ehrenamt 284
Ehrlichkeit 834
Eigengruppe 128
Einfaches Zeugnis 260
Einfirmenvertreter 89
Einfühlungsverhältnis 125
Einfühlungsvermögen 752, 816, 844
Einheitlichkeitsgebot 255
Einstweilige Verfügung 632
Einvernehmen 388
Einwilligung 936
Elternzeit 53, 309, 317, 587
E-Mail 232, 492
Empfängerhorizont 768
Empfehlungsschreiben 9
Entlassungsgrund 383
Entschädigung 694
Entwicklungshelfer 111
Epilepsie 444, 916, 969
Erbe 656
Erfolg 329, 850
Erfüllung 147
Erfüllungseinwand 685
Erinnerungsvermögen 183
Ermittlungsverfahren 450
Ersatzausstellung 238
EU 935
Europass 19

Fachabteilung 549
Fachanwalt 631
Fachkompetenz 549
Fachsprache 755
Fachvorgesetzte 549
Faksimile 552
Fälligkeit 138
Familienangehörige 98
Feierschicht 598
Fettdruck 771
Firmenbogen 493
Flattersatz 502
Form 484
– elektronische 491
– Schriftform 490
– Textform 492
Formalien 519
Formulierung 242
Formulierungstechniken 754
Fortbildung 282
Franchise 89
Freie Mitarbeit 92
Freiheitsstrafe 309
Freistellung 292, 587
Freiwillige 111, 317, 587
Fremdsprache 276
Führung im Dienst 365
Führungsbeurteilung 840
Führungsqualität 410, 851
Führungsstil 410, 816, 844, 851
Fürsorgepflicht 150, 226, 238, 585

Geburtsdatum 524
Geburtsort 525
Gefälligkeitszeugnis 62, 674, 838
Geheimcode 756
Gerichtsstand 629
Geringfügig Beschäftigte 127
Gesamturteil 783
Geschäftsauflösung 655
Geschäftsführer 77
Geschichte 21
Gesetzliche Grundlagen 3, 934
Gesetzliche Vertreter 70
Gewerkschaft 286, 621
Gleichbehandlungsgesetz 52
Gliederung 858
Gründe der Unterbrechung 316
Gruppenarbeitsverhältnis 128

Haftung 702, 970

– aus Delikt 705, 726, 971
– aus Vertrag 704, 719
Handelsvertreter 89
Handlungsvollmacht 279
Handschrift 504
Heilverfahren 309
Heimarbeit 89
Höhergruppierung 360, 599
Höhe des Schadensersatzes 716, 734
Holschuld 220
Homeoffice 91, 335

Indizwirkung 52
Insolvenz 638
Insolvenzverwalter 641
Irrtum 766

Jugendvertretung 286
Juristische Person 89

Kausalzusammenhang 711, 715, 972
Kirche 110, 376
Kirchengericht 110
Klage 629
Klageantrag 657
Klagegegner 637
Klageverzicht 194
Klartext 858
Knicken 234
Konfession 527
Konzernverbund 653
Kopie 553
Kosten 218
Krankenhauspersonal 794, 816
Krankheit 308, 435
Kreativität 816, 821
Kündigung 198
– bei Verdacht 204
– betriebsbedingte 204, 384
Kündigungsgrund 48, 435
Kündigungsschutzklage 48, 166, 198, 662
Kurzarbeit 308

Landgericht 629, 738
Lebenslauf 55
Lebenspartner 98
Leiharbeitnehmer 648
Leistungen 350
Leistungs-
– ~beurteilung 350, 786, 805
– ~klage 659
– ~kriterien 357
Leitende Angestellte 75, 408, 551, 591
Liquidation 655

Mahnung 707
Mandant 425
Mankohaftung 47
Maschinenschrift 552
Merkmale 770
– berufsspezifische 816
Minderjährige 70, 82
Mitarbeit, freie 92
Mitbestimmung 214, 954
Mitverschulden 709, 737, 976
Mobbing 373
Muster 319, 865
Mutterschutz 53, 309, 317

Nationalität 69
Nebenberuf 127
Nebenpflicht 44, 247, 586, 649
Nebentätigkeit 284
Negativ besetzte Begriffe 825
Neue Bundesländer 113
Neue Zeugnisform 854
Notenstufe 692

Öffentlicher Dienst 548, 555, 563, 594, 599, 937
Online-Bewerbung 43
Ordentliches Gericht 629, 738, 985

Ordnungswidrigkeit 374
Organmitglied 76, 551
Original-Zeugnis 43, 154
Outplacement 252

Papier 495
Papiergröße 498
Paraphe 559
Passivform 781
Patente 276
Personalabteilung 549
Personalakte 271, 347
Personalauswahl 36
Personalien 521
Personalrat 214, 217, 286, 955
Personenbezogene Daten 934
Pflegepersonal 380, 752, 794, 816
Postversand 230
Prädikate 818
Präsens 513
Praktikant 84
Praktikum 17, 97
Privatleben 101, 369, 950
Probearbeitsverhältnis 124
Probezeit 124, 431, 717
Prokura 274, 279
Prozessbeschäftigung 207
Prozesskostenhilfe 635
Prüfung 422, 817
Pünktlichkeit 831

Qualifiziertes Zeugnis 320
Quittung 222

Radierungen 497
Ranghöhe 548
Rechtsanwalt
– Angestellter RA 425
– Beauftragung 385
– Beiordnung 636
– Eingangsstempel des RA 621
– Inhalt des Zeugnisses für RA 426
– Mandantenzeugnis 425
– Syndikusanwalt 425, 428, 430
– Zeugnis-Anspruch 425
– Zeugnisausfertigung durch RA 429
Rechtschreibreform 509
Rechtsmissbrauch 48, 117, 457
Redakteur 377, 551, 924
Referendar 14
Referenz 9, 58, 409
Religionsgemeinschaft 216
Religionszugehörigkeit 527
Rückdatierung 534
Rückgabe 154, 569, 627

Schadensersatz 716, 734
Schickschuld 226
Schlussfloskel 394
Schmerzensgeld 706, 977
Schönfärberei 249
Schreibfehler 505
Schriftart 501
Schriftform 490
Schwangerschaft 259, 317
Schwarzarbeit 129
Schwerbehinderte 441
Seemannsrecht 18, 518
Selbstausstellung 243
Selbstbindung 46, 603, 607
Selbstverständliches 818
Soldaten 111
Sonderaufgaben 274
Sozialplan 593
Sozialverhalten 411
Sperrfrist 390
Spezialkenntnisse 278
Sprache 740
Sprecherausschuss 217, 955
Stationierungsstreitkräfte 637
Statistik 33, 837
Stellenbeschreibung 271, 347
Stichworte 244, 822
Straftat 445

Strafverfahren 450
Streik 308
Streit 385
Streitwert 676
Student 84, 577
Syndikusanwalt 425, 428, 430

Tabellen 788, 793, 795
Tarifgruppe 277
Tarifvertrag 4, 107
Tätigkeitsbeschreibung 60, 261, 779
Tätigkeitswechsel 285
Tatverdacht 449
Teamarbeit 378
Teilzeitarbeit 127
Teilzeugnis 334
Telearbeit 91, 335
Telefax 232, 492
Tendenzbetrieb 216, 927
Tendenzträger 377
Textform 490, 492
Textlicher Zusammenhang 822
Textsprache 515
Tinte 565
Titel 528
Tod des Arbeitgebers 656
Transparenzgebot 256, 763
Transsexuelle 621
Trunksucht 371, 440, 453

Überschrift 519
Umsatz 362, 850
Umschulung 83, 419
Umstrukturierung 592
Unfallverhütung 375
Unmöglichkeit 180
Unterbrechungen 307, 587
Unterschrift 541, 552
Urheberrecht 361
Urlaub 308
Ursächlichkeit 711

Verbesserungsvorschlag 360
Verdacht 445
Vergleich 455, 689
Vergütung 277
Verhalten 365
Verjährung 168
Versendung 228
Versetzung 590
Vertrag, nichtiger 129
Vertragsbruch 433, 715
Vertragshaftung 704, 719
Vertrauen 413
Vertrauensmann 286
Vertretungsverhältnis 554
Verwaltungsgericht 629
Verwirkung 171
Verzicht 155
Verzug 225
Vollmacht 274, 408, 551
Vollständigkeitsgebot 254
Vollstreckung 686, 689
Volontär 84
Vorauswahl 38
Vorbehalte 118, 301, 346
Vorfälle, einmalige 354, 372
Vorgesetzter 841
Vorläufiges Zeugnis 201, 570
Vorstellungsgespräch 38, 236
Vorstrafen 448

Wahrheitsgebot 246
Warnfunktion 39
Wechsel
– der Beschäftigung 285, 338
– des Vorgesetzten 589
– der Zeugnisart 148
Wegloben 249
Wehrdienst 317
Weiterbeschäftigung 205, 304
Werbemittel 32, 252
Werkstudent 84
Werturteil 323

Wettbewerbsabrede 361
Widerruf 611
Widerspruch 202, 401, 852
Wiedereinstellung 204
Wiedereinstellungsklausel 405
Wohlwollen 247, 475
Wünsche des Arbeitnehmers 258, 938

Zahl der Zeugnisse 191
Zeilenabstand 499, 503
Zeitvertrag 127, 575
Zeugnis
– Änderung 611
– Anspruch 68
– Arten 6
– Aufbau 859
– Beantragung 133
– Bedeutung 28
– Brauch 815
– Briefform 511
– einfaches 260, 319, 543
– endgültiges 203, 566
– Einheitlichkeit 255
– Erteilung 189
– Form 484
– Formulierung 242
– Gebote 245
– gefälschtes 40, 131
– Geschichte 21
– Gliederung 859
– Grundsätze 245
– Inhalt 242
– Kosten 218
– Muster 319, 865
– qualifiziertes 320
– Schlussnote 394
– Sprache 740
– Technik 754
– Übergabe 220
– Umfang 498
– Versendung 228
– vorläufiges 201, 570
– Wechsel 148
Zukunftswünsche 400
Zurückbehaltungsrecht 211
Zuverlässigkeit 847
Zwangsgeld 680
Zwangsvollstreckung 679
Zwischennoten 790, 845
Zwischenzeugnis 578